中国大运河年鉴

2015～2021

CHINA GRAND CANAL ALMANAC

2015-2021

主　编 / 丁延峰

副主编 / 胡梦飞　周广骞

社会科学文献出版社
SOCIAL SCIENCES ACADEMIC PRESS (CHINA)

中国大运河年鉴编委会

编撰机构简介

聊城大学运河学研究院成立于2012年6月，其前身是聊城大学运河文化研究中心，是国内首家以运河学为研究对象的院级科研实体机构，拥有山东省社会科学理论研究基地“运河文化研究基地”、山东省文化艺术科学重点学科“运河文化学”等，研究领域涵盖历史学、文学、地理学、社会学、人类学、民俗学、图书馆与情报学等多个学科门类。研究院立足于基础学术研究，同时注重服务社会、面向现实，先后承担国家社会科学及自然科学基金项目27项、省部级项目60余项，出版运河学相关著作60余部，发表学术论文400余篇，获国家级、省部级以上科研奖项30余项，编辑出版《运河学研究》《中国大运河发展报告》《中国大运河年鉴》，建有“大运河文化数据平台”，目前已经发展成为全国运河学研究重镇。

主要编纂者简介

丁延峰（主编） 文学博士，聊城大学运河学研究院执行院长、教授，国家图书馆博士后，“山东省有突出贡献的中青年专家”，中国历史文献研究会理事、《史记》研究会理事、世界运河历史文化城市合作组织会员等，研究方向为中国古典文献学、运河文化研究。国家社会科学基金重大招标项目“存世宋刻本叙录”（20&ZD334）首席专家，主持完成国家社会科学基金项目“海源阁藏书研究”“汲古阁藏书、刻书、抄书研究”2项，主持博士后特别资助项目、全国高校古委会、国家古籍整理专项资助、山东社会科学智库沙龙重大调研咨询项目等省部级项目10余项，在《文学遗产》《文献》等期刊上发表论文80余篇，出版专著《古籍文献丛考》《海源阁善本叙录》等8部，6次获得山东省社科优秀成果一等奖、二等奖，其中“海源阁藏书研究”项目成果入选《国家哲学社会科学成果文库》，获山东省社会科学重大成果奖。咨询报告《山东省大运河国家文化公园建设路径与对策研究》获山东省委主要领导肯定性批示。

胡梦飞（副主编） 历史学博士，聊城大学运河学研究院副教授、硕士生导师，研究方向为明清史、运河文化史和文化遗产保护。主持山东省社会科学规划项目3项、聊城市社会科学重点课题3项，中国博士后科学基金面上资助项目、聊城市城校融合文旅项目、聊城市文旅局委托项目、聊城市社会科学重大委托课题各1项，参与国家级、省部级课题多项，出版《明清时期山东运河区域民间信仰研究》《山东运河文化遗产保护、传承与利用研究》《山东运河区域非物质文化遗产调查与研究》等著作10余部，参与《中国运河志·人物》《京杭大运河山东段志》等书的编写，在《历史教学问题》《江苏社会科学》《中国道教》《档案与建设》《中国社会科学报》《中国文化报》等刊物上发表论文100余篇，获山东省文化和旅游厅、聊城大学及聊城市社会科学优秀成果奖10余项。

周广骞（副主编） 文学博士，聊城大学运河学研究院讲师，研究方向为运河水利、运河文化及运河文献整理。主持国家社会科学基金后期资助项目 1 项、全国高校古委会项目 2 项、山东省社会科学规划项目 1 项，参与国家社会科学基金项目 1 项、全国高校古委会项目 1 项，获聊城大学优秀社会科学成果奖 2 项，先后在《文献》《中国地方志》《古籍研究》《山东图书馆学刊》等刊物上发表论文 20 余篇，出版《杨以增奏稿校注》、《山东方志运河文献研究》、《海源阁杨氏诗文校注》、《山东运河区域方志序跋校注》（聊城卷）等专著 5 部，参与编写《中国运河志·文献》《京杭大运河山东段志》等著作多部。

前 言

中国大运河由隋唐大运河、京杭大运河、浙东大运河三部分组成，自北向南贯通海河、黄河、淮河、长江、钱塘江五大水系，是世界上开凿时间最早、规模最大的人工运河。大运河作为中国古代创造的一项伟大工程，是流动的、活着的世界级人类文化遗产，生动记录着国脉与文脉的世代赓续，传承着中华民族的悠久历史与文明。2014 年 6 月 22 日，在第 38 届世界遗产大会上，中国大运河成功入选《世界遗产名录》，成为中国第 46 个世界遗产项目，大运河保护、传承、利用开启新篇章。在大力推进社会主义文化强国建设、实现中华民族伟大复兴中国梦的新时期，如何保护、传承、利用大运河文化是时代赋予我们的新命题。

大运河成功申遗以来，各级各部门及广大人民群众对运河的关注度越来越高。特别是国家就大运河文化保护传承利用、大运河文化带建设、大运河国家文化公园建设、大运河补水通水采取了一系列重大举措，沿运各地围绕运河河道疏浚整治、运河文化挖掘传承等做了大量工作。大运河发生了日新月异的变化，更加富有时代感，更加充满活力。这客观上需要以年鉴的形式，对 2014 年以来运河水利、航运、文化、环保、学术交流等各类活动进行回顾和梳理，以期较为全面地展现后申遗时代中国大运河的新变化和新举措，为大运河下一步的保护、传承与利用提供经验、借鉴和启示。

2017 年 2 月，习近平总书记在北京通州区调研时指出，“要古为今用，深入挖掘以大运河为核心的历史文化资源”。同年 6 月，习近平总书记又对建设大运河文化带作出重要指示：“大运河是祖先留给我们的宝贵遗产，是流动的文化，要统筹保护好、传承好、利用好。”① 2018 年 2 月，由聊城大

① 《习近平的文化情怀丨“大运河是祖先留给我们的宝贵遗产”》，国家文物局网站，2022 年 7 月 20 日，http://www.ncha.gov.cn/art/2022/7/20/art_1027_175887.html。

学运河学研究院与世界运河历史文化城市合作组织（World Historic and Cultural Canal Cities Cooperation Organization，WCCO）共同推出的首部《中国大运河蓝皮书：中国大运河发展报告》在社会科学文献出版社出版。该书是中国大运河的第一部发展报告，具有重要的开创价值和现实意义。2019 年 2 月，中共中央办公厅、国务院办公厅联合印发了《大运河文化保护传承利用规划纲要》，提出打造大运河璀璨文化带、绿色生态带、缤纷旅游带。2019 年 7 月 24 日，习近平总书记主持召开中央全面深化改革委员会第九次会议，审议通过了《长城、大运河、长征国家文化公园建设方案》。2020 年 9 月，文化和旅游部、国家发展改革委共同发布《大运河文化和旅游融合发展规划》。2021 年 7 月 19 日，国家发展改革委牵头会同相关部门编制的《大运河文化保护传承利用“十四五”实施方案》正式对外发布。2021 年 8 月，国家文化公园建设工作领导小组办公室印发《大运河国家文化公园建设保护规划》。2022 年 4 月，京杭大运河实现百年来首次全线通水。伴随着中国大运河成功申遗和国家大运河文化带、大运河国家文化公园建设战略的提出，我们有必要从历史、文化、经济、生态等方面重新审视运河文化遗产的内涵和价值，既要倍加珍惜和爱护运河文化遗产，也要合理地开发和利用，力求发挥其应有的历史文化与社会经济价值。

聊城大学运河学研究院是国内首家以运河及其区域社会为研究对象的院级科研实体单位，拥有山东省社科理论重点研究基地和山东省社科规划重点研究基地“山东省运河文化研究基地”、山东高校“十二五”人文社科研究基地“运河与区域经济社会发展研究中心”及山东省地方史志办公室“山东省地方史志系统运河文化研究基地”，在国内外运河学研究领域具有很高的学术影响力。近年来，运河学研究院在学校党委和各部门的领导和支持下，紧紧围绕党和国家运河保护与开发工作主线，充分发挥学院在运河学研究方面的独特优势，坚持基础研究与服务社会“两手抓”的科研目标和建院宗旨，主动服务国家战略与地方经济社会发展需求，积极主动投入大运河文化保护利用工作，取得了令人瞩目的成绩：研究院申报的“山东省运河文化研究基地”首批入选山东省社科理论重点研究基地；倾力打造《中国大运河蓝皮书》、《运河学研究》（集刊）、“大运河文化数据平台”和《中国大运河年鉴》四大学术品牌，并获学界和社会广泛赞誉；承担并完成山东省发展改革委委托项目“大运河国家文化公园（山东段）建设保护规划”、山东省委党史研究院委托项目《京杭大运河山东段志》；山东社科智库沙龙重大调研报告结项成果获山东省委主要领导肯定性批示。为全面、及时、准确地反映大运河最新年度动态，为各级各有关部门、大运河研究者和运河保护参与者提供有价值的年度运河基础文献资料，2022 年 10 月，由聊城大学运河学研究院主持编纂的《中国大运河年鉴 2022》正式出版发行。该年鉴充分考虑到中国大运河的独特风貌和内在机理，主要分为政策法规、水利工程、航道运输、文化旅游、生态保护、学术研究和大事记等七个部分，集中展现了 2021 年与运河有关的各类新规划、新举措、新动态，以期为相关部门提供参考和借鉴。其中，政策法规主要包括国家及各地与运河有关的政策法规，水利工程主要包括大运河河道整治及运河水利设施的修建与维护，航道运输主要包括运河河道维护与物资运输举措，文化旅游主要包括运河文化遗产保护利用及运河文旅事业发展，生态环保主要包括运河河道及周边生态修复与环境保护，学术研究主要包括与运河相关的学术研究成果及学术活动，大事记主要包括全年与运河有关各类举措及活动条目梗概。该年鉴为我国首部大运河主题年鉴，填补了该领域专题研究与社会服务空白。但出于时间设定和篇幅等原因，该年鉴仅对 2021 年大运河的各类活动进行了收录和梳理，没有涉及 2014 年 6 月申遗成功以来大运河发生的一系列新变化和新举措，不能不说是一个遗憾。

为此，研究院在编辑出版《中国大运河年鉴 2022》的基础上，紧扣主线、服务社会，集中研究力量编辑出版了《中国大运河年鉴 2015 ~ 2021》一书，力求向社会各界提供一部内容多样、信息丰富、时间集中的资料性、便览性工具书，使各类丰富的运河资讯得到二次传播，为运河学研究提供参考和借鉴，为弘扬和宣传运河文化做出自己的贡献。本书与《中国大运河年鉴 2022》既有机统一，又相互补充。在框架结构上，本书采用大分年、小分类的编排方式，总体采用分年编排模式，每一年参照《中国大运河年鉴 2022》纲目结构进行编排，根据内容分为政策法规、水利工程、航道运输、文化旅游、生态环保、学术研究和大事记等七个部分，保持了与《中国大运河年鉴 2022》的一致性和连贯性。在时间跨度上，本书以 2014 年大运河成功申遗为起点，下接《中国大运河年鉴 2022》，时间跨度长达 7 年，与《中国大运河年鉴 2022》一起，实现了运河申遗以来时间段的全程覆盖。在内容选择上，本书在充足的资料基础上，将 7 年间与运河有关的重要事件加以全面系统地搜集、筛选与编排，坚持去粗取精、提纲挈领，注重突出大理念、大举措、大行动、大影响，尽量压缩一般性事件，以求全面地反映运河申遗成功以来与大运河有关的各类重要思路、发展路径及良好成效，方便读者了解和把握较长时间跨度内运河相关事件的整体风貌。

由于编委会缺少相关经验，加上涉及年份较多、编纂时间较为仓促，本书采集和编排的各类资料难免存在不完整、不齐备、不准确的情况，可能有不少重要的年度运河信息未能收录。真诚希望相关部门及广大读者多多提出宝贵意见，以便我们在今后的工作中加以改进和提高。

编　者

2023 年 6 月 6 日

编辑说明

一、《中国大运河年鉴》由聊城大学主办，聊城大学运河学研究院主持编辑。

二、本年鉴为系统反映中国大运河政策法规、水利、航运、文化、环保及学术研究的资料汇编性工具书，主要记述 2014 ~ 2020 年的内容。

三、本年鉴由类目、分目和条目组成。类目和分目按照记述内容类别划分，条目主要按地域划分，部分按类别等标准划分。条目为主要表现形式，系于类目和分目之下，主要按时间顺序排列。

四、本年鉴充分利用丰富的互联网资源，较多采用了沿运各省市水利、交通、文化部门网站及以运河动态、运河文化为主题的各类微信公众号发布的信息。特此说明，并深致谢忱。

五、本卷年鉴包括 7 个类目。

1. 政策法规：主要包括国家及各地与运河有关的政策法规。

2. 水利工程：主要包括大运河河道整治及运河水利设施的修建与维护。

3. 航道运输：主要包括运河河道维护与物资运输举措等。

4. 文化旅游：主要包括运河文化遗产保护利用及运河文旅事业发展。

5. 生态环保：主要包括运河河道及周边生态修复与环境保护。

6. 学术研究：主要包括与运河相关的学术研究成果及学术活动。

7. 大事记：主要包括 2014 ~ 2020 年与运河有关的重要举措及活动梗概。

六、编纂分工。

政策法规类目由张晓冬负责，水利工程、航道运输、大事记类目由周广骞负责，文化旅游、生态环保类目由胡梦飞负责，学术研究类目由崔建利负责，丁延峰、胡梦飞负责统稿、审核。

目　录

2014 年

一　政策法规 …… 001
江苏省 …… 001
二　水利工程 …… 003
（一）会议与调研 …… 003
山东省 …… 003
（二）河道整治与设施建设维护 …… 004
江苏省 …… 004
（三）运河配套工程 …… 005
江苏省 …… 005
（四）工程评审与验收 …… 005
山东省 …… 005
江苏省 …… 006
三　航道运输 …… 007
（一）会议与调研 …… 007
山东省 …… 007
（二）航运数据 …… 007
江苏省 …… 007
（三）航运维护与管理 …… 007
天津市 …… 007
（四）航运规划与创新举措 …… 008
山东省 …… 008
江苏省 …… 008

四　文化旅游 …… 009
（一）专题会议 …… 009
山东省 …… 009
江苏省 …… 010
浙江省 …… 011
（二）工作调研 …… 011
江苏省 …… 011
浙江省 …… 012
（三）遗产保护 …… 012
山东省 …… 012
江苏省 …… 013
浙江省 …… 013
（四）项目建设 …… 014
北京市 …… 014
山东省 …… 014
江苏省 …… 015
（五）主题活动 …… 015
北京市 …… 015
山东省 …… 016
江苏省 …… 018
浙江省 …… 020
五　生态环保 …… 022
（一）会议调研 …… 022
浙江省 …… 022
（二）专项治理 …… 022
北京市 …… 022
山东省 …… 022
江苏省 …… 023
六　学术研究 …… 024
（一）相关著作 …… 024
（二）报刊论文 …… 026

七 大事记 …… 029

2015年

一 政策法规 …… 037
山东省 …… 037
二 水利工程 …… 042
（一）会议与调研 …… 042
山东省 …… 042
（二）河道整治与设施建设维护 …… 043
山东省 …… 043
（三）工程评审与验收 …… 043
山东省 …… 043
三 航道运输 …… 045
（一）会议与调研 …… 045
北京市 …… 045
山东省 …… 045
江苏省 …… 046
（二）航运数据 …… 047
浙江省 …… 047
（三）航运维护与管理 …… 048
山东省 …… 048
江苏省 …… 048
浙江省 …… 049
（四）航运规划与创新举措 …… 050
江苏省 …… 050
四 文化旅游 …… 051
（一）政策发布 …… 051
山东省 …… 051
江苏省 …… 051

（二）专题会议 …… 052
山东省 …… 052
江苏省 …… 053
浙江省 …… 055
河南省 …… 055
安徽省 …… 055
（三）工作调研 …… 056
北京市 …… 056
山东省 …… 056
江苏省 …… 058
浙江省 …… 059
（四）遗产保护 …… 060
北京市 …… 060
江苏省 …… 060
（五）项目建设 …… 061
天津市 …… 061
山东省 …… 062
江苏省 …… 062
（六）主题活动 …… 063
天津市 …… 063
河北省 …… 064
山东省 …… 064
江苏省 …… 065
浙江省 …… 066
安徽省 …… 067
五　生态环保 …… 068
（一）规章制度 …… 068
山东省 …… 068
（二）会议调研 …… 068
山东省 …… 068
江苏省 …… 069

浙江省 …… 069
（三）专项治理 …… 070
山东省 …… 070
六　学术研究 …… 071
（一）相关著作 …… 071
（二）报刊论文 …… 072
七　大事记 …… 075

2016年

一　政策法规 …… 083
浙江省 …… 083
二　水利工程 …… 091
（一）河道整治与设施建设维护 …… 091
山东省 …… 091
江苏省 …… 091
浙江省 …… 091
（二）运河配套工程 …… 092
山东省 …… 092
江苏省 …… 092
（三）工程评审与验收 …… 093
江苏省 …… 093
安徽省 …… 094
三　航道运输 …… 095
（一）会议与调研 …… 095
山东省 …… 095
江苏省 …… 095
浙江省 …… 096
（二）航运数据 …… 096
江苏省 …… 096
浙江省 …… 097

（三）航运维护与管理 …… 097
江苏省 …… 097
山东省 …… 098
安徽省 …… 099
（四）航运规划与创新举措 …… 099
山东省 …… 099
江苏省 …… 099
浙江省 …… 101
河南省 …… 103
四　文化旅游 …… 104
（一）政策发布 …… 104
浙江省 …… 104
（二）专题会议 …… 104
北京市 …… 104
山东省 …… 105
浙江省 …… 107
江苏省 …… 107
（三）工作调研 …… 108
山东省 …… 108
河南省 …… 109
（四）遗产保护 …… 109
北京市 …… 109
山东省 …… 110
（五）项目建设 …… 110
山东省 …… 110
浙江省 …… 110
河南省 …… 111
（六）主题活动 …… 111
北京市 …… 111
河北省 …… 112
山东省 …… 112

江苏省 …… 113
浙江省 …… 113
五　生态环保 …… 115
（一）规章制度 …… 115
北京市 …… 115
（二）专项治理 …… 115
北京市 …… 115
山东省 …… 116
江苏省 …… 116
六　学术研究 …… 117
（一）相关著作 …… 117
（二）报刊论文 …… 118
七　大事记 …… 122

2017年

一　政策法规 …… 130
山东省 …… 130
二　水利工程 …… 131
（一）会议与调研 …… 131
江苏省 …… 131
（二）河道配套工程 …… 131
江苏省 …… 131
（三）工程评审与验收 …… 132
北京市 …… 132
三　航道运输 …… 133
（一）会议与调研 …… 133
江苏省 …… 133
山东省 …… 134
（二）航运数据 …… 134
江苏省 …… 134

（三）航运维护与管理 …… 135
江苏省 …… 135
（四）航运规划与创新举措 …… 138
山东省 …… 138
江苏省 …… 138
四　文化旅游 …… 140
（一）政策发布 …… 140
江苏省 …… 140
（二）专题会议 …… 140
北京市 …… 140
河北省 …… 141
山东省 …… 142
江苏省 …… 144
浙江省 …… 147
河南省 …… 148
（三）工作调研 …… 148
北京市 …… 148
天津市 …… 149
山东省 …… 149
江苏省 …… 151
浙江省 …… 152
（四）遗产保护 …… 152
北京市 …… 152
（五）项目建设 …… 153
北京市 …… 153
河北省 …… 154
山东省 …… 154
（六）主题活动 …… 155
北京市 …… 155
河北省 …… 157

山东省 …… 158

江苏省 …… 159

浙江省 …… 160

五　生态环保 …… 162

（一）会议调研 …… 162

北京市 …… 162

（二）专项治理 …… 163

北京市 …… 163

天津市 …… 163

江苏省 …… 163

六　学术研究 …… 165

（一）相关著作 …… 165

（二）报刊论文 …… 166

七　大事记 …… 170

2018年

一　政策法规 …… 181

江苏省 …… 181

浙江省 …… 181

安徽省 …… 182

二　水利工程 …… 183

（一）会议与调研 …… 183

江苏省 …… 183

（二）河道整治与设施建设维护 …… 183

江苏省 …… 183

（三）运河配套工程 …… 184

北京市 …… 184

江苏省 …… 184

（四）工程评审与验收 …… 184

江苏省 …… 184

三　航道运输 …………………………………………………… 185
（一）会议与调研 …………………………………………… 185
浙江省 …………………………………………………… 185
（二）航运规划与创新举措 ………………………………… 185
山东省 …………………………………………………… 185
四　文化旅游 …………………………………………………… 187
（一）政策发布 …………………………………………… 187
北京市 …………………………………………………… 187
（二）专题会议 …………………………………………… 187
北京市 …………………………………………………… 187
山东省 …………………………………………………… 188
江苏省 …………………………………………………… 189
浙江省 …………………………………………………… 199
河南省 …………………………………………………… 202
（三）工作调研 …………………………………………… 203
国　家 …………………………………………………… 203
北京市 …………………………………………………… 204
河北省 …………………………………………………… 204
江苏省 …………………………………………………… 204
浙江省 …………………………………………………… 207
（四）遗产保护 …………………………………………… 207
河南省 …………………………………………………… 207
（五）项目建设 …………………………………………… 208
江苏省 …………………………………………………… 208
（六）主题活动 …………………………………………… 209
北京市 …………………………………………………… 209
天津市 …………………………………………………… 212
山东省 …………………………………………………… 212
上海市 …………………………………………………… 212
江苏省 …………………………………………………… 213
浙江省 …………………………………………………… 215

五 生态环保 …… 217
(一) 规章制度 …… 217
山东省 …… 217
江苏省 …… 217
(二) 会议调研 …… 218
江苏省 …… 218
(三) 专项治理 …… 218
江苏省 …… 218
六 学术研究 …… 220
(一) 相关著作 …… 220
(二) 报刊论文 …… 222
七 大事记 …… 227

2019 年

一 政策法规 …… 236
(一) 国家 …… 236
(二) 地方 …… 243
北京市 …… 243
江苏省 …… 243
浙江省 …… 250
二 水利工程 …… 257
江苏省 …… 257
三 航道运输 …… 258
(一) 会议与调研 …… 258
江苏省 …… 258
(二) 航运数据 …… 259
山东省 …… 259
(三) 航运维护与管理 …… 259
江苏省 …… 259
浙江省 …… 260

（四）航运规划与创新举措 …… 261
江苏省 …… 261
四　文化旅游 …… 262
（一）专题会议 …… 262
北京市 …… 262
天津市 …… 264
河北省 …… 265
山东省 …… 266
江苏省 …… 267
浙江省 …… 275
河南省 …… 276
安徽省 …… 277
（二）工作调研 …… 278
北京市 …… 278
河北省 …… 278
山东省 …… 279
江苏省 …… 279
浙江省 …… 284
河南省 …… 284
（三）遗产保护 …… 285
浙江省 …… 285
（四）项目建设 …… 286
江苏省 …… 286
浙江省 …… 288
（五）主题活动 …… 288
北京市 …… 288
河北省 …… 290
山东省 …… 290
上海市 …… 291
江苏省 …… 291
浙江省 …… 300

河南省 …… 303
安徽省 …… 303
五 生态保护 …… 305
（一）规章制度 …… 305
江苏省 …… 305
（二）会议调研 …… 305
北京市 …… 305
天津市 …… 306
山东省 …… 306
江苏省 …… 307
（三）专项治理 …… 308
河北省 …… 308
江苏省 …… 308
六 学术研究 …… 310
（一）相关著作 …… 310
（二）报刊论文 …… 312
七 大事记 …… 318

2020年

一 政策法规 …… 329
（一）国家 …… 329
（二）地方 …… 334
山东省 …… 334
江苏省 …… 335
浙江省 …… 342
河南省 …… 350
二 水利工程 …… 352
（一）会议与调研 …… 352
山东省 …… 352
江苏省 …… 352

（二）河道整治与设施建设维护 …… 356
江苏省 …… 356
（三）运河配套工程 …… 357
江苏省 …… 357
（四）工程评审与验收 …… 357
山东省 …… 357
江苏省 …… 358
三　航道运输 …… 359
（一）会议与调研 …… 359
江苏省 …… 359
（二）航运维护与管理 …… 359
江苏省 …… 359
浙江省 …… 361
（三）航运规划与创新举措 …… 361
北京市 …… 361
山东省 …… 361
浙江省 …… 362
江苏省 …… 362
四　文化旅游 …… 363
（一）政策发布 …… 363
北京市 …… 363
山东省 …… 363
江苏省 …… 364
浙江省 …… 364
河南省 …… 365
（二）专题会议 …… 365
北京市 …… 365
山东省 …… 366
江苏省 …… 367
河南省 …… 369

(三) 工作调研 …… 369
江苏省 …… 369
(四) 项目建设 …… 372
北京市 …… 372
河北省 …… 372
江苏省 …… 372
浙江省 …… 373
河南省 …… 373
(五) 主题活动 …… 374
北京市 …… 374
河北省 …… 375
山东省 …… 375
江苏省 …… 376
浙江省 …… 382
(六) 公园建设 …… 383
山东省 …… 383
五 生态环境 …… 384
(一) 规章制度 …… 384
北京市 …… 384
江苏省 …… 384
浙江省 …… 384
(二) 会议调研 …… 385
江苏省 …… 385
山东省 …… 386
河南省 …… 386
(三) 专项治理 …… 387
山东省 …… 387
江苏省 …… 387
河南省 …… 388

六　学术研究 …………………………………………………… 389
（一）相关著作 ……………………………………………… 389
（二）报刊论文 ……………………………………………… 390
七　大事记 ……………………………………………………… 398

2014 年

一　政策法规

江苏省

《江苏省政府办公厅关于实施江苏省大运河风景路规划的通知》

各市、县（市、区）人民政府，省各委办厅局，省各直属单位：

为更好地保护和利用大运河沿线文化、生态、景观资源，根据省委、省政府有关部署和《省政府关于扎实推进城镇化促进城乡发展一体化的意见》（苏政发〔2013〕1 号）要求，省住房城乡建设厅组织编制了《江苏省大运河风景路规划》（以下简称《规划》）。《规划》已经省人民政府同意，现就有关实施工作通知如下。

一、充分认识编制和实施《规划》的重要性

大运河途经我省 15 个市、县（市），沿线历史人文和自然生态资源十分丰富，是重要的文化、生态、景观廊道。在推进新型城镇化和城乡发展一体化、加强生态文明建设和大运河申遗成功的背景下，编制并实施江苏省大运河风景路规划，对于保护和展示大运河世界文化遗产，构筑贯穿江苏南北的历史文化长廊，优化区域生态景观格局，提升沿线地区人居环境质量和城乡空间品质具有重要意义。各有关地区和部门要切实提高思想认识，本着积极主动的态度，采取扎实有力措施，把组织实施《规划》作为一项重要任务抓紧、抓实、抓好。

二、及时组织编制本地区详细规划

各有关市、县（市）人民政府要按照《规划》确定的目标任务、总体布局、建设标准和控制要求等，落实措施，落实经费，抓紧组织编制本地区大运河风景路详细规划。规划编制过程中，要与相邻城市充分沟通协商，必要时可提请省住房城乡建设厅组织协调。

三、科学构建风景路网络体系

《规划》确定的“一主、十七支、二十联”风景路网络体系，是大运河风景路建设的重要依据。各有关地区要按照《规划》要求，以保护资源、丰富文化、优化景观、实用经济、方便安全为原则，深化和完善大运河风景路线网布局，重点加强风景路与大运河沿线城镇、特色村庄、景区景点等的有机联通，加快构建大运河风景路网络体系。

四、高度重视资源保护利用和旅游业发展

以规划建设大运河风景路为契机，加强沿线历史文化、自然生态等资源的有效保护和整合利用，加大各类资源和旅游产品的整合力度，着力塑造良好的城乡人文景观和自然景观，全面提升旅游线路的连续性、旅游交通的便捷性和旅游产品的互补性，更好地满足沿线居民和游客观光、休闲、健身、游憩等需求。

五、大力改善风景路沿线城乡居民生活生态条件

按照低碳、生态、集约的要求，加快推进大运河风景路沿线各级、各类公共服务设施和基础设施建设。加强大运河风景路沿线城镇、村庄环境整治工作，优化调整城镇地区用地功能和布局，加快发展休闲观光产业和特色农业、手工业，整体提升城乡空间品质和风景环境面貌。

六、切实加强对《规划》实施工作的组织领导

各有关市、县（市）人民政府要强化统筹协调，科学开展规划，建立工作机制，确保《规划》实施有力有序有效推进。省住房城乡建设厅等部门要加强对《规划》实施的工作指导和监督检查，及时协调跨地区风景路建设有关问题，确保大运河风景路建设顺利推进、取得预期成效。

江苏省人民政府办公厅

2014 年 11 月 4 日

二　水利工程

（一）会议与调研

山东省

济宁市召开梁济运河管理工作会议　2014 年 1 月 15 日，济宁市梁济运河管理处召开 2014 年梁济运河管理工作会议。济宁市水利局党委副书记、副局长，南水北调建管局局长张君型出席会议并讲话。会议对在 2013 年涌现的 5 个先进集体、39 名先进工作者、10 个文明家庭、24 个文明职工进行了表彰。

梅永红调研济宁大运河开发进展情况　2014 年 11 月 18 日，济宁市委副书记、市长梅永红带领相关部门负责人，调研大运河开发推进情况。梅永红先后来到中科智造产业园、中兴通讯项目建设现场，认真听取项目介绍和推进情况，随后沿滨河路察看大运河开发太白湖段、郭庄片区拆迁安置现场等工程进展。梅永红指出，济宁市改造运河、利用运河为高端项目的引进创造了非常好的条件，搞好大运河的开发建设责任大、分量重，将成为济宁市高端产业的重要一极，带来巨大财富的同时，也将对济宁的未来发展起到重要推动作用。梅永红强调，各级相关部门要在统一规划建设、土地征收安置、探索融资新途径等方面通力协作，加快升级改造和重点民生工程建设进度。要依法推进项目建设的各项工作，维护既定规划的刚性，坚持市场化运作，探索引进先进的 PPP 运作模式，并尽快将景观外的地标性建设项目带入实质性运作阶段，真正把大运河开发建设成独具特色的经济带、文化带、旅游带、风景带，让运河重新焕发青春活力。

（二）河道整治与设施建设维护

江苏省

苏南运河镇江段“四改三”工程整治情况汇报会在丹阳举行 2014年3月31日，苏南运河镇江段“四改三”工程整治情况汇报会在丹阳举行。会议指出，力争至2014年底，全面完成剩余20千米河段拓宽改造，使镇江段运河全线满足千吨级船舶的通航要求。

淮安里运河北门桥控制工程全面开工建设 2014年3月25日，里运河北门桥控制工程全面开工建设。淮安市里运河防洪控制工程包括北门桥控制工程和堂子巷控制工程，其中北门桥控制工程位于北门桥处的里运河上，设计内容包括1座孔径30米的节制闸和宽度为25米的交通桥。工程计划工期为2014年3月至2015年6月。

常州市大运河东枢纽试运行工作顺利进行 2014年4月24～25日，常州市运北片防洪节点工程大运河东枢纽机组试运行工作顺利进行。大运河东枢纽是常州市城市防洪运北片防洪节点工程的重要组成部分，由两孔单孔净宽32米的节制闸、一座设计流量$100m^3/s$（$4\times25m^3/s$）的泵站组成，主要作用为防洪、排涝和改善城市水环境等。试运行前，常州市城市防洪工程建设处会同各参建单位专门成立试运行工作组，制定了机组启动试运行大纲及各种预案。在完成各项检查工作后，按规范要求分别进行了手动开机、自动开机、紧急停机、连续运行、联机运行等工作。经过测试，机组运行过程中的电流、电压、功率、温度及振动、噪声等参数均符合设计和规范要求。

淮安里运河堂子巷控制工程节制闸及泵站调试完成 2014年5月29日，里运河堂子巷控制工程完成节制闸门及东西泵站机泵闸门联合调试，节制闸闸门实现正常启闭，6台泵站（其中有2台双向泵站）均开机运行半小时，系统运行正常。堂子巷控制工程为闸站桥阁结合的水利枢纽工程，预算投资额为1.97亿元。工程于2011年3月9日开工实施，2013年7月7日通过水下工程阶段验收。

里运河堂子巷控制工程机组成功试运行 2014年7月11日，淮安市中心城市建设重点项目、主城区水环境综合提升工程、里运河文化长廊建设重要节点工程——里运河堂子巷控制工程机组成功试运行。里运河堂子巷控制工程由节制闸、泵站、交通桥、桥头堡、管理所等部分组成，对于解决里运河城区段防洪排涝、调蓄补水等问题，打通里运河两岸道路，改善城市水环境，提升城市品位等具有重要意义。工程自 2011 年 3 月正式开工建设，2013 年 7 月通过水下工程阶段验收。

（三）运河配套工程

江苏省

扬州跨京杭运河大桥三套方案对外发布　2014 年 2 月 18 日，扬州市开发路东延的关键性桥梁工程——跨京杭运河大桥三套方案对外发布，并开始征集市民对这三套方案的意见。开发路东延工程已经列入 2014 年建设计划。

吴琦视察大运河吴江段两岸建设情况　2014 年 8 月 5 日，苏州市吴江区副区长吴琦带队视察大运河吴江段两岸建设情况，听取了《吴江经济技术开发区运河公园建设方案》，检查了运河古纤道工程实施情况。吴琦指出，要进一步发挥好大运河在吴江经济社会发展中的作用，运河东岸可以注重商业、休闲建设，进行适当开发；西岸应注重原生态，以保护为主，希望部门之间加强沟通，避免运河两岸重复建设。

（四）工程评审与验收

山东省

山东省文物局专家组对大运河湖中运道、利建闸保护修缮工程进行竣工验收　2014 年 8 月 29 日，山东省文物局副局长由少平率省文物局专家组一行，对微山县大运河湖中运道、利建闸保护修缮工程进行竣工验收。济宁市文物局副局长杜维海、微山县副县长李长华以及相关部门负责同志陪同验收。

南水北调东线一期工程汶上县征地移民顺利通过县级验收　2014 年 11 月 28 日，汶上县副县长田利国带领由山东省南水北调工程建设管理局、南水北调东线山东干线济宁管理局、济宁市南水北调工程建设管理局、山东省水利勘测设计院、江河水利水电咨询中心、汶上县南水北调工程梁济运河汶上段征地移民工作协调领导小组办公室、汶上县水利局、南旺镇人民政府等单位有关专家组成的验收委员会，对南水北调东线一期工程两湖段输水与航运结合梁济运河工程汶上县征地移民工作进行了县级验收。

江苏省

骆南中运河影响处理工程合同项目完成验收 2014 年 5 月 27 日，南水北调东线一期工程骆南中运河影响处理工程合同项目完成验收会在宿迁举行。会议成立了验收委员会，参验人员通过察看现场、听取参建单位工作汇报、查阅档案资料等方式，一致认为骆南中运河影响处理工程已经完成全部合同建设内容，质量合格，档案资料收集齐全，同意通过合同项目完成验收。工程于 2010 年 10 月 10 日开工建设，2013 年 3 月 8 日通过设计单元通水验收。此次通水验收的顺利通过，标志着骆南中运河影响处理工程建设取得重要的阶段性进展。

南水北调骆南中运河影响处理等三项工程完成验收 2014 年 10 月 29 日，江苏省南水北调办公室在宿迁市主持召开了南水北调骆南中运河影响处理工程、徐洪河影响处理工程、洪泽湖抬高蓄水位影响处理工程（宿城区实施部分）征迁安置工作完工验收会议。江苏省水利厅党组成员、江苏省南水北调办公室副主任郑在洲出席会议并讲话。江苏省南水北调办公室，江苏水源公司，宿迁市水务局，宿城区委、区政府等单位负责同志参加会议。

宿迁市骆南中运河影响工程建设处召开工程完工验收准备会 2014 年 11 月 19 日，宿迁市骆南中运河影响工程建设处召开设计单元完工验收准备会。会议针对南水北调江苏质量监督站在骆南中运河影响工程质量巡查时所发现的问题如何整改做了统一部署，明确了整改措施及整改责任人，同时对骆南中运河影响处理工程设计单元完工验收准备工作提出具体要求。

三　航道运输

（一）会议与调研

山东省

住鲁全国政协委员再次联名建议加快京杭大运河黄河以北段复航　在全国政协十二届二次会议期间，卞志良、杨文、王树理等多位住鲁全国政协委员再次联名递交提案，呼吁京杭大运河黄河以北段复航。

（二）航运数据

江苏省

春运期间苏北运河货物运量达2500多万吨　2014年2月24日，为期40天的苏北运河水上交通运输春运正式结束。苏北航务处运调指挥中心统计数据显示，春运期间苏北运河10个梯级船闸累计开放40534闸次，放行船队14886个，放行货轮98008艘；通过苏北运河货物量为2530万吨，其中煤炭673万吨、黄砂1319万吨。

（三）航运维护与管理

天津市

京杭大运河通州—香河—武清段有望实现复航　2014年9月，通州、武清、香河三地水务部门签订战略合作协议，京杭大运河通州—香河—武清段有望实现复航。

（四）航运规划与创新举措

山东省

济宁市启动京杭运河济宁段部分航道升级计划　2014 年 3 月，济宁市启动京杭运河济宁段部分航道升级计划，京杭运河济宁段航道由三级航道升级为二级航道，升级后与京杭运河苏北段二级航道接通。全面升级后，京杭运河济宁段航道底宽由 50 米扩大至 70 米，单体通航船只吨位由 1000 吨提升至 2000 吨，航道整体运输能力扩大一倍。

京杭运河支线洙水河航道济宁段全线试通航　2014 年 7 月 26 日，京杭运河支线——洙水河航道济宁段全线试通航。洙水河航道改造工程是山东省重点内河水运项目，航道起点位于京杭运河主航道，终点为菏泽巨野孙庄桥，全长 51.8 千米，是京杭运河主要支线航道之一。通航后连接江浙水系，大大地降低了航道沿线货物外运成本。

江苏省

扬州运东船闸、芒稻船闸扩容改造工程正式开始施工　2014 年 2 月 10 日，扬州运东船闸、芒稻船闸扩容改造工程正式开始施工。江苏省航道部门投资约 6.5 亿元对两座船闸实施扩容改造。改造后的两座船闸均按照三级船闸标准建设，新建船闸闸室长 230 米、口门宽 23 米、最小门槛水深 4 米，最大设计船舶吨位为 1000 吨。其中，运东船闸设计年通过量为 7040 万吨，芒稻船闸单向年通过量为 2400 万吨。

无锡环城古运河水上巴士通航试运行　2014 年 12 月 29 日，无锡环城古运河水上巴士通航试运行，由复兴路码头出发至朝阳农贸市场，上午和下午各有一班，全程共设置 4 个码头。截至 2014 年底，无锡已开通或即将开通多条水上巴士。这些水上巴士逐渐成为无锡公共交通系统的一部分，部分线路与公交车和地铁站相接，让市民出行方式更加多样化。

四　文化旅游

（一）专题会议

山东省

德州市召开世界文化遗产大运河德州段保护开发座谈会　2014 年 7 月 3 日，世界文化遗产大运河德州段保护开发座谈会在德州市博物馆举行。此次座谈会旨在以大运河列入世界遗产为契机和起点，讨论大运河作为世界遗产的保护和利用工作，积极推动全市经济社会文化全面发展。座谈会上，市文广新局党组书记、局长杨杰就大运河德州段的保护利用工作情况做了汇报。德城区、武城县、夏津县、运河经济开发区相关部门工作人员分别围绕大运河探索开发和利用途径做了发言。财政、住建、规划等部门工作人员分别围绕大运河遗产保护管理资金、城乡建设、城市规划等内容进行了发言。相关专家学者围绕大运河世界遗产的保护和开发利用进行了探讨。

人民网启动“运河山东行”系列活动　2014 年 9 月 30 日，人民网大型网络直播报道“运河山东行”活动在济南启动。中共山东省委宣传部副部长、山东省互联网信息办公室主任李建军，人民日报山东分社副社长宋学春等出席仪式。此次活动由人民日报社山东分社、山东省互联网信息办公室主办，人民网山东频道、中国电信山东分公司承办。活动以“讲述运河故事，品味民族文化”为主题，首次运用人民日报全媒体传播方式，通过人民日报、人民日报客户端、人民网、电视、微博以及微信公众号，实现跨地市全程网络直播，走近大运河，以小故事诠释大题材，以大背景反映百姓生活，以浓郁的民俗风情和情感故事，向读者和网民展现新时期运河山东段两岸的发展变化。

江苏省

江苏省召开大运河申遗工作总结会议 2014 年 7 月 17 日，江苏省人民政府在扬州召开江苏省大运河申遗工作总结会议。会上传达了省长李学勇关于大运河江苏段保护与申遗工作的批示，会议由省政府副秘书长、会商小组副组长肖泉主持，副省长、省大运河保护和申遗市厅际会商小组组长曹卫星出席会议并讲话。

高邮市政协召开“运河申遗成功与高邮发展”座谈会 2014 年 7 月 23 日，高邮市政协主席倪文才主持召开会议，以“运河申遗成功与高邮发展”为主题与 9 家单位主要负责人进行交流。会上，市旅游局、文广新局、规划局、邮政局、水利局、交通局、经信委、政协教卫文史委、社科联等 9 家单位主要负责人围绕“运河申遗成功与高邮发展”主题畅所欲言，讨论交流运河申遗成功对高邮发展的影响，就高邮如何抓住运河申遗成功这一机遇，做好遗产的开发、保护、利用，进一步发展高邮文化、旅游、经济等提出各自的建议和意见。会前，与会人员还参观了大运河申遗点。

大运河遗产保护管理工作会议在扬州召开 2014 年 9 月 26 日，国家文物局在扬州召开大运河遗产保护管理工作会议。文化部副部长、国家文物局局长励小捷出席会议并讲话，国家文物局副局长童明康主持会议。励小捷肯定了在大运河申遗过程中，大运河沿线各个城市对成功申遗做出的贡献，并围绕下一步的工作提出三点要求。一是各级文物部门要继续加大大运河文化遗产的保护管理工作力度，要在首批申报成功的基础上，拓展大运河遗产的范围，将那些符合世界文化遗产标准的、优秀的大运河遗产囊括进来，形成对大运河更加完整的保护。二是大运河沿线各级政府要迅速将各级“大运河保护和申遗领导小组”更名为“大运河保护管理领导小组”，继续发挥好在大运河保护管理过程中的组织协调作用。各级文物部门要在大运河遗产保护管理过程中发挥主导作用。各地要在合理展示利用大运河遗产方面积极进行有益探索，努力把大运河遗产保护展示工程做成生态工程、惠民工程。三是各级要加大对大运河沿线生活方式的调查研究力度，在保护管理好大运河物质文化遗产的过程中，要把与大运河息息相关、有着千丝万缕关系的非物质文化遗产的保护传承工作扎实做好。

2014 淮安·中国大运河世界遗产保护与可持续发展研讨会在淮安举行

2014 年 9 月 28 日，衔接过去与未来的盛会——2014 淮安·中国大运河世界遗产保护与可持续发展研讨会在淮安举行。研讨会期间，来自大运河世界遗产保护、运河产业经济、运河旅游、运河城市、运河文化等不同领域的专家、学者 30 余人围绕大运河世界遗产保护与可持续发展、大运河淮安段世界遗产保护现状、大运河世界遗产保护"淮安经验"等主题进行交流，并对中国大运河世界遗产保护与可持续发展的前瞻性、中国淮安里运河文化长廊，以及世界运河旅游区建设规划与发展理念进行了探讨。

中国大运河遗产保护管理论坛在淮安举办　2014 年 10 月 24～25 日，由中国文物学会、江苏省文物局、江苏省水利厅、淮安市人民政府共同主办的中国大运河遗产保护管理论坛在淮安召开。论坛举办期间，近 30 位专家、学者发表专题演讲。会后，与会代表还实地考察了洪泽湖大堤高堰段、清口枢纽等运河遗产。

浙江省

"京杭大运河城市旅游推广联盟"成立大会在杭州召开　2014 年 6 月 24 日，"京杭大运河城市旅游推广联盟"成立大会在杭州召开，包括聊城在内的大运河沿线 18 个城市首次统一亮相，由 18 个城市旅游部门组成的"京杭大运河城市旅游推广联盟"成立。该联盟以期提升大运河城市旅游整体形象，探讨大运河城市旅游新的合作方式和途径，推动区域旅游经济发展，打造一条全新的京杭大运河世界级精品旅游线。

嘉兴召开大运河遗产保护工作座谈会　2014 年 7 月 11 日，嘉兴市大运河遗产保护工作座谈会在市文化局召开。会议由嘉兴市文化局（文物局）局长金琴龙主持，相关部门负责人以及专家、学者 30 余人参加会议。与会人员围绕嘉兴市大运河遗产的保护和开发利用进行了深入探讨。

（二）工作调研

江苏省

中国水利报赴大运河江苏段考察调研　2014 年 10 月 9～13 日，中国水利报社组织考察团先后赴泰州、扬州、淮安开展考察调研活动。考察团由中国水利报社党委委员营幼峰带队，中国水文化研究会会长、水利部漳渭南运河管理局副局长靳怀堾，水利史专家蔡蕃，知名作家，画家，摄影家，水利报社记者等参加了考察活动。

浙江省

李克强到京杭大运河杭州拱宸桥段考察 2014 年 11 月 21 日，李克强总理在京杭大运河杭州拱宸桥段考察。他强调，运河是人类智慧的创造，今天的大运河，则是我们对历史遗产的再创造。人居的生命力不仅在于保护，也在于创造。我们今天要用好用活大运河这笔丰厚遗产。

（三）遗产保护

山东省

微山县南阳镇入选第六批中国历史文化名镇 2014 年 3 月，第六批中国历史文化名镇（村）评选名单揭晓，微山县南阳镇榜上有名。这也是自 2003 年开始组织评选历史文化名镇（村）以来，山东省继淄博桓台新城镇（2008 年第四批入选）之后第二个获此殊荣的乡镇。此次入选历史文化名镇，对于南阳古镇的发展起到了良好的推动作用。接下来，南阳镇抓紧制定完善相关规章制度和保护措施，进一步理顺管理体制，切实做好历史文化名镇的保护和管理工作，为古镇的持续健康发展创造良好的社会环境。

大运河微山段文物保护与展示工程顺利通过竣工验收 2014 年 8 月 29 日，由山东省文物局副局长由少平组成的专家组，在济宁市文物局副局长杜维海陪同下，来微山县对大运河微山段文物保护与展示工程进行竣工验收。专家组首先实地察看了利建闸和湖中运道等文物保护与展示工程现场，详细了解了利建闸和湖中运道的保护与展示相关工程设计、施工及监理情况，随后在认真听取了微山县关于大运河微山段保护与展示工程的情况汇报后，一致同意工程通过验收。济宁市文物局相关科室负责人、微山县文广新局和南阳镇主要负责人陪同验收。

江苏省

高邮镇国寺塔和平津堰遗址被列入第七批全国重点文物保护单位　2014 年 3 月，高邮镇国寺塔和平津堰遗址作为大运河重要组成部分被列入第七批全国重点文物保护单位。截至 2014 年 3 月，高邮境内已有 4 处大运河遗产点成为全国重点文物保护单位。

苏州大运河遗产展示馆举行“青少年德育教育基地”挂牌仪式　2014 年 7 月，苏州工业园区文萃小学与苏州市文广新局签署“青少年德育教育基地”共建协议，并在苏州大运河遗产展示馆举行“青少年德育教育基地”挂牌仪式。文萃小学副校长陈江与市文广新局文物处处长潘国英出席授牌仪式。市文广新局与工业园区文萃小学在校外社会基地教育方面开展合作，通过定期互访、联谊、教育讲座等活动，探索青少年文化遗产教育培养新模式，为青少年创建一个安静、健康、高效的育人环境。

江苏省大运河申遗工作总结会议在扬州召开　2014 年 7 月 17 日，江苏省政府在扬州市召开江苏省大运河申遗工作总结会议。会议总结了近 10 年来江苏省大运河保护申遗工作的突出成绩，对江苏省水利厅、江苏省南水北调办公室等在大运河保护和申遗工作中做出重要贡献的单位予以通报表扬，并对下一阶段大运河遗产保护管理工作做了部署。

天地图“中国行”活动在扬州举行　2014 年 12 月，由国家测绘地理信息局主办的天地图“中国行”活动走进扬州。据悉，自大运河 6 月列入《世界遗产名录》后，中国大运河档案和监测平台全面接入国家地理信息公共服务平台——天地图。这一平台为大运河的监测和预警管理提供了大量信息服务，为守护大运河这一世界遗产做出了重大贡献，成为地理信息系统成功应用的典范。

浙江省

国家文物局督察组检查海宁市运河保护展示工作　2014 年 11 月 27 日，国家文物局副局长董保华带领国家文物局督查组一行来到海宁，督查海宁市大运河保护工作情况。督查组一行先后到长安闸大运河遗产展示馆、虹桥、老坝遗址，察看了各遗址点的保护展示情况，并听取了该市相关工作情况的汇报。督查组对海宁市文物保护工作取得的成绩给予充分肯定。董保华指出，大运河申遗成功只是阶段性成果，申遗之后的保护是一个长期的过程，要继续弘扬申遗精神，在整治方案设计中与群众的生产生活相联系，让保护文化遗产的重要性深入人心。

（四）项目建设

北京市

温榆河—北运河（通州城市段）绿道建设工程基本完工 2014 年 12 月，温榆河—北运河（通州城市段）绿道建设工程基本完工。工程总长度为 45.6 千米，北起温榆河通州与顺义交界处，南至北运河武窑桥；总面积为 165 万平方米，其中绿地面积为 153.7 万平方米，道路铺装面积为 45335 平方米，广场铺装面积为 61628 平方米。

山东省

台儿庄运河湿地景区启动新一轮升级改造工程 2014 年 2 月，台儿庄运河湿地景区启动了新一轮升级改造工程。此次升级改造工程投资额近 2000 万元，拓宽航道 3000 米，修建码头 4 个，其中内河码头 2 个、运河码头 2 个，购置高档游轮 2 艘，修建占地 100 多亩的人工湖 1 处，占地 50 亩的百鸟园 1 处，占地 100 亩的船舶展览园 1 处。升级改造后，景区成为一个集水生植物观赏、生态科普、候鸟栖息、步道游览、水道观赏等旅游项目以及芦苇荡、生态湿地景观于一体的生态主题景区。

德州武城运河文化长廊被列为省重点建设项目 2014 年 4 月 9 日，山东省人民政府就 2014 年省重点建设项目下发通知。在列出的 108 个 2014 年省重点建设项目中，武城县运河文化长廊建设项目位列第 21。运河文化长廊建设项目总投资额为 5 亿元，位于武城县城区北部，西起西外环路，东至德商路，全长 7.8 千米。对六六河旧河道进行高标准、大力度的拓宽和景观建设，在南北沿岸设置绿化带及景观，将运河文化长廊全力打造成一条充满京杭运河文化内涵，集历史、人文、景观、旅游、休闲于一体的露天运河文化博物馆，对改善人居环境、提升城市品位、带动城市化建设和拓展城市发展空间起到积极的推动作用。

台儿庄区运河湿地公园获批山东省第三批休闲农业与乡村旅游示范点 2014 年 9 月，山东省农业厅、省旅游局公布第三批山东省休闲农业与乡村旅游示范点，台儿庄运河湿地公园成功入选。湿地公园是全国首家以运河湿地为主题的国家 4A 级旅游景区，年接待中外游客 100 余万人次，先后被授予“山东省第二批休闲农业与乡村旅游示范点”“海峡两岸航空运动交流基地”等称号。此次省级示范点的成功获批，对于打造一批休闲农业旅游新品牌、繁荣农村经济、增加农民收入具有重要意义。

台儿庄运河国家湿地公园成功入选“2014 年中国体育旅游精品项目” 2014 年 11 月 22 日，“2014 中国体育文化 · 体育旅游博览会”在安徽芜湖举行，博览会组委会公布了 2014 年中国体育旅游精品十佳赛事、景区和线路推荐评选结果，台儿庄运河国家湿地公园成功入选中国体育旅游精品项目，成为枣庄市唯一的入围项目。

江苏省

扬州市大运河水上旅游专线正式开通 2014 年 4 月 28 日，全国首条大运河水上游览线——全程 45 千米的扬州—邵伯—高邮大运河水上旅游专线正式开通。据古运河游船公司相关人士介绍，这条水上游线路全长约 45 千米，集合了历史文化资源、自然生态景观、千年名镇风采、宗教文化体验、休闲美食度假等丰富的旅游资源，是一条集水陆互动、休闲娱乐、文化观光和度假体验于一体的特色水上旅游线路。

（五）主题活动

北京市

“水墨运河 梦幻通州”书画摄影作品展在通州开幕 2014 年 9 月 17 日，“水墨运河 梦幻通州”书画摄影作品展在通州区大运河美术馆开幕。自 2014 年 5 月 15 日起，200 多名驻通艺术家参与了“水墨运河 梦幻通州”采风活动。在 4 个月的时间里，他们围绕古韵新城、漕运码头、美丽乡村、时尚艺术、党建风采五个主题，进行了实地参观写生，通过自己的笔和相机，记录了具有“通州味道”的北京城市副中心建设的点滴和瞬间。此次展出的百余幅书画和摄影作品，就是采风活动的艺术结晶。展览启幕当天，由区委宣传部、文联等部门共同举办的“美丽通州 文化新城”文化周活动也正式拉开帷幕。

“2014 北京通州运河艺术节”开幕 2014 年 10 月 31 日，由通州区委、区政府主办，区委宣传部、区文化委员会共同承办的“2014 北京通州运河艺术节”开幕。各单位通过举办一系列特色鲜明的活动，为广大群众奉上一道道文化大餐。本届艺术节还陆续举办了“文化通州”和“圆梦运河”系列主题活动，包括歌舞晚会、戏剧舞台剧与大运河历史图片资料展、非物质文化遗产展览、书画摄影展等。

“重访大运河”媒体采访活动在通州大运河森林公园启动 2014 年 10 月 26 日，由新华社主办，国家文物局支持的“重访大运河”活动在通州大运河森林公园启动。在为期 1 个月的时间里，新华社全媒体采访团从通州出发，沿大运河南下，途经大运河沿岸 8 个省份 20 多个城市，通过全媒体形式全景展现 2500 岁的京杭大运河的魅力。据主办方介绍，此次活动通过“历史变迁”“沿途风貌”“百姓故事”“保护利用”四大板块来全面呈现，对大运河沿线的历史渊源、文化遗产、景观风貌、百姓生活、保护利用等方面展开深层次、全方位报道。此外，活动利用新华网、新华通、“新华社发布”客户端、手机报、微博、微信，以及社办报刊等新华社媒体平台，进行全媒体融合式报道。

歌剧《运之河》在国家大剧院上演 2014 年 12 月 13～14 日，以隋炀帝开掘大运河为内容的歌剧《运之河》在国家大剧院上演。《运之河》以隋炀帝开掘京杭大运河为经，以隋唐五代更迭为纬，以“水能载舟，亦能覆舟”为主线，客观还原了隋炀帝开掘大运河的历史功过。全剧形象地阐述了大运河不仅是一条沟通五大水系、贯通南北的“运输之河”，还是一条承载家国荣辱兴衰的“命运之河”。

山东省

武城县举行运河古镇文化风景区一期竣工暨中华孝文化传播基地启用仪式 2014 年 1 月 6 日，武城县举行运河古镇文化风景区一期竣工暨中华孝文化传播基地启用仪式，德州市副市长杨玖庆，市委宣传部常务副部长梁希忠，德州日报社社长姜立明，市文广新局局长杨杰，市旅游局局长刘宗斌，市广播电视台台长邱红玲，县委副书记、县长王胜强，县人大常委会副主任袁长霞，副县长于萍，县政协副主席满春元参加活动。县委常委、宣传部部长乔永梅主持仪式。

齐鲁晚报发起大运河考察报道活动　2014 年 5 月 15 日，由齐鲁晚报联合京杭大运河沿线 6 家省级主流媒体与阿里公益天天正能量共同发起的“徒步大运河穿越古今接续文明”考察报道活动在通州启动。根据计划，由媒体记者和大运河研究专家组成的考察报道队在 18 天里徒步 18 城，向读者展示大运河今昔风采。作为此次活动的发起方，齐鲁晚报派出包括文字记者、摄影记者、视频记者、微博记者及美编在内的强大报道力量，对大运河进行持续深入的报道。山东省旅游规划设计研究院作为国家旅游局《京杭运河旅游线路总体规划》担纲设计单位，为本次考察活动提供线路设计支持。

2014 年中国旅游日台儿庄主题活动暨“运河湿地杯”服务礼仪风采大赛落幕　2014 年 5 月 20 日，2014 年中国旅游日台儿庄主题活动暨“运河湿地杯”服务礼仪风采大赛落幕。活动围绕“快乐旅游，公益惠民”的主题，积极组织景区开展为游客送快乐、为群众送实惠的优惠活动。活动期间，运河湿地风景区推出费用减免活动，并在现场派发游船优惠票。台儿庄古城景区、台儿庄大酒店、运河湿地景区等 9 家单位组队参加了大赛。此次活动是深化“十百千”培训工程、提高涉旅行业服务质量的又一举措，在进一步规范旅游服务礼仪、树立台儿庄旅游新形象等方面起到了积极作用，同时也丰富了“中国旅游日”宣传活动的内容。

首届大运河流域曲艺学术交流展演及研讨活动在济宁市举行　2014 年 8 月 9 日，由中国艺术研究院曲艺研究所和山东省济宁市人民政府联合主办的大运河流域曲艺学术交流展演及研讨活动在济宁市运河音乐厅开幕。来自运河沿线 8 个省份 18 个地市的 40 余支曲艺队伍参加交流展演。除了大运河流域曲艺学术交流展演之外，活动还举办了“大运河杯”地方曲艺传承保护发展论文征集评奖以及学术研讨会等。此次活动旨在承续运河文明传统，推动流域曲艺繁荣，围绕“如何传承发展地方曲艺”的主题，为新世纪新时代运河流域的南北曲艺交流搭建平台。

聊城中国运河文化博物馆举行“山东省三星级科普教育基地”揭牌仪式　2014 年 8 月 27 日，聊城中国运河文化博物馆举行“山东省三星级科普教育基地”揭牌仪式。聊城市科协主席陈华、市文广新局局长杨达出席仪式并为基地揭牌，聊城市科协副主席王延飞、聊城中国运河文化博物馆馆长陈清义致辞。揭牌仪式由市文广新局副局长翟健主持。聊城市科协、聊城中国运河文化博物馆全体人员和部分科普志愿者参加了活动。

京杭大运河济宁段水上旅游线路正式启动 2014 年 8 月 27 日，济宁市任城区第一条旅游线路——京杭大运河济宁段水上旅游线路的启动仪式在江南春宾馆举行。济宁市旅游局副局长郑庆军，任城区委常委、宣传部部长汪金厚，任城区委宣传部副部长、旅游局局长王峰出席，旅游企业代表及媒体记者参加了启动仪式。

长篇历史小说《大运河》获优秀图书奖 2014 年 10 月 16 日，山东省第 11 届精神文明建设“文艺精品工程”颁奖座谈会在济南召开。由济宁市文物局副局长、作家杨义堂创作的长篇历史小说《大运河》获优秀图书奖。

江苏省

《诗画大运河》出版发行仪式在扬州举行 2014 年 1 月 13 日，《诗画大运河》出版发行仪式在扬州举行。在仪式上，该书被赠予市申遗办和扬州市的文博场馆。扬州市副市长、扬州市文化博览城建设领导小组副组长董玉海，扬州市文化博览城建设领导小组副组长洪军参加相关活动。

美国两大报纸报道扬州大运河故事 2014 年 2 月 26 日，美国第三大报——《洛杉矶时报》以两个整版的篇幅聚焦扬州，分别报道了大运河扬州段和南河下街区。美国中文报纸《国际日报》英文版也于当地时间 2 月 28 日推出了两个整版的报道。本次报道的采写、翻译均由扬州日报社完成。两家报纸的报道内容基本相同。第一个版面详细地报道了大运河水上游览线，向美国读者展示了大运河赋予扬州城市的灵动与秀美；另一个版面则描绘了南河下街区独特的历史韵味和建设蓝图。

百位中外名家画运河活动暨《画说运河》专题片开机仪式在扬州举行 2014 年 4 月 16 日，“母亲的倩影”——百位中外名家画运河活动暨《画说运河》电视纪录片开机仪式在扬州京杭之星会议中心举行，运河沿线省市的领导及海外的著名画家、嘉宾共计 60 多人参加了开机仪式。这次活动范围涉及大运河沿线 8 省（直辖市）的 35 座城市，并扩展至世界其他运河城市。2015 年，活动在扬州、杭州、北京、巴黎、香港、澳门、台湾等地继续开展，以组织采风、创作笔会和大型展览的方式充分展现了大运河风貌，传播了运河城市独特的文化，促进了运河文化交流。

《中国大运河》纪录片完整版在江苏公共频道播出　2014 年 7 月 1 日，由江苏省委宣传部、江苏广电总台摄制出品的 8 集大型人文系列纪录片《中国大运河》在江苏公共频道播出，每天播出 1 集，连播 8 天。此外，该纪录片完整版还于 7 月 8 日晚 10 点开始在央视十套《探索·发现》栏目播出。

“扬州大运河申遗之路”公益讲座在扬州博物馆举行　2014 年 7 月 6 日，由扬州博物馆协会主办的“文博讲堂话扬州系列讲座之三——扬州大运河申遗之路”专题讲座在扬州博物馆报告厅内举行。扬州博物馆名誉馆长、扬州市博物馆协会会长顾风分享了扬州申遗尤其是大运河申遗艰辛的历程与成功的喜悦。

常州市举行世界遗产中国大运河常州城区段揭牌仪式　2014 年 7 月 13 日，世界遗产中国大运河常州城区段揭牌仪式暨“庆申遗走大运”群众毅行活动在常州西瀛里明城墙下举行。常州市副市长方国强出席仪式，并与各方代表共同为世界遗产中国大运河常州城区段揭牌。揭牌仪式后，社会各界代表自发沿大运河毅行，路线为西瀛里明城墙—西直街—新市路—中吴大桥—三堡街—西仓桥—怀德桥，全程 5 千米，花费时间为 1.5 小时左右。市申遗领导小组各成员单位负责人和专家组成员、大运河志愿者、老年骑友队队员、市集邮协会会员以及市民代表共 500 余人参加活动。

“走运河，看青奥——2014 全国网络媒体江苏行”活动在扬州启动　2014 年 8 月 13 日，由省委网信办、新华报业传媒集团主办，中国江苏网承办的新华报业七大媒体联盟“走运河，看青奥——2014 全国网络媒体江苏行”在中国运河第一城扬州启动。在 5 天的时间里，人民网、新华网、大众网等 35 家中央、省级重点新闻网站的近 40 位名记名编在大运河江苏段沿线扬州、淮安、苏州、无锡、南京 5 个城市围绕“运河”和“青奥”两大主题进行采访报道。

大型舞蹈剧《遇见大运河》在扬州市广陵区演出　2014 年 9 月，由杭州歌舞剧院打造的大型舞蹈剧《遇见大运河》在扬州京杭会议中心进行演出，广陵也成为《遇见大运河》在杭州首演之后全国巡演的首站。《遇见大运河》主创团队由开国内先河的舞蹈诗剧《阿姐鼓》的原班人马组成，并且邀请了曾为《加勒比海盗》《珍珠港》等全球知名影片作曲的好莱坞著名音乐家克劳斯·巴德尔特加盟。这支团队在完成 2008 年北京奥运会的作品之后，历时四年，为中国大运河申遗打造了全国唯一一部文化遗产传播剧，为大运河申遗成功营造了良好的舆论氛围，得到国家申遗办的高度评价。

大运河世界文化遗产段“扬州古运河（广陵）”揭牌活动在扬州举行 2014 年 9 月 25 日，大运河世界文化遗产段“扬州古运河（广陵）”揭牌活动在扬州古运河畔的东关古渡广场隆重举行。扬州市人大常委会副主任孙永如、内河航道国际组织主席大卫·白灵杰、广陵区委书记陈锴竑等领导和来宾参加揭牌仪式。孙永如、陈楷竑、大卫·白灵杰和“扬州好人”徐茂舜共同为大运河世界文化遗产段“扬州古运河（广陵）”标志碑揭牌。广陵区委副书记赵长松、区申遗办主任戴红兵参加会议并讲话。

大运河江都段遗产点世界遗产标志碑在江都区邵伯镇揭幕 2014 年 9 月 25 日，大运河江都段遗产点世界遗产标志碑揭幕仪式在江都区邵伯镇斗野园前举行，江都区委书记蒋爱祥、区长马顺圣和江都水利学者徐从法及市民代表一同揭幕。随着大运河江都段世界遗产标志碑落成，大运河遗产保护工作进入一个新的阶段。

“中国梦·运河情”江苏省运河城市画院中国画邀请展在扬州举行 2014 年 9 月 28 日，作为“2014 中国·扬州世界运河名城博览会”的一项重要文化活动，由江苏省文化厅、扬州市人民政府主办，扬州市委宣传部、市文广新局承办，徐州、宿迁、淮安、扬州、镇江、常州、无锡、苏州等 8 座城市画院协办的“中国梦·运河情”江苏省运河城市画院中国画邀请展在扬州市美术馆开幕。扬州市副市长董玉海等领导出席活动，市文广新局局长季培均致欢迎辞，沿运各地美术爱好者参加开幕式。

古运河明清官窑瓷器展在无锡举行 2014 年 11 月 6 日，古运河明清官窑瓷器展在无锡清名桥堍的运河文化艺术馆举行。该展由清名桥古运河景区运河文化艺术馆主办，天朗文商旅商业发展（集团）有限公司协办，是清名桥历史文化街区举办的首场高端艺术收藏品展览活动，也是无锡地区首次明清官窑瓷器类展出。中国当代著名收藏家马未都先生出席开幕式。苏富比、佳士得、瀚海、保利等国内外著名拍卖行也派专门人员到场祝贺。

浙江省

舞蹈剧场《遇见大运河》在杭州首演 2014 年 5 月 21 日，舞蹈剧场《遇见大运河》在杭州大剧院首演。杭州歌舞剧院集结了 2008 年北京奥运会主创团队倾力打造了这部作品，希望通过这部作品唤起人们对运河命运的关注和思索。在杭州首演后，舞蹈剧场《遇见大运河》在中国大运河沿线 27 个城市巡演，最终走向世界舞台。

杭州市拱墅区举办了运河旅游发展推介会　2014 年 12 月 18 日，杭州市拱墅区举办了运河旅游发展推介会，为大运河杭州段打造成世界级旅游产品寻求经验支持与合作伙伴。会上，来自长三角、香港、澳门的专家、学者和旅游业资深代表，对运河拱墅段经济文化价值的多层次开发进行了可行性探讨，部分代表与拱墅区达成了战略合作协议。

五　生态环保

（一）会议调研

浙江省

湖州市委副书记金建新调研德清治水工作　2014年8月15日，湖州市委副书记金建新赴德清县调研京杭运河水环境综合治理工作，德清县副县长陈健等相关人员陪同。金建新一行来到京杭运河梅林段，详细听取了运河整治措施、长效管理等情况的介绍，对德清县整治河道的做法表示肯定，同时提出要切实加强长效管理，进一步巩固治理成果。

（二）专项治理

北京市

通州区举办“保护京杭大运河”植绿护绿活动　2014年3月3日，学雷锋“三关爱”志愿服务暨“保护京杭大运河”植绿护绿活动在大运河森林公园举行。区委常委、宣传部部长王杰群，副区长李亚兰出席活动开幕仪式，各相关单位领导、乡镇工作人员、街道办事处工作人员、高校志愿者、驻通部队官兵200余人参加了当天的树木养护志愿服务活动。

山东省

济宁太白湖新区古运河河床清淤　2014年7月28日，济宁太白湖新区赵庄振兴桥下的古运河河床开始清淤。本次清淤的河床全长约10千米，其中 7 座桥梁两侧是清理的重点，船载挖掘机配合驳船运输进行水上作业，将淤积的河道进行清理。通过清淤，古运河水下 3 米左右的淤泥得到清理，确保了河道排水的畅通。

江苏省

无锡市锡山区现场推进锡北运河综合整治工作　2014 年 5 月，锡山区区长顾中明同志召集各部门主要负责人，现场视察锡北运河综合整治情况，就断面水质改善工作进行部署。顾中明一行乘船对该河段的水质、沿河环境及排污口等情况进行仔细检查，并就整治工作听取了各板块及相关职能部门的专题汇报。对于下一阶段的整治工作，顾中明提出：一要进一步强化责任意识；二要进一步落实相关工作措施，抓好断面水质监测和分析，加大监管力度，健全长效管理机制；三要进一步建立断面补偿机制。

扬州市江都区推进大运河淮扬主线整治工作　2014 年 5 月 15 日，扬州市江都区在邵伯镇召开大运河淮扬主线江都段环境整治现场推进会。2013 年以来，江都区人民政府投入 300 万元，启动了环境整治工程，获得国家专项补助资金 1050 万元。2014 年，江都确立“南延北拓”的工作思路。大运河环境整治主战场由明清运河故道转移至运河淮扬主线，重点将拆除、迁移、整治北部淮扬运河主线沿线违章建筑、闲船、砂石码头等，并积极筹备南部邵伯古堤修缮工程。为了巩固大运河申遗工作成果，探索运河遗产长效管理机制，江都区人民政府在原来江都大运河遗产监测预警点的基础上，成立大运河遗产邵伯监测管理支中心，整合邵伯镇、航道站、船闸、水上派出所等单位力量，使其根据各自的职能行使监测管理权力，组建监测管理队伍，召开联席会议，实现资源共享、群策群防，集中力量解决遗产保护、航道安全、水务和城镇等与运河有关的难点问题，统一协调指挥大运河遗产保护工作。

六　学术研究

（一）相关著作

安宇、沈山：《运河文化景观与经济带建设》，中国社会科学出版社，2014。

蔡蕃：《京杭大运河水利工程》，电子工业出版社，2014。

常州市文学艺术界联合会编著《常州运河研究》，江苏人民出版社，2014。

陈怡、吕舟：《京杭大运河突出普遍价值的认知与保护》，电子工业出版社，2014。

大河报社编《行走大运河》，大象出版社，2014。

戴兴华、戴秀秀：《隋唐运河汴河段漕运探考》，黄山书社，2014。

冬冰主编《在江河湖海之间：大运河扬州段文化遗产》，东南大学出版社，2014。

董德利主编《运河名城·扬州揽胜》，广陵书社，2014。

董文虎、王健：《江苏大运河的前世今生》，河海大学出版社，2014。

顾建国：《运河名物与区域文化考论》，上海三联书店，2014。

胡其伟、周晨、姜浩：《阅读运河》，上海交通大学出版社，2014。

江怀海、赵莹莹主编《大运河宁波段研究文集》，浙江古籍出版社，2014。

姜师立等：《京杭大运河历史文化及发展》，电子工业出版社，2014。

姜师立等：《京杭大运河遗产监测技术与应用》，电子工业出版社，2014。

李跃乾：《京杭大运河漕运与航运》，电子工业出版社，2014。

洛阳市文物管理局编《双申遗纪实》，文物出版社，2014。

吕志江主编《家乡的那条河：走读京杭大运河（浙江段）》，浙江教育出版社，2014。

马士勇主编《常州运河楹联》，凤凰出版社，2014。

毛锋等：《京杭大运河开凿与变迁》，电子工业出版社，2014。
毛锋：《京杭大运河历史与复兴》，电子工业出版社，2014。
聂跃平、杨林、邓飚：《京杭大运河遗产保护中的遥感技术应用》，电子工业出版社，2014。
邱志荣、陈鹏儿：《浙东运河史（上卷）》，中国文史出版社，2014。
邱志荣、李云鹏主编《运河论丛：中国大运河水利遗产保护与利用战略论坛论文集》，中国文史出版社，2014。
尹钧科：《什刹海与京杭大运河》，当代中国出版社，2014。
谭坤编著《常州运河诗文》，凤凰出版社，2014。
天津市档案馆编《天津运河故事》，天津人民出版社，2014。
于冲主编《聊城：江北水城 运河古都》，山东友谊出版社，2014。
王勇红：《晋商与京杭大运河》，中国社会科学出版社，2014。
王玉芳编，孙建著《我们的大运河·物产卷》，光明日报出版社，2014。
王玉芳编，孙建著《我们的大运河·诗歌卷》，光明日报出版社，2014。
王玉芳编，杨双印、刘永福著《我们的大运河·杂技武术卷》，光明日报出版社，2014。
王云、李泉主编《中国大运河历史文献集成》，国家图书馆出版社，2014。
吴晨：《京杭大运河沿线城市》，电子工业出版社，2014。
吴顺鸣编《大运河》，黄山书社，2014。
吴跃球：《运河岸边的村庄》，江苏人民出版社，2014。
武廷海、王学荣：《京杭大运河城市遗产的认知与保护——以扬州为例》，电子工业出版社，2014。
徐州政协文史委编著《运河名城徐州》，中国文联出版社，2014。
许明主编《运河南端觅遗址》，杭州出版社，2014。
荀德麟、刘志平、李想、贾新：《京杭大运河非物质文化遗产》，电子工业出版社，2014。
扬州博物馆编《紫禁城·扬州·大运河：故宫博物院、扬州博物馆馆藏文物精品》，广陵书社，2014。
杨静、张金池、吴永兴、庄家尧：《京杭大运河沿线典型区域生态环境演变》，电子工业出版社，2014。
曾招喜编著《大运河山东之旅》，山东友谊出版社，2014。

张明池主编《齐风鲁韵话运河》，山东友谊出版社，2014。
张晓棣：《国粹：隋唐大运河宋瓷遗珍》，中国文史出版社，2014。
张兆宏：《运河韵和》，同心出版社，2014。
张振华：《情系大运河：京杭大运河全景式纪实影像》，中国摄影出版社，2014。

（二）报刊论文

曹凛：《清初“船成查验九法”与漕船管理》，《中国船检》2014 年第 4 期。
陈楠：《明清时期漕运对天津社会影响研究》，《法制与社会》2014 年第 15 期。
陈诗越、吴金甲：《运河水柜——南四湖与北五湖的历史与变迁》，《聊城大学学报》（社会科学版）2014 年第 4 期。
陈支平：《从林则徐奏折看清代地方督抚与漕运的关系》，《闽南师范大学学报》（哲学社会科学版）2014 年第 3 期。
崔建利、王欣妮：《运河功臣郭守敬》，《兰台世界》2014 年第 36 期。
丹筱彤：《利益的冲突与协调——河南漕运中的政策选择》，《中国经济史研究》2014 年第 2 期。
郭福亮：《运道与信仰：基于临清碧霞元君信仰的研究》，《泰山学院学报》2014 年第 5 期。
韩梅花、罗军：《京杭运河沿岸文献的传承与齐鲁私家藏书文化研究》，《图书馆工作与研究》2014 年第 9 期。
何丽丽：《“东柳”与运河文化互动关系研究——以客腔曲牌为例》，《中国音乐学》2014 年第 1 期。
胡玉兰：《清乾隆时期漕运领官的日常生活——以岭南潘宪勋〈太仓诗钞〉为例》，《文艺评论》2014 年第 12 期。
金诗灿：《清代河道总督与地方督抚河务职权关系及其演变》，《北方论丛》2014 年第 2 期。
李德楠：《无锡段运河文化遗产保护与利用研究》，《淮阴师范学院学报》（哲学社会科学版）2014 年第 2 期。
李俊丽：《清代旗丁对漕粮的盗卖与掺杂》，《古代文明》2014 年第 3 期。
李庆华：《农业生态与漕运兴废——以鲁西为个案》，《南京林业大学学报》

（人文社会科学版）2014 年第 3 期。
李新红、薛明陆：《运河秧歌的传承与发展研究》，《山东体育科技》2014 年第 5 期。
李志刚：《安史乱后藩镇对漕运交通线路的保障和维护》，《地方文化研究》2014 年第 5 期。
李志刚：《论唐代后期藩镇对漕运的保障》，《江南大学学报》（人文社会科学版）2014 年第 5 期。
廖声丰：《浅论清代前期运河地区的商品流通——以运河榷关税收考察为中心》，《中国经济史研究》2014 年第 1 期。
刘庆柱：《大运河对中国历史“功莫大焉”》，《中国社会科学报》2014 年 4 月 4 日，第 4 版。
路洪海、董杰、陈诗越：《山东运河开凿的生态环境效应》，《河北师范大学学报》（自然科学版）2014 年第 4 期。
孟祥晓：《清至民初卫河流域水灾时空分布特征研究》，《兰州学刊》2014 年第 11 期。
孟祥晓：《淤灌肥田：清代卫河流域水灾与土壤改良》，《农业考古》2014 年第 4 期。
欧阳恩良：《从漕船到盐场：青帮形成过程中活动载体的演变》，《求索》2014 年第 10 期。
孙伟平：《清代漕运管理及其立法研究》，《兰台世界》2014 年第 9 期。
王传兴、田萌：《明清时期临清城市的兴盛与衰落》，《黑龙江史志》2014 年第 5 期。
王聪明：《漕官为善：丰济仓的运作实态与晚清清江荒政》，《中国社会经济史研究》2014 年第 4 期。
王聪明：《明清漕运与淮安天妃信仰的变迁》，《安徽史学》2014 年第 6 期。
王昊：《略论北宋汴河漕运的维护与管理》，《沧州师范学院学报》2014 年第 2 期。
王健：《大运河：当之无愧的世界文化遗产》，《中国社会科学报》2014 年 4 月 4 日，第 5 版。
王明德：《明清时期临清的寺庙与城市生活》，《文史博览》（理论）2014 年第 3 期。

吴士勇：《略论运河苏州段文化遗产保护与利用》，《淮阴师范学院学报》（哲学社会科学版）2014 年第 2 期。

吴欣：《“后运河”时期山东运河区域之治变——以周馥“治河”为中心的研究》，《聊城大学学报》（社会科学版）2014 年第 4 期。

晏爱红：《“漕项”考释》，《中国史研究》2014 年第 1 期。

杨宗鸣：《漕粮海运对清代经济区域变迁的影响》，《兰台世界》2014 年第 S3 期。

袁飞、任博：《清代漕运河道考述》，《中国农史》2014 年第 2 期。

张弘、韩帅：《明清时期坊刻图书业经营之道探析——以运河区域为考察中心》，《东岳论丛》2014 年第 11 期。

张剑光：《江南运河与唐前期江南经济的面貌》，《中国社会经济史研究》2014 年第 4 期。

张强：《大运河的功与过》，《中国社会科学报》2014 年 4 月 4 日，第 6 版。

张强：《运河城市与明清通俗小说》，《江苏社会科学》2014 年第 3 期。

张晓东：《漕仓、运河与隋朝大一统战略布局》，《中国社会科学报》2014 年 7 月 16 日，第 6 版。

张永虎：《山东运河文化带体育旅游市场发展路径探究》，《山东体育学院学报》2014 年第 6 期。

赵霞：《基于历史性城市景观的浙北运河聚落整体性保护方法——以嘉兴名城保护规划为例》，《城市发展研究》2014 年第 8 期。

郑民德、李永乐：《明清运河文化与区域社会变迁——以河北泊头为视角的历史考察》，《河北工业大学学报》（社会科学版）2014 年第 4 期。

郑民德、孙元国：《清代北直隶子牙河的管理与河工建设》，《华北水利水电大学学报》（社会科学版）2014 年第 1 期。

朱光亚：《从大系统角度保护大运河遗产》，《中国社会科学报》2014 年 4 月 4 日，第 5 版。

朱年志：《明代山东运河与沿运水柜的形成》，《前沿》2014 年第 Z4 期。

朱年志：《元代山东运河的开辟与沿岸社会经济发展》，《华北水利水电大学学报》（社会科学版）2014 年第 3 期。

邹逸麟：《从生态文明角度看大运河的负面影响》，《中国社会科学报》2014 年 4 月 4 日，第 6 版。

七　大事记

1 月

1 月 6 日，山东省德州市武城县举行运河古镇文化风景区一期竣工暨中华孝文化传播基地启用仪式。

1 月 6 日，由无锡市委宣传部和市文化艺术管理中心主办的“美在古运河”大型摄影展在市图书馆一楼展厅开幕。

1 月 13 日，广陵书社出版发行《诗画大运河》。

1 月 13 日，济宁市大运河遗址保护项目获国家文物局批准。

1 月 15 日，济宁市梁济运河管理处召开 2014 年梁济运河管理工作会议。

1 月 22 日，天津市北辰区水务局副局长仰东、北辰区郊野公园管理处副主任乔明带领郊野公园考察组，赴大运河森林公园考察学习。

2 月

2 月 6 日，“龙行大运—运河申遗”全球中英文大赛组委会发布“龙行大运—运河申遗”全球中英文大赛征文启事。

2 月 10 日，江苏省扬州市境内重要水上交通枢纽运东船闸、芒稻船闸扩容改造工程正式开始施工。

2 月 11 ~ 14 日，《运河谣》复排后在国家大剧院隆重登台。

2 月 16 日，大运河剧社在山东省枣庄市峄城区古邵镇洛庄村演出传统柳琴戏《喝面叶》。

2 月 18 日，扬州跨京杭运河大桥三套方案对外发布。

2 月，国家文物局正式公布山东省曲阜鲁国故城、大运河南旺枢纽为第二批国家考古遗址公园，临淄齐国故城、城子崖为第二批国家考古遗址公园立项名单。

2 月，淮安市里运河文化长廊等项目被列为江苏省 2014 年重大项目。

3 月

3 月 3 日，学雷锋“三关爱”志愿服务暨“保护京杭大运河”植绿护绿活动在北京市通州区大运河森林公园举行。

3 月 14 日，山东省济宁市微山县南阳镇获历史文化名镇荣誉称号。

3 月 24 日，大型电视纪录片《中国大运河》摄制组到常州取景，拍摄京杭运河常州改线段航道及桥梁。

3 月 25 日，里运河北门桥控制工程全面开工建设。

3 月 25 日，里运河文化长廊国家 4A 级旅游景区揭牌仪式在中洲岛景区广场举行。

3 月 31 日，苏南运河镇江段“四改三”工程整治情况汇报会在丹阳举行。

3 月，高邮市镇国寺塔和平津堰遗址作为大运河重要组成部分被列入第七批全国重点文物保护单位。

3 月，山东省济宁市启动京杭运河济宁段部分航道升级计划，京杭运河济宁段航道由三级航道升级为二级航道，升级后与京杭运河苏北段二级航道接通。

4 月

4 月 8 日，宁波日报报业集团与宁波市图书馆天一讲堂合作，特邀“大运河遗产小道”倡导者、中国文物保护基金会专家顾问委员会委员齐欣，在天一讲堂作《大运河与我们的生活》主题讲座。

4 月 9 日，山东省人民政府就 2014 年省重点建设项目下发通知，武城县运河文化长廊建设项目位列第 21。

4 月 12 日，里运河北门桥控制工程围堰施工全面启动。

4 月 12～13 日，大运河联合申遗办在北京市召开 2014 年大运河保护与申遗宣传工作座谈会。

4 月 16 日，“母亲的倩影”——百位中外名家画运河活动暨《画说运河》电视纪录片开机仪式在扬州市京杭之星会议中心举行。

4 月 18 日，扬州运河水上游览线开航。

4 月 24～25 日，常州市运北片防洪节点工程大运河东枢纽机组启动试运行。

4 月 25 日，无锡市最后一个渡口“乌龙潭渡”复航。

4 月 28 日，全国首条大运河水上游览线——扬州—邵伯—高邮大运河水上旅游专线正式开通。

4 月，德州市文广新局邀请专家组先后对全国重点文物保护单位、南运河德州段重要节点——德州码头、四女寺水利枢纽进行了实地考察。

4 月，济宁市作家杨义堂出版长篇历史小说《大运河》。

5 月

5 月 6 日，扬州市政协委员登上“运河名城 1 号”游轮，体验调研新近开通的全国首条大运河水上游览线。

5 月 6 日，国家林业局局长、党组书记贾治邦到大运河森林公园参观考察。

5 月 8 日，“2014 华夏骑游京杭运河行”骑行队伍抵达常州市。

5 月 12 日，无锡市清名桥古运河烟雨江南水弄堂荣获“长三角城市群心醉夜色体验之旅示范点”的称号。

5 月 14 日，江苏卫视《活态遗产大运河》摄制组赴淮安里运河拍摄。

5 月 15 日，扬州市江都区在邵伯镇召开大运河淮扬主线江都段环境整治现场推进会，同时成立了大运河遗产邵伯监测管理支中心。

5 月 15 日，由齐鲁晚报联合京杭大运河沿线 6 家省级主流媒体与阿里公益天天正能量共同发起的“徒步大运河穿越古今接续文明”考察报道活动，在大运河最北端的北京通州燃灯塔下启动。

5 月 20 日，2014 年中国旅游日台儿庄主题活动暨“运河湿地杯”服务礼仪风采大赛圆满落幕。

5 月 21 日，舞蹈剧场《遇见大运河》在杭州大剧院首演。

5月27日，南水北调东线一期工程骆南中运河影响处理工程合同项目完成验收会在宿迁举行。

5月28日，长2.5米、宽0.6米的长卷《运河吟》完成。

5月29日，里运河堂子巷控制工程节制闸及泵站调试完成。

6月

6月24日，“京杭大运河城市旅游推广联盟”成立大会在杭州市召开，由18个城市旅游部门组成的“京杭大运河城市旅游推广联盟”成立。

6月25日，济宁市发行《中国大运河成功申遗》纪念封。

7月

7月1日，8集大型人文系列纪录片《中国大运河》在江苏公共频道播出。

7月3日，世界文化遗产大运河德州段保护开发座谈会在德州市博物馆举行。

7月6日，由扬州博物馆协会主办的“文博讲堂话扬州系列讲座之三——扬州大运河申遗之路”专题讲座在扬州博物馆报告厅内举行。

7月11日，嘉兴市大运河遗产保护工作座谈会在市文化局召开。

7月11日，里运河堂子巷控制工程机组成功试运行。

7月13日，世界遗产中国大运河常州城区段揭牌仪式暨“庆申遗走大运”群众毅行活动在西瀛里明城墙下举行。

7月14日，里运河堂子巷控制工程机组成功试运行。

7月17日，江苏省人民政府在扬州召开江苏省大运河申遗工作总结会议。

7月26日，京杭运河支线——洙水河航道济宁段全线试通航。

7月28日，中国传媒大学“大运河文化行”课题组就大运河文化产业带建设赴扬州市调研考察。

7月，苏州工业园区文萃小学与苏州市文广新局签署“德育教育基地”共建协议，并在苏州大运河遗产展示馆举行“青少年德育教育基地”挂牌仪式。

8 月

8 月 4 日，首尔市九老区高中生代表团抵达北京市通州区，进行为期一周的文化交流。

8 月 5 日，苏州市吴江区副区长吴琦带队视察大运河吴江段两岸建设情况。

8 月 6 日，扬州最美运河乡村评选启幕。

8 月 9 日，由中国艺术研究院曲艺研究所和山东省济宁市人民政府联合主办的大运河流域曲艺学术交流展演及研讨活动在济宁市运河音乐厅开幕。

8 月 12 日，山东卫视《新杏坛》栏目联合山东省文物局推出《走读大运河》特别节目。

8 月 13 日，“走运河，看青奥——2014 全国网络媒体江苏行”在中国运河第一城扬州启动。

8 月 14 日，“走运河，看青奥——2014 全国网络媒体江苏行”采访团一行赴淮安市采风。

8 月 27 日，聊城中国运河文化博物馆举行“山东省三星级科普教育基地”揭牌仪式。

8 月 27 日，济宁市任城区第一条旅游线路——京杭大运河济宁段水上旅游线路的启动仪式在江南春宾馆举行。

8 月 29 日，由山东省文物局副局长由少平组成的专家组赴微山县对大运河微山段文物保护与展示工程进行竣工验收。

9 月

9 月 3 日，北京市专门召开专家组会议，“中国运河图志编研”项目工作正式开始。

9 月 5 日，济宁市汶上县召开“突破南旺”发展三年行动计划工作会议。

9 月 13 日，来自澳大利亚主要组团社的 15 位旅行商赴江苏省无锡市考察古运河旅游产品。

9 月 16 日，扬州“大运河十景”系列风情剪纸手稿正式出炉。

9 月 17 日，“水墨运河 梦幻通州”书画摄影作品展在通州区大运河美术馆开幕。

9 月 22 日，邱志荣、陈鹏儿著《浙东运河史》发行。

9 月 24～25 日，由中国文物学会、江苏省文物局、江苏省水利厅、淮安市人民政府共同主办的中国大运河遗产保护管理论坛在淮安拉开帷幕。

9 月 25 日，大运河世界文化遗产段“扬州古运河（广陵）”揭牌活动在扬州古运河畔的东关古渡广场隆重举行。

9 月 25 日，大运河江都段遗产点世界遗产标志碑揭幕仪式在江都区邵伯镇斗野园前举行。

9 月 26 日，2014 年中国扬州世界运河名城博览会开幕，35 座运河城市代表通过《大运河遗产保护管理城市联盟章程》，“大运河保护与申遗城市联盟”正式更名为“大运河遗产保护管理城市联盟”，“大运河遗产保护管理办公室”同时揭牌。

9 月 26 日，国家文物局在扬州市召开大运河遗产保护管理工作会议。

9 月 28 日，“2014 淮安・中国大运河世界遗产保护与可持续发展研讨会”在“运河之都”淮安举行。

9 月 28 日，“中国梦・运河情”江苏省运河城市画院中国画邀请展在扬州市美术馆开幕。

9 月 29 日，专家评审小组进行了运潮减河、北运河健康绿道的现场踏查并召开了《通州区运潮减河健康绿道建设工程项目建议书（代可研）》《通州区北运河健康绿道建设工程项目建议书（代可研）》专家评审论证会。

9 月 29 日至 10 月 7 日，“忆江南风情、品运河遗韵”2014 古运河庙会在无锡市举办。

9 月，山东省农业厅、省旅游局公布第三批山东省休闲农业与乡村旅游示范点，台儿庄运河湿地公园榜上有名。

9 月，由杭州歌舞剧院打造的大型舞蹈剧《遇见大运河》在京杭会议中心精彩呈现。

10 月

10 月 3 日，聊城中国运河文化博物馆举行第三届“盛世收藏”民间免费鉴定活动。

10 月 9～13 日，中国水利报社组织考察团赴大运河江苏段考察调研。

10 月 16 日，山东省第 11 届精神文明建设“文艺精品工程”颁奖座谈会在济南市召开。

10 月 18 日，中国大运河庙会在浙江省杭州市开幕。

10 月 26 日，由新华社主办，国家文物局支持的“重访大运河”活动在通州大运河森林公园启动。

10 月 29 日，人民网大型网络直播活动“运河山东行”系列活动——“运河文化研讨会”在枣庄市台儿庄区运河国家湿地公园举行。

10 月 29 日，国调办副主任张野到石家庄市检查南水北调通水准备情况。

10 月 29 日，江苏省南水北调办公室在宿迁市主持召开了南水北调骆南中运河影响处理工程、徐洪河影响处理工程、洪泽湖抬高蓄水位影响处理工程（宿城区实施部分）征迁安置工作完工验收会议。

10 月 31 日，由通州区委、区政府主办，区委宣传部、区文化委员会共同承办的“2014 北京通州运河艺术节”开幕。

10 月，由山东省文物局评选的《山东省博物馆、纪念馆十大精品陈列展览获奖名单（2013 年）》公布，聊城中国运河文化博物馆申报的“聊城历史文物陈列”榜上有名。

11 月

11 月 6 日，古运河明清官窑瓷器展在无锡清名桥堍的运河文化艺术馆举行。

11 月 14 日，为组织编制《大运河江苏段旅游发展规划》，江苏省旅游局向社会公开招标规划编制单位。

11 月 14 日，江都民间画家丁永祥为庆祝大运河申遗成功，特意创作 8 米长画卷《大运河纤夫曲》。

11 月 18 日，济宁市委副书记、市长梅永红带领相关部门负责人调研大运河开发推进情况。

11 月 18 日，河北省南运河务处组织举办大运河主题演讲比赛。

11 月 19 日，宿迁市骆南中运河影响工程建设处组织召开设计单元完工验收准备会。

11 月 21 日，国务院总理李克强在京杭大运河杭州拱宸桥段考察。

11 月 22 日，“2014 中国体育文化·体育旅游博览会”在安徽省芜湖市举行。

11 月 26 日，江苏省旅游局副局长经圣贤、旅游促进处副处长叶凌波一行赴无锡考察调研。

11 月 27 日，国家文物局副局长董保华带领国家文物局督查组一行赴海宁市，督查海宁市大运河保护工作情况。

11 月 28 日，由各单位有关专家组成的验收委员会对南水北调东线一期工程两湖段输水与航运结合梁济运河工程汶上县征地移民工作进行了县级验收。

11 月，通州区运河文学网正式运营。

12 月

12 月 8 日，乔羽艺术馆开馆典礼在济宁市南池公园隆重举行。

12 月 12 日，南水北调中线陶岔渠首开启闸门，南水北调中线一期工程正式通水。

12 月 13～14 日，歌剧《运之河》在国家大剧院上演。

12 月 18 日，杭州市拱墅区举办运河旅游发展推介会。

12 月 29 日，无锡市环城古运河水上巴士通航试运行。

12 月，由国家测绘地理信息局主办的天地图“中国行”活动走进江苏省扬州市。

2015 年

一　政策法规

山东省

《德州市人民政府办公室关于进一步加强大运河（德州段）遗产保护管理和开发利用的通知》

德城区、武城县、夏津县、运河经济开发区管委会，市政府有关部门、有关单位：

大运河（德州段）是中国大运河的重要组成部分，沿线具有丰富的物质和非物质文化遗产。2014 年 6 月，南运河（德州段）被联合国世界遗产组织列入世界遗产名录。为加强大运河（德州段）遗产保护管理和开发利用工作，根据文化部《大运河遗产保护管理办法》《山东省大运河遗产山东段保护管理办法》《大运河山东德州段遗产保护规划》，经市政府同意，现将有关事项通知如下：

一、提高思想认识

联合国对世界遗产后续的保护工作管理更严格、监测更缜密、手段更先进、渠道更广泛，世界遗产组织会随时跟踪回访和调查评估，一旦在遗产区和缓冲区发现存在违反世界遗产保护管理要求的，将直接影响对我市运河的评估，甚至有被取消列入世界遗产名录的危险。沿线各县区政府（管委会）、各有关部门要高度重视，进一步增强做好大运河保护和管理工作的使命感、责任感和紧迫感，采取扎实有效措施，完善大运河保护管理机制，促进运河沿线地区经济社会全面协调可持续发展。

二、抓好规划落实

《大运河山东德州段遗产保护规划》（德政字〔2010〕68 号）已经市政府批准实施，运河沿线县区政府（管委会）作为大运河遗产保护规划实施的责任主体，要严格按照规划要求，落实大运河（德州段）遗产保护标准和保护重点，确保大运河各遗产点（段）具备良好的保护环境和保障条件。

市大运河遗产保护与申报世界文化遗产工作领导小组要继续发挥组织协调和领导优势，统一谋划我市大运河全线保护管理、展示利用和开发建设等工作。沿线各县区政府（管委会）、各有关部门在城乡建设和社会发展中，要以《大运河山东省德州段遗产保护规划》为基础，统领和指导运河流域内城乡建设发展规划和旅游发展规划，做到"三规合一"。要以"美丽德州·生态运河"为出发点，在保持和恢复德州大运河原真性形态和生态特点的同时，融入更多的物质和非物质文化遗产要素，实现"整体保护、整体展示、整体开发、整理利用"，突出和发挥世界遗产在地方经济社会、城乡建设和旅游发展等领域的地位和作用。严禁违规开发、过度开发。

三、加强有效保护

（一）做好文物保护基础工作。沿线各县区政府（管委会）要按照国家文物局《中国大运河申报世界文化遗产点段工作要求》，全面做好大运河遗产"四有"基础工作，竖立保护标志，划定保护区划，落实保护管理机构，完善大运河遗产档案资料。文化（文物）部门要建立完善的大运河世界遗产标识系统，向公众提供真实、完整、规范的大运河世界遗产信息。

（二）推进资源调查工作。继续推进大运河遗产资源调查，充实大运河遗产资源构成，将价值较高、类型稀缺的运河遗产及时公布为文物保护单位。对特别重要的运河遗产，要编制专项保护规划，进一步提升大运河遗产价值，丰富大运河遗产内涵。

（三）加强深入保护工作。进一步加强大运河遗产历史文化和保护科学技术研究，有计划、有步骤地实施大运河沿线重点文化遗产抢救保护项目，集中修缮、整治和展示一批具有典型运河遗产价值的文物点（段）。积极开展运河沿线城市、街区综合整治工作，有效提升城市形象，改善城市人居环境和投资环境。做好运河沿线非物质遗产及其代表性传承人的保护工作，传承弘扬德州优秀运河文化。

四、促进合理利用

沿线各县区、各部门、各单位要正确处理大运河活态文化遗产保护与经济社会发展的关系、当前利益与长远利益的关系、局部利益与整体利益的关系，充分考虑运河沿线经济社会发展的客观需要，研究和探索运河遗产的多种保护利用模式，使大运河遗产在科学保护的前提下实现永续利用，惠及民生。特别是要充分发挥运河资源优势和特色，以运河遗产为主题，加快发展特色文化产业，实现运河遗产保护与文化创意、娱乐休闲、旅游观光等相关产业发展的良性互动。

将大运河遗产所在地辟为参观游览区，必须保障公众和大运河遗产的安全。在参观游览区内设置服务项目，必须符合大运河遗产保护规划的要求。

五、加大监管力度

（一）依法保护。市文物局作为市级大运河遗产保护管理机构，要加大对沿线各县区大运河遗产保护工作的考核、监督和监管力度。沿线县区政府（管委会）负责本辖区内大运河遗产保护管理工作。在大运河遗产保护范围和建设控制地带内进行工程建设，必须实行建设项目遗产影响评价制度和项目申报审批制度；公安、国土资源、环境保护、住房城乡建设、规划、交通运输、农业、林业、水利、城管执法、旅游等部门要全力配合文物部门依法开展大运河遗产保护工作；未经文物部门批准实施的项目，一律不予审批。除依法批准的防洪、航道疏浚、水工设施维护、输水河道等关系国计民生的重点工程外，任何单位或者个人不得在大运河遗产保护规划范围内进行破坏大运河遗产本体的工程建设。

（二）有力执法。运河沿线各级要建立健全大运河保护管理机制，成立专门机构，组织专门力量，加大辖区内大运河遗产保护区域定期巡查排查力度，发现影响遗产安全的苗头必须及时纠正。对损害大运河遗产真实性和完整性的违法建设项目，必须依法追究责任。公安、国土资源、环境保护、住房城乡建设、规划、交通运输、农业、林业、水利、城管执法、旅游等部门要加强协作，定期组织联合执法行动，确保大运河世界遗产依法保护，有效保护。

（三）监测巡视。沿线各县区要建立健全大运河世界遗产监测机制，建设遗产监测平台，完备遗产监测设施，对影响大运河世界遗产的主要因素进行系统监控和实时预警。

六、完善保障措施

（一）加强部门合作。沿线各县区政府（管委会）、各有关部门、各单位要按照统一规划、分级负责、分段管理的原则，各司其职，各负其责，加强沟通，密切协作。各级文化（文物）部门要切实发挥好部门牵头作用，加强大运河遗产保护管理工作的技术指导，依法与公安、国土资源、环境保护、住房城乡建设、规划、交通运输、农业、林业、水利、城管执法、旅游等相关部门合作开展工作。

（二）提供财政支持。沿线各县区要抓紧制定和完善促进大运河世界遗产保护的政策措施，将大运河遗产保护纳入本地区经济、社会、文化、环境保护的政策体系，将大运河遗产保护经费纳入本级财政预算。

（三）保障开发用地。沿线各县区要根据需要制定和出台相关优惠政策，鼓励和扶持大运河保护管理和开发利用建设。将大运河文化产业用地纳入土地利用规划和城乡建设规划，鼓励利用存量建设用地发展大运河文化产业项目，实施优惠奖励与节约集约用地水平相挂钩政策，加快大运河遗产保护利用和开发建设。

（四）广泛深入宣传。沿线各县区政府（管委会）要广泛深入宣传科学保护、合理利用大运河的重要意义，宣传我市大运河保护和利用工作，普及和提高全民文化遗产保护意识，形成全社会支持和共同参与的良好局面，推动我市大运河世界遗产长效保护和合理利用。

德州市人民政府办公室

2015 年 2 月 2 日

《济宁市泗河流域水资源利用及保护规划》通过评审 2015 年 4 月 30 日，《济宁市泗河流域水资源利用及保护规划》通过专家评审。该规划在全面分析泗河流域水资源开发利用现状、供需情况等基础上，对流域复杂水库群闸坝群水量联合优化调度、县际水量分配、水资源保护等进行详细规划，旨在实现泗河流域水资源的统一管理调度，对泗河流域加强水资源保护，以水资源的可持续利用支撑流域经济社会的可持续发展。

《济宁市泗河流域综合开发工程河道防洪专项规划》通过评审 2015 年 5 月 11 日，《济宁市泗河流域综合开发工程河道防洪专项规划》通过专家评审。该规划主要内容是，根据泗河的防洪任务和洪水出路安排，规划实施泗河河道防洪工程，包括堤防加固、河道整治、雨洪水拦蓄、塌陷地蓄水、堤顶交通道路、滞洪区建设等工程措施，以及防汛指挥信息系统、防洪管理、社会管理及公共服务、超标准洪水防御预案制订与应急管理等非工程措施，从而将泗河打造成为济宁都市区融合发展安全屏障和生态长廊。

二　水利工程

（一）会议与调研

山东省

周洪检查济宁梁济运河防汛工作　2015 年 7 月 9 日，济宁市副市长周洪检查梁济运河防汛工作，市政府副秘书长彭照辉、市水利局调研员张君型，以及市航运局、市南水北调工程管理局、市梁济运河管理处有关负责同志陪同检查。周洪一行先后察看了济徐高速公路梁济运河大桥施工现场和城区段三处口门，现场听取了项目负责人跨汛施工度汛措施及口门责任单位负责人防汛准备工作的汇报。周洪对梁济运河防汛工作给予了充分肯定，指出梁济运河是济宁市的防汛重点，主汛期临近，要把梁济运河防汛当作各项工作的重中之重，高度警惕，密切关注汛情，做好防汛各项准备工作。

马平昌调研济宁泗河开发治理工作　2015 年 7 月 18 日，济宁市委书记、市人大常委会主任马平昌到曲阜市、兖州市、高新区专题调研泗河开发治理工作，察看了泗河中游段治理工程等现场，听取有关情况汇报，并对切实增强使命感和责任感、全力推进泗河综合开发治理提出明确要求。市委常委、秘书长刘成文，市人大常委会副主任罗心光，副市长田志锋、石爱作，市委副秘书长陈国华，市规划、水利等部门主要负责同志参加活动。

徐章文赴济宁调研水利重点工作进展情况　2015 年 10 月 21～22 日，山东省水利厅副厅长徐章文带领省水利厅水利重点工作第七督导组对济宁市水利重点工作进展情况进行调研。徐章文一行先后察看了曲阜市泗河中游段治理工程、廖河治理工程，邹城市泗河综合开发治理工程、洙赵新河治理工程，任城区安兴集桥建设工程及堤防防汛工程，嘉祥县王堌堆排灌站工程等现场。在详细了解有关情况后，徐章文对济宁市重点水利工作成绩给予充分肯定，并对下步工作开展提出明确要求。市政府副市长田志锋，市水利局副局长孔祥利及曲阜、邹城、嘉祥等县市有关负责同志陪同调研。

山东省水利厅离退休干部赴济宁市考察水利工程建设情况　2015 年 10 月 20 ~22 日，山东省水利厅巡视员梁振洋带领省水利厅离退休厅级干部和支部书记一行 20 余人前往济宁市参观考察水利工程建设情况。梁振洋一行先后参观考察了南水北调东线工程梁山段柳长河运河输水工程、邓楼提水泵站、梁山泊平原水库，汶上县水生态建设工程、南旺水利枢纽，济宁市南水北调截污导流工程、太白湖湿地。考察组对济宁市水利工作给予充分肯定，认为济宁市抓住了水利改革发展的重大历史机遇，围绕做大做强水利大市和强市，在国家级重点水利工程、水生态文明建设、水文化打造等方面取得重要成就，为济宁科学发展跨越发展提供了强有力的支撑和保障，并希望济宁市乘势而上，为加快推进现代水利示范市建设做出更大贡献。

（二）河道整治与设施建设维护

山东省

山东省投入 2.5 亿元推动京杭运河基础设施建设　2015 年 7 月 4 日，山东省投入财政资金 2.5 亿元，加大对京杭运河交通基础设施建设支持力度，以充分发挥京杭运河山东段水运优势。截至 2015 年上半年，山东省京杭运河主航道及主要进港航道通航里程已达 272 千米，老万福河等支线航道通航里程 878 千米，有二级以上船闸 5 座，基本构建起“一干多支、干支直达”高等级航道网络。

（三）工程评审与验收

山东省

沂沭泗河洪水东调南下续建工程南四湖湖东堤工程通过竣工验收　2015 年 1 月 19 ~20 日，水利部淮委会同山东省水利厅在济宁市召开沂沭泗河洪水东调南下续建工程南四湖湖东堤工程竣工验收会议。竣工验收委员会成员通过察看工程现场、观看声像资料、听取工作报告、查阅档案资料，经认真讨论认为，沂沭泗河洪水东调南下续建工程南四湖湖东堤工程已按批复的设计内容完成，工程质量合格，财务管理较规范，竣工财务决算已通过审计，移民、水保、档案、环保已通过专项验收，工程初期运行正常，初步发挥了工程效益，同意通过竣工验收。

三　航道运输

（一）会议与调研

北京市

陈铁赴北运河管理处调研信息化建设　2015 年 7 月 24 日，北京市水务局总工程师陈铁赴北运河管理处，就信息化建设和水务工作进行调研，北京市水务局科教处、信息中心相关负责人，以及北运河管理处主要负责人陪同调研。陈铁一行实地察看了榆林庄闸、武瑶桥及辛各庄橡胶坝现况以及北关分洪枢纽的信息化建设情况，详细听取了北运河管理处的工作汇报，并与北运河管理处相关负责同志进行了深入交流。

山东省

李殿魁到聊城调研京杭运河、徒骇河复航工作　2015 年 5 月 28 ~ 29 日，山东省政协原副主席李殿魁一行到聊城调研京杭运河、徒骇河复航工作。李殿魁认真听取了聊城市交通运输局有关京杭运河、徒骇河复航前期工作的情况汇报，同与会同志进行了深入交流，并从历史角度、理论角度对两河通航工作进行了详细阐述，为破解复航工作难题提出了中肯的意见建议。李殿魁一行还实地考察了聊城京杭运河、徒骇河河道情况。

山东海洋集团有限公司领导到峄城考察峄州港航产业园项目建设情况　2015 年 6 月 15 日，山东海洋集团有限公司党委书记、董事长包剑英一行赴峄城区古邵镇考察峄州港航产业园项目建设情况。该项目是枣庄市重点招商引资项目，是峄城区坚持“运河做长”、打造港航物流百亿产业的重要成果。2014 年 11 月，峄城区政府与省属大型国企山东海洋集团有限公司旗下山东水运公司签订了峄城港项目合作协议，其后引进山东圣润集团开展三方合作，成立了山东峄州港务有限公司，共同投资10亿元建设峄州港航产业园，其中一期工程投资额为5.3亿元。峄州港项目于2015年3月开工建设，其中一期规划建设年通过能力不低于500万吨的现代化、生态环保型港口，建设2000吨级装卸泊位8个、仓储物流综合信息服务中心及港区基础设施；二期建设完善仓储物流货场设施、船舶服务区、拓展港航产业园物流平台，引导相关物流企业和项目向园区集聚发展，努力打造集仓储物流、临港加工、商贸等多功能的港航服务业园区，同时开发建设古运菏乡景区、运河游船码头及旅游休闲服务区。

江苏省

苏鲁三市海事召开专题联席会议 2015年1月20日，江苏省徐州市、山东省枣庄市和济宁市三市地方海事以及相关船闸部门召开专题联席会议，共同研究制定京杭运河防堵保畅措施。苏鲁两省三市海事部门决定，立即启动应急联动预案，共同实施节点控制、联动控制、信息控制。京杭运河沿线各船舶签证点和执法检查站联防联动，对重点区域实行统一现场管控。进一步建立健全信息沟通机制，充分利用手机短信、QQ群等信息平台，及时发布航道水情和通航情况，加强现场巡航，及时处置各类堵航苗头。

史志军督查苏南运河常州段航道整治工程 2015年4月9日，常州市副市长史志军一行督查苏南运河常州段航道整治工程建设情况。常州市政府副秘书长彭峻、市交通运输局局长沈小勇陪同督查。在横林新桥施工现场，常州市航道管理处处长马恒汇报了三级航道网整治工程进展情况。史志军详细询问了运河东段工期节点，要求施工单位在确保安全和质量的前提下抓紧工程推进，尽快完成航道整治工程。

第三届苏鲁两省八市水上交通安全监管港航海事工作联席会在扬州召开 2015年5月22日，第三届苏鲁两省八市水上交通安全监管港航海事工作联席会在扬州召开，泰安市、济宁市、菏泽市、枣庄市港航管理局（海事局），徐州市、宿迁市、淮安市、扬州市地方海事局相关负责同志参加会议。会议围绕签证取消后旅游船舶的安全监管应对举措、现代化信息化手段在风景旅游船安全监管中的运用，以及新常态环境下提高旅游船监管效能等议题进行了深入讨论，各市港航、海事部门结合辖区实际，交流了旅游船安全监管工作的经验做法，剖析了工作中存在的困难和问题，探讨了新形势下做好旅游船监管工作的综合应对措施。

朱晓明调研镇江市“江海河联动、港产城融合”工作推进情况 2015 年 11 月 6 日，镇江市市长朱晓明现场调研“江海河联动、港产城融合”工作推进情况，镇江市政府秘书长杭祝鸿、市发展改革委主任朱云峰、市交通运输局局长丁锋、市口岸管理办公室主任戴永胜、港务集团总裁唐洪生及航道处领导陪同调研。朱晓明一行现场察看了谏壁船闸运行调度中心，对谏壁船闸现代化的运调方式和近 13000 天的安全运行表示高度肯定。随后朱晓明一行从谏壁船闸乘船视察整治完成后的苏南运河镇江段“四改三”航道工程及京杭运河镇江水上服务区，沿途视察了丹徒辛丰段百瑞吉码头、丹阳作业区码头及丹阳城北运输站码头。朱晓明要求相关单位充分利用镇江处于长江与京杭运河十字交汇的地理优势，借力“一带一路”倡议的东风，充分发挥好水路运输的优势，助推镇江地方经济的发展。

朱晓明调研苏南运河航道建设及利用情况 2015 年 11 月 9 日，镇江市市长朱晓明带领市发展改革委、交通运输局、口岸办等部门负责人，乘坐航政 016 艇实地调研了苏南运河全线，学习借鉴苏锡常地区航道建设，以及岸线利用方面的先进做法和理念，深入谋划镇江“十三五”期间“江海河联动、港产城融合”发展。朱晓明一行自丹阳旅游码头登船南行，现场察看常州、无锡、苏州沿线苏南运河航道整治、岸线资源利用、产业布局、码头建设等情况，并听取了沿线地方政府及当地航道部门领导的工作汇报。

（二）航运数据

浙江省

杭甬运河宁波段试航 400 吨级船舶 2015 年 6 月 17 日，装载着 400 吨货物的内河散货船“天统 3 号”轮从镇海港区始发，试航杭甬运河宁波段，并顺利通过姚江船闸。此次通航测试的成功，标志着杭甬运河宁波段通航能力已提升至 400 吨，为镇海港区开辟内河 500 吨级以下船舶通航积累了经验。

（三）航运维护与管理

山东省

山东洙水河航道巨野港首次试运营 2015 年 4 月 7 日，山东省洙水河航道巨野港首次试运营。洙水河航道巨野港工程包括南岸玻璃专用码头和北岸公用码头。南岸玻璃专用码头共设计 500 吨级泊位 13 个，岸线全长 691 米，泊位间距 50 米，设计年吞吐量为 380 万吨。北岸公用码头共设计 1000 吨级泊位 13 个，其中待装泊位 2 个、工作船泊位 1 个，岸线全长 1250 米，泊位间距 80 米，设计年吞吐量为 650 万吨。

京杭大运河枣庄段恢复通航 2015 年 7 月 7 日，京杭大运河枣庄段正式恢复通航。封航期内，台儿庄段船闸实行单向下行临时交通管制，对辖区内航道浅滩进行紧急疏浚，济宁段航道底宽由 50 米扩大至 70 米，单体通航船只运输能力扩大了一倍。截至 2015 年 7 月，山东省京杭运河主航道及主要进港航道通航里程已达 272 千米，已基本构建起“一干多支，干支直达”的高等级航道网络。

东平八里湾船闸主体及配套工程交工验收 2015 年 6 月 30 日，东平八里湾船闸主体及配套工程交工验收，大堤交通桥、船闸公路桥投入使用，船闸引航道与东平湖实现连通。八里湾船闸工程位于东平湖大安山旅游码头西 5 千米处，是国家南水北调东线一期南四湖至东平段输水与航运工程结合的一部分，也是京杭运河续建工程东平湖至济宁段重要的梯级船闸。船闸按照二级船闸标准设计，包括船闸上下闸首、闸室、上下游引航道、大堤交通桥、八里湾公路桥、管理区等配套建筑和设施。

江苏省

京杭运河六圩口门段航道顺利完成疏浚 2015 年 2 月 2 日，苏北航务处对京杭运河六圩口门段航道疏浚工程组织检查验收，工程质量综合评定为优良。京杭运河六圩口门段航道疏浚工程由京杭运河邵伯航道站负责施工，严格按二级航道标准设计进行疏浚。该工程于 2015 年 1 月 10 日开工，至 1 月 29 日竣工，共完成疏浚断面 15 个（CS0—CS14），长度 402.5 米，工程量达

1.33 万立方米，为冬季枯水位情况下，京杭运河六圩入江口航道的安全畅通，以及春运期间船舶安全运行、电煤快速运输提供了有力保障。

淮河出海航道（红山头—京杭运河段）整治工程通过环评批复　2015 年 7 月 3 日，《淮河出海航道（红山头—京杭运河段）整治工程环境影响报告书》获江苏省环境保护厅批复，标志着该工程前期工作取得突破性进展，为工程年底开工建设奠定了坚实基础，对于实现淮河航道的全面升级、完善江苏省高等级航道网、扩大苏北航道网的影响范围具有重要意义。

锡澄运河航道整治工程交工验收并通航　2015 年 12 月 22 日，锡澄运河航道整治工程交工验收并通航。此次升级整治，全线由五级扩容为三级航道。工程内容主要包括全线整治航道 39.22 千米，新建护岸 63.07 千米，新改建公路桥 24 座，改建铁路桥 1 座，新建三级航道复线船闸 1 座，建设锚地和服务区 3 处，全线永久征地 242.11 公顷，临时用地 589.6 公顷，拆迁房屋 5824 万平方米，项目概算投资额 39.62 亿元。工程于 2012 年 11 月开工建设，2015 年 11 月基本完工。

京杭运河施桥船闸一号闸停航大修　2015 年 12 月 3 日，京杭运河施桥一号船闸停航大修，计划工期为 36 天，于 2016 年 1 月 8 日恢复通航。大修期间，所有船舶一律从二、三号闸通过。为确保一号闸大修顺利按期完工，充分估计大修期间可能面临的冬季天气恶劣、低水位等困难因素，该船闸管理所制定《施桥船闸一号闸大修期间运调管理方案》，并根据实际情况抓好船舶过闸动态管理。同时，结合船闸安全生产标准化建设要求，加强大修施工安全督查，抓好大修期间的安全工作，对二、三号闸机电设备设施、闸况进行全面检查。在大修期间，加大机电设备的养护巡查力度，及时排除机电故障，备好备品备件，确保二、三号闸正常通行。

浙江省

杭甬运河宁波段通航测试第一航次顺利通过姚江船闸　2015 年 6 月 20 日，杭甬运河宁波段通航测试第一航次顺利通过姚江船闸。每艘装载 400 吨货物的 6 艘内河散货船顺利通过姚江船闸上行，成为杭甬运河宁波段通航测试的第一航次船舶。

（四）航运规划与创新举措

江苏省

无锡内河航道发展战略研究成果通过评审 2015 年 6 月 13 日，《无锡市内河航道发展战略研究》成果顺利通过审查。该研究由无锡航道协会、江苏省交通规划设计院股份有限公司联合组织开展，在对无锡市内河航道发展现状进行深入分析的基础上，结合无锡内河航道发展的宏观形势分析，借鉴国内外航道建设发展的成功经验，提出无锡内河航道发展的战略原则、目标、总体思路，以及相关的现代化指标体系，明确战略发展总目标。

宿迁成子河船闸通过交工验收 2015 年 11 月 27 日，宿迁成子河船闸工程通过交工验收，宿迁圆满完成全市“十二五”期间航道发展预定目标。成子河船闸位于宿迁市泗阳县城郊，是宿迁市航道网规划中洪泽湖北线航道的关键节点。该船闸的建成开辟了洪泽湖周边地区水上运输新渠道，使京杭运河与洪泽湖互为沟通，对于推进宿迁市航道实现“内部成网，外部通达”具有重要意义。

《京杭运河常州经开区（原戚区段）三级航道整治工程实施方案》审议通过 2015 年 12 月 2 日，常州市市长费高云主持召开市政府常务会议，审议通过了《京杭运河常州经开区（原戚区段）三级航道整治工程实施方案》。费高云指出，实施京杭运河常州经开区（原戚区段）三级航道整治工程，一方面可以切实加强该区域的防汛防涝能力，改善沿线生态，保障沿岸群众生命财产安全；另一方面可以进一步提升运河通行能力，加快水运经济发展。在具体工作中，要从构建整个经开区防洪体系的角度出发，优化工程设计，保证质量效果；要实现市区共建、部门联动，共同努力，将这项重点工程、民心工程实施好、建设好。

四　文化旅游

（一）政策发布

山东省

德州印发《关于进一步加强大运河（德州段）遗产保护管理和开发利用的通知》　2015年2月2日，德州市人民政府办公室印发《关于进一步加强大运河（德州段）遗产保护管理和开发利用的通知》（本部分简称《通知》）。《通知》要求以《大运河山东德州段遗产保护规划》为基础，统领和指导运河流域内城乡建设发展规划和旅游法治规划；加强合理利用，充分发挥运河资源优势和特色，以运河遗产为主题，加快发展特色文化产业，突出和发挥世界遗产在地方经济社会、城乡建设和旅游法治等领域的地位和作用，促进运河沿线地区经济社会全面、协调、可持续发展。

江苏省

“江苏省大运河保护和申遗市厅际会商小组”更名为“江苏省大运河保护和管理市厅际会商小组”　2015年9月6日，江苏省政府办公厅下发通知，正式将“江苏省大运河保护和申遗市厅际会商小组”更名为“江苏省大运河保护和管理市厅际会商小组”。会商小组更名后，继续发挥对大运河遗产保护管理的统筹指导作用，加强文化、文物与相关部门的沟通协作，及时转变工作重心，推动资源整合，形成遗产保护与文化发展的联动效应。此次调整在保持原会商小组成员稳定的同时，增加了江苏省旅游局为成员单位，会商小组办公室仍设在江苏省文物局，省文物局局长刘谨胜兼任办公室主任，以更好地协调遗产保护与旅游发展之间的关系。

（二）专题会议

山东省

德州市召开大运河德州段保护与开发利用座谈会 2015年6月3日，大运河德州段保护与开发利用座谈会召开。省政协常委、民进山东省委副主委兼秘书长郭永军，省文物局副局长由少平出席。市文广新局作为德州大运河保护申遗领导小组成员单位的牵头部门，就大运河德州段保护与开发利用情况做了汇报。

首届运河论坛论文交流会在滕州召开 2015年7月21日，由民进山东省委、山东运河经济文化研究中心主办，中共滕州市委、滕州市政府承办的首届运河论坛论文交流会在滕州召开。本次论文交流会是山东省首届运河论坛活动的延伸，共有来自省内外的80余名专家、学者参加会议。会议围绕“在实施西部经济隆起带中如何加强运河建设”这一主题，在进一步加强运河研究、开发与保护，传承和弘扬运河文化、提升沿河城市品质和综合竞争力方面提出诸多合理化的意见和建议。

第22届国际历史科学大会聊城卫星会议开幕 2015年8月24日，第22届国际历史科学大会聊城卫星会议开幕，70余位中外历史专家、学者以“运河文化与世界遗产保护利用”为主题进行研讨。开幕式结束后，8位中外历史专家学者围绕“运河文化与世界遗产保护利用”的主题进行发言。当天下午，与会专家学者分成三组，分别围绕运河文化的内涵与学术价值、运河文化遗产保护与开发，以及运河工程与河道变迁等主题展开研讨。

京杭大运河旅游城市泰山会盟在东平开幕 2015年9月17日，“牵约‘水韵东平’·相聚‘运河之心’”2015年京杭大运河旅游城市泰山会盟在泰安市东平县开幕。本次活动由世界旅游城市联合会、浙江省旅游局、山东省旅游局、泰安市人民政府主办，杭州市旅游委员会、泰安市旅游局、东平县委县政府协办。京杭大运河沿线6省（市）的18个城市旅游部门代表、旅行商代表、媒体代表参加本次活动，共同为大运河旅游发展出谋划策。会盟期间，联盟城市共同达成《泰山宣言》，同时举办了泰安旅游推介会，与国内大旅行商签订了战略合作协议。17日下午，与会代表考察了戴村坝、白佛山景区、东平湖、东平水浒影视城等文化遗产和旅游项目。

“运河学研究”学术论坛在聊城大学举办　2015 年 9 月 23 ~ 26 日，“运河学研究”学术论坛在聊城大学举行。本次论坛由聊城大学运河学研究院、香港中文大学明清研究中心合办，来自香港中文大学、香港科技大学、日本大阪大学、中山大学、山东大学、淮阴师范学院、聊城大学的 30 余位学者参加论坛，提交论文 10 余篇，举行会议报告 12 场，就运河文化遗产、运河城市、运河水域环境、运河区域宗族社会、运河与漕运、运河神灵信仰等方面的问题进行了全面的探讨，提出了一系列学术新观点，达成了新共识。

聊城召开京杭古运河聊城段概念规划汇报会　2015 年 10 月 12 日，京杭古运河聊城段概念规划汇报会在聊城阿尔卡迪亚酒店举行。会议主要对德国标恒设计公司编制的《京杭古运河聊城段概念规划》提出意见。聊城市委书记、市人大常委会主任徐景颜做重要讲话，市委副书记、市长宋军继主持会议。徐景颜在讲话中指出，要严格按照“公众参与、专家论证、风险评估、合法性审查、集体讨论”的程序，高水平编制运河开发保护规划；要分步实施，切实搞好规划和建设统筹，抓好贯彻落实；要打造市场化、商业化运行模式，创新旅游管理体制，以市场化方式搞好运营管理；要实行“一盘棋”领导体制，加强组织领导，建立高效运行的组织体系，强力推进运河开发保护工作。宋军继在主持会议时强调，全市规划设计部门要认真吸收各位专家学者的意见建议，制定经得起历史和社会检验的规划方案，切实做好运河开发保护工作。

江苏省

淮安召开里运河文化长廊建设工作项目进度汇报会　2015 年 1 月 16 日，淮安市举行里运河文化长廊建设工作项目进度汇报会。会上，各相关单位汇报了规划编制、采取措施、项目进度等工作情况。

镇江召开大运河与镇江座谈会　2015 年 4 月，镇江市文广新局组织召开大运河与镇江座谈会。著名历史作家、学者阎崇年，市政府、市住建局、文广新局等单位相关领导及镇江当地部分知名学者、文物考古工作者、非遗保护工作者等参加了座谈会。会上，与会专家、学者围绕大运河镇江段的历史地位与发展演变，大运河沿线的重要考古发现、非遗故事和传说，大运河与镇江这座城市发展之间的关系等话题进行了热烈讨论。

淮安召开板闸遗址考古现场会暨文物保护专家论证会 2015 年 6 月，淮安市召开板闸遗址考古现场会暨文物保护专家论证会。会议由市文广新局局长杨斌主持，市文广新局副局长李倩等出席会议。与会专家对板闸遗址进行了价值评估，对其价值给予了高度肯定和评价，并对遗址考古工作和下一步的保护展示工作进行了论证和指导。

大运河文化带建设座谈会在淮安召开 2015 年 7 月 27 日，江苏省政府在淮安召开江苏大运河文化带建设座谈会，研究部署大运河文化带建设。江苏省副省长曹卫星出席会议并讲话。副市长王红红、市文广新局局长杨斌、副局长李倩，以及省大运河保护和申遗市厅际会商小组成员单位及省旅游局负责同志、大运河沿线其他 7 市政府领导、文物行政主管部门负责同志参加会议。会议由省政府副秘书长、会商小组副组长肖泉主持。参会人员主要交流了大运河文化带建设工作及下一步思路打算，讨论了省大运河遗产保护与管理市厅际会商小组成员单位职责。

扬州市举行大运河遗产保护管理工作会议 2015 年 7 月 27 日，扬州市委、市政府召开扬州市大运河遗产保护管理工作会议，对下一步如何做好大运河遗产保护管理工作进行了全方位的部署。会议指出，作为扬州市申报世界文化遗产领导工作小组成员单位的牵头部门和大运河遗产保护管理的具体组织、协调部门，扬州市申遗办将全面贯彻落实扬州市大运河遗产保护管理工作会议精神，在坚守“整体保护、政府主导、保护与利用并重、监测执法相结合、惠及民生”五大原则的基础上，一如既往发扬在申遗时期的克难求进、示范引领、奋发有为的精神，全力以赴实施六大举措，努力开创后申遗时代大运河遗产保护管理事业的新局面，为扬州继续发挥运河遗产保护管理的牵头作用添砖加瓦。

江苏省世界文化遗产工作推进会在镇江召开 2015 年 9 月 30 日，江苏省世界文化遗产工作推进会在镇江召开，总结部署江苏省世界文化遗产保护和管理工作。会议由省政府副秘书长肖泉主持，副省长曹卫星出席会议并讲话。会议还播放了《保护遗产传承文明——江苏世界文化遗产保护与申报纪实》宣传片，江苏省文物局局长刘谨胜做大会发言。截至 2015 年 9 月，江苏省已拥有苏州古典园林、南京明孝陵、大运河江苏段三处世界文化遗产，另有江南水乡古镇、中国明清城墙、无锡惠山祠堂群、海上丝绸之路等预备名单项目，总量居全国前列。

浙江省

首届京杭大运河文化产业带高峰论坛在杭州开幕　2015 年 7 月 23 日，首届京杭大运河文化产业带高峰论坛在杭州拱墅区开幕。来自中国传媒大学、山东济南大学的专家，以及杭州市大运河保护和申遗相关方面的专家等围绕文化遗产与文化产业协同发展效应、运河沿线地区协调发展机制、文化产业促进相关产业融合发展模式等主题进行了发言讨论，针对京杭大运河文化产业带的规划与建设提出各自的意见和建议。

河南省

中原古代丝绸之路与大运河研讨会在郑州召开　2015 年 12 月 13～15 日，由河南省科学技术协会、河南省文物局、郑州大学主办，河南省科学技术史学会、河南省文物考古研究院、郑州大学历史学院、郑州大学科技史研究中心承办的中原古代丝绸之路与大运河学术研讨会在郑州召开。河南省科学技术协会副主席冯琦、河南省文物局局长陈爱兰、郑州大学校党委副书记吴宏亮出席并致辞。来自省内外 16 个学术机构的 40 多位专家、学者参加了此次研讨会。

安徽省

泗县召开大运河遗产管理规划及展示利用方案编制工作座谈会　2015 年 8 月 31 日，泗县县委书记张志强主持召开大运河遗产管理规划及展示利用方案编制工作座谈会，与中国文化遗产研究院相关专家交流研究如何进一步做好运河保护利用工作。泗县相关领导同志和有关乡镇、县直单位负责人参加座谈。会上，县文广新局相关人员汇报了大运河泗县段有关情况。中国文化遗产研究院相关人员汇报了大运河泗县段管理规划和展示利用方案编制工作，与会人员分别就规划编制工作提出意见和建议。

（三）工作调研

北京市

杨斌赴通州“三庙一塔”历史文化景区调研 2015 年 1 月 4 日，通州区委书记杨斌到文庙、燃灯塔、佑胜教寺和紫青宫“三庙一塔”历史文化景区进行调研。杨斌一行听取了相关核心区古建筑文物分布和保护情况，以及运河文化景区、商业文化景区、皇家文化景区和民俗文化景区的总体规划介绍。他强调，要大力保护好运河文化遗产，同时要加强对文化庙会等人员密集场所的安全检查，消除各类安全隐患。

山东省

季将赴台儿庄区调研“儒风运河”旅游品牌建设情况 2015 年 3 月 6 日，山东省旅游局政策法规处处长季将率省内外各大旅行社和大众网等媒体记者，到台儿庄区调研“儒风运河”旅游品牌建设情况，枣庄市旅游和服务业发展委员会副主任刘洪鹏、台儿庄区政府副区长李晓红、区旅游和服务业发展局局长王玉珏等陪同调研。季将一行实地考察了祥和生态观光园、环城生态长廊、运河湿地公园、乡村旅游特色村南闸村、应天果蔬采摘园、涛沟河湿地和台儿庄古城，听取了台儿庄区依托运河文化发展特色旅游的汇报。季将指出，“儒风运河”是以运河为轴、城市为点、运河廊道为框架的运河文化遗产旅游格局，该格局把德州、临清、聊城、东平、济宁、微山、台儿庄作为核心城市节点，打造山东西部经济隆起带中率先崛起的文化旅游发展高地。

北京建工建筑设计研究院田林一行来德州实地考察南运河 2015 年 4 月，北京建工建筑设计研究院专家田林来德州实地考察南运河河道及相关文化遗产点，并与相关部门负责人进行了座谈讨论。市文广新局党组书记、局长杨杰，市文物局有关人员及德城区、运河开发区相关负责人陪同。座谈会上，与会人员充分研究讨论了大运河遗产保护与利用的工作思路和想法，进一步深化、细化了南运河保护与展示方案，为保护和利用德州运河文化遗产提供了重要参考和借鉴。

“后申遗时代大运河保护和开发山东段考察活动”启动仪式在聊城举行　2015 年 6 月 1 日，由山东省文物局、民进山东省委组织的“后申遗时代大运河保护和开发山东段考察活动”启动仪式在聊城举行。考察团一行对德州、聊城、济宁、泰安、枣庄等运河沿线五市文物保护和运河开发利用情况进行实地考察调研。省政协副主席许立全出席启动仪式并讲话。许立全指出，大运河成功申遗后，成为山东省继泰山、“三孔”、齐长城之后的第四处世界文化遗产，这是有利于山东西部乃至全省长远发展的一件大事。抓好后申遗时代大运河的保护和开发利用，是推动山东省经济、社会、文化建设全面协调发展的必然要求。大运河成功申遗只是起点，要马上行动起来，坚持“重保护、慎开发”的原则，设定路线图，步步推进，切实把大运河山东段的保护和开发利用工作做实做细。

郭永军一行赴德州调研后申遗时代大运河保护与利用工作　2015 年 6 月 2～3 日，山东省政协常委、民进山东省委副主委兼秘书长郭永军，山东省文物局副局长由少平一行 5 人来德州考察后申遗时代大运河保护和利用工作。考察组现场考察了南运河德州段二屯镇“三湾展示区”、九龙湾公园和九龙湾河道，随后与市大运河遗产保护与申遗领导小组成员单位相关负责人围绕后申遗时代大运河德州段的保护与利用进行了座谈交流。

国务院发展研究中心调研组赴德州陵城区调研　2015 年 6 月 26 日，国务院发展研究中心东方文化与城市发展研究所副所长黄斌率领调研组赴德州陵城区调研。黄斌一行先后到古运河风景区、运河古街、德州码头、田雯纪念馆、九龙湾公园、奇石文化博物馆、齐鲁古玩城等地进行实地调研，详细了解陵城区文化产业发展情况，对其发展规划给予高度评价。

“儒风运河”文化旅游品牌考察组赴微山考察　2015 年 8 月 7 日，“儒风运河”文化旅游品牌考察组一行 5 人走进微山，由北京京师天成旅游规划设计咨询有限公司旅游智库科学总顾问宋金平教授带队，对微山运河沿岸旅游景点、特色旅游景观、运河文化进行实地考察。考察组在微山县旅游局副局长朱素梅的陪同下先后参观了微山湖国家湿地景区、微山城区老运河、微山运河文化广场和微山老运河景观带。

徐景颜、宋军继等调研聊城运河文化旅游开发情况　2015 年 8 月 7 日，聊城市委书记、市人大常委会主任徐景颜，市委副书记、代市长宋军继率队考察运河文化传承和旅游开发情况。调研组一行先后到度假区四河头、周店船闸、临清鳌头矶、老城区、运河钞关、元代运河、舍利宝塔等重要节点和古迹遗存，实地察看了运河沿线开发保护情况，并于当日下午召开座谈会。徐景颜强调，运河的开发保护在聊城发展大局中占有极为重要的地位，全市上下要高度重视，搞好资源整合，整体规划设计，努力把运河打造成聊城文化旅游产业发展最具活力的隆起带，促进全市转型升级、科学发展。

全国政协专题调研组赴山东调研大运河保护和利用工作 2015年11月，全国政协委员、文史和学习委员会副主任周国富、陈光林率领的全国政协调研组一行，赴山东就大运河申遗成功后的保护和利用情况进行调研。山东省副省长王随莲代表省政府介绍了山东经济社会发展和大运河山东段遗产保护工作情况，省政协副主席郭爱玲主持座谈会，省直有关部门负责人参加会议。调研期间，调研组实地了解大运河申遗成功后的保护和利用情况，认真听取有关情况汇报。调研组认为，山东对大运河遗产保护和管理工作高度重视，申遗工作卓有成效，申遗成功后的保护和利用工作措施有力，创新性地启动了“大运河历史文化长廊”规划建设，希望山东充分发挥示范带头作用，加强相关研究工作，在大运河世界遗产保护和利用方面积累更多经验，以更有力地保护管理大运河，使其更好地造福于人民。

江苏省

江苏省旅游业发展“十三五”规划和大运河江苏段旅游发展规划编制组赴苏州实地调研 2015年2月9日，由南京大学国土资源与旅游系教授张捷率队的江苏省旅游业发展“十三五”规划和大运河江苏段旅游发展规划编制组赴苏实地调研。9日下午，苏州市旅游局组织召开座谈会，邀请市农委、发展改革委、规划局、交通局、水利局、文广新局、园林和绿化管理局等相关部门与苏州同程网络科技股份有限公司、苏州八爪鱼在线旅游发展有限公司、木渎景区、角直景区等旅游企业相关负责人参会。各部门参会人员首先就部门“十三五”规划编制情况和设想，特别是与旅游业相关的部分做了着重介绍，并就大运河遗产在苏保护、利用情况向编制组做了说明。

江苏省大运河廉政文化资源发掘利用研讨会参会人员调研江都运河廉文化传承馆 2015年9月25日，出席江苏省大运河廉政文化资源发掘利用研讨会的大运河沿线城市的纪检、文化系统领导、专家，来江都区运河廉文化传承馆调研，对江都区寓廉于文、传递“廉能量”的做法予以肯定。近年来，江都区高度重视发掘利用大运河廉政文化资源，开展富有特色的党风廉政宣传教育，打造了一批廉政教育阵地。运河廉文化传承馆遵循“大运河一线牵，廉文化融古今”的思路，致力于打造运河文化展示点、历史文化交汇点、廉洁文化传承点。调研中，与会人员称赞江都寓廉于文、传递“廉能量”的做法形式新、效果好，经验做法值得学习借鉴。

全国政协专题调研组赴江苏调研大运河遗产保护利用工作　2015 年 10 月 22～25 日，由全国文史和学习委员会副主任陈光林、周国富率领的全国政协调研组一行，来江苏就大运河申遗成功后的保护和利用情况进行调研。在 22 日召开的调研座谈会上，调研组认为，江苏大运河遗产保护和利用工作措施得力、成效良好，希望江苏省进一步深化对在大运河遗产保护和利用中所承担责任的认识，充分发挥示范带头作用，加强相关研究工作，加大对大运河的宣传推介力度，以实现大运河更有利的保护管理，更好地造福于人民。调研期间，调研组还深入江苏运河沿岸的常州、扬州、淮安等地实地考察。

浙江省

张建庭一行赴杭州运河集团调研　2015 年 7 月 9 日，杭州市副市长张建庭赴运河集团调研。张建庭一行首先赴运河湾现场了解并察看了运河湾初步规划情况，随后召开座谈会。会议听取了运河集团的总体工作汇报，以及运河湾规划、运河亮灯提升、运河庙会等具体项目方案汇报。张建庭强调，2014 年底，运河集团按照“事企分开、管办分离、精简高效”的原则完成机构和体制调整，运河集团正式纳入国资监管体系，加入市属企业行列。面对新形势、新经济、新常态，要进一步理清思路，在做好保护运河工作的前提下，充分开发利用运河资源发展旅游休闲产业。要结合“十三五”规划，制定运河集团发展五年目标规划、三年行动计划，谋定而后动。要突出重点，以创五 A 级景区为抓手，包装打造运河品牌，带动各项建设工作，推进运河湾等重点项目，精心组织运河庙会等活动，抓紧实施景观夜间亮灯工程。各部门要继续大力支持运河集团各项工作。

夏宝龙一行调研杭州段运河保护和开发情况　2015 年 9 月 11 日，浙江省委书记、省人大常委会主任夏宝龙调研京杭大运河杭州段。夏宝龙一行从杭州三堡船闸码头登船，沿运河乘船两个多小时行至余杭塘栖古镇，考察运河保护、治理、管理和沿岸城市建设、污水治理等情况，听取省市交通、水利、环保等部门情况汇报，了解运河航运、旅游开发、历史遗存保护等情况。他强调，京杭大运河是浙江省重要的内河水运通道，是杭州继西湖和钱塘江外的又一张城市“金名片”，要在前期综保工作取得显著成绩的基础上，进一步加强对大运河的保护、整治和管理，坚持治理与传承并重、治水与治岸并举、保护与发展共赢，努力让千年大运河绽放时代新光彩。

（四）遗产保护

北京市

中国世界文化遗产监测中心 2015 年年会在京召开 2015 年 5 月 27 日，中国世界文化遗产监测中心 2015 年年会在中国文化遗产研究院召开。此届年会以“中国世界文化遗产地 2014 年度监测报告”、“中国大运河遗产监测工作进展”，以及“遗产地监测试点单位监测预警体系建设评估”为主题，交流探讨遗产地监测工作。与会代表就大运河遗产监测工作、遗产地监测预警体系建设评估、遗产监测及监测平台建设等方面进行了交流讨论。

江苏省

扬州市文物局局长冬冰督查宝应文物保护工作 2015 年 5 月 21 日，扬州市文物局局长冬冰在宝应县副县长杨洪国、县文体广新局局长钱永健等相关领导的陪同下督查宝应文物保护工作。冬冰一行首先视察了宝应博物馆，从“纪念抗日战争胜利 70 周年”主题巡回展，到展厅文物保护情况，再到正在施工中的提升改造工程，局长冬冰都给予了高度评价。随后，冬冰一行在县文体广新局召开了关于宝应大运河申遗工作进展及文物保护等相关工作的座谈会。会上，宝应县文体局副局长翟立宝做了有关宝应刘堡减水闸二期防护加固工程、二里排河提案保护与展示、大运河申遗（宝应段）服务与展示中心和古城保护等项目的工作汇报。听完汇报后，冬冰对宝应县文物保护工作给予了高度评价，并提出具体意见和要求。

大运河保护办启动 31 个运河遗产区专项巡视工作 2015 年 7 月 8～9

日，受国家文物局委托，大运河遗产保护管理办公室组织相关专家，对大运河淮安段和宿迁段的遗产保护管理及利用工作进行了调研巡查，拉开了对大运河遗产地进行专项巡查工作的序幕。为做好大运河遗产的保护利用、监测执法工作，切实履行对国际社会的庄严承诺，改变“重申报、轻管理”的现象，国家文物局委托大运河遗产保护管理办公室承担大运河遗产专项巡查工作任务。

镇江市文广新局开展京口闸遗址深度解读活动　2015 年 11 月 12 日，镇江市文广新局组织省、市报纸、广播电视、网络等 10 余家新闻媒体记者，对镇江京口闸遗址开展深度解读工作。京口闸遗址位于润州区中华路东侧，于 2012 年发现。已发现的一半遗址由明清京口闸东闸体、明清时期石岸、明清道路、清代碑亭墙基及龟趺座、清代码头等遗迹组成。

大运河世界文化遗产地保护管理培训班在扬州高邮举办　2015 年 11 月 22～28 日，2015 年大运河世界文化遗产地保护管理培训班在扬州高邮举办。国家文物局人事司专家与培训处处长佟薇、中国古迹遗址保护协会秘书处处长郑军以及高邮市领导出席开班仪式。此次培训班由国家文物局主办、大运河遗产保护管理办公室承办、高邮市人民政府协办。来自运河沿线 8 省（市）、大运河省级管理机构负责人代表，世界文化遗产大运河 31 个组成部分的管理机构代表，以及部分大运河国保单位重要点段的管理机构代表等 60 余人参加培训。

（五）项目建设

天津市

天津与北京、河北联手打造京津冀运河文化休闲观光带　2015 年 10 月，按照天津市委、市政府推进京津冀协同发展战略的部署和要求，天津市农委协同北京市、河北省相关单位建立京津冀休闲农业发展合作机制，决定依托三地共同拥有的大运河这一独特的文化资源，充分发掘和利用大运河京津冀段沿线民俗风情、文化遗产，利用三年时间精心打造京津冀运河文化休闲观光带，促进大运河及其周边资源的可持续发展。根据规划，天津将协同京冀遵循继承、保护、体验、创新的开发思路，整合运河两岸的自然风光、民俗文化、人文历史等资源，串点成线，形成运河独特的休闲农业产品，将运河打造成为“水清岸绿、功能完善、产业齐全、布局合理”的京津冀“水上通道”，做好重点工程的开发建设，包括北运河武清段通航（远期实现北运河武清段经河北与北京通州的通航工程）、静海区西双塘村休闲旅游体验基地等。

山东省

聊城市 3100 万元资金大力支持运河沿线旅游项目 2015 年 12 月 11 日，按照聊城市委、市政府关于发展运河沿线旅游产业的战略部署，市财政局根据市旅游局对聊城市运河沿线旅游业的发展规划及资金申请，下拨 3100 万元用于支持聊城市运河沿线重点旅游项目及乡村旅游项目。该批资金共计扶持了临清市“运河第一庄——丁马庄”运河丁马休闲养生建设项目、临清市海棠家园旅游观光项目、阳谷仓亭津农业休闲度假区项目、江北水城旅游度假区道之运河温泉休闲度假村项目 4 个运河沿线重点旅游项目，以及高唐古桑树群休闲旅游设施建设项目、开发区嘉禾旅游观光综合体项目、东昌府区山东福和万亩现代农业产业园建设项目 3 个乡村旅游项目。

江苏省

扬州市江都区建成运河廉文化传承馆 2015 年 5 月 11 日，运河廉文化传承馆在扬州邵伯镇历史文化街区建成开馆。围绕打造运河廉文化品牌这一目的，江都区充分发挥邵伯作为大运河申遗第一镇的区域优势和文化特色，结合邵伯历史文化街区首发项目之一的“邵伯巡检司”恢复重建，精心策划布展运河廉文化传承馆。该馆以运河为主线，以廉政为主题，旨在宣传运河申遗城市所蕴含的廉政文化和人物，以史鉴今。运河廉文化传承馆遵循“大运河一线牵，廉文化融古今”思路，力求“有意义与有意思”，致力打造“运河文化的展示点、历史文化的交汇点、廉洁文化的传承点”。

江苏省设立无锡江南古运河旅游度假区 2015 年 9 月 19 日，江苏省政府批复设立无锡江南古运河旅游度假区。该度假区规划面积 12.8 平方千米，范围东至锡惠公园，西至兴源路，北至吴桥，南至金城路高架。

（六）主题活动

天津市

第 26 届天津运河桃花文化旅游节开幕　2015 年 3 月 23 日，作为天津每年首场文化旅游大戏，第 26 届天津运河桃花文化旅游节暨“百万市民游津城”活动正式开幕。此次桃花节为期一周，游人可免费入园观赏踏青。在活动现场，传统民俗节日“花朝节”庆典活动首次“登陆”桃花节，也成为桃花节的一大亮点。天津汉服社、天津育心书院、天津摄影网等机构也纷纷组织开展以祭花、赏花、品花为主题的插花作品大赛、花簪制作大赛、琴棋书画才艺赛、桃花诗词吟诵赛等形式多样的庆祝活动同游客交流互动。

“千秋古运·大运河设计之旅”活动在天津启动　2015 年 5 月，由天津创意策划研究会、新浪网、渤海早报主办，中国文化遗产研究院、北京国际设计周组委会支持，东方环球影城文化创意产业园承办的“千秋古运·大运河设计之旅”活动在天津举行。在活动启动仪式上，位于运河畔的东方环球影城创意产业园同步揭牌。启动仪式结束后，由近百人组成的大运河自行车骑行队沿天津南运河进行了绿色骑行活动，并在沿途宣传运河文明，倡导运河环保。与此同时，数百名市民还参加了声势浩大的大运河健步行活动，并参观了大运河图文展。随后，在运河文化论坛上，来自中国文化遗产研究院、北京国际设计周组委会等参与单位的专家、学者就天津运河沿岸生态与建设规划、大运河保护性修复设计对运河生态价值、人文价值的意义等进行了深入探讨。

天津市西青区举办“运河记忆”非遗展　2015 年 6 月 26～28 日，“运河记忆”非物质文化遗产宣传展示系列活动将在杨柳青镇举办。来自天津市部分区县、河北省、北京市等京杭大运河流经区域的 40 余个非遗项目和上千件非遗精品亮相。此次活动由市文广局、西青区政府联合主办，市非遗保护中心、市非遗保护协会和区文广局联合承办，以“运河记忆，活态传承”为主题，先后举办了开幕式暨运河沿岸非遗项目动态技艺展、运河沿岸非遗项目展、运河沿岸非遗项目保护与传承论坛和运河沿岸非遗项目表演类节目惠民演出等活动。

天津市举办首届中国大运河天津餐饮文化节 2015 年 10 月 28 日，首届中国大运河天津餐饮文化节在天津水游城假日酒店召开，活动现场分为宴席展示区、食材对接区和品牌对接区三部分。此届天津运河餐饮文化节以“探古运河之文化基因，品津沽美食之味道，促餐饮新常态之发展，展美食名都之胜境”为主题，以大运河文化遗产为纽带，利用运河沿线各中心城市传统餐饮文化的既有资源，在挖掘、保护、传承运河餐饮文化遗产的同时，为消费者提供美食盛宴，感受体验运河餐饮文化。

河北省

“京杭大运河河北旅游营销联盟”成立 2015 年 4 月 16 日，由沧州、廊坊和衡水三地联手打造的“京杭大运河河北旅游营销联盟”在沧州宣布成立，这是继“承秦唐”“北太行”之后河北省第三家旅游营销联盟。联盟推出面向京津冀市场的 4 条运河精品旅游线路，辐射京津及石家庄附近区域。河北省旅游局副局长张胜利在致辞中指出，河北旅游营销联盟的成立，进一步推进了三市间的旅游交流与合作，加快区域旅游协调发展步伐，共同构建京杭大运河河北旅游整体品牌形象，打造出具有较大影响力和较高知名度的运河旅游产品，提升了区域旅游核心竞争力。

山东省

山东梆子大型现代戏《河都老店》成功首演 2015 年 6 月 22 日，由济宁市委宣传部、济宁市文广新局着力打造的山东梆子大型现代戏《河都老店》在声远舞台成功首演。《河都老店》以抗日战争为背景，依托运河之都博大深厚的历史文化资源，由济宁玉堂酱园的真实发展历程提纯改编，借助这个于乱世中艰难成长的民族企业的故事，展示其生存理念、经营之道、人文精神与节操。该剧充分展示了济宁人民的爱国精神和运河之都的传统文化，提升了文化济宁的知名度、美誉度，进一步推动了文化强市建设，有利于打造优秀传统文化首善之区，是继《圣水河的月亮》之后的又一部崭新力作。首演结束后，省、市有关领导和专家进行了现场座谈，对《河都老店》首演成功表示一致认可，并对剧目提出十分中肯的意见和建议。

舞蹈剧《遇见大运河》在济宁上演 2015 年 6 月 27 日，由杭州歌剧舞剧院创作的舞蹈剧《遇见大运河》在济宁市声远舞台上演，受到各界观众和国内专家的一致好评。《遇见大运河》是一部以大运河为题材，以舞蹈为主要表现形式的史诗舞台剧。国家一级导演、杭州歌剧舞剧院院长崔巍担任总导演。该剧的创作以生动的艺术形象和时代发展所需的艺术眼光，展示了灿烂的运河文化，唤起人们对文化遗产及自然环境的保护意识，同时用大运河的艺术形象，挖掘出其在我国古代文化、政治经济大框架中所起到的重要历史作用。

第六届“心酒杯”中国大运河美食节在济宁开幕　2015 年 10 月 25 日，由济宁市烹饪餐饮业协会、市旅游饭店业协会承办的第六届“心酒杯”中国大运河美食节暨淡水鱼烹饪技能大赛在济宁凤凰西苑大酒店隆重举办。来自北京、天津、安徽、河南、江苏、浙江、山东等 8 个省市的烹饪协会会长，沿大运河 17 个城市的餐饮业负责人及大型知名酒店的代表，著名专家学者，新闻媒体代表，全市餐饮界代表近千人参加了开幕式和相关活动。本次美食节活动以“弘扬运河饮食文化，展示运河美食风采”为主题，以“开放、包容、共商、共建”为宗旨。开幕式由济宁市旅游局副局长郑庆军主持，市旅游局局长杨凤东代表主办单位致欢迎词。会上，为了进一步打好打响运河美食品牌，推动大运河饮食文化的发展与繁荣，北京市餐饮行业协会、天津市餐饮行业协会等 19 家行业协会成立了大运河餐饮联盟，共同发起了《弘扬中国大运河精神，发展大运河饮食文化精神》的倡议书。

江苏省

《行走大运河》书法美术摄影作品展在吴江开幕　2015 年 1 月 28 日，由苏州市吴江区文学艺术界联合会主办，区书法家协会、美术家协会、摄影家协会、作家协会以及诗词协会共同承办，吴江博物馆协办的《行走大运河》书法美术摄影作品展在博物馆二楼大厅开幕。开幕式上，区文联主席孙俊良向吴江档案局、图书馆和博物馆赠书；周志芳、吴琦、陈建忠、何斌华等领导共同为本次展览揭幕。此次作品展共展出书法作品 42 幅，美术作品 20 幅以及摄影作品 36 幅。

扬州举办“千人运河环保行”活动　2015 年 6 月 5 日，扬州市大运河保护志愿者总队、环保志愿者支队、江海学院志愿者支队和广陵区汶河街道，在古运河畔的南门遗址广场举办了“千人运河环保行”活动启动仪式，同时成立龙头关、荷花池、常府社区大运河守护站。据悉，这也是扬州纪念大运河申遗成功一周年系列活动之一。

常州举行“慢生活 赏古城 走大运 爱常州”滨河绿道群众毅行活动 2015 年 6 月 13 日，由常州市大运河保护工作领导小组主办，常州市文明办、常州市文广新局、常州市城乡建设局承办的“慢生活 赏古城 走大运 爱常州”滨河绿道群众毅行活动在常州西瀛里明城墙举行。活动得到广大参与者的认同与支持，他们纷纷表示下次还会继续报名参加，支持、宣传与保护古城常州的文化遗产，为母亲河贡献自己的力量。

扬州博物馆举办“韫玉凝晖——扬州地区出土文物精品展” 2015 年 9 月 23 日，为迎接扬州城庆 2500 周年，扬州博物馆与南京博物院、扬州市文物考古研究所、扬州汉广陵王墓博物馆、仪征博物馆、宝应博物馆、江都博物馆、高邮市博物馆、邗江文管办等 8 家单位认真磋商，共同举办“韫玉凝晖——扬州地区出土文物精品展”。本次展览共展出扬州地区出土文物精品 73 件（套），其中一级文物藏品 15 件（套）。

浙江省

第六届杭州拱墅运河美食节开幕 2015 年 4 月 24 日，第六届杭州拱墅运河美食节在胜利河美食街中心广场正式拉开帷幕。由杭州市拱墅区人民政府、杭州运河集团主办，拱墅区商务局（区旅游局）、杭州运河集团文化旅游有限公司、杭州千岛湖啤酒有限公司、拱墅区餐饮行业协会承办。活动得到杭州市旅游委员会、杭州市贸易局、杭州运河综保委、省餐饮行业协会、市餐饮旅店行业协会的大力支持和各餐饮企业的积极响应。美食节持续至 5 月 3 日，共历时十天，致力于让更多的中外游客在品味拱墅美食的同时感受运河风情，打响“吃在拱墅，游在运河”品牌，推动美食与旅游、休闲、消费等融合共生。

第四届大运河文化节在杭州开幕 2015 年 6 月 13 日，第四届大运河文化节拉开大幕。杭州京杭大运河博物馆、中国湿地博物馆、胡庆余堂中药博物馆等 32 家文博单位相聚运河文化广场，邀请大家休验中药材鉴伪、古钱币鉴赏、雕版印刷、软陶镶嵌等。以运河为主题的系列歌舞表演，加上以西湖十景为题材创作的旗袍秀活动，生动展现了西湖与运河水脉相连、文脉相通的关系。广场上的运河主题摄影展、“最忆是杭州”杭州通史陈列等精彩图文展览，呈现了两处世界文化遗产与城市发展、百姓生活之间的关系。

《寻梦大运河》摄制组在杭州举行摄影组座谈会　2015 年 10 月，央视 60 集大型纪录片《寻梦大运河》摄制组在杭州黄亚洲书院举行摄影组座谈会。项目负责人赵宝庆和央视总撰稿张宁、总导演朗涛，以及主持人黄亚洲、著名铜雕艺术家朱炳仁、杭州歌剧舞剧院院长崔巍、省政府参事桑士达、画家吴理人、运河文化研究专家陈继生等社会各界人士参加会议。与会人员纷纷表示，希望通过重新解读运河与运河人物，关注环境保护、人类意志与自然的有机融合，以新的视角、新的诠释向全国观众展现一条申遗成功后气度不凡的中国大运河。

第二届中国大运河庙会在杭州举行　2015 年 10 月 23 ~ 25 日，第二届中国大运河庙会在京杭大运河杭州景区举行。作为杭州西博会的重要组成部分，2015 年的大运河庙会以“邂逅大运河，风情最杭州”为主题，共设 9 个会场，活动内容包括开幕式、大运河公益婚典、旗袍秀、运河之夜音乐会、民国风情秀以及创意集市、手工集市、非遗集市、传统集市、民俗集市、品牌集市等。庙会举办期间，还开通了运河庙会水上专线，“坐着船儿逛庙会”成为庙会的一大特色。

湖州市举行运河文化研讨会暨《湖州运河文化》图书首发式　2015 年 12 月，湖州市运河文化研讨会暨《湖州运河文化》图书首发式在湖州市港航局召开。《湖州运河文化》是由市港航局策划，二十一世纪出版社出版的全面系统展示江南运河湖州段历史文化的书籍。全书分为 9 个篇章，共 25 万字，收录珍贵历史图片资料 100 余幅。该书以图文并茂的形式对江南运河湖州段沿岸的历史文化进行了深入的挖掘整理，系统地展示了湖州运河的河道、船舶、桥梁、码头、城镇、风俗、文学传说和人物事件。

安徽省

舞蹈剧《遇见大运河》在宿州上演　2015 年 6 月 15 日，由杭州歌剧舞剧院打造的大型原创舞蹈剧《遇见大运河》在宿州市文化艺术中心上演。该剧大胆穿插人物对白，并巧妙融合了宿州本地的人文风情及地域文化元素，引发巨大心灵共鸣。《遇见大运河》由杭州歌剧舞剧院发起，融合社会各界力量，历时三年精心制作而成，是一部传播中国大运河文化，集思想性、艺术性、观赏性于一体的精品力作。

五　生态环保

（一）规章制度

山东省

《山东省京杭运河航运污染防治办法》正式公布　2015 年 12 月 8 日，山东省长郭树清签署第 294 号山东省人民政府令，公布《山东省京杭运河航运污染防治办法》（本部分简称《办法》）。《办法》于 2016 年 3 月 1 日起正式施行。《办法》共 27 条，以《中华人民共和国水污染防治法》《山东省南水北调工程沿线区域水污染防治条例》等法律、法规为依据，结合山东省实际，用于所辖京杭运河及其支线水域航运污染的防治工作。《办法》指出，京杭运河沿线区域县级以上人民政府要加强对京杭运河航运污染防治工作的领导，将京杭运河航运污染防治工作纳入本地区环境保护规划，协调解决污染防治工作中的重大问题，保证必要的资金投入。

（二）会议调研

山东省

许立全赴德州调研大运河开发治理情况　2015 年 10 月 21 ~ 22 日，山东省政协副主席许立全赴德州就政协界别工作、委员活动及大运河开发治理情况进行调研。许立全先后到武城县、运河经济开发区、陵城区、德州经济技术开发区调研，并召开座谈会听取汇报，对德州市政协工作及大运河开发治理取得的成效给予充分肯定。

江苏省

江苏省生态环境厅中心项目组赴贾汪区开展生态红线调整规划调研工作

2015 年 3 月 17～20 日，江苏省生态环境厅中心项目组赴贾汪区开展前期调研工作，对潘安湖重要湿地、京杭运河（徐州市区）清水通道维护区、贾汪区地下水饮用水水源保护区及大洞山森林自然保护区等区域进行了现场踏勘，初步掌握了生态红线区域保护现状及存在问题，并就红线调整情况与贾汪区环保局进行了沟通与交流。

徐鸣赴徐州调研南水北调送水工作　2015 年 5 月 14 日，江苏省委常委、副省长徐鸣到徐州市调研南水北调送水工作，就相关工作做出安排部署。省政府副秘书长杨根平，省环保厅副厅长蒋巍，省南水北调办副主任郑在洲，江苏水源公司董事长邓东升，江苏水源公司副总经理冯旭松，副市长漆冠山，市水利局局长、南调办主任卜凡敬，市水利局党委委员、南调办副主任周兴，以及市环保局分管领导等陪同进行了活动。

陈蒙蒙赴宜兴调研太滆南运河水环境整治情况　2015 年 7 月 7 日，江苏省生态环境厅厅长陈蒙蒙率队赴宜兴调研环保工作，实地察看太滆南运河水环境整治情况。陈蒙蒙一行乘船巡查了河体水质，详细了解了太滆南运河水环境整治情况以及太湖西岸蓝藻藻情、监测预警和处置情况。他强调，太湖治理是江苏水环境整治工作的重中之重，宜兴市水污染防治工作对太湖水环境治理意义重大，必须坚决克服麻痹思想，紧紧围绕“两个确保”目标，全力落实太湖治理各项工作任务，不能有丝毫松懈。

浙江省

杭州市召开运河“河长制”工作座谈会　2015 年 2 月 13 日，浙江省政府在杭州召开运河“河长制”工作座谈会，总结交流 2014 年运河“河长制”工作，研究部署 2015 年主要工作。会议由浙江省政府副秘书长陈龙主持，副省长黄旭明讲话。黄旭明指出，2014 年，运河“河长制”工作成效明显，水质状况稳中向好，建设任务超额完成，主要是坚持“河长”治水、联动治水、倒逼治水。要抓紧编制 2015 年治理方案，坚持问题导向、目标导向，确定重点工作任务，重点工作任务与总体方案相衔接；统筹抓好重点环节治理，加快城镇污水和农村生活污水治理、“清三河”、船舶污染专项治理，工业和农业污染治理。建立完善治水工作机制，加强干支流倒逼，上下游联动、部门间合作等工作机制，确保各级“河长”守河有责、护水尽责。

（三）专项治理

山东省

漳卫南运河水环境与生态修复科技推广示范基地获批复 2015 年 8 月，水利部科技推广中心批复同意以漳卫南运河管理局为承办单位，设立水利部科技推广中心漳卫南运河水环境与生态修复科技推广示范基地。基地的建设有力地带动了漳卫南运河管理局科技水平的提高，对增强漳卫南运河管理局的可持续发展能力具有重要意义。

六　学术研究

（一）相关著作

蔡禹龙、汪林茂：《运河边的租界——拱宸桥》，杭州出版社，2015。

陈涛主编《淮安漕运文化》，南京大学出版社，2015。

陈跃：《韵河：扬州牵头中国大运河申遗八年纪实》，江苏大学出版社，2015。

董运启：《泇运河的前世今生》，山东人民出版社，2015。

杭州市京杭运河（杭州段）综合保护中心编，杨晓政著《运河文化读本》，杭州出版社，2015。

杭州市余杭区政协文史委员会编《余杭运河船民口述史》，杭州出版社，2015。

胡晓阳主编《运河影像志》，浙江摄影出版社，2015。

淮安市文广新局编著《淮安里运河·故事篇》，江苏凤凰文艺出版社，2015。

淮安市政协文史委、中共清浦区委、淮安市历史文化研究会编《清江浦研究文集》，中国文史出版社，2015。

李泉主编《“运河与区域社会研究”国际学术研讨会论文集》，中国社会科学出版社，2015。

梁国楹主编《德州运河文化遗产保护与开发研究》，线装书局，2015。

刘庆余：《世界遗产视野下的线性文化遗产旅游合作研究：以京杭大运河为例》，中国经济出版社，2015。

刘森林：《大运河：环境 人居 历史》，上海大学出版社，2015。

刘森林：《江南运河：风土 环境 交通》，上海大学出版社，2015。

全国政协文史和学习委员会、政协浙江省嘉兴市委员会编《运河名城：嘉兴》，中国文史出版社，2015。

邵如林：《运河中心话洛阳》，中国旅游出版社，2015。

许明主编《运河南端工业潮》，浙江人民出版社，2015。

许明主编《运河南端抗战往事》，杭州出版社，2015。

杨凤东主编《孔孟之乡·运河之都·文化济宁》，山东友谊出版社，2015。

叶进霞等主编《京杭运河山东段环境地质研究》，山东科学技术出版社，2015。

张洪英：《永定河工图册》，九州出版社，2015。

张前方：《湖州运河文化》，二十一世纪出版社，2015。

郑民德：《明清京杭运河沿线漕运仓储系统研究》，中国社会科学出版社，2015。

《中国水利史典》编委会编《中国水利史典·运河卷·1》，中国水利水电出版社，2015。

周家华编著《长江流域的京杭运河》，长江出版社，2015。

（二）报刊论文

曹金娜、李君：《清中后期漕运社会保甲制度初探——以漕运水手为例》，《农业考古》2015 年第 4 期。

陈浩、任玉勇、王丽、李寒旭、曲进、孙双明：《京杭运河生态体育旅游可持续发展研究》，《北京体育大学学报》2015 年第 4 期。

程森、刘立荣：《省界错壤与洪灾调适冲突——以明清卫河下游直鲁交界地区为中心》，《中国历史地理论丛》2015 年第 2 期。

丁进军、哈恩忠：《乾隆后期蠲缓漕赋档案》，《历史档案》2015 年第 4 期。

丁强：《嵇曾筠河工制度建设及其治河成功原因探析》，《农业考古》2015 年第 1 期。

高元杰、郑民德：《清代会通河北段运西地区排涝暨水事纠纷问题探析——以会通河护堤保运为中心》，《中国农史》2015 年第 6 期。

高元杰：《20 世纪 80 年代以来漕运史研究综述》，《中国社会经济史研究》2015 年第 1 期。

胡吉勋：《通惠河的修浚及争议——兼论明代朝廷决策中的利益权衡》，《古代文明》2015 年第 2 期。

胡克诚：《明代漕抚创制史迹考略——以王竑为中心》，《聊城大学学报》（社会科学版）2015 年第 3 期。

胡梦飞：《明清时期京杭运河沿线区域的天妃信仰》，《淮阴工学院学报》2015 年第 2 期。

胡梦飞：《明清时期京杭运河沿线区域的晏公信仰》，《华北水利水电大学学报》（社会科学版）2015 年第 5 期。

胡梦飞：《明清时期聊城地区的金龙四大王信仰》，《山东青年政治学院学报》2015 年第 6 期。

胡梦飞：《明清时期宿迁地区的金龙四大王信仰》，《湖北职业技术学院学报》2015 年第 1 期。

江晓成：《工程、技术与帝制：乾隆七年江南河工之争的政治史解读》，《华北水利水电大学学报》（社会科学版）2015 年第 2 期。

江晓成：《清前期河道总督的权力及其演变》，《求是学刊》2015 年第 5 期。

江晓成：《清前期河工体制变革考》，《社会科学辑刊》2015 年第 3 期。

姜建设、陈隆文：《从“卫河三便”之策看卫河水运价值》，《河南科技学院学报》2015 年第 5 期。

蓝勇：《明清时期中国内河的公益救生》，《光明日报》2015 年 5 月 20 日，第 14 版。

李德楠：《比较视野下的明清运河城市——以济宁、临清为例》，《中国名城》2015 年第 7 期。

李正文、朱毅、张雅利：《运河文化影响下的聊城山陕会馆雕刻艺术美学研究》，《美与时代（上）》2015 年第 10 期。

刘怀玉、张强：《“加减乘除”：综合开发后申遗时代的大运河》，《中国社会科学报》2015 年 6 月 12 日，第 5 版。

刘建国、王克飞：《两宋江南运河入江口澳闸系统研究》，《东南文化》2015 年第 3 期。

刘卫帅：《水运与卫河流域中小城镇的发展——以明清道口镇为中心的研究》，《华北水利水电大学学报》（社会科学版）2015 年第 1 期。

卢勇、刘启振：《明初大运河南旺分水枢纽水工技术考》，《安徽史学》2015 年第 2 期。

茅林立：《清中期的漕政文化及林则徐的改革举措》，《海峡教育研究》2015 年第 4 期。

孟祥晓：《论清代卫河流域的河神崇拜与习俗》，《新乡学院学报》2015 年第 1 期。

孟祥晓：《为利与为殃：卫河流域水患与陂塘生态变迁——以清至民初浚县长丰泊为例》，《干旱区资源与环境》2015 年第 6 期。

苏毅：《中晚唐时期朝廷对漕运体制的管控与维系》，《人民论坛》2015 年第 32 期。

田冰：《明代黄河水患与治黄保漕时空变迁述论》，《郑州大学学报》（哲学社会科学版）2015 年第 5 期。

田牛：《道光初年河（运）海（运）之争探析》，《贵州社会科学》2015 年第 4 期。

王婧：《明清时期冀豫地区漳河治理研究》，《兰台世界》2015 年第 21 期。

温凯：《清代漕督的设置与裁汰》，《中国社会科学报》2015 年 9 月 14 日，第 4 版。

温凯：《陶澍与漕政改革》，《佳木斯大学社会科学学报》2015 年第 3 期。

向福贞、郑民德：《中国漕仓源流考——以商代巨桥仓为视角的历史考察》，《农业考古》2015 年第 6 期。

许檀：《清乾隆至道光年间的聊城商业——以山陕会馆碑刻资料为中心的考察》，《史学月刊》2015 年第 3 期。

杨渝东：《苏北运河一座庙宇的皇家化与地方化——以皂河“敕建安澜龙王庙”为例》，《民俗研究》2015 年第 6 期。

袁飞：《济运护漕与清代的水利治理》，《中州学刊》2015 年第 5 期。

张环宙、沈旭炜、吴茂英：《滨水区工业遗产保护与城市记忆延续研究——以杭州运河拱宸桥西工业遗产为例》，《地理科学》2015 年第 2 期。

张晓东：《魏晋的漕运发展及其历史地位》，《史林》2015 年第 2 期。

赵成凯：《明朝海运与漕运利弊简析》，《黑龙江史志》2015 年第 7 期。

郑民德、孙元国：《清代山东运河区域的闹漕案——以道光、咸丰年间的朝城县为视角的历史考察》，《德州学院学报》2015 年第 1 期。

郑民德、朱年志：《明清时期山东运河名镇魏家湾经济与文化研究——基于对魏家湾的历史考察》，《中国名城》2015 年第 3 期。

郑民德：《清代漕运中的官民冲突——以光绪河南洛阳闹漕案为视角的历史考察》，《农业考古》2015 年第 1 期。

周健：《仓储与漕务：道咸之际江苏的漕粮海运》，《中华文史论丛》2015 年第 4 期。

朱年志：《明清山东运河与沿岸小城镇发展》，《华北水利水电大学学报》（社会科学版）2015 年第 4 期。

七　大事记

1 月

1 月 4 日，北京市通州区委书记杨斌赴通州区“三庙一塔”历史文化景区调研。

1 月 16 日，淮安市举行里运河文化长廊建设工作项目进度汇报会。

1 月 19 ~ 20 日，水利部淮委会同山东省水利厅在济宁市召开沂沭泗河洪水东调南下续建工程南四湖湖东堤工程竣工验收会议。

1 月 20 日，江苏省徐州市、山东省枣庄市和济宁市三市地方海事以及相关船闸部门召开专题联席会议。

1 月 22 日，夏津黄河故道森林公园晋升为“国家级公园”，定名为“山东夏津黄河故道国家森林公园”。

1 月 28 日，《行走大运河》书法美术摄影作品展开幕式暨作品集首发式在吴江博物馆举行。

1 月，中国民主促进会山东省委员会提交《关于后申遗时代大运河山东段保护和开发的建议》。

2 月

2 月 2 日，德州市人民政府办公室印发《关于进一步加强大运河（德州段）遗产保护管理和开发利用的通知》。

2 月 2 日，苏北航务处对京杭运河六圩口门段航道疏浚工程组织检查验收，工程质量综合评定为优良。

2 月 9 日，江苏省旅游业发展“十三五”规划和大运河江苏段旅游发展规划编制组赴苏州市实地调研。

2月13日，浙江省人民政府在杭州市召开运河“河长制”工作座谈会。

3月

3月6日，山东省旅游局政策法规处组织旅行社和媒体记者到枣庄市台儿庄区调研“儒风运河”旅游品牌建设情况。

3月7日，山东省旅游局组织考察团赴济宁市任城区考察“儒风运河”文化旅游线路。

3月12日，山东省旅游局副局长张明池、规划处处长蒋卫东一行四人来阳谷调研旅游工作。

3月17～20日，江苏省生态环境厅中心项目组赴贾汪区开展生态红线调整规划调研工作。

3月18日，扬州市文物局和江都区文新局组织人员对邗沟东道樊川镇区段进行现场勘察，听取了设计单位对规划方案的解读，并对整个方案的可行性、科学性进行评审。

3月23日，第26届天津运河桃花文化旅游节暨“百万市民游津城”活动开幕。

4月

4月7日，巨野港首次试运营。

4月9日，常州市副市长史志军一行督查苏南运河常州段航道整治工程建设情况。

4月16日，由沧州、廊坊和衡水三地联手打造的“京杭大运河河北旅游营销联盟”在河北省沧州市宣布成立。

4月24日，第六届杭州拱墅运河美食节在胜利河美食街中心广场举办。

4月24～25日，山东省文物局副局长由少平赴枣庄市考察文物保护利用工作。

4月30日，《济宁市泗河流域水资源利用及保护规划》通过专家评审。

4月，德州市文化广电新闻出版局邀请专家组对全国重点文物保护单位、南运河德州段重要节点——德州码头、四女寺水利枢纽进行了实地考察。

4 月，北京建工建筑设计研究院专家田林赴山东省德州市实地考察南运河河道及相关文化遗产点，并进行了座谈讨论。

4 月，镇江市文化广电新闻出版局组织召开大运河与镇江座谈会。

5 月

5 月 11 日，扬州市运河廉文化传承馆举行开馆仪式。

5 月 11 日，《泗河流域综合开发工程河道防洪专项规划》通过专家评审。

5 月 14 日，江苏省委常委、副省长徐鸣率队调研宿迁市南水北调水质监测情况。

5 月 21 日，扬州市文物局局长冬冰督查宝应文物保护工作。

5 月 22 日，第三届苏鲁两省八市水上交通安全监管港航海事工作联席会在扬州市召开。

5 月 27 日，中国世界文化遗产监测中心 2015 年年会在中国文化遗产研究院召开。

5 月 28 ~ 29 日，山东省政协原副主席李殿魁一行到聊城市调研京杭运河、徒骇河复航工作。

5 月，天津市举办“千秋古运·大运河设计之旅”活动。

6 月

6 月 1 日，“后申遗时代大运河保护和开发山东段考察活动”启动，考察团对聊城市大运河遗产保护和利用情况进行考察，并召开座谈会。

6 月 2 ~ 3 日，山东省考察组赴德州考察后申遗时代大运河保护与利用工作。

6 月 5 日，扬州市大运河保护志愿者总队、环保志愿者支队、江海学院志愿者支队和广陵区汶河街道，在古运河畔的南门遗址广场举办了“千人运河环保行”活动启动仪式，同时成立龙头关、荷花池、常府社区大运河守护站。

6 月 13 日，济宁市文物局在太白楼举行庆祝 2015 中国文化遗产日济宁“保护遗产、传承文化”系列活动。

6 月 13 日，常州市在西瀛里明城墙举行“慢生活 赏古城 走大运 爱常州”滨河绿道群众毅行活动。

6 月 13 日，第四届大运河文化节在杭州市开幕。

6 月 13 日，《无锡市内河航道发展战略研究》成果顺利通过审查。

6 月 14 日，著名历史学家阎崇年赴江苏省扬州市考察大运河遗产。

6 月 15 日，山东海洋集团有限公司党委书记、董事长包剑英一行赴山东省枣庄市峄城区古邵镇考察峄州港航产业园项目建设情况。

6 月 15 日，大型原创舞蹈剧《遇见大运河》在安徽省宿州市文化艺术中心精彩上演。

6 月 17 日，杭甬运河宁波段试航 400 吨级船舶。

6 月 20 日，杭甬运河宁波段通航测试第一航次顺利通过姚江船闸。

6 月 22 日，扬州市委书记谢正义一行视察高邮当铺。

6 月 22 日，济宁市声远舞台首演山东梆子大型现代戏《河都老店》。

6 月 26 日，国务院发展研究中心东方文化与城市发展研究所副所长黄斌率领调研组赴德州调研，并召开座谈会。

6 月 26 日，“美丽中国 京杭大运河”欧洲系列推介活动拉开帷幕。

6 月 26～28 日，天津市西青区杨柳青镇举办“运河记忆”非物质文化遗产宣传展示系列活动。

6 月 27 日，济宁市声远舞台上演舞蹈剧《遇见大运河》。

6 月 28 日，济宁市博物馆举行纪念中国大运河申遗成功《遇见大运河》全国巡演走进济宁座谈会。

6 月 30 日，八里湾船闸主体及配套工程交工验收，大堤交通桥、船闸公路桥投入使用，船闸引航道与东平湖实现连通。

6 月，江苏省淮安市召开板闸遗址考古现场会暨文物保护专家论证会。

7 月

7 月 3 日，世界文化遗产大运河（德州段）保护开发座谈会召开。

7 月 7 日，江苏省环境保护厅厅长陈蒙蒙率队赴宜兴调研环保工作，实地察看太滆南运河水环境整治情况，考察金山环保集团。

7 月 8 日，京杭大运河枣庄段正式恢复通航，大运河山东段全线贯通。

7 月 8～9 日，大运河遗产保护管理办公室组织相关专家，对大运河淮安段和宿迁段的遗产保护管理及利用工作进行了调研巡查，启动了 31 个运河遗产区专项巡查工作。

7 月 9 日，杭州市副市长张建庭赴运河集团调研。

7 月 9 日，济宁市副市长周洪检查梁济运河防汛工作。

7 月 18 日，济宁市委书记、市人大常委会主任马平昌到曲阜市、兖州市、高新区专题调研泗河开发治理工作。

7 月 21 日，首届运河论坛论文交流会在山东省滕州市召开。

7 月 23 日，2015 年首届京杭大运河文化产业带高峰论坛在杭州市拱墅区开幕。

7 月 24 日，北京市水务局总工程师陈铁到北运河管理处，就信息化建设和水务工作进行调研。

7 月 27 日，江苏省政府在淮安召开江苏大运河文化带建设座谈会，研究部署大运河文化带建设。

7 月 27 日，扬州市大运河遗产保护管理工作会议召开。

7 月，水利部海河水利委员会组织漳卫南局申报的“漳卫南运河水环境与生态修复科技推广示范基地”实施方案通过水利部审查挂牌成立，并编制完成《漳卫南运河水环境与生态修复科技推广示范基地建设规划》。

8 月

8 月 7 日，聊城市委书记、市人大常委会主任徐景颜，市委副书记、代市长宋军继率队就京杭大运河聊城段文化旅游开发保护工作进行调研，并于当日下午召开座谈会。

8 月 7 日，“儒风运河”文化旅游品牌考察组赴济宁市微山县实地考察。

8 月 9～10 日，北京京师天成旅游规划设计咨询有限公司到山东省东平县实地考察，规划编制《“儒风运河”文化旅游目的地品牌建设总体规划》。

8 月 24 日，第 22 届国际历史科学大会聊城卫星会议开幕。

8 月 31 日，安徽省泗县县委书记张志强主持召开大运河遗产管理规划及展示利用方案编制工作座谈会。

9 月

9 月 3 日，济宁市汶上县委书记李志红调研全县文化旅游产业。

9 月 6 日，“江苏省大运河保护和申遗市厅际会商小组”更名为“江苏省大运河保护和管理市厅际会商小组”。

9 月 11 日，浙江省委书记、省人大常委会主任夏宝龙调研京杭大运河杭州段。

9 月 17 日，“牵约‘水韵东平’相聚‘运河之心’”2015 年京杭大运河旅游城市泰山会盟在泰安市东平县成功落下帷幕。

9 月 19 日，江苏省政府批复设立无锡江南古运河旅游度假区。

9 月 20～21 日，衡水市举办衡水湖休闲健身生态旅游发展论坛暨旅游项目推介会及“河北运河营销联盟”系列活动。

9 月 23 日，扬州市博物馆举办“韫玉凝晖——扬州地区出土文物精品展”活动。

9 月 23～26 日，“运河学研究”学术论坛在聊城大学举行。

9 月 27 日，北京国际设计周经典设计奖主题峰会在中华世纪坛举行，常州作为运河遗产地之一喜获 2014 北京国际设计周经典设计奖。

9 月 30 日，江苏省人民政府在镇江召开世界文化遗产工作推进会，总结部署江苏省世界文化遗产保护和管理工作。

10 月

10 月 7 日，央视大型纪录片《寻梦大运河》摄制组在杭州市“黄亚洲书院”举行摄影组座谈会。

10 月 12 日，京杭古运河聊城段概念规划汇报会在山东聊城举行。

10 月 13 日，北京市通州区举办运河文化沙龙。

10 月 20～22 日，山东省水利厅巡视员梁振洋带领山东省水利厅离退休厅级干部和支部书记一行 20 余人赴济宁市参观考察水利工程建设情况。

10 月 21 日，全国人大领导考察通州大运河森林公园。

10 月 21 ~22 日，山东省水利厅副厅长徐章文带领山东省水利厅水利重点工作第七督导组对济宁市水利重点工作进展情况进行调研。

10 月 23 ~25 日，第二届中国大运河庙会在京杭大运河杭州景区举行。

10 月 24 日，全国政协文史和学习委员会就大运河申遗成功后的保护和利用专题赴扬州市调研。

10 月 25 日，全国政协文史和学习委员会调研组赴江苏省淮安市就“大运河申遗成功后的保护和利用”做专题调研。

10 月 25 日，山东省济宁市举办第六届“心酒杯”中国大运河美食节暨淡水鱼烹饪技能大赛。

10 月 27 日，全国政协委员赴聊城市就“大运河申遗成功后的保护和利用”进行专题调研。

10 月 28 日，全国政协专题调研组赴山东省德州市就“大运河申遗成功后的保护和利用”进行调研。

10 月 28 日，天津水游城假日酒店召开首届中国大运河天津餐饮文化节。

10 月 31 日至 11 月 2 日，国务院发展研究中心公共管理与人力资源研究所主任杨维富一行 7 人赴汶上县考察旅游产业规划和智慧旅游工作开展情况。

11 月

11 月 2 日，全国政协文史和学习委员会大运河专题调研组赴扬州市，就“大运河申遗成功后的保护和利用”做专题调研。

11 月 6 日，镇江市市长朱晓明现场调研“江海河联动、港产城融合”工作推进情况。

11 月 9 日，镇江市市长朱晓明一行深入调研苏南运河全线。

11 月 12 日，镇江市文广新局组织新闻媒体记者，对镇江市第八批市级文物保护单位之一的京口闸遗址开展深度解读活动。

11 月 20 日，湖州市港航局召开湖州市运河文化研讨会暨《湖州运河文化》图书首发式。

11 月 22 ~28 日，扬州市高邮市举办 2015 年大运河世界文化遗产地保护管理培训班。

11 月 27 日，宿迁成子河船闸工程通过交工验收，宿迁圆满完成全市

“十二五”期间航道发展预定目标。

11 月，全国政协调研组一行赴山东省，就大运河申遗成功后的保护和利用情况进行调研。

12 月

12 月 1 日，浙江省副省长郑继伟一行调研京杭运河杭州段。

12 月 2 日，常州市市长费高云主持召开市政府常务会议，审议通过了《京杭运河常州经开区（原戚区段）三级航道整治工程实施方案》。

12 月 3 日，京杭运河施桥一号船闸停航大修，计划工期为 36 天，于 2016 年 1 月 8 日恢复通航。

12 月 8 日，山东省省长郭树清签署第 294 号山东省人民政府令，公布《山东省京杭运河航运污染防治办法》。

12 月 14 日，“中原古代丝绸之路与大运河学术研讨会（2015）”在郑州召开。

12 月 17 日，大运河邗沟东道樊川镇区段遗产保护工程方案评审会在樊川镇举行。

12 月 22 日，锡澄运河航道整治工程交工验收并通航。

2016年

一　政策法规

浙江省

《杭州市大运河世界文化遗产保护条例》

（2016年12月29日杭州市第十二届人民代表大会常务委员会第四十一次会议通过　2017年3月30日浙江省第十二届人民代表大会常务委员会第三十九次会议批准）

第一条　为了加强中国大运河世界文化遗产保护，促进中国大运河世界文化遗产突出价值的保存、研究与展示，发挥文化遗产在城市发展中的作用，根据《中华人民共和国文物保护法》《历史文化名城名镇名村保护条例》等法律、法规，制定本条例。

第二条　本市行政区域内的中国大运河世界文化遗产（以下简称“大运河遗产”）的保护适用本条例。

大运河遗产包括：

（一）大运河河道：杭州塘、上塘河、中河、龙山河、浙东运河西兴段等；

（二）大运河水工设施遗存：拱宸桥、广济桥、凤山水城门遗址、西兴过塘行码头等；

（三）大运河附属遗存：富义仓等；

（四）大运河相关遗产：桥西历史文化街区；

（五）其他依法补充列入的遗产要素。

第三条　大运河遗产保护应当遵循统一规划、统一管理、分级负责、统筹协调、有效保护、合理利用的原则，维护大运河遗产的真实性、完整性。

第四条　大运河遗产实施整体性保护，并发挥大运河水工设施遗存的功能价值，保护大运河附属遗存、相关遗产与大运河河道的有机联系，保持大运河沿线传统格局、历史风貌和空间尺度，维护大运河两岸自然生态和景观环境。

第五条　市人民政府应当加强大运河遗产的保护和管理，将大运河遗产保护纳入本市国民经济和社会发展规划，并列入目标考核。

市人民政府和大运河遗产所在地的区人民政府应当建立大运河遗产综合保护协调机制，统筹解决大运河遗产保护、管理、展示、开发、利用、文化交流中的重大问题。

大运河遗产所在地的区人民政府应当加强本行政区域内大运河遗产的保护，组织本级相关部门、街道办事处或者乡（镇）人民政府开展大运河遗产保护工作。

第六条　市人民政府应当确定大运河遗产综合保护部门，按照本条例的规定和市人民政府的授权负责大运河遗产保护的组织、指导、协调、监督工作。大运河遗产综合保护部门所属的大运河遗产保护机构，依照法律、法规和本条例的规定负责大运河遗产的日常保护、监测、研究和展示等工作。

大运河遗产所在地的区人民政府应当确定大运河遗产综合保护部门，组织、指导、协调、监督本区域的大运河遗产保护工作。

大运河综合整治、沿岸土地开发利用、基础设施建设、旅游开发等工作，由市人民政府另行规定。

第七条　文物主管部门负责大运河遗产的文物保护工作。

交通运输主管部门及其所属的水上交通管理机构负责大运河遗产通航水域的航道管理、港政管理、运输管理、水上交通安全监督和船舶污染防治管理。

城市管理、水行政主管部门按照本市河道管理的职责分工负责大运河河道的管理工作。

环境保护主管部门对大运河遗产保护中的环境污染防治工作实施统一监督管理。

历史文化街区和历史建筑保护主管部门负责大运河遗产中的历史文化街区和历史建筑的保护管理工作。

国土资源、建设、规划、绿化、旅游、农业、气象等部门应当按照各自职责分工，协同做好大运河遗产的保护工作。

第八条　市人民政府、大运河遗产所在地的区人民政府应当将大运河遗产保护经费纳入本级财政预算。

鼓励通过社会捐赠等方式筹集大运河遗产保护资金。

第九条　任何单位和个人都有保护大运河遗产的义务，并有权举报、制止破坏大运河遗产的行为。

鼓励利用大运河遗产宣传周等形式，举办展示大运河遗产历史、艺术和科学价值的活动。

大运河遗产保护机构应当建立大运河遗产保护志愿者工作机制，组织、指导、培训志愿者参与大运河遗产保护和宣传工作。

第十条　杭州市大运河世界文化遗产保护规划（本部分简称“市大运河遗产保护规划”），是大运河遗产保护、管理和开发、利用的依据。

市大运河遗产保护规划应当根据世界文化遗产的保护要求，明确大运河遗产的构成、保护标准和保护重点，分类分段分级制定保护措施；确定遗产区、缓冲区范围，限定遗产区、缓冲区土地利用强度和建设规模，推进生态廊道建设，减少城乡建设、航运、游览等对大运河遗产的负面影响，协调遗产保护与沿线城乡发展、居民生活的关系。

市大运河遗产保护规划应当根据大运河遗产的保护需要，分级划定缓冲区范围为一级缓冲区和二级缓冲区。

第十一条　市大运河遗产保护规划由大运河遗产综合保护部门会同市文物、规划等部门以及实施大运河综合整治、沿岸土地开发利用、基础设施建设、旅游开发等工作的有关单位编制，经征求市建设、城市管理、水行政、交通运输等部门和大运河遗产所在地的区人民政府的意见后，报市人民政府批准公布。

市大运河遗产保护规划在报市人民政府批准前，应当先经市人民代表大会常务委员会审议，常务委员会组成人员的审议意见交由市人民政府研究处理，研究处理情况应当及时报告市人民代表大会常务委员会。

市大运河遗产保护规划经批准公布后，不得擅自变更；确需变更的，应当按照原审批程序批准。

第十二条　市大运河遗产保护规划应当与国家大运河世界文化遗产保护

总体规划、浙江省大运河世界文化遗产保护规划相一致，并与杭州市城市总体规划、杭州市土地利用总体规划、杭州市历史文化名城保护规划相衔接。

市水利、航道、港口、环境保护等专业规划以及大运河遗产沿线区域城市详细规划、乡（镇）规划、村庄规划，应当与市大运河遗产保护规划相协调。

大运河两岸发展规划、产业规划应当符合市大运河遗产保护规划的要求。

第十三条　大运河遗产保护机构应当根据市大运河遗产保护规划在大运河遗产区、缓冲区边界设置界桩。

大运河遗产保护机构应当建立大运河遗产所在地标识系统，向公众提供真实、完整的大运河遗产信息。

第十四条　在大运河遗产区、缓冲区内进行工程建设的，应当符合市大运河遗产保护规划要求。其中，在大运河遗产区、一级缓冲区内的，占地面积超过三千平方米的建设项目，市人民政府应当提请市人民代表大会常务委员会审议决定。

在大运河遗产区、缓冲区内不得建设危害大运河遗产安全或者污染大运河遗产环境的设施；已有的危害大运河遗产安全或者污染大运河遗产环境的设施，由市、区人民政府依法予以拆除或者搬迁。

第十五条　在大运河遗产区内，除下列工程外，不得进行其他建设：

（一）大运河遗产保护和展示、历史文化街区整治、景观维护、环境整治工程；

（二）防洪排涝、清淤疏浚、水工设施维护、水文水质监测设施、气象监测设施工程；

（三）航道和港口设施、跨河桥梁和隧道、水上交通安全设施工程；

（四）居民住宅修缮；

（五）市大运河遗产保护规划确定的不影响遗产安全的鼓励发展类产业项目。

在大运河遗产区内进行工程建设的，建设单位应当在建设项目立项前报请大运河遗产综合保护部门进行遗产影响评价。有关部门依法作出准予许可决定的，应当同时告知大运河遗产综合保护部门。

水工、航道等建设工程项目的选址，应当避开大运河遗产水工、附属遗存以及沿线文物古迹、遗址；因特殊情况不能避开的，应当采用对大运河遗产影响最小的建设方案，并按照规定对大运河遗产采取保护措施，实施原址保护。

第十六条 在大运河遗产区、缓冲区内进行建设的，建设项目的选址、布局、高度、体量、造型、风格和色调，应当与大运河遗产景观环境相协调。

第十七条 在大运河遗产区内进行建设工程施工的，应当采取对大运河遗产影响最小的施工方案和工艺。遗产影响评价认为应当编制施工保护方案的，建设单位应当按照规定编制，并在开工十日前报大运河遗产保护机构备案。

大运河遗产保护机构认为施工保护方案不足以保障遗产安全的，应当在五日内提出整改意见。建设单位应当按照大运河遗产保护机构的整改意见修改施工保护方案，并按照方案进行施工。

第十八条 大运河遗产沿线及其周边具有历史、艺术、科学价值的闸、坝、堤岸、码头、桥梁等水工、航运设施遗存，古建筑、遗址、石刻以及近现代重要史迹、代表性建筑等，除依法核定公布为文物保护单位、文物保护点和历史建筑外，由大运河遗产综合保护部门会同市文物主管部门编制登记目录并向社会公示，予以保护，禁止损毁、擅自迁移或者拆除。

经考古发掘、历史研究和价值评估，对大运河遗产沿线及其周边其他具有突出普遍价值的历史遗存，可以依照世界文化遗产申报相关要求和程序，补充列入大运河遗产。

第十九条 大运河遗产航道内的码头、桥梁等水工设施遗存，已列入大运河遗产要素或者被核定公布为文物保护单位、文物保护点的，维护管理单位应当按照规定设置防护、警示设施。设置的防护、警示设施应当与大运河遗产景观环境相协调。

第二十条 大运河遗产区、缓冲区内的文物保护单位、文物保护点、历史建筑、历史文化街区内建筑的使用人或者所有权人应当依照有关法律法规的规定履行保护义务，做好文物或者建筑的日常维护、修缮工作。大运河遗产保护机构可以对使用人或者所有权人履行保护责任的情况进行考核，并根据考核结果给予奖励或者经费补助。使用人或者所有权人无力维护、修缮的，大运河遗产保护机构应当给予帮助。

第二十一条 市、区人民政府应当加强大运河及其支流的全流域管理，加大河道综合整治，实施生态治理，改善大运河水质。

市、区人民政府应当组织大运河沿线区域的截污纳管建设；在不具备城市、城镇公共污水管网排放条件的地区，应当建设与排污规模相适应的污水处理设施。

第二十二条　在大运河河道行驶的船舶应当按照相关规定配备防污染设施，沿线码头等船舶集中停泊区域应当按照规范配置船舶污水、垃圾的接收存储设施。船舶污水、垃圾应当按照规定实施收集、运输、处置。

市、区人民政府应当统筹大运河航道内船舶燃料加注点布局规划与建设，鼓励、推广清洁能源动力供船舶应用。

第二十三条　大运河遗产所在地的区人民政府根据大运河遗产保护规划规定和大运河水质保护需要，可以在大运河遗产沿线区域划定畜禽、水产网箱养殖的禁养或者限养区域，并向社会公布。法律、法规另有规定的除外。

第二十四条　城市管理、水行政、交通运输等部门应当根据职责分工，对大运河遗产河道淤积情况进行监测，定期组织清淤疏浚，清除影响水质的浮泥，减少水底泥污染物释放。

城市管理、水行政、交通运输等部门应当按照规定的职责分工，组织大运河遗产河道保洁。

第二十五条　大运河遗产区内的闸、坝、堤岸、码头、涵洞、泵站、驳坎等水工、航运设施，桥梁、栏杆、道路、绿化、公共卫生、标识等市政设施，由市、区人民政府确定的维护管理单位或者所有权人负责维护、管理。

水工设施、航运设施、市政设施破损或者存在安全隐患的，维护管理单位或者所有权人应当及时组织修复。设施修复应当遵守不改变原状的原则，确保与大运河遗产景观环境相协调。

大运河遗产综合保护部门根据大运河遗产保护需要，可以制定水工设施、航运设施、市政设施维护管理规范，对维护管理单位或者所有权人履行维护情况进行考核，并根据考核结果给予相应的经费补助。

第二十六条　禁止在大运河遗产区内从事下列活动：

（一）刻划、涂污或者损毁、擅自修缮、拆除不可移动文物；

（二）损毁大运河遗产界桩、标识；

（三）损毁闸、坝、堤岸等水工设施，水文、水质、气象监测等设施，通讯、照明设施，防护、警示设施；

（四）擅自占用、填堵、围圈、覆盖水域或者挖掘河道；

（五）擅自实施爆破、钻探、挖掘作业或者采砂、采石、取土；

（六）向水体或者在坡岸倾倒、堆放垃圾、废料、泥沙、泥浆、工程渣土等废弃物；

（七）向大运河河道排放、倾倒污水，或者在河道内洗刷污染水体的机具、车辆、容器或者其他物品；

（八）在禁止水域内游泳、垂钓、非法捕捞水生动物；

（九）其他破坏大运河遗产及其景观环境的行为。

第二十七条 大运河遗产保护机构应当对大运河遗产进行日常监测，形成记录档案，对监测信息进行分类处理，按国家、省要求上报世界文化遗产监测数据，提交日常监测报告。

文物、环境保护、城市管理、水行政、交通运输、气象、规划、国土资源、房产、旅游等部门应当根据各自职责，按照世界文化遗产的监测要求，开展大运河相关专业监测工作，提供相关监测数据。

第二十八条 大运河遗产保护机构应当进行大运河遗产保护日常巡查，发现遗产保护中存在问题或者涉嫌违法行为的，应当及时处理；不属于职权范围的，应当书面告知维护管理单位或者有管辖权的部门。

相关单位或者部门对大运河遗产保护机构书面告知的问题或者涉嫌违法行为的线索，应当进行处理或者依法立案查处，并将处理结果告知大运河遗产保护机构。

第二十九条 大运河遗产综合保护部门应当建立大运河遗产监测预警系统，编制遗产保护应急预案，报市人民政府批准后实施。发生危及大运河遗产安全事件，或者发现大运河遗产存在安全隐患的，大运河遗产综合保护部门应当及时发布预警信息，启动应急预案，采取相应处置措施，并向市人民政府报告。

第三十条 大运河遗产保护机构应当积极开展大运河遗产突出普遍价值的展示与传播工作，增进公众对大运河遗产价值的认识和理解，增强公众对大运河遗产的尊重和保护意识。

大运河遗产保护机构应当会同教育主管部门，组织中小学校开展与大运河遗产保护相关的教育活动，提高青少年世界文化遗产保护知识水平。

第三十一条 大运河遗产的利用应当遵循科学、合理、持续、效用的原则，在有效保护其真实性、完整性的前提下，维持和延续其水利、航运、游憩等功能。

第三十二条　大运河遗产所在地开辟为参观游览区的，应当符合市大运河遗产保护规划的要求，保障大运河遗产和游客安全。

大运河遗产区、缓冲区内的观光旅游设施、客运船舶的外观应当与大运河遗产景观环境相协调。

第三十三条　市、区人民政府应当组织对大运河非物质文化遗产进行普查、发掘和整理，建立大运河传统民俗档案，组织大运河传统节庆活动，保护大运河传统文化。

第三十四条　违反本条例规定的行为，法律、法规已有法律责任规定的，从其规定。

第三十五条　违反本条例第十八条第一款规定，损毁、擅自迁移或者拆除列入登记目录的水工、航运设施遗存，或者古建筑、遗址、石刻以及近现代重要史迹、代表性建筑的，由大运河遗产保护机构责令停止违法行为，恢复原状，处二万元以上十万元以下罚款。

第三十六条　违反本条例第二十六条第二项规定，损毁大运河遗产界桩、标识的，由大运河遗产保护机构责令改正，恢复原状，可以处二百元以上一千元以下罚款。

违反本条例第二十六条第三项规定的，由城市管理或者水行政主管部门依据职权，责令改正，恢复原状；损毁水工设施、监测设施的，可以处一万元以上五万元以下罚款；损毁通讯、照明设施，防护、警示设施的，可以处五百元以上二千元以下罚款。

违反本条例第二十六条第四项规定，擅自占用、填堵、围圈、覆盖水域或者挖掘河道的，由城市管理或者水行政主管部门依据职权，责令停止违法行为，恢复原状，处一万元以上五万元以下罚款。

违反本条例第二十六条第六项规定，向大运河遗产水体或者坡岸倾倒、堆放废弃物的，由城市管理或者水行政主管部门依据职权，责令停止违法行为，限期改正；逾期不改正的，处一万元以上五万元以下罚款。

第三十七条　大运河遗产综合保护部门、大运河遗产保护机构和其他有关部门及其工作人员滥用职权、玩忽职守、徇私舞弊的，由有权机关对直接负责的主管人员和其他直接责任人员依法给予处分。

第三十八条　本条例自 2017 年 5 月 1 日起施行。

二 水利工程

（一）河道整治与设施建设维护

山东省

济宁“活水”入城项目全面启动 2016 年 7 月 14 日，济宁城区全面启动引梁济运河水入城工程。梁济运河的水再次通过南跃进沟、普陀沟入城盘活城区水系，打造水系贯通、城水相依、碧水灵动的水城风貌。根据规划，小洸河、小府河分步实施各项治理和建设工程，使两河恢复亲水性和观赏性，为城市居民提供环境优美、水质洁净的休憩空间。

江苏省

苏申内港线航道整治工程荣获 2016 年“江苏省交通建设优质工程”挂牌创建项目 2016 年 10 月，苏申内港线航道整治工程经江苏省交通建设优质工程奖创建与评审领导小组办公室审查、公示，荣获 2016 年“江苏省交通建设优质工程”挂牌创建项目。苏州市水运指按照江苏省交通建设优质工程创建的要求，加强项目建设过程的质量控制，落实提高工程质量的各项措施，切实提高工程建设质量，实现“确保省优，争创国优”的质量目标。

浙江省

京杭运河浙江段三级航道整治工程嘉兴段初步设计通过交通运输部批准 2016 年 6 月，交通运输部批准了京杭运河浙江段三级航道整治工程嘉兴段初步设计。工程总概算金额约为 9.68 亿元，主要内容是在京杭运河嘉兴段建设三级航道约 17.7 千米、改建桥梁 4 座、新建服务区 2 处、建设航标工程等配套设施等。

京杭运河浙江段三级航道整治工程杭州段（四改三）初步设计通过交通运输部批准 2016 年 11 月，交通运输部批准了京杭运河浙江段三级航道整治工程杭州段（四改三）初步设计。工程总概算金额为 5.57 亿元，主要内容为在京杭运河杭州段建设三级航道约 33.9 千米，新建、加固护岸共约 36.9 千米，改建桥梁 1 座，增设 18 座防撞墩及部分保留桥梁疏浚后主墩的防护措施，建设航标工程、信息化及绿化景观等配套设施。

（二）运河配套工程

山东省

南水北调东线台儿庄泵站启动 2016～2017 年供水工作 2016 年 12 月，从国务院南水北调办获悉，南水北调东线一期工程台儿庄泵站日前启动调水，标志着东线 2016～2017 年供水工作正式开始。南水北调东线一期工程 2016～2017 年计划抽江水量为 65.11 亿立方米，其中，向山东省供水 8.89 亿立方米（净供水量为 5.30 亿立方米），主要解决调水沿线的城市生活、工业用水情况，改善沿线地区生态环境，并缓解当前胶东地区旱情。此次供水工作于 2017 年 5 月底结束。据悉，南水北调东线一期工程从江苏省扬州市附近的长江干流引水，通过 13 级泵站逐级提水，利用京杭运河及其平行的河道输水，经洪泽湖、骆马湖、南四湖后到达山东。2015～2016 年东线一期工程完成了向山东省供水 6.02 亿立方米（净供水量为 4.42 亿立方米）的调水任务。

江苏省

无锡锡澄运河石幢桥主跨顺利合龙 2016 年 3 月 16 日，锡澄运河石幢桥主跨顺利合龙。锡澄运河航道整治工程位于惠山区境内的石幢桥主跨顺利合龙，无锡市地方海事局为确保施工期间船舶航行完全，对锡澄运河石幢桥上下游 1 千米进行了临时水上交通管制，锡澄运河前洲段封航 8 小时。

京杭运河淮海南路大桥改建工程初步设计获批 2016 年 4 月 18 日，淮安市京杭运河淮海南路大桥改建工程初步设计获淮安市发展改革委批复，标志着该工程前期工作取得重大突破，为工程正式开工打下扎实基础，淮安“南大门”的通行状况大大改善。该项目路线起于延安路交叉口，沿现状淮海南路向南延伸跨越京杭运河及其堤顶道路后至正大路交叉口，桥型方案为独塔双索面斜拉桥，采用双向六车道城市主干道标准，路线全长 1452 米，桥梁宽 38 米，单车道宽 3.5 米，设计车速 50 千米/小时，概算总投资额约为 3.23 亿元。

无锡唯一的三级复线船闸江阴新夏港船闸建成通航　2016 年 5 月 8 日，无锡唯一的三级复线船闸江阴新夏港船闸建成通航，标志着锡澄运河入江瓶颈打通，千吨级船舶从此在锡澄运河长江口门船闸安全畅行。按三级标准设计新的通江船闸新夏港船闸作为锡澄运河“五改三”航道整治工程的龙头项目，于 2012 年 7 月 18 日开工，被列为交通运输部、江苏省、无锡市的重点工程，是无锡市唯一按三级航道通航标准建设的复线船闸。工程概算投资额达 5 亿元，船闸规模为 2 米 ×180 米 ×23 米 ×4.0 米（双线 × 闸室长 × 口门宽 × 槛上水深），能保障 1000 吨级单船通过，船闸设计年通过能力达 12494 万吨。新夏港船闸在全省首次采用了闸首错位布置、三墙两闸、全钢板桩闸室墙设计，避免了大面积拆迁，节省土地占用 15 亩，降低工程造价约 600 万元。

（三）工程评审与验收

江苏省

苏南运河苏州段晋源桥正式通车　2016 年 1 月 11 日，苏南运河苏州段三级航道整治工程晋源桥交工验收会在苏州市航道管理处召开。江苏省交通运输厅、苏州市交通运输局、市市容市政管理局、地方政府各相关单位，以及设计、施工、监理等单位参加会议。工程交工验收委员会听取了工程建设、设计、监理、施工单位的项目执行报告，江苏省交通运输厅航道局、质监局分别宣读了《工程档案交工验收意见》和《工程质量鉴定意见》。验收委员会结合现场检查情况和工程内业资料查阅情况，经过会议讨论，一致认为本次交工的桥梁工程基本建设程序规范，参建单位各项建设管理制度健全，质量、安全保证体系较为完善，工程质量、进度、投资、安全控制较为有效；桥梁满足设计和规范要求，砼强度合格，桥梁内外轮廓线顺滑、清晰，砼外观良好；晋源桥单位工程质量鉴定为合格，交工文件完整，符合规范标准；经交工验收委员会审议，同意晋源桥通过交工验收。

宿迁皂河闸除险加固工程通过水下阶段验收 2016年6月6～7日，江苏省水利厅在宿迁市主持召开了皂河闸除险加固工程水下阶段验收会议。验收专家组察看工程现场、对工程实体质量进行详细检查、查阅工程过程资料，并对建设有关单位进行质询。验收委员会经过充分讨论，认为皂河闸除险加固工程具备水下验收条件，同意通过水下阶段验收。皂河闸除险加固工程概算批复金额7377万元，于2015年11月进行除险加固，2016年5月25日具备水下验收条件。工程位于宿迁市皂河镇北约2千米处，东接骆马湖南堤、西接皂河船闸东堤，与洋河滩闸、骆马湖南堤等组成骆马湖一线控制工程，是骆马湖泄洪口门之一，又是中运河水位的控制工程，具有防洪、灌溉、发电、保航等功能。

常州南运河节制闸工程完成通水验收 2016年6月24日，常州市水利局主持召开武澄锡引排西控制线口门建筑物南运河节制闸工程通水验收会议。通过察看工程现场，查阅工程档案资料，听取工程建设、设计、施工、监理、第三方检测报告及质量评价意见，验收委员会同意南运河节制闸工程通过通水验收，同时要求各参建单位按照验收委员会提出的意见和建议及时做好相关完善工作。常州市水利工程质量与安全生产监督站，武进区发展和改革局，武进区财政局，武进区航道管理处，武进区水利局，常州市武进区水利工程建设处，工程设计、监理、施工等单位的代表和特邀专家参加验收会。

安徽省

芜申运河清水河公路桥改建工程通过竣工验收 2016年1月28日，芜湖市交通运输局组织召开芜申运河清水河公路桥改建工程竣工验收会。会议听取了建设办和施工、监理、设计单位的总结报告，经专家现场察看和综合评审，同意该工程通过竣工验收，质量等级为优良。该工程于2010年11月开工建设，2013年2月建成通车，工程起于清水镇经六路与芜屯路交汇处，由北向南跨越青弋江接芜屯路，路线全长1.864千米，其中桥梁全长1.017千米，道路等级为城市一级主干道兼一级公路，道路红线宽70米，为双向八车道，总投资额为2.83亿元。清水河公路桥的全面建成通车，满足了芜申运河三级通航标准，解决了县道028（规划国道329）清水段的交通运输瓶颈问题，对于改善区域投资环境，推动地方经济发展具有重要意义。

三　航道运输

（一）会议与调研

山东省

京杭运河港航建设发展座谈会在济宁召开　2016年4月25～26日，山东省副省长王书坚到枣庄、济宁现场考察京杭运河港航建设发展情况，并在济宁召开全省京杭运河港航建设发展座谈会。会议由省政府副秘书长张斌主持，枣庄、济宁、泰安、菏泽四市，省直有关部门及黄委、淮委负责同志参加了会议。王书坚指出，要充分认识加快推进京杭运河港航建设发展的重要意义，积极抢抓“十三五”期间国家加快内河水运建设发展的有利时机，充分利用现有良好条件，全面加快港口和航道基础设施建设；要特别注重内河水运规划和产业布局、土地利用、水利建设、环境保护等规划的衔接，统筹考虑，综合利用，协调推进建设发展；要着力提高港口和航道的通过能力，进一步提升航运服务保障水平，推动全省京杭运河港航建设事业实现又好又快发展。

江苏省

苏州水运工程建设指挥部认真部署推进水运工程标准化管理工作　2016年2月24日，苏州水运工程建设指挥部召开苏申内港线项目管理系统应用座谈会，就规范使用项目管理系统等工作进行了重点部署。苏申内港线项目各参建单位、苏州航道处及项目管理系统的开发公司就该系统的应用情况、完善方向等进行了交流探讨，苏州水运工程建设指挥部就该系统的规范应用提出具体要求，确保数据准确、及时、有效，以现代化手段保障水运工程标准化管理工作稳步推进。

2016年江苏省航道养护系列标准宣贯会议在苏州顺利召开 2016年10月20日，江苏省交通运输厅航道局在苏州召开江苏省航道养护系列标准宣贯会。省厅航道局、苏北航务处、全省13个地市航道处相关领导共75人参加了会议。会议邀请有关专家对全省航道养护系列标准及其主要内容和执行要点进行了宣贯、解读，苏州市吴中区、常熟市航道管理处两基层单位分别对航道养护标准工作执行情况进行工作汇报和案例介绍。其间，与会代表实地参观了苏浏线青秋浦段航道养护现场成果。

浙江省

德清县纪委第九纪检组调研德清段运河工程廉政建设情况 2016年12月26日，湖州市德清县纪委派驻县交通运输局第九纪检组组长陈抑飞带队调研督查京杭运河浙江段三级航道整治工程德清段工程廉政建设情况，德清县指挥部副总指挥叶树兵及有关处室负责人陪同。调研组一行参观了德清县指挥部驻地办公区域，实地察看土建三、四标段项目部标准化工地建设及工作人员生活起居和安全生产现状，认真听取了关于工程建设前期各项工作开展情况的汇报，询问了当前存在的问题和下阶段工作计划。陈抑飞强调，指挥部廉政建设要做好、做实，并具体提出三点要求。一是要落实“一岗双责”，严格执行工程合同与廉政合同，负责人既要对工程建设负责，又要对廉政建设负责。二是要加强制度建设，强化项目廉政监管意识，深入查找思想道德、岗位职责、制度机制、业务流程、外部环境五类风险，充分提高预警防控能力，有效防控违规违纪行为发生。三是要严守纪律底线，项目管理人员一律不得接受请客吃饭，不得收受礼品礼金；纪检监察人员要强化业务学习，在项目监管过程中做到会监管、能监管、敢监管，善于发现问题，及时提醒，确保工程项目优质、高效、安全。

（二）航运数据

江苏省

苏北运河前三季度货运量高位运行 2016年前三季度，苏北运河完成货物运量 2.28 亿吨、货物周转量 434.8 亿吨千米。在经济增长面临下行压力、运输需求疲软的大环境下，其货运量同比增长 0.7%，货物周转量同比增长 4.9%。苏北沿河区域经济融入长江经济带转型升级趋势明显。

浙江省

浙江省第一季度完成水运基本建设投资 25.6 亿元 2016 年第一季度，浙江省完成水运基本建设投资 25.6 亿元，其中内河建设逆势上扬，完成投资 7.7 亿元，同比增长 12.4%，“十三五”全省内河“江海河”联运体系建设全面铺开，投资继续稳步增长。内河水运是推进浙江运输结构转型、加快“江海河”联运发展的重要环节。按照浙江交通运输“5411”发展战略，2016 年继续实施内河水运复兴行动计划，并全面推进“江海河”联运项目建设，重点加快杭平申线平湖段、海盐段和五长段，衢江衢州段安仁铺枢纽，衢江金华段游埠和姚家枢纽建设；确保京杭运河湖州段和嘉兴段、杭平申线桐乡段和沪昆铁路桥、衢江衢州段航道工程、衢江金华段航道工程等一批项目开工建设；建成富春江船闸并投入试运行。

杭甬运河“江海联运”进展顺利 自正式通航以来，杭甬运河宁波段通航能力显著提升，货运量呈现“井喷式”增长，截至 2016 年 11 月 7 日已达 100 万吨。杭甬运河全长 239 千米，西起杭州三堡船闸，途经萧山、绍兴、上虞、余姚，东至宁波甬江出海口，作为京杭大运河的延伸，它担负着实现大运河通江达海的使命，同时通过京杭运河和长江航道网相连，使得普通的小型内河船可以直达宁波舟山港，实现江海联运。杭甬运河宁波段全长 94 千米，按照可通航 500 吨级船舶标准建设，总投资金额约为 74.3 亿元。杭甬运河作为京杭大运河的延伸，担负着实现大运河通江达海的使命，同时通过京杭运河和长江航道网相连。杭甬运河全线通航后，普通的小型内河船可以直达宁波舟山港，实现江海联运。

（三）航运维护与管理

江苏省

成子湖大运河航道通航 2016 年 1 月 9 日，连接泗阳成子湖和大运河的成子河航道通航。成子河航道于2012年11月开工，南连洪泽湖北段的成子湖，北通京杭运河。航道总长9.52千米，为双线航道，设计通航等级为三级，航道底宽45米，水深3.2米，设计船型为500吨级船舶，航道总投资额为2.58亿元。该航道作为洪泽湖北线航道的组成部分，是集防洪、灌溉、旅游、生态平衡等于一体的综合性工程。

芜申线高淳段航道正式通航 2016年1月13日，芜申线高溧段航道整治工程南京段交工验收，标志着南京首条高等级内河航道——芜申线高淳段航道正式通航。芜申线是规划的长三角地区高等级航道网“二纵六横”和江苏省干线航道网“二纵四横”中重要的省际干线航道，其将原流经安徽、江苏、上海两省一市拉长的弧形航线恢复为直线，让等外级航道脱胎换骨为三级航道，全线缩短航行里程85千米。其中南京段起于安徽省与江苏省交界处的丹农砖瓦厂，讫于高淳区与溧阳市交界处的朱家桥，全线经沿高淳区5个乡镇，按三级标准建设，最大设计通过船舶等级为1000吨级。工程主要包括航道整治62千米，新建下坝复线船闸，移位重建杨家湾枢纽，新（改）建桥梁11座，修建锚地2个，工程概算投资金额约21.8亿元。

山东省

山东省京杭运河三项重点航道工程提前两月完成立项 2016年10月24日，京杭运河济宁至台儿庄（济宁段）航道“三改二”（三级航道改二级航道）、京杭运河湖西航道（二级坝—苏鲁界）改造和梁济运河梁山至邓楼船闸段复航三项重点航道工程，全部提前两个月完成立项，为项目开展初步设计、施工图设计等后续工作，确保2017年开工建设打下坚实基础。京杭运河济宁至台儿庄（济宁段）航道“三改二”工程10月21日完成立项，航道全长140.4千米，按二级航道标准扩建，实施航标、公用锚地等配套工程，估算总投资额为29.62亿元。京杭运河湖西航道（二级坝—苏鲁界）改造工程，10月9日完成立项，航道全长34.9千米，其中按二级标准建设27.3千米，按三级标准建设7.6千米，新建4座桥梁，估算总投资额为15.7亿元。梁济运河梁山至邓楼船闸段复航工程，10月24日完成立项，扩建三级航道17.5千米，估算总投资额为8.37亿元。根据交通运输部、省水运“十三五”发展规划，三条航道是山东省京杭运河“一干多支、干支直达”航道网的重要组成部分，其中京杭运河“三升二”工程、湖西航道改造工程更是纳入长江经济带综合立体交通走廊规划的项目，是京杭运河主航道与长江干线航道实现高等级无缝对接的关键。

安徽省

淮河干流航道（三河尖—蚌埠闸段）整治工程开工　2016 年 12 月 29 日，淮河干流航道（三河尖—蚌埠闸段）整治工程开工。淮河干流航道整治工程横跨阜阳、六安、淮南、蚌埠四市，全长 220.5 千米，其中三河尖至临淮岗段 62 千米按三级航道标准建设，临淮岗至蚌埠闸段 158.5 千米按二级航道标准建设，工程概算总投资额约为 12.4 亿元。

（四）航运规划与创新举措

山东省

山东省加快推进京杭运河新建航道项目扩大航道通达范围　随着京杭运河济宁至东平湖段主航道已基本完工，“十三五”期间，山东省全面推进主航道末端的支线航道建设，努力提升航道整体效益。

山东投入 1.75 亿元升级改造京杭运河主航道　山东省 2016 年投入 1.75 亿元加快京杭运河主航道升级改造，促进内河航运发展。据介绍，山东省投资 1.75 亿元，用于微山南至峄城段复线船闸工程建设，进一步提高京杭运河山东段通航能力，加快打造畅通、高效、平安、绿色的京杭运河“黄金水道”，该项目可促进山东与苏南经济发达地区实现优势互补，推动内河运输事业跨越式发展。山东还投资 1 亿元，加快菏泽新万福河复航工程建设，推动形成布局合理的支线航道网络。据悉，作为京杭运河的重要三级支线航道之一，该工程航道可打通菏泽中东部和济宁南部内河链接，成为煤炭、农副产品和其他社会生产物资运输的重要通道，对带动周边经济社会发展具有重要意义。

江苏省

京杭大运河江苏段将试点天然气船　2016 年 4 月，江苏逐步在内河航运推广 LNG 动力燃料船舶，京杭大运河江苏段被确定为首批试点。截至 2015

年12月底，首批58艘LNG单燃料动力船舶已在江苏的徐州、宿迁、淮安、扬州、盐城、常州6个城市开工建造，京杭运河江苏段也配建了4座LNG岸基式加注站。

南京秦淮河（溧水石臼湖—江宁彭福段）航道整治工程初步设计获省发展改革委批复 2016年7月26日，省发展改革委批复同意了秦淮河（溧水石臼湖—江宁彭福段）航道整治工程初步设计方案（苏发改基础发〔2016〕688号）。根据批复，工程按四级航道标准建设，最大设计通过船舶等级为500吨级，共整治航道里程21.074千米，新建船闸1座，改（新）建桥梁15座，建设停泊锚地和水上服务区各1处，并布设航道标志标牌、环保绿化等配套工程；核定永久征地4049.4亩，房屋拆迁面积约2.29万平方米，概算总投资额约为31亿元，建设工期40个月。航道工程底宽不小于40米，最小水深2.5米，最小弯曲半径320米；船闸工程规模180米×18米×4米（闸室长×口门宽×门槛水深），桥梁通航净空满足55米×7米。该批复为尽早开工并完成省发展改革委和交通运输厅下达的2016年2亿元投资计划，尽快实现秦淮河航道全线通航，打造南京综合枢纽城市夯实了基础。

宿迁中运河上、下游船舶服务区年内开工 2016年9月26日，为解决京杭运河城区段船舶无序靠泊给城市市容造成的负面影响，形成安全、畅通、高效、美观、清洁的航道，宿迁市规划在中运河上、下游各建设1座船舶服务区。宿迁市副市长李荣锦再次明确，宿城区、宿豫区作为责任主体，负责船舶服务区建设；市规划局会同市国土、安监、环保等部门，主动对接、指导、帮助两区做好前期各项手续办理工作，创造条件，加快进度，确保年内开工。就加快推进中运河沿线船舶用LNG项目建设，李荣锦要求各有关部门进一步提高认识，抢抓国家扶持新能源发展的契机，合力攻坚，尤其是市交通运输局要总负责，积极向上争取更多更大支持，加快项目建设。他同时要求，在一个月时间内，市安监局调研形成船舶用LNG项目安全性报告，市规划局牵头调研提出京杭运河城区段船舶用LNG加气站布点选址意见，市国土局负责制定各加气站用地规模及有关技术标准，打牢项目快速推进的基础。

苏北运河建船闸“综合医院”全力保障运河畅通 截至2016年10月30日，苏北运河建成以“船闸体检中心”“船闸保健中心”“船闸急救中心”为特色的船闸“综合医院”，全力保障运河畅通。该“综合医院”完成苏北运河 28 座船闸综合检测，正式启动了船闸档案数据的积累，“预防式”保障将成为苏北运河船闸养护模式新常态。苏北运河全线 10 个航运梯级 28 座船闸长期处于饱和运营状态。常年航行在苏北运河上的船队近 2000 个，货轮约 20000 条，船舶总数达 40000 艘。该中心实现了对江苏全省二、三级航道大中型船闸应急保障工作的全覆盖，服务对象已由苏北航务管理处 28 道船闸扩展到省内外 56 座船闸。

苏南运河苏州段三级航道整治工程疏浚工程项目部开展水上应急救助演练　2016 年 11 月 3 日，为有效抑制和预防水上安全事故的发生，提高项目部在应对突发事件的应急组织指挥、快速响应和协同处置的能力，苏南运河苏州段三级航道整治工程疏浚工程项目部在其施工区域苏钢码头段航道水域开展水上应急救助演练。整个演练过程历时 15 分钟，应急救援小组与地方海事局、120 等部门协调联动，紧张有序、快速高效，达到了预期的效果。演练结束后，苏州市水运指、海事局领导对本次演练活动进行了点评，对各演练单位在强化安全意识、应对突发事件等方面提出进一步要求。参建苏州水运工程航道标段的施工、监理单位参加了观摩学习。

苏州航道系统“12·4”法制宣传日系列活动圆满落下帷幕　2016 年 11 月下旬至 12 月下旬，为贯彻落实七五普法要求，全面启动苏州航道七五普法工作，苏州市航道处按照《苏州市航道管理处国家宪法日暨法治宣传日系列活动方案》，结合行业实际，在全市航道系统开展了以“树立宪法权威，履行法定职责”为主题的“12·4”法制宣传日系列活动。活动开通“普法通道”，组织法制知识讲座，开展了《中华人民共和国宪法》《中华人民共和国行政法》集中授课，以及《苏州市航道管理办法》立法后评估成果分享会，教育广大干部职工加强法律法规的学习，提高用法、执法的能力。各单位通过 LED 显示屏滚动播放法制宣传信息、发送宣传日活动短信、设点开展现场宣传，开展送法服务上船头、进企业活动。活动期间，共制作宣传横幅 32 条，发放普法资料 1000 余册，设立咨询台 5 处，现场咨询讲解对象百余人次，受教育管理对象近千余人次。

浙江省

杭州新坝船闸开展应急救援演习　2016 年 6 月 22 日，杭甬运河新坝船闸引航道水域举行了一场船舶遇险应急救援演习。演习由萧山地方海事处主办，杭州杭甬运河建设开发有限公司承办，出动社会船舶2艘、海巡艇1艘，参加演习和观摩的人员共70余人。本次演习首次尝试了航拍，将演习情况全程进行记录并将画面实时传输至观摩会场。此次应急演习模拟了两艘重载船舶在出闸时，由于后方船舶驾驶员操作不当，两船发生碰撞，造成一名船员落水，前方船舶破损进水，机舱起火的情况。事发后，杭州杭甬运河建设开发有限公司联合辖区海事部门对落水船员进行搜救，对失事船舶开展灭火、堵漏、排水等救援工作，最终事故得到有效处置，时长30分钟左右。在整个演习过程中，处处体现了应急救助的合理化、人性化特点。

绍兴港航七大措施筑牢水上交通安全防线 2016年7月，随着G20峰会实战阶段的临近，绍兴港航部门充分调动各业务科室积极性，通力协作，各司其职，全面推进备战阶段的各项工作，筑牢交通安全防线。一是严把船舶适航关，加强船舶修造过程监管，严格船舶登记工作，重点做好旅游客船、渡运船舶和危险品船舶的营运检验工作。二是严把涉航项目施工安全关，以通航影响评价审核为抓手，加强涉航道工程把关，逐步建立涉航工程及航标登记台账。三是开展平安船舶创建工作，制定平安船舶专项行动方案，对客运船舶、危险品船舶、易流态化散装船舶进行重点整治。四是开展平安港口创建工作，对辖区63家企业码头及港口设施情况、港口经营情况、港口污染源等开展调查。五是做好3个水上交通管控点的管控准备工作，多次进行内部研讨、会同公安部门对管控点情况进行现场踏勘。六是完善预案做好“三防”工作，修改完善绍兴市《水上交通突发事件应急预案》。七是加强工作人员培训教育工作，组织开展水上交通安全业务知识强化培训等。

宁波市首次内河水上应急联合演习成功举行 2016年7月19日，宁波市港航局联合宁波海事局、宁波市公安局水陆分局等多家水上执法单位，在宁波市姚江船闸举行了护航G20峰会水上应急联合演习。本次演习是宁波市举行的首次内河水上应急演习，宁波市港航局局长葛更坚、副局长顾伟存，以及参演单位相关领导等到现场观摩指导演习。演习强化了水上联合单位的应急处置能力和协作配合能力，进一步锻炼了应急救援队伍，提高了应急处置实战水平，为确保杭甬运河安全通航及推进G20峰会水上安保工作提供了强有力的保障。

G20杭州峰会期间实施水上交通管控保障 2016年8月1日至9月6日，为保障G20杭州峰会顺利举行，浙江省内通航水域划分为核心区、严控区、管控区和协控区，实施水上交通管控。杭州市港航管理局指出，核心区为钱塘江杭州市彭埠大桥（钱江二桥）至钱塘江大桥（钱江一桥）间的通航水域，以及杭州市萧山内河北塘河、长山直河合围以西的通航水域。严控区为钱塘江杭州市彭埠大桥至江东大桥（钱江九桥）间、钱塘江大桥至富春江渔山海事所间、钱塘江大桥至浦阳江临浦海事所间的通航水域，京杭运河杭州市三堡船闸至义桥海事所间的通航水域，除核心区外的杭州市萧山内河杭甬运河（不含）以北的通航水域，杭州市西溪湿地通航水域。除了核心区、严控区以外的杭州市内河通航水域为管控区，除核心区、严控区、管控区外的浙江辖区通航水域为协控区。从 2016 年 7 月初开始，所有驶入杭州通航水域的客船、载运危险货物的船舶，以及在核心区、严控区、管控区内航行、停泊、作业的船舶，都须经过至少一次的峰会专项安全检查。

河南省

周口市启动 77 个千吨级码头建设　2016 年 7 月 6 日，据周口市港口物流产业集聚区管委会负责人介绍，周口市投资 45 亿元，启动 77 个千吨级泊位码头的建设，打造内河国际港。其中，作为河南省“十二五”期间的航运重点项目之一，沙颍河周口至漯河的航运开发工程进展顺利，航道总里程为 83.9 千米。

四　文化旅游

（一）政策发布

浙江省

《杭州市旅游休闲业发展“十三五”规划》正式发布　2016 年 11 月 9 日，《杭州市旅游休闲业发展“十三五”规划》（本部分简称《规划》）正式发布。《规划》以杭州城市发展格局为基础，依托京杭大运河杭州段水上通道，连通主城区及余杭、萧山，深入挖掘和整合区域内的文化资源，进行文化主题旅游资源包装和推广。凭借京杭大运河文化遗产品牌，带动杭州整体文化旅游产品升级和运河东西两岸文化旅游互动，打造杭州文化休闲旅游新热点。

（二）专题会议

北京市

“第一届中华运河文化教育高峰论坛”在通州举行　2016 年 4 月 14 ~ 16 日，由北京市教育学会主办，通州区教育委员会、通州区教育学会协办的“第一届中华运河文化教育高峰论坛”在潞河中学召开。本届论坛以“运河文化教育”为载体，以“高峰论坛研讨”为主要形式，以“核心素养与考试评价改革”为主题，邀请来自北京、天津、河北、山东等各省市的教育学会会长、专家、校长等 500 余人参加。论坛共举办三天，安排包括以核心素养为培养目标的学校课程设计、学科课程建设、学生综合素质评价的改革三个主题的分论坛。

北京市发展改革委规划处召开运河文化带专家座谈会　2016 年 10 月 9 日，为落实《北京市国民经济和社会发展第十三个五年规划纲要目标和任务分工方案》，推进发展利用运河文化带，北京市发展改革委规划处召开运河文化带专家座谈会。会上，北京大学城市与环境学院教授岳升阳介绍了运河文化带的基本现状、保护利用情况，以及未来的发展思路。

山东省

“中国大运河餐饮联盟常务理事会暨中国大运河餐饮联盟 2016 春季峰会”在曲阜市召开　2016 年 2 月 26 日，“中国大运河餐饮联盟常务理事会暨中国大运河餐饮联盟 2016 春季峰会”在曲阜市召开，来自北京、天津、河南、山东、江苏、安徽、浙江等 8 个省市的旅游餐饮协会、餐饮龙头企业的老总、专家，酒店用品企业代表及特邀国内餐饮行业专家参加会议。本次峰会为期两天，由中国大运河餐饮联盟常务理事会与中国大运河餐饮联盟济宁峰会两个会议组成。联盟旨在以大运河文化遗产为纽带，整合餐饮产业链资源，加快大运河流域省市和餐饮业全产业链协调发展。

济宁市召开“上下同欲、共兴运河”座谈会　2016 年 3 月 1 日，济宁市“上下同欲、共兴运河”座谈会召开，参会人员围绕“新常态下济宁发展”这一主题，结合近年来保护开发运河的经验进行讨论交流。市人大常委会副主任殷允岭出席座谈会。会上传达学习了市委、市政府主要领导对运河文化研究会报送的建议案《适应新常态建设新济宁——关于通过实现“运河梦”引领鲁西科学发展高地建设的探索与思考》做出的重要批示，参会人员围绕运河保护开发和运河文化研究工作进行了座谈交流。

聊城市召开京杭运河聊城段旅游发展及水生态体系规划中期论证会　2016 年 3 月 7 日，京杭运河聊城段旅游发展及水生态体系规划中期论证会在阿尔卡迪亚国际温泉大酒店隆重召开。会议由山东省旅游局、聊城市人民政府部署召开，重点研讨如何进一步加大运河开发和保护、发展运河文化旅游、提升城市品牌和美誉度及京杭运河的策划、设计和建设等重大旅游产业问题。会议由聊城市政府副市长郭建民主持，市委副书记、市长宋军继做重要讲话。

聊城、淄博达成区域旅游合作目标　2016 年 3 月 16 日，由聊城市旅游局、淄博市旅游局共同举办的旅游推介会召开。推介会上，聊城市旅游局与淄博市旅游局达成了共同推进聊城、淄博两市旅游业优势互补、资源共享、客源互送、市场共建的双向合作目标。这次旅游推介会对于聊城和淄博两地开展旅游，建立区域联动、信息互动、优势互补的旅游客源市场具有十分重要的意义。在推介会现场，两地旅游部门及景区负责人进行友好交流，聊城与淄博达成区域旅游合作目标，双方旅行社进行有效对接，互惠互利，联手开拓两地旅游市场。

聊城举行旅游行业协会会员大会 2016 年 6 月 27 日，聊城市旅游行业协会会员大会在聊城阿尔卡迪亚酒店举行。会上，为表彰各餐饮企业传承和创新出一批代表“聊城味道”的菜品，聊城市旅游局、聊城市旅游行业协会对荣获地方名吃传承奖、鲁菜传承奖、时尚餐饮创新奖、民俗大众餐饮设计奖的 10 家单位进行了表彰，聊城市旅游局局长刘光辉出席大会，并为荣获奖项的代表颁奖。该大会的举办，对于促进聊城市旅游饭店业大发展、大繁荣，弘扬中华饮食文化，深入挖掘民间传统名吃，打造特色餐饮品牌，加强沿运河各城市餐饮文化交流，促进民间烹饪技术与艺术的交融与创新，推进餐饮产业的健康发展，倡导传承文化、低碳环保、安全健康、回归生活的饮食潮流具有极其重要的现实意义。

台儿庄古城旅游集团有限公司参加第 21 届中国北方旅游交易会 2016 年 7 月 1 ~ 3 日，台儿庄古城旅游集团有限公司参加第 21 届中国北方旅游交易会，并做专题推介。会上，台儿庄古城旅游集团有限公司集中展示了台儿庄古城景区及台儿庄运河国家湿地公园的风采风貌，并向游客发放了明信片、徽章等具有景区标志的千余份礼品。

2016 中国运河城市联盟枣庄峰会筹备会召开 2016 年 7 月 12 日，2016 中国运河城市联盟枣庄峰会筹备会在台儿庄古城兰祺会堂召开。枣庄市副市长霍媛媛出席会议并做重要讲话，台儿庄区副区长张怀珠、山东省台儿庄古城旅游集团有限公司董事长曹恒超出席会议。会上，霍媛媛听取了 2016 中国运河城市联盟枣庄峰会筹备情况的汇报。霍媛媛指出，台儿庄古城作为这次峰会的主要场地提供方，要进一步统一思想，提高认识，以高标准、高水平的服务，做好这次峰会的接待工作。要营造良好的宣传氛围，进一步宣传京杭大运河的旅游资源，传播京杭大运河文化，不断提高中国大运河对外的知名度、美誉度和影响力。

2016 中国运河产业（枣庄）项目招商推介会在台儿庄古城举行　2016 年 7 月 15 日，2016 中国运河产业（枣庄）项目招商推介会在台儿庄古城举行，台儿庄区各企业组团参加，京杭大运河城市旅游推广联盟成员单位和来自沿运城市的企业家参加会议。会上，相关单位负责人对台儿庄区台儿庄古城影视基地和祥和生态园 2 个文化旅游重点项目做了推介。台儿庄老龙湾旅游发展有限公司与江苏金墙房地产有限公司签约梦幻涛沟项目、古城卡丁车项目；北京古道游乐园有限公司与马兰屯镇签约台儿庄水世界游乐园项目。

“鲁风运河”品牌联盟在枣庄成立　2016 年 12 月 9 日，“鲁风运河”品牌联盟成立大会在枣庄市台儿庄古城成功召开。会议由山东省旅游发展委员会、枣庄市人民政府、济宁市人民政府、泰安市人民政府、聊城市人民政府、德州市人民政府联合主办，枣庄市旅游和服务业发展委员会、台儿庄区人民政府负责承办。山东省旅游发展委员会主任于风贵、山东省旅游发展委员会副主任孙树娥、山东旅游职业学院党委书记陈国忠、枣庄市人民政府副市长霍媛媛、德州市人民政府副市长杨玖庆，以及沿运 5 市旅游发展委的主要负责人，沿线县（市区）政府、旅游部门、重点旅游企业、周边重点客源市场旅游代理商及媒体代表 130 余人参加会议。“鲁风运河”是京杭大运河的重要组成部分，也是山东省重点打造的十大文化旅游目的地品牌之一。“鲁风运河”品牌联盟的成立，进一步深化运河沿线城市间的交流和合作，成为沿线城市对外展示、优势互补、互惠互利的全新区域合作平台。

浙江省

中国大运河国际高峰论坛在杭州开幕　2016 年 10 月 21 日，随着中国大运河沿线 15 个城市代表一起按下手印，首届中国大运河国际高峰论坛在中国大运河的最南端——浙江省杭州市开幕。本次论坛以“活世遗 - 通文脉 - 游运河”为主题，广邀来自中国、美国、日本、荷兰等国的遗产保护与开发的专家学者和实践者，以及运河沿岸城市代表，共同探讨世界遗产的保护开发，推动中国大运河以及中国世界文化遗产的可持续发展。

江苏省

中国大运河保护利用常州论坛举行　2016 年 11 月 5 日，为更好推动中国大运河的保护、传承和利用，由中国文物学会大运河专业委员会、联合国教科文组织亚太地区世界遗产培训与研究中心古建筑保护联盟主办，常州市文广新局、常州市地方文化研究会协办的中国大运河保护利用常州论坛在常州举行。江苏省文物局局长刘谨胜，常州市领导徐光辉、方国强出席了论坛。黄景略、蔡蕃、张妙弟等专家、学者就中国大运河列入《世界遗产名录》后如何保护和利用展开了讨论。

（三）工作调研

山东省

山东省政协调研组到德州调研大运河保护与开发工作　2016 年 3 月 23 日，山东运河经济文化研究中心顾问、省政协原副主席李殿魁率省政协调研组到德州，就“鲁冀两省运河保护与开发”进行调研。调研组实地考察了苏禄文化博物馆、九龙湾公园等运河沿线遗产点，德州市政协主席翟长生、副主席杨光来、秘书长李学根陪同，并召开了座谈会。座谈会上，德州市文广新局做了《全面做好后申遗时代大运河保护与利用工作》的汇报。调研组对德州运河保护与利用工作给予充分肯定，希望德州各相关部门进一步统一思想，充分认识大运河申遗成功的重要意义，深入挖掘运河文化，在保护的基础上有计划有步骤地适度开发利用，打造运河特色经济亮点，让运河遗产得到永续保存。

孙树娥调研“鲁风运河”文化旅游目的地品牌建设　2016 年 10 月 25～28 日，山东省旅游发展委副主任孙树娥率队赴德州、聊城、济宁、枣庄、泰安五市就“鲁风运河”相关产品建设开发情况进行调研。省旅游发展委市场处、省旅游数据和信息中心以及嘉华旅行社、交运旅行社、银座旅游、中国旅游报、大众日报、齐鲁晚报等部门、企业和媒体相关负责人参加调研。其间，调研团与德州、聊城、济宁、枣庄、泰安旅游局（委）及相关县（市、区）进行了座谈，并实地考察了德州董子文化园、德州九龙湾（运河段）、聊城临清钞关、济宁南阳古镇、枣庄红河湿地、枣庄台儿庄古城、东平戴村坝等鲁风运河相关旅游产品与项目。调研期间，针对相对成熟的景区在宣传营销、新闻宣传、旅行社产品打造等方面存在的问题，各相关负责人结合各自的业务提出意见和建议。

河南省

全国政协调研组调研大运河文化遗产保护利用　2016 年 11 月 6 日，全国政协文史和学习委员会副主任李家祥率全国政协“大运河申遗成功后的保护和利用”调研组在郑州调研并召开座谈会。全国政协文史和学习委员会副主任孙庆聚，全国政协常委韦建桦，委员杨冬权、张廷皓、俞金尧、廖奔等参加调研。河南省副省长张广智出席会议，并介绍了大运河河南段申遗成功后保护和利用工作的总体情况。与会领导围绕调研主题介绍情况、互动发言，深入研讨交流。李家祥在讲话中对河南省在大运河文化遗存保护利用方面的工作成绩给予肯定。他指出，大运河申遗成功，对于提升我国软实力、扩大文化影响力具有重要意义。申遗成功后，我们要兑现好保护传承世界遗产的承诺，进一步提高对做好大运河文化遗存保护和利用工作重要性的认识，完善体制机制，加大宣传力度，营造良好氛围，充分调动各方积极性，妥善处理好发掘、保护和利用之间的关系，为传承和发扬大运河文化、实现中华民族伟大复兴中国梦做出应有的贡献。座谈会结束后，调研组还赴洛阳、滑县、浚县，实地考察了河道、码头、桥梁、仓窖等大运河文化遗存。

（四）遗产保护

北京市

舞蹈剧场《遇见大运河》在国家大剧院上演　2016 年 6 月 11 日是我国第 11 个“文化遗产日”。作为国内唯一的文化遗产传播剧，舞蹈剧场《遇见大运河》这天在国家大剧院上演，完成了沿中国大运河的巡演，并宣告以“互联网 +”的方式，联合新锐媒体“二更”开启世界巡演之旅。在演出前的启动仪式上，主办方介绍，在过去的两年里，《遇见大运河》剧组沿着中国大运河沿线六省两市，全国巡演、采风 96 场。2017 年，该剧赴法国参加中法文化节。同时，该剧已获得亚、非、欧多个国家邀请。通过这种独特的方式，中国大运河与世界其他著名运河实现了隔空对话。

山东省

德城区文广新局着力做好大运河保护工作 2016 年 11 月 9～10 日，为进一步加强对世界文化遗产大运河的保护，提升辖区内对大运河的管理和监测水平，德城区文广新局派出一线工作人员赴济宁参加大运河监测管理平台培训班。培训采用理论知识和系统实际操作相结合的方式进行，学员重点学习了山东省大运河遗产监测管理平台的运作，各运河点段的基础资料、文保信息、工程档案等数据录入、审核、检索、统计等系统功能使用操作，以及各类业务数据的标准规范等大运河世界文化遗产监测专业知识。

（五）项目建设

山东省

聊城打造“江北水上不夜城”实现旅游突破 2016 年 11 月，根据《聊城市城市旅游目的地总体规划》，聊城市打造“江北水上不夜城”，加大了对中华水上古城的建设力度，按照国家 5A 级景区建设标准，将中华水上古城建设成为国家 5A 级景区，实现了聊城旅游新的突破。在已有基础上，严格规范入驻项目，平衡十字街四大片区的旅游业态，形成餐饮、住宿、文化、商业四类业态各放光彩的局面，强化四区各自的差异化特色，分别形成餐饮主题片区、住宿主题片区、文化主题片区和商业购物主题片区。建设水上旅游巴士，建设不同主题的游船，如水浒文化、运河文化、金瓶梅文化、剪纸文化、书法文化等不同的文化主题游船，让游船成为一种特色的产品。同时，连通东昌湖与凤凰湖，打造水上游线，借鉴威尼斯“贡多拉”游船特色，策划特色名称和造型，开发中华水上古城专属的游船品牌。

浙江省

杭州“十三五”期间将大力发展运河旅游产业 2016 年 2 月 2 日，在浙江杭州第十二届人民代表大会第六次会议上，杭州市人大代表、杭州拱墅区委书记许明表示，“十三五”期间，拱墅区要进一步扩宽古运河的旅游产业，推动运河文化旅游走向国际化。

杭州拱墅区将努力打造运河沿岸名区　2016 年 12 月 28 日，在中国共产党杭州市拱墅区第七次代表大会上，拱墅区委书记朱建明表示，要借助“文化引领”战略，大力传承和保护历史文脉，努力把拱墅区打造成为运河沿岸名区。

河南省

郑州惠济区古荥大运河文化区建设拉开序幕　2016 年 11 月 11 日，由中国城市规划学会风景环境规划设计学术委员会主办，郑州市城乡规划局、郑州市文物局协办，郑州市惠济区人民政府承办的古荥大运河文化区保护与开发研讨会在郑州举行。此次研讨会正式拉开了郑州市惠济区古荥大运河文化区建设的序幕。该区以惠济区古荥镇为“龙头”，以大运河遗址带为“龙身”，打造一座“运河上的城市”，建设“一河两岸六园八景十二遗珠”景观。

（六）主题活动

北京市

国家旅游局启动“中国十大精品旅游线路”评选活动　2016 年 9 月 5 日，由国家旅游局主办，中青旅遨游网承办，人民网、新华网协办的“中国十大精品旅游线路”评选活动正式启动。“中国十大精品旅游线路”评选活动旨在挖掘我国丰富旅游资源、特色旅游线路，树立中国旅游新形象。本次活动通过旅游大数据分析，根据过去五年国内游客实际游览线路的活跃度高低，按照 1∶3 比例推出 30 条候选线路。这些候选线路涵盖全国 31 个省级行政区和港澳台地区，既有长江、黄河、京杭大运河等传统经典线路，也有陆上丝绸之路、海上丝绸之路、茶叶之路、红军长征等历史人文线路，更有北方冰雪、南海风情等美丽中国自然风光线路。

“1981—2016 年京杭大运河再骑行刘世昭摄影展”开展　2016 年 9 月 28 日，由文化部恭王府管理中心主办的“1981—2016 年京杭大运河再骑行刘世昭摄影展”在恭王府多福轩开幕。此次展览由孙旭光与刘世昭担任总策划，共展出刘世昭 35 年间两次骑行京杭大运河的百余幅作品，通过新旧对比的方式，再现了改革开放后，京杭大运河沿线地区在 35 年间的人文、历史，以及农业、经济等方面发生的巨大变化。

2016 阳光 100 杯京杭大运河自行车超级挑战赛正式开赛 2016 年 10 月 29 日，2016 阳光 100 杯京杭大运河自行车超级挑战赛在北京什刹海码头进行了发车仪式。11 位国内顶级自行车手悉数亮相，在百余位来宾和自发前来相送的车友们的祝福中，开始了 5 天骑行 1800 千米极限挑战的征程。

河北省

首届京津冀运河书香节在廊坊举办 2016 年 9 月 19 日，首届京津冀运河书香节暨廊坊市金秋书展在廊坊开发区国际会展中心举行。此次书展展场面积为 6000 平方米，分为京津版图书展区、冀版图书展区和外版图书展区三个展区，共有 120 家出版社携 3 万册畅销书参展，书籍品种达 1 万多种，集中展示近年来反映政治、经济、文化、社会、生态文明建设等方面的优秀成果，为全国出版界搭建起了交流平台，也为廊坊市民提供了一个参与阅读的良机。

山东省

聊城中国运河文化博物馆开展博物馆展览进校园活动 2016 年 5 月 18 日是第 40 个国际博物馆日。2016 年博物馆日的主题是“博物馆与文化景观”，围绕这一主题，运河文化博物馆联合东昌学院启动了“5·18 国际博物馆日暨博物馆展览进校园”活动，为广大师生带来了一场生动有趣的文化体验。在活动启动仪式上，聊城大学东昌学院中文系与运河文化博物馆签署了实习基地协议，市文物局向参与“影像运河——中国大运河（聊城段）采风活动”的志愿者授旗。随后，东昌学院师生在“博物馆与文化景观——第 40 个国际博物馆日”条幅上签名并参观聊城运河文化展。博物馆展览进校园活动拉近了博物馆与学生的距离，丰富了学校文化生活，在弘扬优秀文化、普及科学教育知识、提高师生科学文化素养和思想道德方面发挥了积极作用。

第七届中国大运河（聊城）美食节暨菜品创新大赛在聊城开幕 2016 年 9 月 12 日，“荣盛康旅杯”第七届中国大运河（聊城）美食节暨菜品创新大赛在聊城开幕。本次美食节活动由中国大运河餐饮联盟、山东省烹饪协会、山东省旅游饭店协会、聊城市旅游行业协会、中国荣盛康旅集团主办，由聊城市阿尔卡迪亚酒店、聊城市旅游饭店协会、聊城市饮食烹饪协会等单位承办。大运河沿线100余家代表单位，中国荣盛康旅集团旗下5家五星级酒店以及来自大运河沿线26个城市的餐饮企业、酒店食材企业代表，饮食文化资深教授，至尊烹饪大师以及新闻媒体的记者参加此次活动。

江苏省

大运河书香文脉传承发展论坛在扬州举行　2016年7月8日，大运河书香文脉传承发展论坛在扬州举行。为期5天的第六届江苏书展也于同日开幕，大运河书香文脉传承发展论坛是书展的重要活动之一。当日论坛上，来自大运河沿线的专家学者发表了主旨演讲，随后，大运河沿线8省市28城市代表就“大运河书香文脉传承与发展”达成共识，共同倡议建立大运河沿线城市阅读文化交流机制，努力让运河城市因书香满城而更加活力四射。

浙江省

杭州市拱墅区第五届大运河文化节开幕　2016年10月14日，在京杭大运河申遗成功两周年之际，拱墅区第五届大运河文化节在杭州市拱墅区拱宸桥畔开幕。在当晚的开幕式上，围绕运河文化，一共上演了五大精彩的原创节目，包括歌舞、快板、杂技、戏曲等多种艺术形式，展现出拱墅现代化的发展成果与大运河的悠久历史和灿烂文化。此届大运河文化节除了开幕式还陆续举办了九大主体活动，包括“名校诗群·中外大学生运河采风”、“2016年全国第三届休闲皮划艇大赛（杭州站）暨港澳台休闲皮划艇邀请赛”、第四届运河文化民俗婚典及纪念中国共产党成立95周年暨红军长征胜利80周年等。除此之外，为了吸引更多市民的参与，拱墅区还推出了大运河文化节系列活动，以书法绘画才艺展、文化体育节、群众文化艺术节等活动为主，力图让更多市民能够参与其中，丰富其日常生活，使他们共同感受大运河文化的魅力。

第三届中国大运河庙会在杭州开幕　2016年10月21～23日，第三届中国大运河庙会在杭州开幕。本届庙会由杭州市人民政府、中国新闻社共同主办，杭州市委宣传部、中国新闻社浙江分社、杭州市旅游委员会、杭州市西博办、杭州市园林文物局、杭州市运河集团、拱墅区政府、下城区政府、余杭区政府共同承办。庙会以“走不完的运河，看不够的杭州”为主题，共设杭州运河天地、运河广场、桥西历史街区、小河直街、大兜路历史街区、西湖文化广场、塘栖古镇七大会场，分会场涉及传统、民俗、时尚、创意等多个领域，包含了集市、游园会、展览、手工制作等活动。

五　生态环保

（一）规章制度

北京市

北运河生态带、潮白河生态带 PPP 项目合同签约　2016 年 12 月 16 日，市水务局副局长潘安君代表市水务局与相关社会资本签订北运河生态带、潮白河生态带 PPP 项目合同。工程实施后，城市副中心实现污水全收集全处理和农村污水设施全覆盖，基本形成“三网、四带、多水面、多湿地”的水环境格局，率先建成海绵城市，实现“蓝绿交织、清新明亮、水城共融”。本次 PPP 项目推进坚持政府与社会资本合作模式，将项目建设和运营向社会资本开放。同时，将污水处理及再生水利用、水环境治理、水生态修复等多类水务工程按片区打捆实施 PPP，避免单个项目推进产生重复工作，还将有经营收益的水质净化与缺乏经营收益的黑臭水体治理、水生态修复项目打捆实施 PPP，增加项目的现金流，吸引更多社会资本的加入。

（二）专项治理

北京市

北运河管理处开展水环境整治行动　2016 年 4 月 20 日，北运河管理处开展了水环境整治行动，对温榆河河道内违法铺设的地笼进行了清除整治。本次行动共出动船只 1 艘、车辆 6 台、工作人员 40 余名，朝阳区电视台也对整治行动进行了宣传报道。据悉，按照河湖生态环境综合整治行动的相关要求，北运河管理处加大了对水环境的治理力度，安排部署了岸坡管护、河道保洁、流动宣传等方面的工作，力求维护河道及周边卫生，营造优美水环境，为安全度汛打好基础。

山东省

泰安市积极做好水上运输污染防治工作 2016 年 4 月，泰安市开展水上运输污染防治工作。一是加强法律宣贯，与相关市、县政府联合开展《水污染防治法》《山东省南水北调工程沿线区域水污染防治条例》《山东省京杭运河航运污染防治办法》等法规宣贯活动，切实增强广大船员的环境保护意识。二是强化执法检查。加大检查频率，督导水运企业严格执行垃圾回收、油水管理等制度，做好船舶防污染设备配置使用；对船舶违规超标排放污水、未保存防污染文书、不按规定配备使用污染防治设备等违法行为，进行严肃查处。三是推动水运企业运力结构调整升级。积极推进内河船型标准化，引导老旧船舶报废更新。

江苏省

溧阳水乡航道“绿色长廊”初具规模 2016 年 11 月，溧阳市航道部门根据省交通运输厅航道局、常州市航道处相关部署和要求，在全力开展内河干线航道绿化和环境整治专项行动的同时，因地制宜、切实推进生态廊道建设，将丹金溧漕河、芜申运河建成了溧阳首条生态、绿色、环保、景观高等级航道。2016 年完成 8 千米绿化建设，新增航道两侧附属绿化面积达 24.5 万平方米，全线完成 80% 的绿化工作量。

吴江航道处积极打造水乡航道绿色走廊 2016 年 12 月，为美化城乡景观，展示地域特色，整体提升吴江内河主航道的环境形象，吴江航道处开展了干线航道绿化及环境整治调查专项行动，努力打造 131 千米干线航道绿色走廊。从 9 月起，吴江航道处根据省航道局部署和苏州市航道处要求，对全区干线航道沿线绿化情况进行了现场调查，主要调查苏南运河、长湖申线、太浦河、苏申外港线和乍嘉苏线航道两侧，已种植绿化岸线长度和需种植绿化岸线长度。在现场调查的基础上，结合吴江区政府整体规划布局，编制了《吴江区干线航道绿化实施方案》。截至 2016 年 12 月，现场调查工作已圆满结束，该处将编制工作计划、绿化种植和绿化养护方案，并建立长效管控机制，做到“航道畅、沿线绿、环境美”，努力把吴江区内河主航道打造成运行通畅、环境整洁、管理有序的水上生态廊道。

六　学术研究

（一）相关著作

〔美〕查理·萨缪尔斯：《探秘古代科学技术》，张洁译，中国中福会出版社，2016。

冬冰主编《运河长子的担当：扬州牵头大运河“申遗”记忆》，广陵书社，2016。

拱墅区档案局编《运河南端忆盛业续编：拱墅地区的工业辉煌》，浙江摄影出版社，2016。

胡克诚编著《京杭运河桥梁遗产与地名》，中国社会出版社，2016。

嘉兴市文化广电新闻出版局、嘉兴市文学艺术界联合会编著《运河记忆：嘉兴船民生活口述实录》，上海书店出版社，2016。

姜传杰主编《运河遗产话淮安》，河海大学出版社，2016。

井扬：《居天下之首的临清运河钞关》，中国财政经济出版社，2016。

李德楠：《京杭运河江北段工程与地名》，中国社会出版社，2016。

李德柱、王礼刚编撰《运河怀古》，南京大学出版社，2016。

苏州市文物局：《大运河苏州古城段遗产研究报告》，文物出版社，2016。

谭徐明等：《中国大运河技术史》，中国水利水电出版社，2016。

王虎华主编《扬州运河世界遗产》，南京师范大学出版社，2016。

王漫之、王滨主编《大运河风情聊城故事》，团结出版社，2016。

王耀：《水道画卷：清代京杭大运河舆图研究》，中国社会科学出版社，2016。

吴坚编著《运河城镇地名》，中国社会出版社，2016。

吴欣：《大运河商业市镇地名》，中国社会出版社，2016。

宿峰：《寻找古运河》，团结出版社，2016。

杨光正：《大运河的传说》，江苏人民出版社，2016。
张强：《江苏运河文化遗存调查与研究》，江苏人民出版社，2016。
政协武城县委员会编《运河文化名镇：四女寺》，线装书局，2016。
中国文化遗产研究院、南京博物院、淮安市博物馆编著《京杭大运河清口水利枢纽考古报告》，文物出版社，2016。
中央电视台科教节目制作中心、中央新闻纪录电影制片厂（集团）编《大运河》，中国水利水电出版社，2016。

（二）报刊论文

陈宝华：《明清德州运河经济兴衰史述论》，《德州学院学报》2016 年第 5 期。
陈喜波、邓辉：《明清北京通州城漕运码头与运河漕运之关系》，《中国历史地理论丛》2016 年第 2 期。
付海月：《“河运”还是“海运”——明代漕运方式的嬗变及思考》，《黑龙江史志》2016 年第 4 期。
韩光辉、杨雷、田海：《临清运河鳌头矶文化景观的形成与保护》，《三门峡职业技术学院学报》2016 年第 4 期。
韩巍巍、刘晓玲、袁和平：《京杭运河山东段全线通航可行性分析》，《水运工程》2016 年第 S1 期。
胡克诚：《明代漕运监兑官制初探》，《古代文明》2016 年第 2 期。
胡梦飞：《包世臣〈闸河日记〉中的清代山东运河》，《南昌师范学院学报》2016 年第 5 期。
胡梦飞：《漕运、治河与信仰：以明清时期张秋镇为中心的考察》，《江南大学学报》（人文社会科学版）2016 年第 6 期。
胡梦飞：《漕运与信仰：清代临清漳神庙的历史考察》，《聊城大学学报》（社会科学版）2016 年第 6 期。
胡梦飞：《河患、信仰与社会：清代漳河下游地区河神信仰的历史考察》，《山东师范大学学报》（人文社会科学版）2016 年第 6 期。
胡梦飞：《湖漕之神：明清时期高邮康泽侯信仰的历史考察》，《河北师范大学学报》（哲学社会科学版）2016 年第 6 期。

胡梦飞:《明清时期漕运对苏北地方信仰风俗的影响》,《淮阴工学院学报》2016 年第 2 期。

胡梦飞:《明清时期杭州地区的金龙四大王信仰》,《淮阴师范学院学报》(哲学社会科学版) 2016 年第 1 期。

胡梦飞:《明清时期淮安地区河漕治理与河神信仰》,《黄河科技大学学报》2016 年第 6 期。

胡梦飞:《明清时期开封地区的金龙四大王信仰》,《重庆第二师范学院学报》2016 年第 2 期。

胡梦飞:《明清时期山东地区的金龙四大王信仰》,《山东青年政治学院学报》2016 年第 3 期。

胡梦飞:《徐州运河文化遗产的保护与开发》,《湖北职业技术学院学报》2016 年第 3 期。

胡铁球:《明代法定漕费的形成与使用演变——兼论明末清初私贴额定化过程》,《清华大学学报》(哲学社会科学版) 2016 年第 4 期。

黄纯艳:《宋代运河的水情与航行》,《史学月刊》2016 年第 6 期。

李剑:《无锡运河文化遗产资源的数字化保护与传播研究》,《装饰》2016 年第 8 期。

李志刚:《唐代汴宋地区漕运系统的整顿和重建》,《聊城大学学报》(社会科学版) 2016 年第 2 期。

李志刚:《唐代前后期中央和地方对中原转漕系统的整顿》,《宁夏社会科学》2016 年第 2 期。

刘春迎:《北宋时期汴河的治理及其漕运管理》,《开封大学学报》2016 年第 3 期。

刘玉梅:《山东运河区域美食文化遗产资源的开发与利用——以枣庄美食为例》,《美食研究》2016 年第 4 期。

孟祥晓:《清代卫河流域水灾对乡村居民的影响》,《西南民族大学学报》(人文社科版) 2016 年第 6 期。

孟祥晓:《清至民初卫河流域水灾及其社会原因》,《河南师范大学学报》(哲学社会科学版) 2016 年第 1 期。

彭成、汤晓敏:《明代江南运河沿岸驿站选址特征》,《上海交通大学学报》(农业科学版) 2016 年第 2 期。

阮宝玉、吴滔：《明清漕粮运输方式推行中的区域差异——以州县水次仓为视角》，《中国历史地理论丛》2016 年第 3 期。
孙竞昊：《明清北方运河地区城市化途径与城市形态探析：以济宁为个案的研究》，《中国史研究》2016 年第 3 期。
孙琪悦、罗谦：《文化视角下的淮安滨水空间发展策略研究——以里运河河下古镇段为例》，《现代城市研究》2016 年第 2 期。
王海冬：《元代海上漕运与妈祖信仰的发展》，《莆田学院学报》2016 年第 4 期。
王剑、沈胜群：《"规章定例"与"私议规程"：清代漕运旗丁的权利内涵与认同——以江西省广信、铅山二所"熟屯收租济运私议规程"为例》，《吉林大学社会科学学报》2016 年第 6 期。
王勇、史小军：《明代诗歌所见运河景象及其文学意蕴》，《学术交流》2016 年第 1 期。
吴琦：《南漕北运：中国古代漕运转向及其意义》，《华中师范大学学报》（人文社会科学版）2016 年第 6 期。
吴欣：《从"制度"到"生活"：运河研究的新维度》，《光明日报》2016 年 8 月 10 日，第 14 版。
谢宏维、李奇飞：《明代漕运总督述论》，《史学月刊》2016 年第 10 期。
颜敏、赵媛：《国内外运河遗产旅游研究综述》，《资源开发与市场》2016 年第 5 期。
杨品优：《一条鞭法改革与明清漕运制度演变——以江西省仓为中心》，《学术研究》2016 年第 1 期。
杨志娟：《选择与嬗变：运河回商与伊斯兰文化中国化》，《西北民族研究》2016 年第 2 期。
袁飞：《从"制度红利"到"制度陷阱"——嘉庆十四年的漕务改革与制度困境》，《学术界》2016 年第 6 期。
张小军：《天后北传与漕运贸易——一个文化资本的视角》，《南京大学学报》（哲学·人文科学·社会科学）2016 年第 4 期。
赵树好：《论义和团运动时期运河名城临清的经济社会——以教案、义和团史料为中心的考查》，《聊城大学学报》（社会科学版）2016 年第 5 期。
赵维平：《论明清河漕对先明的本质蜕变》，《中国文化研究》2016 年第

1 期。

郑民德：《清代河工制度研究——基于江南苇荡营为对象的历史考察》，《聊城大学学报》（社会科学版）2016 年第 5 期。

周嘉：《清末民初运河城市的公用事业——以临清水会为中心》，《华北水利水电大学学报》（社会科学版）2016 年第 4 期。

周健：《尹继善的“漕耗归公”与 18 世纪江苏漕务》，《史林》2016 年第 5 期。

朱年志：《运河水柜：马场湖的历史与变迁》，《济宁学院学报》2016 年第 2 期。

七　大事记

1 月

1 月 9 日，连接泗阳成子湖和大运河的成子河航道通航。

1 月 11 日，苏南运河苏州段三级航道整治工程晋源桥交工验收会在苏州市航道管理处召开。

1 月 13 日，晋源桥正式通车。

1 月 13 日，芜申线高溧段航道整治工程南京段交工验收，标志着南京首条高等级内河航道——芜申线高淳段航道正式通航。

1 月 21 日，扬州官方对外公布的《2015 年度扬州市环境质量年报》显示，2015 年瘦西湖和古运河的水质虽较往年有一定提升，但仍为重度污染。

1 月 28 日，芜湖市交通运输局组织召开芜申运河清水河公路桥改建工程竣工验收会。

1 月，由中共中央宣传部、中央电视台联合出品的大型文化类纪录片《稻米之路》摄制组一行 6 人走进南阳古镇，进行了为期 3 天的拍摄，寻访古镇特有的运河、鱼米文化。

1 月，北京市政府常务会审议通过《2016 年市政府投资和重点工程计划安排建议》（本部分简称《建议》），根据该《建议》，北京固定资产投资重点聚焦水环境大气等领域，加快推动北运河、温榆河综合整治等重大项目开工。

2 月

2 月 2 日，在浙江杭州第十二届人民代表大会第六次会议上，杭州市人大代表、杭州拱墅区委书记许明接受记者采访时表示，“十三五”期间，拱墅区进一步扩宽古运河的旅游产业，推动运河国际化。

2 月 24 日，山东省旅行社协会副会长兼泰安市旅游协会副会长、泰安市旅行社协会会长傅国辉一行来南阳古镇景区考察调研旅游线路。

2 月 24 日，苏州水运工程建设指挥部召开苏申内港线项目管理系统应用座谈会。

2 月 26 日，“中国大运河餐饮联盟常务理事会暨中国大运河餐饮联盟 2016 春季峰会”在曲阜市隆重召开。

2 月，山东省旅游局副局长孙树娥在全省旅游工作会议上指出，要加大对十大文化旅游目的地品牌的推广力度。

2 月，山东省文化厅印发《2016 年省文化厅工作要点》《2016 年省文化厅重点任务分工方案》。

3 月

3 月 1 日，济宁市“上下同欲、共兴运河”座谈会召开，参会人员围绕“新常态下济宁发展”这一主题，结合近年来保护开发运河的经验，进行讨论交流。

3 月 7 日，京杭运河（聊城段）旅游发展及水生态体系规划中期论证会在山东聊城召开。

3 月 16 日，聊城市旅游局、淄博市旅游局共同举办旅游推介会。

3 月 16 日，锡澄运河航道整治工程位于惠山区境内的石幢桥主跨顺利合龙。

3 月 19 日，人文纪录片《大运河》在央视九套首播。

3 月 24 ~ 25 日，山东省政协副主席许立全一行在济宁市就“宗教文化遗产保护和利用”进行专题调研。

3 月 26 ~ 27 日，通州大运河森林公园共计接待游客 8.6 万人次，周日一天接待游客量达 4.9 万人次，迎来春季旅游高峰。

浙江省第一季度完成水运基本建设投资 25.6 亿元，完成投资 7.7 亿元，同比增长 12.4%，“十三五”期间全省内河“江海河”联运体系建设全面铺开，投资仍将继续稳步增长。

4 月

4 月 14～16 日，由北京市教育学会主办，区教育委员会、区教育学会协办的“第一届中华运河文化教育高峰论坛”在潞河中学召开。

4 月 18 日，淮安市京杭运河淮海南路大桥改建工程初步设计获淮安市发展改革委批复，标志着该工程前期工作取得重大突破。

4 月 19 日，由北京市西城区政府主办的第十五届什刹海文化旅游节在京杭大运河北终点什刹海游船好梦江南码头拉开帷幕。

4 月 20 日，北运河管理处开展了水环境整治行动，对温榆河河道内违法铺设的地笼进行了清除整治。

4 月 25 日，为落实《船舶与港口污染防治专项行动实施方案（2015—2020 年)》，交通运输部办公厅开展港口船舶污染物接收处置有关工作。

4 月 25～26 日，山东省副省长王书坚到枣庄、济宁现场考察京杭运河港航建设发展情况，并在济宁召开全省京杭运河港航建设发展座谈会。

4 月，江苏省将逐步在内河航运推广 LNG 动力燃料船舶，京杭大运河江苏段被确定为首批试点。

4 月，山东运河经济文化研究中心顾问、省政协原副主席李殿魁率省政协调研组到德州，就“鲁冀两省运河保护与开发”进行调研。

4 月，泰安市开展水上运输污染防治工作。与相关市、县政府联合开展《水污染防治法》《山东省京杭运河航运污染防治办法》等法规宣贯活动。

五一前期，山东省旅游局举办了十大文化旅游目的地品牌之“儒风运河”新媒体采风活动，有 50 余家媒体前来聊城市深度挖掘运河旅游线路及文化蕴涵，向广大游客推介运河、推广聊城旅游，以及聊城人民的生活风貌，成功为聊城市大运河文化旅游宣传造势。

5 月

5 月 8 日，无锡唯一的三级复线船闸江阴新夏港船闸建成通航，标志着锡澄运河入江瓶颈打通。

5 月 12 日，随着京杭运河济宁至东平湖段主航道基本完工，“十三五”期间，山东省全面推进主航道末端的支线航道建设，努力提升航道整体效益。

5 月 18 日，聊城市运河文化博物馆联合东昌学院启动了“5·18 国际博物馆日暨博物馆展览进校园”活动，东昌学院师生在“博物馆与文化景观——第 40 个国际博物馆日”条幅上签名并参观聊城运河文化展。

6 月

6 月 6～7 日，江苏省水利厅在宿迁市主持召开了皂河闸除险加固工程水下阶段验收会议。

6 月 11 日，聊城中国运河文化博物馆围绕“让文化遗产融入现代生活”这一主题，精心组织、积极策划了免费鉴宝、精品展览、文艺演出等一系列丰富多彩的活动。

6 月 11 日，临清市博物馆联合市文化馆积极开展文化遗产宣传活动，让群众感受身边文化遗产的魅力。

6 月 11 日，《遇见大运河》在国家大剧院上演。

6 月 16 日，“风行运河来”全国网络媒体聊城行采风团记者来到阳谷县张秋镇，参观了荆门上闸。

6 月 22 日，杭甬运河新坝船闸引航道水域举行船舶遇险应急救援演习。

6 月 24 日，常州市水利局主持召开武澄锡引排西控制线口门建筑物南运河节制闸工程通水验收会议。

6 月 27 日，孔孟故里文博精品世界行巡展启动仪式在济宁市博物馆举行。巡展活动将选择四条“走出去”的巡展路线，即“一带一路”、中国大运河沿线、中国历史文化名楼巡展和李白生前游踪地沿线，巡展地涉及世界十余个城市。

6 月 27 日，聊城市旅游行业协会会员大会在阿尔卡迪亚酒店举行。

6 月，交通运输部批准了京杭运河浙江段三级航道整治工程嘉兴段初步设计。

7 月

7 月 1～3 日，台儿庄古城旅游集团公司参加第 21 届中国北方旅游交易会，并做专题推介，集中展示了台儿庄古城景区及台儿庄运河国家湿地公园的风采风貌。

7 月 2 日，为期两天的第四届中国台儿庄河钓大赛在京杭运河畔的台儿庄运河国家湿地公园举行。

7 月 6 日，周口市港口物流产业集聚区管委会负责人介绍，周口启动 77 个千吨级码头建设，打造内河国际港。

7 月 8 日，扬州举行大运河书香文脉传承发展论坛，来自大运河沿线的专家学者与来自江苏各地的全民阅读工作者欢聚扬州，共商大运河书香文脉传承与发展的大计。

7 月 12 日，2016 中国运河城市联盟枣庄峰会筹备会在台儿庄古城兰祺会堂召开。

7 月 14 日，济宁城区全面启动引梁济运河水入城工程。

7 月 15 日，2016 中国运河产业（枣庄）项目招商推介会在台儿庄古城举行。

7 月 19 日，宁波市港航局联合宁波海事局、宁波市公安局水陆分局等多家水上执法单位，在宁波市姚江船闸举行了护航 G20 水上应急联合演习。

7 月 26 日，江苏省发展改革委批复同意了秦淮河（溧水石臼湖—江宁彭福段）航道整治工程初步设计方案（苏发改基础发〔2016〕688 号）。

7 月，随着 G20 峰会实战阶段的临近，绍兴港航部门充分调动各业务科室积极性，通力协作，全面推进备战阶段的各项工作，筑牢交通安全防线。

7 月，浙江省绍兴市环保局向浙江乐祥铝业有限公司发起索赔，要求企业赔偿环境损害 68.8 万元，因该企业将废水排入运河（外官塘）水域。

8 月

8 月 1 日至 9 月 6 日，杭州实施水上交通管控，浙江省内通航水域划分为核心区、严控区、管控区和协控区。

8 月 16 日，以京津冀协同发展战略为契机，北京通州区、天津武清区和河北省香河县签订通航合作框架协议。

9 月

9 月 5 日，由国家旅游局主办，中青旅遨游网承办，人民网、新华网协办的“中国十大精品旅游线路”评选活动正式启动。候选线路既有长江、黄河、京杭大运河等传统经典线路，也有陆上丝绸之路、海上丝绸之路、茶叶之路、红军长征等历史人文线路。

9 月 12 日，“荣盛康旅杯”第七届中国大运河（聊城）美食节暨菜品创新大赛在山东省聊城市举行开幕仪式。

9 月 19 日，首届京津冀运河书香节暨廊坊市金秋书展在廊坊市开发区国际会展中心举行。

9 月 26 日，为解决京杭运河城区段船舶无序靠泊给城市市容造成的负面影响，形成安全、畅通、高效、美观、清洁的航道，宿迁市规划在中运河上、下游各建设 1 座船舶服务区。

9 月 28 日，由文化部恭王府管理中心主办的“1981—2016 年京杭大运河再骑行刘世昭摄影展”在恭王府多福轩开幕。

10 月

10 月 9 日，为落实《北京市国民经济和社会发展第十三个五年规划纲要目标和任务分工方案》，推进发展利用运河文化带，北京市发展改革委规划处召开运河文化带专家座谈会。

10 月 14 日，在京杭大运河申遗成功两周年之际，拱墅区第五届大运河文化节在杭州市拱墅区拱宸桥畔开幕。

10 月 20 日，江苏省交通运输厅航道局在苏州召开了江苏省航道养护系列标准宣贯会。

10 月 21 日，随着中国大运河沿线 15 个城市代表一起按下手印，首届中国大运河国际高峰论坛在中国大运河的最南端——浙江省杭州市开幕。

10 月 21 ~23 日，第三届中国大运河庙会在杭州盛大开幕，以“走不完的运河，看不够的杭州”为主题，共设杭州运河天地、运河广场、桥西历史街区、小河直街、大兜路历史街区、西湖文化广场、塘栖古镇七大会场。

10 月 24 日，山东省京杭运河三项重点航道工程提前两月完成立项，为项目开展初步设计、施工图设计等后续工作，确保第二年开工建设打下坚实基础。

10 月 25～28 日，山东省旅游发展委员会副主任孙树娥率队赴德州、聊城、济宁、枣庄、泰安五市，就十大文化旅游目的地品牌——“鲁风运河”相关产品建设开发情况进行调研。

10 月 25 日，杭州市第十二届人民代表大会常务委员会第四十次会议听取了关于《杭州市大运河世界文化遗产保护条例（草案）》的说明。

10 月 29 日，2016 阳光 100 杯京杭大运河自行车超级挑战赛正式开赛。

10 月 30 日，京杭运河江苏省船闸应急保障中心主任杨龙奎提到苏北运河已经建成船闸“综合医院”，全力保障运河畅通。

10 月，苏申内港线航道整治工程荣获 2016 年“江苏省交通建设优质工程”挂牌创建项目。

11 月

11 月 3 日，苏南运河苏州段三级航道整治工程疏浚工程项目部在其施工区域苏钢码头段航道水域开展水上应急救助演练。

11 月 5 日，由中国文物学会大运河专业委员会、联合国教科文组织亚太地区世界遗产培训与研究中心古建筑保护联盟主办，常州市文广新局、常州市地方文化研究会协办的中国大运河保护利用常州论坛在常州市举行。

11 月 6 日，以全国政协文史和学习委员会副主任李家祥为组长的全国政协“大运河申遗成功后的保护和利用”调研组在郑州调研并召开座谈会。

11 月 7 日，杭甬运河宁波段通航能力显著提升，货运量已达 100 万吨。

11 月 9 日，《杭州市旅游休闲业发展“十三五”规划》正式发布，计划打造大运河文化旅游休闲带。

11 月 11 日，大运河郑州段以惠济区古荥镇为“龙头”，以大运河遗址带为“龙身”，打造一座“运河上的城市”，建设“一河两岸六园八景十二遗珠”景观。

11 月，根据《聊城市城市旅游目的地总体规划》，聊城市打造“江北水上不夜城”，加大了中华水上古城的提升力度，按照国家 5A 级景区建设标准，将中华水上古城建设成为国家 5A 级景区，实现了聊城旅游新的突破。

11 月 30 日，聊城市旅游吉祥物形象设计大赛结果揭晓，聊娃、凤妮成为聊城旅游吉祥物。

11 月，交通运输部批准了京杭运河浙江段三级航道整治工程杭州段（四改三）初步设计。

11 月，溧阳市航道部门根据省交通运输厅航道局、常州市航道处相关部署和要求，全力开展内河干线航道绿化和环境整治专项行动的同时，因地制宜、结合实际切实推进生态廊道建设。

11 月下旬至 12 月下旬，苏州市航道系统开展了以“树立宪法权威，履行法定职责”为主题的“12・4”法制宣传日系列活动。

12 月

12 月 9 日，“鲁风运河”品牌联盟成立大会在枣庄市台儿庄古城成功召开。

12 月 11 日，水浒文化、黄河文化、运河文化等多元文化交相辉映，为梁山县文化旅游开发提供了得天独厚的优势，梁山发挥特色着力打造全域旅游示范区。

12 月 16 日，北京市水务局副局长潘安君代表市水务局与社会资本签订北运河生态带、潮白河生态带 PPP 项目合同。

12 月 26 日，湖州市德清县纪委第九纪检组调研督查京杭运河浙江段三级航道整治工程德清段工程廉政建设情况。

12 月 28 日，在中国共产党杭州市拱墅区第七次代表大会上，该区区委书记朱建明表示，要借助“文化引领”战略，大力传承和保护历史文脉，努力把拱墅区打造成为运河沿岸名区。

12 月 29 日，淮河干流航道（三河尖—蚌埠闸段）整治工程开工。

12 月，南水北调东线一期工程台儿庄泵站启动调水。

12 月，为美化城乡景观，展示地域特色，整体提升吴江内河主航道的环境形象，吴江航道处开展了干线航道绿化及环境整治调查专项行动，努力打造 131 千米干线航道绿色走廊。

一 政策法规

山东省

山东文物局印发《山东省文物局 2017 年工作要点》 山东文物局印发了《山东省文物局 2017 年工作要点》，要求大力推进文物保护重点工程，推进“大运河历史文化长廊”建设工程。编制发布《大运河历史文化长廊建设规划》，实施德州市大运河世界文化遗产公园建设项目、大运河阳谷段河工设施保护修缮工程等工程项目。

二　水利工程

（一）会议与调研

江苏省

郭文奇巡查调研京杭运河苏北段　2017 年 9 月 5 日，江苏省委常委、组织部部长、省级河长郭文奇赴徐州、宿迁对京杭运河苏北段开展巡河调研，了解河道治理情况，并在宿迁召开座谈会，部署推进河长制工作，促进京杭运河苏北段保护与管理工作有效提升。郭文奇指出，京杭运河苏北段是沿运地区经济社会发展的“大动脉”，加强京杭运河苏北段保护管理，是服从服务区域和省域发展大局、走生态优先绿色发展之路、妥善解决目前突出水问题的必然要求。沿运各级党委、政府要充分认识做好运河苏北段保护管理工作的重要性和紧迫性，以全面推进河长制为引领、以强化管理保护为抓手，坚持问题导向，充分发挥各级河长的主体作用，统筹协调各方面力量，推动京杭运河苏北段管保水平整体提升，通过治理运河，治出沿运发展的“大动脉”，治出江淮走廊的新生态。

（二）河道配套工程

江苏省

京杭运河高邮界首大桥两端引桥主体完成　2017 年 7 月 31 日，扬州第一座斜拉桥——京杭运河高邮界首大桥建设工程两端引桥主体全部完成。京杭运河高邮界首大桥是江苏省撤渡建桥项目之一，也是扬州市公路基础建设重点工程之一，工程总投资额为 9985 万元。该工程西起运河西堤，跨越运河西堤、京杭大运河、老淮江公路、小闸干渠，终点平交于老淮江公路，全长 1.046 千米，以桥梁工程为主。主桥采用双塔空间索面斜拉桥，塔梁分离；全桥共有 44 对，共 88 根斜拉索，桥塔采用“钻石型”结构，属于半漂浮体系。该工程于 2015 年 11 月开工建设。

连淮扬镇铁路镇江段京杭运河特大桥合龙 2017 年 11 月 17 日，连淮扬镇铁路镇江段第二大控制性节点——京杭运河特大桥顺利合龙。京杭运河特大桥位于谏壁镇马家村和蔡家村，东接沪陕高速、泰镇高速，南接沪宁高速，西接扬溧高速，北依长江，金鼎大道直通桥址地段，可通过金鼎大道与上述道路和镇江市道路网连接，交通非常便利，配套设施齐全，地理位置优越。大桥全长 2.7 千米，主桥采用 76 米 +136 米 +76 米三跨连续梁拱形式，采用挂篮法施工，桥梁斜跨京杭运河镇江段，沿线主要为农田，局部为居民区和沟塘，主要通航河道为京杭运河。

（三）工程评审与验收

北京市

北运河榆林庄至杨洼闸险工段治理工程通过竣工验收 2017 年 10 月 27 日，北运河榆林庄至杨洼闸险工段治理工程于汛后经过紧张的准备工作，通过了档案、环保、水保等专项验收。本次竣工验收会在北京市水务工程建设与管理事务中心举行，北京市水务局副局长张世清；市水务局相关处室，北运河管理处，市建管中心，市质量与安全监督中心站，设计、监理、施工单位主要负责人参会，会议由建管处负责人主持。竣工验收委员会听取了各参建单位的建设工作汇报，讨论并通过了竣工验收鉴定书，对工程质量予以肯定，并就清淤常态化机制建立等提出意见和建议。

三　航道运输

（一）会议与调研

江苏省

江苏省航道工作会议在南京召开　2017年2月16日，江苏省航道工作会议在南京召开。会议要求全省航道系统坚持稳中求进工作总基调，贯彻落实“两聚一高”总体部署，创新进取、深化转型，努力推进航道发展由数量追赶期向质量追赶期迈进，全面促进全省航道建养管服协调发展。江苏省交通运输厅副厅长丁军华出席会议并讲话。会议提出，全省航道系统要努力在改革转型、项目前期提速、建设提质、养护提效、环境提升、管理强基、服务提升、队伍建设等8个方面打开新局面，以航道科学发展的优异成绩迎接党的十九大胜利召开。

扬州市航道处开展《扬州航道史话》专题讲座　2017年9月中旬，扬州市航道处邀请原扬州市文联主席、《扬州文学》杂志主编曹永森开展《扬州航道史话》专题讲座，各基层所站领导班子、处机关干部职工共60人参加。讲座从京杭大运河的起源、船闸由来、航道人筑堤抢险及疏浚技术等多个方面，全面介绍了扬州航道的历史，让航道职工更加详细系统地了解扬州航道的历史变迁和文化发展，提升文化素养。

陆永泉赴苏北航务处督查“两保一强”专项行动　2017年10月7日，江苏省交通运输厅党组书记、厅长陆永泉带领督查组赴苏北航务处，检查督导京杭运河苏北段（本部分简称“苏北运河”）国庆中秋长假期间“保畅通、保安全、强服务”专项行动，看望慰问长假期间仍然奋战在运河一线的航务干部职工。在苏北航务处的运调指挥中心，陆永泉一行通过远程监控察看了苏北运河船流动态和该处所属 10 个梯级船闸开放闸情况，听取了该处为应对船流变化运用“航闸智能调度系统”和“船讯通”保安畅、强服务的介绍。随后，陆永泉一行走访了该处下属的船闸应急保障中心、淮安船闸，听取两单位近年来工作开展情况及长假期间挖潜增效、疏堵保畅的工作汇报，察看了保障中心备品备件库、淮安船闸远调站及船闸运行现场，并组织了座谈会。督查期间，陆永泉一行还乘艇察看了运河两淮段繁忙的水上运输情况，并围绕大运河文化带建设这一重大部署研究落实相关举措。

山东省

王玉君调研小清河至京杭运河航道通航及泰安港航建设　2017 年 5 月 5 日，山东省交通运输厅厅长王玉君在副厅长刘福臣及有关处室、单位负责同志的陪同下，对小清河至京杭运河航道通航、泰安市港航规划建设情况进行了考察调研。调研组现场察看了小清河济南城区部分河道，全程察看了济平干渠，最后到泰安八里湾船闸调研考察，听取了泰安市关于东平湖、大清河航道和泰安港规划建设情况汇报。王玉君指出，厅港航局、交通规划设计院要集中力量，抓紧做好小清河至京杭运河航道通航的论证工作，尽快提交研究成果。内河港航建设面临千载难逢的发展机遇，务必要打破常规，全力推进泰安港航建设工作，加快东平湖区航道、大清河航道和港口建设项目进度，尽快发挥八里湾船闸的作用和效益。

（二）航运数据

江苏省

春节期间京杭运河苏北段货物运量达 515 万吨　2017 年 1 月 27 日至 2 月 2 日，京杭运河苏北段 10 个梯级船闸累计开放闸次 5089 个，放行船队 933 个，放行货轮 10662 艘，累计船舶通过量为 2413.7 万吨，货物通过量为 1894.2 万吨。货物运量达 515 万吨，其中煤炭 148 万吨、矿建材 179 万吨、集装箱 811 标箱，有力地保证了煤电油运等重点物资运输。作为江苏省综合运输体系的重要一环，京杭运河苏北段承担着全省 59 家火力电厂的电煤供应运输。春节期间，苏北航务处围绕“安全、便捷、温馨、诚信”的目标，强化全程监管，各船闸、航道站船艇全部上航巡查，加强航道水情观测，加强航道尺度维护，加强停泊区管理，特别加大对超大船舶、危险品船舶的管理。在满足重点物资等社会运输需求的同时，全力做好优质服务，满足船员回家过年的生活运输需求。

京杭运河宿迁港外贸货轮首航 2017 年 9 月 27 日，京杭运河宿迁港外贸货轮首航。运河宿迁港年货物吞吐量 1000 万吨，集装箱年吞吐量 5 万标箱，是首次实现"江海河"联运中心开放的港口。

施桥船闸再创内河船闸运行纪录 2017 年 11 月 27 日，京杭运河施桥船闸管理所放行船队 21 个，货轮 418 艘，日通过量 87.68 万吨。2017 年以来，该所三座船闸开放闸次 36676 个，通过船队 6953 个，通过货轮 153120 艘，通过量达 30052.26 万吨，日平均通过吨位 90.79 万吨，同比增长 13.78%，超 2016 年全年 2.38%，成为苏北运河船闸中第一个年通过量超过 3 亿吨的船闸，创下全国内河船闸运行新纪录。

（三）航运维护与管理

江苏省

苏北运河首条上海航线开通 2017 年 1 月 12 日，中远海运徐州港至上海外高桥、洋山港直线班轮在徐州市双楼港作业区通用码头开航。徐州市委常委、常务副市长王安顺，江苏省交通运输厅副厅长丁军华等出席首航仪式。由中远海运集团和徐州市政府共同推出的京杭运河支线班轮，经淮安、扬州、太仓，到达上海外高桥、洋山港，每周两个内外贸混装定线班次，填补了苏北运河无直达上海的航线空白，实现了海洋、长江、运河联运资源整合。

江苏省船闸应急保障中心开展船闸综合检测演练 2017 年 1 月 17 日，京杭运河江苏省船闸应急保障中心和淮安船闸管理所组织"实施预防性养护，保春运安全畅通"船闸综合检测演练，保障苏北运河春运畅通。

苏南运河常州段三级航道疏浚工程通过交工验收 2017 年 6 月 12 日，苏南运河常州段三级航道疏浚工程顺利通过交工验收。工程于 2016 年 5 月正式启动，至 2017 年 4 月底完工，比预计工期提前一个月完成。疏浚工程完成后，该航道水深比原来增加了 70 厘米，船舶通行能力由 500 吨级提升为 1000 吨级，大大提高了航道的货运能力。

京杭运河苏北段全线达到二级通航标准 2017 年 6 月 22 日，京杭运河湖西航道整治二期工程江苏段通过交工验收，彻底打通了江苏水运发展的“北大门”，标志着京杭运河苏北段全线达到二级通航标准，2000 吨级船舶可畅行无阻。江苏省政府于 2007 年、2011 年两次出台加快水运发展的意见，不断加大公共财政支持力度。“十二五”期间，江苏在内河航道建设方面投资 301.8 亿元，是“十一五”的 2 倍。2016 年，全省完成水路货运量 7.9 亿吨、水路货物周转量 5225 亿吨千米，分别占全省总量的 39%、68%，总量与占比均居全国前列，有效降低了江苏省的物流成本。京杭运河是国家水运主通道之一，也是江苏“两纵四横”干线航道网规划建设的主骨架航道。京杭运河江苏段是整个京杭运河中通航条件最好、船舶通过量最大、社会经济效益发挥最为显著的区段，全长 687 千米，其中苏北段为 475 千米，通航等级高于苏南段。“十二五”期间，苏北段完成水路货运量 13.4 亿吨，同比增长 59.7%；完成水路货物周转量达 2412 亿吨千米，同比增长 41.6%。

芒稻河航道通扬运河口至 G328 大桥段左岸护岸工程通过竣工验收 2017 年 8 月 8 日，芒稻河航道通扬运河口至 G328 大桥段左岸护岸工程通过竣工验收。芒稻河航道通扬运河口至 G328 大桥段左岸护岸工程整治里程为 1876.51 米，按照三级航道标准建设，完成护岸 1876.51 米，其中新建直立式护岸 1601.51 米，新建斜坡式护岸 149 米，改建老码头段 126 米。

苏州浒光运河航道整治通过交工验收 2017 年 8 月下旬，苏州高新区浒光运河航道整治工程通过交工验收。浒光运河航道整治工程作为有轨电车 2 号线配套项目，西起绕城高速，东至京杭运河，整治距离约 6.13 千米。根据规划，整治后的浒光运河成为连接苏州城区与太湖的水上休闲观光旅游带、可持续的生态水廊，同时也是高新区旅游总体规划中明确的水路旅游新干线。

如泰运河如皋段清除 44 条无主沉船 2017 年 10 月 21 日至 11 月 1 日，如泰运河如皋段清除无主沉船 44 条，所有沉船残渣清运完毕。如皋市地方海事处组织执法人员用两个多月的时间，对辖区内连申线、通扬运河、如泰运河、如海河等 12 条通航河道的无主沉船进行了调查摸底，将 249 条无主沉船逐一登记造册。施工期间，如皋市地方海事处抽调了两艘海巡艇在清障水域实施安全监护，指挥船舶有序通过，确保航道畅通。首期如泰运河如皋段清除无主沉船工程结束后，如皋市地方海事处还实施其他 11 条河道的无主沉船清除工程。

京杭运河泗阳二号船闸开始大修 2017 年 11 月 10 日，京杭运河泗阳二号船闸大修工程开工。该船闸建成于 1988 年，为二级通航建筑物，设计货物年通过能力 2300 万吨。本次大修主要对闸阀门、启闭机、土建及助航设施进行更换和维修。此前，泗阳船闸已制定《运行保畅方案》，明确管理职责，对口相关业务，确保大修期间各项工作有序开展。

京杭运河三级航道整治工程吴江坛丘大桥通过交工质量鉴定 2017 年 11 月 24 日，苏南运河三级航道整治工程 WJ－QL2 标坛丘大桥通过了省交通运输厅质监局组织的交工质量鉴定。鉴定组听取了建设、设计、施工、监理、检测、监控等单位的总结汇报，查阅了施工、监理资料，并至现场对桥梁进行了质量检查。鉴定组认为，桥梁线型顺直、混凝土色泽均匀、沥青面层平整密实、资料完整，达到设计要求和检验标准，同意通过质量鉴定，鉴定结果为合格。坛丘大桥是连接吴江盛泽镇与坛丘社区的交通要道，此次质量鉴定，为坛丘大桥的交工验收和开放交通奠定了基础。

泰兴市疏浚如泰运河城区段部分淤塞水域 2017 年 12 月 10 日，泰兴市交通运输局组织地方海事处及航道管理站对如泰运河城区部分淤塞水域实施清淤，以确保枯水期船舶进出安全。截至 2017 年 12 月，已清运淤泥 1200 多立方米。在组织清淤的同时，泰兴市交通运输局要求地方海事及时发布航道信息，采用多种措施将重点水域的水位、水深、易碍航地点情况及时通知船户，使船户心中有数，安全配载。枯水期间，该局组织相关部门联合加强对重点水域的巡查，一旦发现船舶走错航线、搁浅，便及时进行疏导，最大限度确保了枯水期间航道的安全畅通。

无锡锡澄运河协同管理中心试运行 2017 年 12 月，无锡市锡澄运河协同管理中心在无锡市地方海事局投入试运行，该中心将全市水上交通信息化资源进行深度结合，集监管、分析、服务等功能于一体，全面开启锡澄运河“智慧海事”协同管理新时代。协同管理中心工作内容主要涵盖海事业务协同、视频管理、地图监测、工作管理和海事服务，其中海事业务协同囊括了海事业务。试运行阶段，无锡地方海事重点进行“巡航管理”“信息发布”“应急处置”“电子报港”“行政处罚”等功能的运用。该中心利用智能感知、信息化网络技术，实现了对锡澄运河流域全过程监控、实时监测、后台化监管，构造起跨行政辖区、跨水上监管工作的协同管理组织。该中心的运行全面提高了海事监管效率、加大了监管力度、提升了监管水平，进一步推动了海事从粗放监管到科学监管的跨越、从汗水型到智慧型的升级、从全面监管到全方位服务的职能转变。

（四）航运规划与创新举措

山东省

济宁市运河主航道、湖西航道升级改造 为破解航运发展瓶颈，济宁市运河主航道、湖西航道升级改造，解决船舶通行问题，充分发挥“黄金水道”的作用。京杭运河济宁至徐州段航道由三级升级为二级，涉及的里程共178千米，其中济宁段为140千米。升级后的航道可通航2000吨级的船，水深比三级航道加深了0.6米，单线直线航道宽度增加了10余米。此外，济宁市还推进智慧港航建设，建立集“政务服务、综合监管、应急指挥、业务管理、决策分析、公众服务、智能船闸、污染监控”八大功能于一体的智慧港航平台。大力推动物联网、云计算、大数据、新一代移动通信等技术在港航领域的集成创新和推广应用，支持港口企业开展“智慧港口”建设试点，推进便捷化港航服务。

江苏省

京杭运河江苏段首个岸电互联互通系统在淮安投运 2017年5月27日，京杭运河江苏段首个岸电互联互通系统在淮安水上服务区正式投运。该系统包括6套低压小容量一体化岸电充电桩，以及1套智能后台管理站，可同时满足12个泊位的船舶供电需求。停靠在该服务区的船舶可以通过岸电服务卡自助接入岸电系统实现供电，还可跨区跨省联网使用岸电服务卡。

芜申运河溧阳水上服务区房建封顶 2017年7月8日，芜申运河溧阳水上服务区房建工程已全部完成。溧阳水上服务区位于常州市两条“黄金水道”之一的芜申运河三级航道上，地处中关村泓口大桥下游155米处，该项目总投资额为2500万元，占地面积为27.6亩，泊位按1000吨级设计，2016年开展前期工作，2017年2月开工建设。水上服务区运行后，向船民提供便民超市、医疗救助、金融ATM、邮政快递、船员休息室、船舶零配件供应、船舶交易中介、加油（气）等服务，同时配套建设岸电设施，船舶生活垃圾、油污水接收等服务，面向社会提供航道应急养护、航政许可、船舶签证、检验、驾驶培训等管理服务。

苏北运河全线开通电子申报和缴费业务　2017 年 10 月 16 日，苏北航务管理处所辖 10 个梯级船闸管理所全面开通“船讯通”电子申报和手机缴费业务，船员无须上岸即可办理登记缴费手续。“船讯通”是苏北航务处免费为广大船员提供便捷过闸服务的手机客户端软件，主要用于实现闸船信息对称，提升服务沟通效能，提高过闸通行效率，功能包括电子申报、闸费缴纳、服务评价、待闸信息、一键通、过闸轨迹、诚信档案、通航公告等。

淮安港二类水路开放口岸正式投入运行　2017 年 11 月 30 日，淮安新港至上海港外高桥码头外贸航线正式开通，每周两班，运行时间约为 48 小时，标志着淮安港二类水路开放口岸正式投入运行。新港外贸航线开通进一步完善了淮安港内外贸航线网络，使淮安港成为京杭运河、淮河等中上游地区出海贸易的重要中转枢纽。

扬州举行京杭运河邵伯湖段汛期船舶遇险联动应急处置桌面推演　2017 年 12 月 18 日，京杭运河邵伯湖段汛期船舶遇险联动应急处置桌面推演在扬州市内河水上搜救中心举行。演习情景设定为因受淮河泄洪影响，京杭运河汪家窑水域横流达到 0.810 米每秒，扬州市汛期水上交通管制领导小组办公室启动Ⅳ级管制响应。演习水域设在京杭运河汪家窑与壁虎河交汇处，采用桌面推演与现场实战演练相结合的形式，设置汛期响应升级、船舶搁浅救助、船员落水搜救、典型案例分析等四个科目，通过模拟多种水上典型案例，邀请专业人员对演练组织、实施、流程和效果等进行全方位的评估。同时，演习将 AIS、CCTV、VITS、VHF 等信息化手段进行综合集成，利用信息化手段完成模式事故船舶锁定、汛期预警信息推送、汛期管制水域电子围栏设置等，并首次使用 4G 防爆执法记录仪、应急集装模块等新设备，集实战性、专业化、信息化于一体。整个演习场景模拟逼真、险情设置科学、指挥协调统一、联动救助有力、信息化手段丰富、专家点评到位，取得了预期效果。

四　文化旅游

（一）政策发布

江苏省

《中国大运河常州城区段西段（中吴大桥—连江桥）文化带建设方案》编制完成　2017 年 9 月 13 日，《中国大运河常州城区段西段（中吴大桥—连江桥）文化带建设方案》编制完成，并报送国家文物局审批。该方案东起中吴大桥，西至连江桥，总长约 6.5 千米，旨在改善大运河沿线风貌，从整体上保护大运河常州城区段西段，发挥世界文化遗产的应有作用。工程主要涉及现状驳岸、码头、栏杆的修复，缓冲区的拆除，工业遗存的保护利用，慢行系统及其配套休闲建筑、跨支河人行桥的建设和新建跨运河大桥等内容。

（二）专题会议

北京市

民盟中央建议将大运河文化经济带纳入国家重要战略布局　2017 年 3 月 3 日，全国政协十二届五次会议开幕。民盟中央在会上提交了《关于建设运河文化经济带 贯通“一带”“一路”两大板块的提案》。民盟中央认为，建设运河文化经济带是“一带一路”倡议中非常重要的部分。京杭大运河沟通了我国海河、黄河、淮河、长江、钱塘江五大水系，其作为第二大黄金水道与第一大黄金水道长江的纵横轴向式结合，从空间上与“一带一路”可以形成水陆两路兼顾的双重对接；运河文化与运河经济自古以来就是一种内嵌的文化经济模式，建设运河文化经济带，可成为“一带一路”建设中具有文化经济学属性的经典中国案例。但由于京杭大运河的开发利用缺少国家层面的统一规划，沿线各地的文化经济资源整合不佳、岸线利用效率不高。为此，民盟中央建议，开展以大运河为纽带的文化经济区域建设，整合资源，在东南地区形成贯通“一带”“一路”两大板块、连接长江经济带和环渤海经济圈的战略格局，实现科学有效的“三通”——“互联互通”、“古今联通”和“融会贯通”。

河北省

沧州市旅游局参加新华社大运河文化带建设座谈会　2017 年 7 月 12 日，沧州市委宣传部、发展改革委、文广新局和水务、港航、博物馆、文物、旅游等相关单位及沧州部分文化学者，与新华社派出记者进行座谈，就深入贯彻落实习近平总书记批示精神，建设大运河文化带进行了深入讨论。沧州市旅游局副局长聂建勋参加会议并讲话。他指出，贯彻落实习近平总书记批示精神，做好沧州大运河文化带建设，重点要做好以下五件事：一是全面领会总书记批示精神，围绕“保护好、传承好、利用好”做好相关工作；二是总体规划，统筹协调的同时，应该各具特色，避免“千城一面”；三是加强运河沿岸旅游步道、自行车道建设；四是设立国家级大运河发展基金，提供资金支持；五是大运河沿岸各地加强联系，统一营销，共同推介。

沧州市举行大运河文化带建设研讨会　2017 年 7 月 20 日，大运河文化带建设研讨会在沧州市政府三号楼第一会议室举行。会议由沧州市市长梅世彤主持，相关市领导及市直各局研究大运河生态文化景观带建设工作。市旅游局局长张连卿在会上提出：一要重视多规合一，坚持“一张蓝图绘到底”；二要重视全域旅游在大运河全域保护、传承、利用中的作用，发挥旅游业在保生态、促转型、惠民生方面的重要作用。

通武廊旅游产业发展大会暨 2017 廊坊市旅游产业发展大会在香河开幕　2017 年 9 月 28 日，通武廊旅游产业发展大会暨 2017 廊坊市旅游产业发展大会在廊坊市香河县开幕。此届大会以“携手通武廊 畅游北运河”为主题，旨在深入贯彻落实京津冀协同发展战略，整合通州、武清、廊坊三地旅游资源，打造跨区域旅游合作示范区，进一步挖掘大运河旅游文化，积极探讨区域旅游合作新方式和途径，为通武廊三地旅游产业发展开创新环境、提供新机遇、谱写新篇章。

山东省

《京杭运河聊城段旅游产业综合开发区域控制性详细规划》通过评审 2017 年 3 月 21 日，《京杭运河聊城段旅游产业综合开发区域控制性详细规划》《京杭大运河聊城段李海务至梁水镇片区旅游策划》（本部分简称《规划》《策划》）评审会议在聊城市召开。由来自北京、山东、河南等地的国内规划及旅游领域专家组成的评审组，对两份规划文本进行了评审。评审组专家认为，《规划》《策划》编制组对京杭大运河聊城段的旅游资源进行了全面深入调查，基础工作扎实，资料翔实，原则正确，规划理念先进，思路清晰，结构合理，符合相关规划的有关要求，原则上同意通过。评审会上，评审专家还就运河水源获取与保护、轨道交通可操作性、两城区旅游功能、旅游产品策划、对接旅游市场、产业融合等方面存在的问题提出修改建议。

德州市召开“北厂运河小镇”文化特色座谈会 2017 年 5 月 23 日，“北厂运河小镇”文化特色座谈会召开，德州市运河经济文化研究中心（市董子文化研究会）组织德州 10 余位地域文化专家、学者为“北厂运河小镇”建设出谋划策。“北厂运河小镇”位于德城区北部，由佳纳房地产有限公司投资建设。该小镇以“北厂漕仓遗址”为基础，以“漕运文化”为灵魂，打造集漕运文化、水健康娱乐、特色美食、颐养休闲等功能于一体的综合性文化旅游、颐养休闲小镇。与会专家学者围绕“北厂运河小镇”开发建设过程中如何挖掘保护运河文化及漕运文化等内容进行了探讨与交流。

中国博协航海博物馆专业委员会 2017 年年会在聊城召开 6 月 10 日，中国博物馆协会航海博物馆专业委员会 2017 年年会在聊城举行。来自北京、天津、山东、湖北、江苏、上海、浙江、福建、广东、广西、海南等省市 44 家涉海涉运类博物馆及科研院所共计 100 余名参会代表共同出席了年会。年会的主题是“运河文化与海上丝绸之路”。来自山东博物馆、泉州海外交通史博物馆、聊城大学运河学研究院的专家、学者围绕主题，从学术角度对运河与海上丝绸之路的文化内涵与精神底蕴做了深入探讨。年会还设置了“业务交流”与“展览推介”环节，来自宁波中国港口博物馆、广东海上丝绸之路博物馆、上海中国航海博物馆、广州博物馆、武汉市中山舰博物馆的众多参会代表，围绕线性文化遗产保护、博物馆藏品征集、展览策划、文创开发、人才建设等问题积极互动、共谋发展，达成了河海联动的合作共识。

济宁市文物局举办大运河申遗成功三周年报告会　2017 年 6 月 22 日，济宁市文物局在潘家大楼“文明礼仪大讲堂”举办大运河申遗成功三周年报告会。报告会传达了省委书记刘家义在山东省第 11 届党代会报告中关于保护、传承、利用好运河文化的精神。济宁市文物局党组成员、副局长杨义堂做报告，从大运河的历史入手，回顾了大运河申遗的过程和大运河申遗成功对于济宁的意义，从政治、经济、军事、科技四个方面分析了济宁被称为“运河之都”的理由，分享了宋礼、潘季驯、朱之锡、林则徐等一批河道总督的感人事迹，提出后申遗时代和贯彻省第 11 届党代会关于运河文化的思考。市直部门相关领导和各界群众共 50 余人参加会议。

国家文物局在济南召开大运河文化带建设工作座谈会　2017 年 6 月 28 ~ 29 日，国家文物局在济南召开大运河文化带建设工作座谈会。国家文物局副局长宋新潮出席会议并讲话，山东省政府办公厅副巡视员张连三致辞。沿运各地相关部门负责人、中国文化遗产研究院有关专家、国家文物局相关单位负责人共 90 余人参加会议。会议传达学习了习近平总书记关于大运河保护工作的重要指示批示精神。宋新潮在讲话中强调，要深刻领会、准确把握习近平总书记关于大运河保护工作的重要指示批示精神，提高对推进大运河文化带重要意义的认识；各地要进一步增强政治意识、大局意识、核心意识、看齐意识，认真领会、深入学习、切实贯彻习近平总书记重要指示批示精神，从国家战略的高度，充分认识大运河遗产保护在文化带建设中的重要性，推进大运河文化资源的保护、传承和利用，使大运河文化带成为中华民族伟大复兴的文化标志性品牌。

济州古城与运河文化研讨会在济宁召开　2017 年 9 月 1 日，济州古城与运河文化研讨会在济宁召开。济州古城文化产业项目位于南张街道内，总占地面积为 1863 亩，总投资额为 55 亿元。项目建设周期为自项目开工之日起 5 年，结合项目实际情况，分三至五期建设。项目主要建设内容为挖掘济宁市历史文化内涵，打造特色文化旅游古城，发展壮大文化旅游产业，开发建设文化旅游景点设施和旅游服务配套项目（主要包括城门、衙门、城隍庙、塔、阁、历史人文场馆、古文化商业街区、古城街巷、古城水系、文化广场、主题客栈、特色餐饮、旅游购物、传统民居、合院等）及特色风貌居住区，将古城打造成济宁及周边区域文化旅游集散中心和文化旅游产业引导的新型城镇典范项目。

江苏省

宿迁市召开大运河沿线文保单位综合环境整治推进会 2017 年 3 月 13 日，宿迁市文广新局召开大运河沿线文保单位综合环境整治推进会，市区大运河沿线 12 处文保单位管理责任单位负责人和分管领导参加会议，市文广新局副局长朱红兵主持会议并提出具体的工作要求。2016 年，宿迁市文广新局编制了沿线历史文化遗产保护方案，与发展改革部门共同争取中央财政基础设施专项补助经费 370 万元。该遗产保护方案内容包括对运河沿线龙王庙行宫、杨泗洪墓、道生碱店、大王庙等 12 处文物点的保护整治，方案的实施可进一步提升历史文化遗产点的保护、利用与展示的水平，充分发挥遗产在科普教育、环境保护、爱国主义和优秀传统文化教育方面的作用。

宿迁市召开大运河沿线遗产点保护工程第三次推进会 2017 年 5 月 8 日，宿迁市文广新局召开大运河沿线遗产点保护工程第三次工作推进会，涉及中运河沿线遗产点保护与环境整治的宿城区、宿豫区文广新局，湖滨新区旅游经济发展局的分管领导及保护工程负责人参会。会上，各区汇报交流了近期项目进展情况及在实施中存在的问题。宿迁市文广新局副局长朱红兵对进一步加快大运河沿线遗产点保护与环境整治工作提出具体的要求。一是要加强领导。各区要成立大运河遗产点保护整治工作小组，明确专人负责，保证人员力量，一以贯之地负责、组织好工程建设。二是要按照序时进度推进工作。整治工程作为市重点建设项目，要不打折扣地完成任务，按照确定的时间表，5 月底之前完成有关方案的报送工作。三是要及时汇报、沟通。对于在工程推进中出现的问题，要抓紧向分管领导、有关部门汇报，随时解决出现的各种问题。四是工程项目要符合规范。方案编制、工程招标、施工等要符合程序，确保成为廉洁工程。

高邮市文物局召开镇国寺塔专题会议 2017 年 6 月 7 日，大运河遗产高邮镇国寺塔抢修加固工程进展及增项工程量汇报的专题会议在高邮镇国寺召开。高邮市文物局局长、文广新局副局长杨德彪以及镇国寺工作人员，项目监理单位、项目施工单位工作人员共同参加了会议。杨德彪强调，高邮的运河文化独一无二，镇国寺塔又是运河上重要的遗产点，开展抢修加固工程一定能更好地延续文物命脉，进一步弘扬运河文化。

宿迁市召开大运河遗产保护工程第七次推进会 2017 年 8 月 21 日，宿迁市文广新局组织召开大运河遗产保护工程第 7 次推进会，宿城区、宿豫区、湖滨新区等区具体负责大运河遗产保护工程的同志参加了会议。与会人员交流汇报了前期工程进展情况和存在问题，并提出下一步工作安排。会议要求有以下几点：一是加快工程进度，宿城区要抓紧时间，履行完成大王庙的报批手续，以确保年内完成全部工程项目；二是规范工程程序，严格按规定程序，完备档案资料，以利于工程的后期验收和上级的复核检查；三是加强廉洁自律，工作人员要加强廉洁自律意识，对重大资金支出、用途等，要经局务会集体研究确定，确保每项支出合规合法。

无锡市召开环城古运河规划方案设计及景观步道方案论证会 2017 年 8 月 30 日，无锡市环城古运河规划方案设计及景观步道方案论证会在江苏古运河投资发展有限公司召开，无锡市文广新局、旅游局、水利局、市政园林局、规划局等单位负责人参加会议。本次设计方案是在延续上几轮设计的基础上，从城市双修理念出发，以整和修为主要手段，针对环境和功能的提升，重点强调市民的参与性、与历史城区的互动性，以及景观旅游资源的整合提升性。整个设计方案延续了八大片区的定位，强调水与城的关系，力求打通空间节点。在设计方案中，设计单位强调三圈双线结构，即“锡城慢调”内圈、“运河水文”圈，以及“城市律动”外圈，强调和突出步道的多功能健身功能、休闲景观，以及运河生态观光的便利性。设计采用“环通、节奏、渗透”的手法，设置 10 个驿站、18 个码头，拉近人与河道的距离，无缝对接周边区域旅游资源，形成便捷的环城整体交通网络，打通历史城区节点空间，使运河与城市真正融为一体。

世界运河城市论坛在扬州市举办 2017 年 9 月 8 ~ 9 日，世界运河城市论坛在扬州举办。本次论坛由扬州市政府、江苏省外办、世界运河历史文化城市合作组织、中国太平洋经济合作全国委员会联合主办。论坛围绕“运河城市在‘一带一路’合作中的新机遇”主题，邀请来自中国、法国、英国、爱尔兰、荷兰等 20 多个国家的嘉宾 300 余人参加。据了解，这也是世界运河历史文化城市合作组织第九次在扬州举办世界运河城市论坛。

江南运河古镇论坛在苏州市平望镇召开 2017 年 10 月 12 日，江南运河古镇论坛在江苏省历史文化名镇平望镇顺利召开。全国政协委员、中国文物学会副会长兼大运河专业委员会会长张廷皓，世界运河历史文化城市合作组织执行副主席张跃进等专家领导，江南运河段古镇代表及吴江区文广新局局长金健康，平望镇党委书记沈春荣等出席此次论坛。参加论坛的一行专家、代表等在平望镇党委副书记顾艳、副镇长孙波等人的陪同下实地考察调研了平望镇著名运河遗产点及核心历史文化街区。张廷皓从如何理解习总书记的批示精神、如何理解大运河文化带、在大运河文化带建设中提高文化遗产保护管理水平的一些思考三个方面做了主旨报告。张跃进在讲话中，简要介绍了世界运河历史文化城市合作组织情况，并倡议江南运河段各古镇携手共建绿色运河、人文古镇。浙江省、苏州市姑苏区等地的代表结合各自属地情况，分享交流运河保护、传承、利用方面的成功经验。

江苏省大运河文化带建设工作联席会议在南京市召开 2017 年 12 月 21 日，江苏省大运河文化带建设工作联席会议第一次全体（扩大）会议在南京召开。江苏省委常委、宣传部部长王燕文出席会议并讲话。王燕文在讲话中指出，要提高思想认识，把大运河文化带建设摆在重要位置；要坚持系统思维，科学推进大运河文化带建设，推进大运河文化传承发展，打造文化标识，优化大运河生态环境，建设美丽家园，加强现代经济体系建设，促进运河沿线高质量发展，讲好江苏大运河故事，提升国际影响力；要加强组织领导，确保大运河文化带建设走在前列，努力把大运河文化带建设成为“强富美高”新江苏的地标性工程，为千年运河留下时代华章和江苏烙印，为传承中华文脉交出江苏答卷，为展示中华文明永恒价值和蓬勃生机贡献江苏力量。

“中华文明与大运河文化带建设”座谈会在南京市举行 2017 年 12 月 22 日，“中华文明与大运河文化带建设”座谈会在南京举行。座谈会由江苏社会科学界联合会主办、《江苏社会科学》杂志社承办。江苏省社科联党组书记、副主席刘德海，省委宣传部副部长徐宁以及来自省内外的专家、学者 30 余人参加会议。省社科联党组书记、副主席刘德海研究员在致辞中提出，江苏大运河文化资源丰富，应该成为大运河文化带建设的主力军；要加强基础研究，为大运河文化造福后人提供智力支持，加强大运河文化的传承、传播与普及工作，让更多的民众认识了解大运河，集力量、出成果、带队伍，把运河文化研究引向深入。

浙江省

2017 淮安旅游（杭州）世界休闲博览会专场推介会在杭州举行　2017 年 10 月 20 日，“运河之都 水润淮安”2017 淮安旅游（杭州）世界休闲博览会专场推介会在杭州举行。淮安与杭州签署旅游战略合作协议，运河沿线城市的旅游合作进一步加强。淮安市旅游局局长朱永兴表示，借力杭州世界休闲博览会，可以进一步提升以杭州为中心的浙江游客对淮安的认识和感受。推介会上，淮安市旅游局和杭州市旅游委员会签署了战略合作协议，两地旅游企业签订了游客互送协议，商讨打造旅游环线，实现游客互送、资源共享。杭州市人民政府副秘书长张文戈针对杭州旅游市场的特点以及杭淮两地的城市差异等做了详细介绍，他表示，杭州与淮安作为运河沿岸的友好城市，两地要不断加强旅游领域合作，为两地游客提供更优质的旅游服务。

杭州运河新城企业征迁清零动员大会在杭州市拱墅区召开　2017 年 11 月 2 日，运河新城企业征迁清零动员大会在杭州拱墅区政府召开，标志着新城企业征迁清零的“攻坚战”正式打响。据悉，运河新城建设主要包括中片区文化产业展示区、南片区运河文化体验区、运河公共文化走廊三大重点项目。

全国水利博物馆责任与创新座谈会在杭州召开　2017 年 11 月 9 ~ 10 日，全国水利博物馆责任与创新座谈会在浙江杭州召开，来自全国 30 余家水利博物馆的馆长和专家出席参与了这次会议。本次会议中，中国水利博物馆、聊城中国运河文化博物馆、长江文明馆、黄河博物馆、陕西水利博物馆等 30 家水利博物馆馆长、专家发起成立了全国水利博物馆联盟，讨论并通过了《全国水利博物馆联盟章程》，共同发表了《全国水利博物馆联盟杭州宣言》。

第二届中国大运河国际论坛在杭州市召开　2017 年 12 月 2 日，第二届中国大运河国际论坛在浙江杭州开幕。该论坛以“中国大运河文化带构建”为主题，邀请来自国内外运河研究专家和中国大运河沿岸城市代表梳理大运河文化发展脉络，多层次、多维度、全方位地探讨大运河文化带的保护开发，共同推动大运河的可持续发展。

河南省

河南省大运河文化带建设工作座谈会在郑州市召开 2017 年 8 月 3 日，河南省文化厅、省文物局在郑州组织召开河南省大运河文化带建设工作座谈会，研究部署推动河南大运河文化带建设工作。会议传达了党中央、国务院和省委、省政府领导同志有关指示批示精神，对大运河文化带建设工作做出安排部署。大运河河南段沿线的郑州市、洛阳市、鹤壁市、濮阳市和滑县文化文物部门负责人在会上做典型发言。大运河河南段沿线有关省辖市、省直管县（市）和县（市、区）文化文物和发展改革委的相关负责同志，省发展改革委、省文化厅、省文物局和省直有关文化文物单位负责人共 120 余人参加会议。

洛阳市举办隋唐洛阳城和大运河遗产保护利用规划座谈会 2017 年 10 月 12 日，为深入挖掘隋唐洛阳城和大运河洛阳段历史文化资源，规划建设隋唐洛阳城国家历史文化公园，推动洛阳国际文化旅游名城建设，河南省文物局与洛阳市联合举办隋唐洛阳城和大运河遗产保护利用规划座谈会，邀请国内知名专家学者来洛，共商隋唐洛阳城和大运河遗产保护利用工作。河南省委常委、洛阳市委书记李亚出席座谈会并讲话。国家文物局副局长关强、国家文物局文物保护与考古司副司长唐炜、河南省文化厅厅长杨丽萍、河南省公共资源交易管理委员会办公室主任李迎伟、河南省文物局局长田凯以及洛阳市领导等出席会议。

（三）工作调研

北京市

习近平总书记视察通州大运河森林公园 2017 年 2 月 24 日，习近平总书记到北京通州区大运河森林公园，听取通州区历史文化、水系治理、生态环境保护等情况介绍，察看大运河沿岸生态环境治理成果，眺望北京城市副中心建设全貌。习近平强调，北京城市副中心建设要高度重视绿化、美化，增强吸引力。通州有不少历史文化遗产，要古为今用，深入挖掘以大运河为核心的历史文化资源。保护大运河是运河沿线所有地区的共同责任，北京要积极发挥示范作用。

蔡奇、陈吉宁调研通州大运河文化带保护利用工作　2017 年 7 月 1 日，北京市委书记蔡奇、北京市代市长陈吉宁调研大运河文化带保护利用工作。蔡奇强调，要深入学习领会习近平总书记重要指示，以高度的历史使命感推进大运河文化带建设，进一步擦亮世界认可的国家文化符号。

中国世界文化遗产中心调研北京市大运河遗产保护管理情况　2017 年 8 月 3 ~4 日，中国世界文化遗产中心对北京市大运河遗产的保护管理状况和大运河文化带建设情况进行了现场调研。本次调研从昌平区白浮泉遗址开始，一路向东，经什刹海、玉河故道、通惠河一直到通州区张家湾城墙遗址结束。调研地点涉及河道遗存 4 段，遗产点 18 处，规模约 226 公顷，分布在北京市 6 个区内。

章根明来通州调研大运河文化带建设　2017 年 9 月，杭州市西湖区委书记章根明来到通州考察北京城市副中心建设情况，通州区委书记杨斌陪同考察。杭州与通州两地就如何更好地推进大运河文化带建设进行了交流。

天津市

中国世界文化遗产中心赴天津市调研大运河遗产的保护管理情况　2017 年 9 月 6 日，中国世界文化遗产中心赴天津市调研大运河遗产的保护管理状况。天津市境内的大运河全长 195.5 千米，其中南运河 99.9 千米，北运河 95.6 千米，流经静海县、西青区、南开区、红桥区、河北区、北辰区、武清区等 7 个区县，在天津市区的三岔河口交汇入海河。本次主要针对天津市南运河、北运河、天妃宫遗址、天后宫、石家大院、三岔河口等重要遗产点段进行了详细调研。

山东省

大运河保护办对枣庄市大运河文化遗产进行专项巡查　2017 年 3 月 20 日，根据大运河城市联盟章程，受国家文物局委托，扬州市文物局党组书记、副局长仲玉龙率领巡查组一行 10 人，对中河台儿庄段的保护、管理和利用情况进行一年一度的专项巡查调研。仲玉龙一行实地察看了中河台儿庄段的相关文化遗产，考察了依托大战文化、运河文化等重建的台儿庄古城，听取了枣庄市近年来运河文化遗产的保护、管理和利用情况，对枣庄市保护运河文化遗产的各项举措给予充分肯定，对台儿庄古城重建给予高度评价，并一致认为这是大运河文化遗产合理利用的成功范例。

大运河遗产保护管理办公室来德州市开展大运河遗产专项巡查 2017 年 3 月 22～23 日，大运河遗产保护管理办公室受国家文物局委托，在扬州市文物局党组书记、副局长仲玉龙带领下，来德州开展大运河遗产专项巡查及监测管理调研。巡查组现场考察了德州码头和四女寺枢纽船闸，并召开座谈会。市文物局就相关情况向大运河遗产保护管理办公室做了详细汇报。巡视组对德州大运河遗产保护管理工作给予充分肯定，指出德州市不断加大了对世界文化遗产大运河的保护力度，以文物保护与展示工程为重点，加强了日常监管和巡视，为运河全线的遗产保护利用做出了积极贡献。

王春生一行调研指导汶上旅游产业发展 2017 年 4 月 8 日，山东省旅游发展委员会副巡视员王春生、济宁市人民政府副市长吴霁雯、济宁市旅游发展委员会主任杨风东来汶上调研旅游产业发展情况。汶上县委书记李志红陪同。省、市领导先后调研考察了中都博物馆装修布展、宝相宫、莲花湖扩容、大运河南旺分水枢纽国家考古遗址公园建设项目，对汶上旅游项目建设和高强度投入给予高度评价和充分肯定，并对下一步汶上旅游项目建设和旅游产业发展提出指导意见。

王克胜一行赴德州市德城区调研大运河遗产保护利用情况 2017 年 6 月 29 日，扬州市政协副主席王克胜一行 6 人来德州市德城区就“大运河遗产保护利用”进行调研考察，德州市政协、市文物局、区政协、区文广新局相关领导陪同。考察团一行先后到南运河德城区段三湾展示区、二屯镇第三店村进行实地察看，详细了解南运河德城区段保护和申遗工作的情况，并对南运河德城区段文化遗产保护、研究中取得的成绩给予充分肯定。

中国世界文化遗产中心调研山东省大运河遗产保护管理情况 2017 年 9 月 4～8 日，中国世界文化遗产中心对山东省大运河遗产的保护管理状况和大运河文化带建设情况开展了现场调研。

王艺华调研济宁大运河文化带建设情况 2017 年 12 月 19 日，济宁市委书记王艺华来到济宁市博物馆和河道总督衙门遗址调研大运河文化。他强调，要深刻学习领会习近平总书记关于大运河文化带建设的重要指示，认真落实省委书记刘家义在济宁调研讲话精神，以高度的历史责任感推进运河文化保护开发。在博物馆，王艺华实地察看了运河之都文化展厅、石刻长廊等，详细了解了大运河概况和重要水利工程、河道衙门的历史情况以及保护开发利用情况。他指出，大运河是老祖宗留给我们的宝贵遗产，是中华优秀传统文化的重要组成部分，保护开发利用好大运河文化是沿线各级政府的重大责任，要深刻学习领会习近平总书记关于大运河文化带建设的重要指示，以高度的历史责任感，推进运河文化保护开发。副市长田卫东，市文物局局长丁海燕、副局长杨义堂等市直有关部门和任城区负责同志陪同调研。

江苏省

宿迁市文广新局调研大运河水利遗产保护工作　2017 年 7 月初，宿迁市文广新局副局长朱红兵会同湖滨新区、文物处工作人员，对宿迁船闸、皂河翻水站、皂河老船闸 3 处水利工程遗产进行现场调研，深入了解了保护与建设的基本情况和存在问题，并就实施水利遗产点的保护和景观环境提升改造工程进行了讨论，为下一步充分利用运河沿线水利遗产资源，进一步提升水利风景区的景观环境等工作创造条件。

大运河保护管理办公室调研大运河江苏段遗产保护管理情况　2017 年 7 月 17～19 日，大运河保护管理办公室开展了对大运河宿迁段、淮安段、常州段保护管理情况调研工作。大运河保护管理办公室主任、扬州市文物局局长华德荣，技术处相关人员及运河研究专家参加了此次调研。调研组传达了国家文物局《关于加强世界文化遗产大运河保护管理工作的通知》要求，现场考察了各地大运河遗产点，听取了各地关于大运河保护管理工作情况汇报。调研组对各地在大运河世界遗产保护管理方面取得的成绩给予了充分肯定，并对下一步保护管理工作提出建议。调研组会按照国家文物局、省文物局要求，结合现场调研实际，做好大运河江苏段保护管理报告编写工作。

中国世界文化遗产中心调研江苏省大运河遗产保护管理情况　2017 年 8 月 13～18 日，中国世界文化遗产中心对江苏省大运河遗产的保护管理状况和大运河文化带建设情况开展了现场调研工作。据悉，中国大运河的开凿时间和延续时间极长，工程技术成就最高，其中又以江苏省内大运河的开凿时间跨度最大，工程技术难度最大。大运河江苏段涉及河道遗存 23 段，遗产点 102 处，遗产规模约 349887 公顷，分布在苏州、无锡、常州、镇江、扬州、淮安、宿迁、徐州八个地级市内。

河南省调研组考察江都大运河文化带建设工作　2017 年 9 月，河南省发展改革委副主任李迎伟、河南省文物局局长田凯率省政府相关部门一行14人，在江苏省和扬州市文物局领导陪同下，来江都区考察调研大运河文化带建设工作。调研组先后参观了大运河淮扬运河主线江都段、邵伯明清运河故道、邵伯古堤、大马头等遗产点和引江水利工程相关河道，江都区副区长闫冬梅和区文广新局主要负责同志陪同考察。

李强赴淮安调研大运河文化带建设情况　2017年9月15日，江苏省委书记李强在淮安调研大运河文化带江苏段建设情况并召开座谈会。李强先后考察了中国漕运博物馆、淮安府署、河下历史文化街区、清江大闸等，仔细察看历史遗迹遗存，深入了解了大运河文化的深厚历史积淀。他强调，要切实把习近平总书记关于大运河文化带建设的重要指示精神贯彻好、落实好，以高度的政治责任感和历史使命感，扎实推进大运河文化带建设，努力把大运河江苏段建设成为高颜值的生态长廊、高品位的文化长廊、高效益的经济长廊，使之成为大运河文化带上的样板区和示范段。

浙江省

中国世界文化遗产中心赴浙江省调研大运河遗产保护管理情况　2017年8月13～18日，中国世界文化遗产中心赴浙江省调研大运河遗产保护管理状况及大运河文化带建设推进情况。大运河浙江段涉及京杭大运河与浙东运河两大运河体系，分布在湖州、嘉兴、杭州、绍兴、宁波五个城市，其中，杭州为京杭大运河南部端点，而宁波则是浙东运河与海上丝绸之路相接的重要节点。遗产中心先后对湖州、嘉兴、绍兴、杭州、宁波五市的大运河遗产点段进行了实地调研，与遗产地管理者进行了深入交流。

（四）遗产保护

北京市

习近平总书记就大运河文化带建设做出重要指示　2017年6月，习近平总书记对建设大运河文化带做出重要指示：大运河是祖先留给我们的宝贵遗产，是流动的文化，要统筹保护好、传承好、利用好。习近平总书记的重要指示，为推进大运河文化带建设指明了方向、提供了遵循。

（五）项目建设

北京市

通州区启动大运河5A级景区建设　2017年2月，通州区启动大运河5A级景区建设，通过整合周边景点、策划新兴旅游项目，打造具有地域特色的“通州大运河旅游品牌”。大运河5A级景区建设，精确对准“文化旅游”功能定位，立足通州大运河旅游品牌建设，发挥旅游的优势，突出融合发展、共建共享理念，积极探索政府统筹、部门联动、企业主体的发展模式，实现旅游产业与其他产业共融共赢。此外，通州还按照北京城市副中心发展需求，结合智慧城市建设，选择区内主要景点及公园、特色生态园进行拍摄，在旅游网上进行360度全景展示。

北京通州区计划实现北运河部分河段通航　2017年4月，通州区相关部门表示，“十三五”期间，实现京杭大运河的北京通州、河北香河和天津武清段河域正式通航。通州区将抓住大运河通州段这条主线，重点保护路县故城遗址、通州古城、张家湾古城、漷县古城等文化遗产；深入挖掘运河沿岸文物古迹、历史故事，筹建路县故城遗址公园、运河博物馆等；完善“三庙一塔”景区保护利用规划，科学规划景区功能及配套，通过祭祀、演礼、教育、论坛等多种形式，传承中华优秀传统文化，充分展现运河文化的内涵；整合周边景区，挖掘通州特色历史文化元素，建成运河历史文化展览馆，形成大运河文化旅游带。

北京市大运河文化带建设组成立　2017年9月，北京市正式成立大运河文化带建设组，将整合与大运河相关的文化遗存和历史文物并列出清单，分类分级保护，同时把文化保护传承与疏解整治结合起来，规划建设大运河文化带、生态带、产业带。该建设组由市发展改革委、市文物局牵头，市规划国土委、市环保局、市水务局、市园林绿化局等25个政府部门和东城、西城、通州等7个区参与，主要负责研究编制大运河文化带保护建设规划、五年行动计划和年度工作计划。

河北省

河北省四项举措推进大运河文化带建设 2017 年 8 月 22 日，2017 年度河北省文化系统半年工作座谈会召开，会上指出，河北省文化系统通过四项举措推进大运河文化带建设。一是实施河北段大运河重点遗产保护展示工程，结合河北省大运河保护规划，细化大运河国保文物单位组成部分的单体保护展示方案，加大对有关遗址和文物遗迹的发掘、保护和展示力度。二是开展河北段大运河重要遗址和沉船点考古调查，选取重要文物点、重要水驿码头，深入进行考古、勘探工作，同时配合雄安新区规划建设，开展北运河连接通州河段及大清河流域河北段运河现状调查工作。三是加大河北段大运河遗产和沿线非物质文化遗产保护展示力度，谋划在河北省运河流经里程最长的城市沧州市建造河北大运河博物馆，展示各类运河遗产、运河相关出土文物及大运河沿线非物质文化遗产。四是建立河北段大运河数据系统，充分利用遥感等现代化技术，对河北段大运河及相关遗存进行信息数据采集，建立较为完备的数字化信息化数据库。

山东省

聊城江北水城度假区布局“一廊、两镇、三带”旅游项目 2017 年 3 月，聊城江北水城旅游度假区立足于打造一流的省级旅游度假区，科学布局旅游项目，重点做好“一廊、两镇、三带”的布局。其中“一廊”是以水上古城和东昌湖为起点，有机整合以凤凰湖为核心的水系资源和凤凰苑、姜堤乐园等游乐项目资源，以刘道之温泉度假村和农业采摘园等为依托的乡村旅游资源，新建扩建一批旅游项目和特色旅游村，形成纵贯度假区南北，极具吸引力的休闲旅游项目集聚地；“两镇”是以建设朱老庄温泉度假小镇和李海务运河小镇为抓手，打造休闲度假小镇品牌；“三带”是建设徒骇河休闲观光带、运河人文文化旅游带、赵王河生态旅游带。三者相互呼应，有机结合，是极具水文化特色的旅游亮点，也是聊城建设河湖秀美大水城的重要组成部分。

（六）主题活动

北京市

“大运河之歌”征集活动正式启动 2017 年 8 月 23 日，在第 24 届北京国际图书博览会和第 15 届北京国际图书节上，北京市新闻出版广电局联合太合音乐集团宣布，共同启动“大运河之歌征集活动”，邀约音乐人以传承、阐释大运河文化为主题，创作优秀音乐作品，积极打造大运河文化音乐 IP。大运河文化带作为“流动的文化动脉”，也是凝聚着中国智慧、浸润着绵长历史的世界文化遗产。“大运河之歌征集活动”旨在号召音乐同仁围绕大运河文化题材积极创作音乐作品，以音乐形式展示大运河文化带的深厚积淀和文明传承。

“通州记忆——大运河文化带艺术采风活动暨第十届中国·宋庄文化艺术节写生画展”启动仪式在京举行 2017 年 9 月 8 日，“通州记忆——大运河文化带艺术采风活动暨第十届中国·宋庄文化艺术节写生画展”启动仪式在北京宋庄艺术区隆重举办。此次活动由宋庄镇党委、宋庄镇人民政府主办，宋庄艺术区党委、宋庄艺术家党支部、宋庄艺术促进会承办。宋庄镇党委书记柳德利、宋庄镇党委副书记李树东等领导，以及参展的艺术家出席了启动仪式现场。

《通惠河览春图》数字交互长卷亮相北京 2017 年 9 月 9 日，《通惠河览春图》数字交互长卷在 2017 中国 3D 技术与创意博览会上首次亮相。北京市民方志新先生于通惠河历史文化发掘工作中萌生创作灵感，经实地考察、搜集资料，绘制出一幅描绘清朝时期漕运繁盛、百姓富足的水墨画卷《通惠河览春图》。北京市朝阳规划艺术馆结合中国传统绘画、文化创意设和数字交互技术，将方志新先生的水墨画卷《通惠河览春图》制作成数字化可交互长卷。观众触摸画面上的热点，就会触发文字、动画和图片，了解通惠河的历史人文故事和发展变化轨迹。

2017“人文之光”大运河文化带专题知识竞赛决赛在京举行 2017 年 9 月 17 日，“2017 北京社会科学普及周”开幕。本次社科普及周以“弘扬中华优秀传统文化 推进全国文化中心建设”为主题，邀市民共享“文化大餐”。开幕式现场，社科普及周活动主办方向市民代表赠送了《中国文化亮点》《北京非物质文化遗产巡礼》等社科普及读物。随后，现场举办了2017“人文之光”大运河文化带专题知识竞赛决赛，参赛选手与现场观众积极互动，不时赢得阵阵喝彩。此外，活动期间还举办了以大运河、北京文脉、砥砺奋进的五年、冬奥知识、西城区老字号印谱等为内容的展览。

2017 北京·通州运河艺术节开幕 2017年9月28日，“筑梦副中心 魅力文化带”2017北京·通州运河艺术节开幕式在通州区文化馆举行。北京门头沟、房山、石景山和通州区文化馆，天津市武清区、河北区文化馆，以及廊坊市群艺馆精心选送了大型主题歌舞、杂技、舞蹈、戏曲联唱、无伴奏组合、器乐合奏等10余个原创节目。运河艺术节由通州区委区政府主办，区委宣传部、文化委承办，是通州一年一度的文化盛事，已成为品牌性文化活动。2017年的运河艺术节为期34天，分为预热阶段、启动阶段、展示阶段和成果阶段，其间在全区11个乡镇、4个街道轮番展演具有通州本土特色的群众文艺精品，持续到10月31日。

“行走大运河”传播行动在通州启动 2017年9月28日，“行走大运河”传播行动在北京通州潞河中学启动。通州区委常委、宣传部部长查显友，通州区教工委书记张立芳，副书记周颖，商务印书馆教育论坛秘书长王永康，潞河中学党总支副书记孟洪峰，千龙网总裁、总编辑黄庭满，副总编辑任鹏，以及潞河中学300多名师生出席启动仪式。潞河中学党总支副书记孟洪峰在致辞中表示，潞河中学的名称源于运河，潞河人对大运河有着深厚的感情，不断从中汲取智慧。学校充分利用地理优势，对运河文化资源从课程、社团活动等方面进行了系列课程开发。潞园文学社全体成员和教师还在著名作家、国家一级编剧王梓夫先生的带领下，进行了大运河采风活动，并集结出版了《运河行纪》一书。初中部开展的以“潞河溯源”为主题的多学科融合课题，将数学、化学等学科的教学与大运河相结合，成为北京市教育科学“十二五”规划课题。

“北京大运河水利工程遗产展”开展 2017年10月30日至12月22日，由北京市地方志编纂委员会办公室主办，北京市方志馆承办，北京市通州区图书馆、北京市通州区博物馆、中国运河第一庄文化展览馆和大运河翰林民俗博物馆协办的“北京大运河水利工程遗产展”在北京市方志馆一层第二展厅开展。此次展览精选了部分北京大运河水利工程遗产及沿线非物质文化遗产，以图文结合的形式做了简要介绍，希望更多的人能了解大运河，积极参与到“大运河文化带建设”中来。

河北省

沧州市运河区第三届迎新春书画作品展开展　2017 年 1 月 5～11 日，由运河区教育文化体育局主办的“中国梦 运河情”运河区第三届迎新春书画作品展在沧州博物馆展出。展览共计展出书法、绘画作品百余幅，作品格调高雅、立意深远，地域文化特色浓郁，具有强烈的艺术感染力和吸引力。此次书画展通过精美的书画形式生动展示了运河儿女“诚信仁爱，兼容博大，勇于创新，追求卓越”的精神风貌，充分表达了他们“建设美好家园，构建和谐运河”的赤子之心，为推进沧州文化事业繁荣发展提供了良好氛围和精神动力，对助力沧州“五城建设”起到积极的促进作用。

“运河陶・丝路情——宜兴当代紫砂茶器展”在沧州开展　2017 年 8 月 17 日，由沧州市文广新局、宜兴市文广新局主办，沧州博物馆、宜兴陶瓷博物馆承办的“运河陶・丝路情——宜兴当代紫砂茶器展”沧州站在沧州博物馆开幕。

“我们的大运河——沧州记忆”摄影作品展在沧州开展　2017 年 9 月 30 日至 10 月 13 日，为庆祝沧州建州 1500 周年，由中共沧州市委宣传部主办，沧州市文广新局支持举办，沧州市文学艺术界联合会和沧州市摄影家协会承办，中国工商银行沧州分行与沧州博物馆共同协办的“我们的大运河——沧州记忆”摄影作品展在沧州博物馆一楼书画厅展出。此次展览共展出摄影作品 200 余幅，涉及地域风貌、文化渊源、人文景致、民俗风情、名胜古迹等诸多领域，从多个角度、多个层面挖掘了古运河畔沧州家园的历史积淀，展示了沧州运河两岸淳朴而又原汁原味的生活场景，为纪念沧州建州 1500 周年描绘了一幅翔实而又珍贵的历史画卷。

中国大运河武术文化联盟首届武术交流大赛在清河县开赛　2017 年 11 月 4～5 日，中国大运河武术文化联盟首届武术交流大赛在河北清河举行。此次比赛吸引了冀鲁豫 3 省 80 多支代表队的 800 多名武馆学员、武术社团会员和武术爱好者参加。此次大赛旨在吸引更多的人参与到全民健身活动中来，强身健体，同时以武会友，以武为媒，进一步促进运河两岸武术文化的发展。

山东省

第七期海峡两岸大学生文化体验营考察山东运河 2017 年 8 月 17 日，“运河文化之旅——第七期海峡两岸大学生文化体验营”活动开营式在故宫博物院举行。第九、第十届全国人大常委会副委员长、北京师范大学人文宗教高等研究院院长许嘉璐先生出席开营式并致辞。山东省文物局副局长高述群作为活动支持单位代表应邀出席开营式。来自海峡两岸 41 所高校的 60 名大学生，专家、学者、媒体人工作人员等 150 余人出席开营式。8 月 19～21 日，体验营先后前往临清、济宁、台儿庄等地进行参观考察。

首届“鲁风运河”美食节启动仪式暨运河美食与旅游融合发展报告会在台儿庄举行 2017 年 9 月 27 日，首届“鲁风运河”美食节启动仪式暨运河美食与旅游融合发展报告会在台儿庄古城举行。“鲁风运河”美食节以“赏鲁风美景，品运河美食”为主题，由省旅发委指导，市旅服委、“鲁风运河”品牌联盟秘书处、台儿庄区政府主办，中国大运河餐饮联盟、市旅游行业协会、市旅游饭店协会、市烹饪餐饮业协会、市烹饪餐饮酒店商会、台儿庄区旅服局、台儿庄古城旅游集团具体承办。其间，举办了首届“鲁风运河”美食节启动仪式暨运河美食与旅游融合发展报告会、首届“鲁风运河”美食展、辣子鸡美食文化节、大运河美食探秘、金秋枣庄行旅游采风考察、台儿庄古城非遗文化巡展等系列活动。28 日上午，“鲁风运河·生态枣庄”全国网络媒体枣庄行活动正式启动，枣庄市委常委、宣传部部长李爱杰向采访团授旗。本次采访活动为期 3 天，来自 23 家媒体的 30 多名记者将前往鲁南大数据中心、台儿庄大战纪念馆、八路军 115 师纪念园等地进行深入采访。

第八届中国大运河美食节在济宁举办 2017 年 9 月 29～30 日，由中国大运河餐饮联盟、山东省烹饪协会、山东省旅游饭店协会、济宁市旅游发展委员会联合主办，济宁市烹饪餐饮业协会、济宁市旅游饭店业协会承办的“玉园杯”第八届中国大运河美食节在济宁翠都国际酒店隆重举行。截至 2017 年 9 月 30 日，济宁已成功举办了七届中国大运河美食节，并于 2009 年在国家工商管理总局注册，在全国餐饮界产生了广泛影响，成为全国著名的美食品牌和济宁的城市名片。

江苏省

扬州举办扬州行·第三届“运河情”——六省市音乐创作系列活动 2017 年 5 月 12～15 日，扬州行·第三届“运河情”——六省市音乐创作系列活动在扬州举行。此次活动由扬州市文化广电新闻出版局、德州市文化广电新闻出版局、德州市文化馆主办，扬州市音乐家协会、扬州市音乐文学学会、运河情六省（市）音乐创作系列活动组委会承办。

2017 无锡·品质梁溪·江南古运河国际风情夜游节开幕 2017 年 8 月 4 日，2017 无锡·品质梁溪·江南古运河国际风情夜游节在梁溪区清名桥运河文化艺术广场开幕。梁溪区四套班子领导及京杭大运河城市旅游推广联盟 18 个成员单位代表出席开幕式。开幕式特别邀请了无锡著名歌唱家钱琳，无锡市少年宫合唱团、著名外籍艺术团等表演团体共同登场，为广大游客和市民奉献了一场诗、歌、舞的文化盛会。开幕式上还对梁溪区全域旅游 Logo 与特色夜游产品进行了全新发布，推出三条全新的旅游休闲度假游船线路。

世界运河城市论坛参会代表赴邵伯船闸参观考察 2017 年 9 月 9 日，来自中国、法国、荷兰、加拿大等国家的 20 个古镇镇长以及 16 个国外运河城市的代表等人员参观了邵伯船闸所在区域，并现场察看了船舶运行场景。同日，“韵动大运河·邵伯古镇定向赛”的路跑组 15 千米（行大运线）也定在邵伯船闸，以运河沿线为赛场，带领参赛选手感悟运河的风韵与灵动。

交响组歌《大运河畅想》在扬州上演 2017 年 9 月 8 日，由江苏省委宣传部指导，江苏省文化厅、扬州市人民政府主办，江苏省演艺集团、中共扬州市委宣传部、市文广新局协办的交响组歌《大运河畅想》在扬州京杭会议中心上演。作为“2017 年世界运河城市论坛”的系列活动之一，该交响组歌以《运河日出》为序，分为《悠久的运河》《沸腾的运河》《多情的运河》《灿烂的运河》等四个篇章，从现代人的角度，重新认识大运河，回溯了运河悠久的历史，展现运河流域独特的生态文明。作品以大运河两岸的遗址和风土人情为文学创作素材，汲取苏南、苏中、苏北的民歌元素，展示了运河独特的水乡风韵，体现出江苏地域特色。扬州市市长张爱军，市委常委、宣传部部长姜龙，以及来自中国、法国、英国、荷兰等 20 多个国家的 300 余名“2017 年世界运河城市论坛”嘉宾和扬州市民代表观看了演出。

镇江交通青年人才论坛之“行走大运河”文化之旅正式启动 2017 年

11月30日，“青春情·交通梦”镇江交通青年人才论坛之“行走大运河”文化之旅启动仪式在古运河余福里广场举行，百名交通青年参加。仪式结束后，交通青年一行来到镇江市地方海事局指挥中心，现场观摩了水上交通智能化应急救助指挥系统；到苏南运河镇江城区段下游，乘坐海巡艇沿大运河顺流而下来到京沪高铁大桥处，近距离感受繁忙的大运河水上交通运输和飞速发展的铁路交通，并听取相关介绍。本次活动中，百名交通青年采取多种“行走”方式，通过话运河、观两岸、溯历史、展民俗，以摄影、书法、绘画、游记随笔等形式，记录大运河镇江段的航道变迁、船运变化、人文变革等情况，来传承运河航运文化的包容情怀，弘扬时代精神，讲好交通故事，增强服务交通运输事业发展、建设交通强国的自觉意识。

大运河江苏段保护和文化传承大型主题采访活动正式启动 2017年12月4日，以“新时代、新气象、新作为”为主题的大运河江苏段保护和文化传承大型主题采访活动正式启动，人民日报、新华社、中央人民广播电台、中央电视台、新华日报、省广播电台、省电视台、交汇点新闻客户端等国内20多家新闻媒体赴淮安、扬州、无锡和苏州等地，深入采访报道江苏大运河文化带建设的新做法和新成就。

浙江省

中国（杭州）新年走运大会在杭州举行 2017年1月1日，中国（杭州）新年走运大会在浙江省杭州市运河畔举行。活动吸引了来自中国、法国、西班牙、韩国、日本、墨西哥以及古巴等20余个国家的游客报名参加。杭州市运河集团和中国新闻社浙江分社作为大会承办单位，将活动报名所得数万元悉数捐给杭州市下城区朝晖街道红十字会，呼吁人们进一步保护中国大运河这一活着的世界文化遗产。该大会以“杭州与世界同走运”为主题，由杭州人民与各国友人一起在大运河沿岸以健步的形式，徒步6.8千米，共同庆祝新年到来。本次大会由杭州市体育局指导，杭州市人民政府、中国新闻社主办，杭州市旅游委员会、杭州市运河集团、中国新闻社浙江分社、杭州市拱墅区人民政府和杭州市下城区人民政府承办。

首届杭州市大运河遗产保护宣传周启动仪式在杭州举行 2017年6月16日，首届杭州市大运河遗产保护宣传周启动仪式暨“江南底色·运河品迹”摄影展在杭州大运河畔开幕。整个宣传周围绕运河保护条例和运河保护规划全方位开展活动，旨在推动运河保护传承与惠及民生的有机统一，实现大运河从行政保护到依法保护、从部门保护到综合保护、从政府保护到全民保护的全面立体保护。据主办方介绍，宣传周持续 9 天，至 6 月 24 日结束。其间，还举办了“专题讲座”、线上趣味闯关等系列活动，展示大运河遗产历史、艺术和科学价值，宣传运河保护条例，普及运河保护条例精神，呼吁市民群众共同保护杭州大运河世界文化遗产。

“2017 年大运河文化遗产保护与传承培训班”在杭州开班　2017 年 9 月 16 日，由国家文物局主办，浙江大学承办的“2017 年大运河文化遗产保护与传承培训班”在杭州浙江大学开班。参加此次培训的近 60 位学员，是来自大运河沿线各省、市负责大运河保护管理工作的文物或文化部门负责人及代表。培训班培训内容丰富紧凑，课堂与实地考察相结合，培训老师不仅分析了当前大运河文化遗产保护和传承方面的工作进展和存在的主要问题，向各位学员介绍国家宏观层面关于大运河文化带建设的相关工作构想，还邀请了相关领域的专家介绍世界遗产领域保护管理的理念和做法。通过此次培训授课，培训老师现场考察和学员交流，进一步帮助各位学员打开思路，在各地开展大运河文化带建设规划编制过程中，充分贯彻中央领导的指示、批示精神，吸取世界遗产的理念做法及各地的宝贵经验，提升工作的科学性、前瞻性。

“2017 怡宝京杭大运河自行车超级挑战赛”颁奖仪式在杭州举行　2017 年 10 月 8 日，“2017 怡宝京杭大运河自行车超级挑战赛”颁奖仪式在杭州盛大举行。该赛事于 10 月 3 日在北京通州鸣枪开赛，共有 15 支车队、45 名自行车选手参赛，最终有 8 支队伍胜利完赛。该赛事的特点是超长距离、不封路、多日赛，赛道途经京杭大运河沿线的北京、河北、山东、江苏、安徽、浙江六省市，以及“一河（黄河）、一江（长江）、五湖（东平湖、微山湖、高邮湖、太湖、邵伯湖），单日骑行最远里程长达 452 公里。

杭州拱墅区举行第八届全民运动会暨第四届运河国术游艺大会　2017 年 10 月 29 日，2017 年拱墅区第八届全民运动会暨第四届运河国术游艺大会在浙江大学城市学院体育馆正式开幕。此次运动会以“弘扬体育精神、推进全民健身、喜庆十九大”为主题，以“激情拱墅”“和谐拱墅”为主篇章彰显拱墅体育发展脉络，在“文化引领”的大背景下，强化拱墅群众参与体育健身的意识，弘扬运河文化体育特色。

五　生态环保

（一）会议调研

北京市

北运河流域河长制工作调度电视电话会在北京召开　2017 年 10 月 19 日，北运河流域河长制工作调度电视电话会召开，主会场设在北京市政府，市水务局及各区政府设分会场。会上，市环保局相关负责人通报了北运河流域水质现状，市水务局副局长潘安君介绍了北运河流域的河长制工作情况，朝阳区、海淀区、大兴区、通州区、昌平区、顺义区分管河长制工作的相关领导介绍了各自的河长制具体工作进展情况。北京市副市长卢彦参加会议并发表讲话。他指出：一是要提高政治站位，将北运河流域管理好；二是要夯实工作基础，切实做好河长制工作；三是要采取切实措施，确保今年重点任务完成，切实改善北运河流域的水质状况。

北运河管理处与海淀区水务局召开北运河流域河长制工作座谈会　2017 年 11 月 29 日，北运河管理处与海淀区水务局召开北运河流域河长制工作座谈会，管理处及海淀区水务局河长制相关负责人和工作人员参会。会上，两单位相关负责人分别介绍了北运河流域河长制和海淀区河长制工作的进展情况；对海淀区重点工作进展、问题台账、区镇级河长办建设情况等工作展开了梳理，围绕任务落实、监督考核、信息报送等方面结合属地情况进行了讨论。与会双方表示，要加强沟通，建立良好的工作机制，确保河长制工作落到实处。截至 2017 年 11 月，北运河管理处已完成了与昌平、海淀、朝阳、顺义、通州、大兴六个区的对接工作，形成了责任明晰、沟通有效、监管到位、考核有据的良好工作局面，为水环境的持续改善而努力。

（二）专项治理

北京市

北运河节水护水志愿者服务队开展“净水护河我先行 捡拾北运河垃圾”志愿服务活动　2017 年 3 月 22 日，北运河节水护水志愿者服务队开展“净水护河我先行 捡拾北运河垃圾”志愿服务活动。活动中，30 余名节水护水志愿者沿北运河左堤徒步 3 千米，捡拾沿岸白色垃圾。据悉，此次活动是由水利部联合共青团中央共同开展的“节水护水保护河湖”志愿服务行动的一部分。北运河管理处呼吁更多的人在更大的范围内，以更大的热情和更大的力量参与到节水护水行动中来，为建设“美丽运河”、大力推进节水型社会建设贡献力量。

天津市

天津市水务部门全力保障中心城区水环境质量　2017 年 8 月，为服务全运会皮划艇等水上项目，全力保障全运会期间中心城区水环境质量。市水务部门综合施策多措并举，持续改善河道水质，积极营造津城优美水环境。一是综合治理。针对汛期高温造成部分景观河道藻类繁殖的情况，市水务部门采取“一河一策”治理方式，通过安装增氧机、布设生态浮床、曝气船搅动及人工打捞等一系列措施，综合施策，有效抑制藻类繁殖，全力保障河道水质和景观效果。二是强化生态补水。自 2017 年初以来，天津市持续向海河实施生态补水，逐步改善海河及中心城区二级河道水质。三是加大保洁力度，进一步充实河道保洁力量，同时加密保洁频次，对重点河段实施不间断清捞打扫，确保做到及时发现、及时清理、不留死角。四是加强水体循环，同时利用工程措施分段抬高外环河水位，增加外环河水体流动能力，提升水环境整体水平。

江苏省

无锡航道联合多部门推进苏南运河环境整治　2017 年 8 月 25 日，无锡市航道处联合梁溪区综合行政执法局、滨湖区干线航道整治办公室等对苏南运河无锡市区段进行航道巡查。巡查重点对航道内存在的垃圾、违章建筑、碍航设施等脏、乱、差的环境问题和存在明显缺陷的绿化问题进行全面排查，现场明确各部门的具体责任分工。巡查结束后，各部门就整治工作进行了交流，并分别指出巡查中发现的问题，对下一阶段重点工作进一步明确了分工和部署。

溧阳开展芜申运河航道边坡杂草清理行动 2017 年 8 月 25～27 日，溧阳航道部门组织航政科、绿化养护单位 20 余人，人工割和机械除草并举，对芜申运河溧阳市境内的蒋店—南渡段、南渡集镇上游段航道边坡绿化开展杂草大清理行动，3 天清理杂草面积约 7 万平方米，使芜申线航道环境面貌焕然一新。

京杭运河徐州航道站全面清理航道垃圾 2017 年 9 月 7 日，京杭运河徐州航道管理站开展了航道清理专项行动。该站青年志愿者对船民和沿线码头业主进行环保宣传教育，全面清理打捞漂浮在航道的枯烂树枝、断裂树干，以及生活垃圾等碍航漂浮物，对岸边倒伏的树干进行切割打捞，并对沿线遮挡标牌的植物进行砍伐清理，共打捞航道垃圾 5 吨左右。

扬州市古运河上段清淤工程正式施工 2017 年 10 月 16 日，扬州市古运河上段清淤工程开工。据了解，此次疏浚工程全长 1.2 千米，共清淤土方量约为 9.2 万立方米。施工流程共分七步走，包括施工准备、浚前测量、挖泥船组进场定位、分层分条开挖、运输船拉泥浆外运、第三方断面测量、验收。此次河道疏浚施工为老河疏浚，施工方法可采用挖泥船、泥浆泵水力冲挖和挖掘机配自卸汽车干法施工等。考虑到该河道为古运河流域及城区的主要引排水通道，且为六级通航河道，设计采用抓斗式挖泥船进行清淤疏浚施工。

苏州市吴江区开展运河航道沿线环境重点整治行动 2017 年 11 月 3～5 日，苏州市吴江区航道处开展了苏南运河航道沿线环境重点整治行动，清理垃圾 200 余吨。此次整治行动涉及苏南运河吴江区与吴中区交界到吴江运河大桥约 10 千米的范围，共出动航政艇 1 艘，工作人员 12 人，主要清理了苏南运河航道沿线挡墙间的生产生活垃圾、杂草、航标周围杂枝及死树、种菜所搭的棚及拦板等，共清理生产生活垃圾、杂草、杂枝约 120 吨、种菜棚及拦板约 80 吨。

六　学术研究

（一）相关著作

〔日〕安野光雅：《中国的运河：苏州、杭州、绍兴、上海》，陈文娟译，北京十月文艺出版社，2017。

宫希成、闫红主编，安徽省文物考古研究所、淮北市博物馆编著《汴水蕴物华：柳孜运河遗址出土文物》，科学出版社，2017。

宫希成主编，安徽省文物考古研究所、濉溪县文物事业管理局、淮北市博物馆编著《柳孜运河遗址第二次考古发掘报告》，科学出版社，2017。

胡红文主编，吕丽辉著《中国大运河保护与利用的杭州模式》，杭州出版社，2017。

侯林：《南运河航运与区域社会经济变迁研究：1901—1980》，中国社会科学出版社，2017。

淮安市文化广电新闻出版局、中国文物学会大运河专业委员会主编《中国大运河遗产保护管理论坛文集》，江苏凤凰文艺出版社，2017。

金德海、张林主编《档案中的里运河》，河海大学出版社，2017。

李存修：《大运河文化巡礼》，群言出版社，2017。

山东省政协文史资料委员会编《记忆大运河》，山东人民出版社，2017。

王英翔主编，周新华、蔡乃武著《杭州运河文化之旅》，浙江人民美术出版社，2017。

魏向清等主编《世界运河名录：英汉对照简明版》，南京大学出版社，2017。

吴士勇：《明代总漕研究》，科学出版社，2017。

席建立：《运河常州情》，凤凰出版社，2017。

萧加：《遇见大运河》，浙江大学出版社，2017。

扬州市文物局编《源远流长：画说扬州与大运河》，广陵书社，2017。

杨正福主编《扬州运河古镇》，广陵书社，2017。

于陶：《京杭运河堤防工程稳定性分析方法与安全评价研究》，河海大学出版社，2017。

余敏辉、胡均：《推开隋唐大运河史的一扇窗：世界文化遗产点：柳孜运河遗址》，安徽人民出版社，2017。

郑孝芬、刘九伟、王娜：《话说漕运》，中国矿业大学出版社，2017。

钟军、朱昌春、蔡亮：《隋唐运河故道地名考》，中国社会出版社，2017。

朱偰编著《大运河的变迁》，江苏人民出版社，2017。

朱偰编《中国运河史料选辑》，江苏人民出版社，2017。

诸焕灿主编《余姚运河史话》，浙江古籍出版社，2017。

（二）报刊论文

曹金娜：《清代漕运水手群体初探》，《历史档案》2017 年第 3 期。

陈瑶：《清代湖南涟水河运与船户宗族》，《中国经济史研究》2017 年第 4 期。

丁昕春、刘筱湄：《京杭运河淮安段流域民歌的音乐特点》，《艺术百家》2017 年第 2 期。

房鑫、崔重重、牛俊杰：《明清临清城市兴盛的因素研究》，《德州学院学报》2017 年第 5 期。

冯兵、黄俊棚：《水与城的双向互动：隋唐五代时期运河变迁与城市兴衰》，《学习与实践》2017 年第 2 期。

高秀丽：《浅谈元明清三朝京杭运河的防务》，《遗产与保护研究》2017 年第 2 期。

桂月亮：《清代基层漕运法制探究》，《牡丹江大学学报》2017 年第 7 期。

郭燕红：《清道光六年试办海运漕粮费用考》，《中州学刊》2017 年第 3 期。

侯林、刘楠：《近代以来南运河航运与煤矿业的发展》，《济宁学院学报》2017 年第 6 期。

胡梦飞：《保漕与祈雨：明清时期山东运河区域的龙神信仰》，《华北水利水电大学学报》（社会科学版）2017 年第 1 期。

胡梦飞：《明清时期山东运河区域庙会习俗考述》，《济宁学院学报》2017 年第 6 期。

胡梦飞：《明清时期苏南运河区域的金龙四大王信仰》，《淮阴工学院学报》2017 年第 4 期。

胡梦飞：《明清时期直隶运河区域水神信仰述略》，《石家庄学院学报》2017 年第 4 期。

黄纯艳：《宋代内河船夫群体的构成与生计——以漕运为主的考察》，《首都师范大学学报》（社会科学版）2017 年第 5 期。

江晓成：《清代河工治理机制的奏效与失灵》，《中国社会科学报》2017 年 8 月 14 日，第 5 版。

金子灵：《明代中前期京通地区漕运脚费初探》，《学术研究》2017 年第 5 期。

李俊丽：《明代漕运对运河沿岸城市商业的影响——以天津为例》，《许昌学院学报》2017 年第 3 期。

李泉：《明清时期江北运河对区域农业发展的影响》，《中国社会科学报》2017 年 5 月 16 日，第 7 版。

刘九伟：《漕运与运河沿岸制造业的发展》，《淮阴工学院学报》2017 年第 6 期。

刘涛：《春秋至隋代邗沟早期运道变迁》，《中国社会科学报》2017 年 10 月 9 日，第 5 版。

刘志松：《清代河工贪冒考论》，《社会科学辑刊》2017 年第 3 期。

秦红岭：《论运河遗产文化价值的叙事性阐释——以北京通州运河文化遗产为例》，《北京联合大学学报》（人文社会科学版）2017 年第 4 期。

沈胜群：《清代京杭运河沿线民间信息传播与扩散——以漕运旗丁为载体的考察》，《聊城大学学报》（社会科学版）2017 年第 1 期。

孙威、宋世胜：《北京保护和发展运河文化带的思考》，《宏观经济管理》2017 年第 10 期。

滕汉洋：《隋唐运河异名辨证》，《史志学刊》2017 年第 6 期。

王海云：《浅析明清时期漕运的社会功用及其弊端》，《阴山学刊》2017 年第 4 期。

王凌瑾、吴晓、宁昱西：《运河古镇的历史演化与特色价值解析——以淮安码头镇为例》，《规划师》2017 年第 S2 期。

王玉朋、高元杰：《明清山东运河区域城市洪涝及御洪之策》，《聊城大学学报》（社会科学版）2017 年第 2 期。

吴琦、曾过生：《合族共漕：清代地方基层的一种漕务应对实态》，《北京联合大学学报》（人文社会科学版）2017 年第 3 期。

吴琦：《中国古代漕运空间变动的历史意义》，《光明日报》2017 年 11 月 6 日，第 14 版。

吴士勇：《明代万历年间总漕与总河之争述论》，《南昌大学学报》（人文社会科学版）2017 年第 4 期。

谢明清：《宋代漕运系统中“梢工”初探》，《海南热带海洋学院学报》2017 年第 3 期。

谢天义：《明清漕运与济宁地方信仰重构》，《兰州教育学院学报》2017 年第 3 期。

谢文森：《明代漕运成本问题探究》，《绥化学院学报》2017 年第 5 期。

杨卓翰：《清代漕运必要性探析》，《阴山学刊》2017 年第 5 期。

张程娟：《从漕运卫所和仓储体系看明前中期漕运改革——以徐州地区为中心的考察》，《史林》2017 年第 5 期。

张强：《鸿沟·汴水·运河》，《光明日报》2017 年 9 月 2 日，第 11 版。

张叶、吴滔：《从淮仓到淮库：漕粮加耗折银与明代财政》，《史林》2017 年第 4 期。

张永虎、胡洪泉：《京杭运河体育文化建设路径研究》，《武汉体育学院学报》2017 年第 4 期。

张钰丛、陈晨：《运河千古佑通州》，《北京档案》2017 年第 6 期。

赵豫云：《宋代运河与话本的兴盛》，《江西社会科学》2017 年第 3 期。

郑民德：《明清山东运河城市历史变迁研究——以聊城为对象的考察》，《聊城大学学报》（社会科学版）2017 年第 5 期。

郑民德：《万历四十三年的漕河与山东旱灾——汶上蜀山寺中一块碑刻的解读》，《井冈山大学学报》（社会科学版）2017 年第 6 期。

郑孝芬：《略论漕运与运河民间帮派文化》，《淮阴工学院学报》2017 年第 4 期。

周广骞：《临清城垣“三修”及与漕运关系略考——基于对清代临清方志文献的研究》，《殷都学刊》2017 年第 4 期。

周嘉：《运河城市的饮食文化考论——以山东临清为例》，《美食研究》2017 年第 4 期。

朱年志：《明清山东运河小城镇的历史考察——以七级镇为中心》，《华北水利水电大学学报》（社会科学版）2017 年第 6 期。

朱云斌：《略论林则徐漕务改革思想》，《文物鉴定与鉴赏》2017 年第 9 期。

邹逸麟：《运河在中华文明发展过程中的作用》，《浙江学刊》2017 年第 1 期。

七　大事记

1 月

1 月 1 日，中国（杭州）新年走运大会在浙江省杭州市运河畔举行，大会捐出报名费数万元，助力中国大运河世遗保护。

1 月 5 ~ 11 日，由运河区教育文化体育局主办的“中国梦 运河情”运河区第三届迎新春书画作品展在河北省沧州市博物馆展出。

1 月 12 日，中远海运徐州港至上海外高桥、洋山港直线班轮在徐州市双楼港作业区通用码头开航，成为苏北运河高速物流联动苏北苏中腹地，对接上海国际、长江两个航运中心，面向全球开放的里程碑。

1 月 17 日，京杭运河江苏省船闸应急保障中心和淮安船闸管理所组织“实施预防性养护，保春运安全畅通”船闸综合检测演练。

1 月 27 日至 2 月 2 日，京杭运河苏北段货物运量达 515 万吨。

2 月

2 月 16 日，江苏省航道工作会议在南京召开，会议要求全省航道系统坚持稳中求进工作总基调，贯彻落实“两聚一高”总体部署，创新进取、深化转型，努力推进航道发展由数量追赶期向质量追赶期迈进，全面促进全省航道建养管服协调发展。

2 月 24 日，习近平总书记赴北京大运河森林公园，听取通州区历史文化、水系治理、生态环境保护等情况介绍，察看大运河沿岸生态环境治理成果。

2 月，山东省文物局印发了《山东省文物局 2017 年工作要点》，要求大力推进文物保护重点工程，推进“大运河历史文化长廊”建设工程。

3 月

3 月 3 日，全国政协十二届五次会议开幕，民盟中央在会上提交了《关于建设运河文化经济带 贯通“一带”“一路”两大板块的提案》，建议将大运河文化经济带纳入国家重要战略布局。

3 月 13 日，宿迁市文广新局召开大运河沿线文保单位综合环境整治推进会，市区大运河沿线 12 处文保单位管理责任单位负责人和分管领导参加会议。

3 月 20 日，根据大运河城市联盟章程，受国家文物局委托，扬州市文物局党组书记、副局长仲玉龙率领巡查组一行 10 人，对枣庄市世界文化遗产大运河中河台儿庄段的保护、管理和利用情况进行一年一度的专项巡查调研。

3 月 22 日，北运河节水护水志愿者服务队开展了“净水护河我先行 捡拾北运河垃圾”志愿服务活动。

3 月 22 ~ 23 日，大运河遗产保护管理办公室受国家文物局委托，在扬州市文物局党组书记、副局长仲玉龙带领下，到德州市开展大运河遗产专项巡查及监测管理调研。

3 月下旬，《京杭运河聊城段旅游产业综合开发区域控制性详细规划》《京杭大运河聊城段李海务至梁水镇片区旅游策划》评审会议在聊城市召开。

3 月，聊城市江北水城旅游度假区立足于打造一流的省级旅游度假区，科学布局旅游项目，重点做好“一廊、两镇、三带”的布局。

3 月，全国政协委员、原香港商报社长、深圳报业集团社长黄扬略在两会提交《关于设立“京杭大运河经济带”的建议》的提案。

4 月

4 月 8 日，山东省旅游发展委员会副巡视员王春生、济宁市人民政府副市长吴霁雯、济宁市旅游发展委员会主任杨凤东来汶调研汶上旅游产业发展情况，先后调研考察了中都博物馆装修布展、宝相宫、莲花湖扩容、大运河南旺分水枢纽国家考古遗址公园建设项目。

4 月 13 日，郑州市十四届人大五次会议上，市长程志明在政府工作报告中列出郑州要建的四大历史文化街区，惠济区的古荥大运河文化区位列其中。

4 月，北京市通州区相关部门表示目前正加强运河沿线的建设，在“十三五”期间，实现京杭大运河的北京通州、河北香河和天津武清段河域正式通航；建设大运河国家公园；推进东部运河文化带建设，做好运河文化带规划编制；加大通惠河、萧太后河治理力度。

5 月

5 月 5 日，山东省交通运输厅厅长王玉君在副厅长刘福臣及有关处室、单位负责同志的陪同下，对小清河至京杭运河航道通航、泰安市港航规划建设情况进行了考察调研。

5 月 8 日，宿迁市文广新局召开大运河沿线遗产点保护工程第三次工作推进会，涉及中运河沿线遗产点保护与环境整治的宿城区、宿豫区文广新局，湖滨新区旅游经济发展局的分管领导及保护工程负责人参会。

5 月 12～15 日，江苏省扬州市举办了扬州行·第三届“运河情”——六省市音乐创作系列活动。

5 月 17 日，《唐山市实行河长制工作方案》经唐山市委、市政府同意正式印发，这标志着唐山市全面推行河长制工作正式启动。

5 月 23 日，“北厂运河小镇”文化特色座谈会召开，德州市运河经济文化研究中心（市董子文化研究会）组织 10 余位地域文化专家、学者为“北厂运河小镇”建设出谋划策。

5 月 27 日，京杭运河江苏段首个岸电互联互通系统在淮安水上服务区正式投运。

6 月

6 月 1 日，由扬州市大运河保护志愿者总队、扬州市邗江区运西小学联合主办的“运河情 校园行”大运河世界遗产宣传展示暨运西小学庆“六一”儿童节主题活动，在运西小学拉开帷幕。

6 月 7 日，大运河遗产高邮镇国寺塔抢修加固工程进展及增项工程量汇报的专题会议在高邮镇国寺召开。

6 月 9 日，聊城中国运河文化博物馆四楼举办为期半个月的山东省“全国十大考古发现”图片展，阳谷七级码头和土桥闸也参与了此次展览。

6 月 10 日，正值中国首个“文化与自然遗产日”，中国博物馆协会航海博物馆专业委员会 2017 年年会在聊城举行，本次年会的主题是“运河文化与海上丝绸之路”。

6 月 12 日，苏南运河常州段三级航道疏浚工程顺利通过交工验收。

6 月 16 日，首届杭州市大运河遗产保护宣传周启动仪式暨“江南底色·运河品迹”摄影展在杭州大运河畔开幕。

6 月 22 日，济宁市文物局在潘家大楼“文明礼仪大讲堂”举办大运河申遗成功三周年报告会。

6 月 22 日，京杭运河湖西航道整治二期工程江苏段通过交工验收，标志着京杭运河苏北段全线达到二级通航标准。

6 月 28～29 日，国家文物局在山东省济南市召开大运河文化带建设工作座谈会。

6 月 29 日，扬州市政协副主席王克胜一行 6 人到德城区就“大运河遗产保护利用”进行学习考察，市政协、市文物局、区政协、区文广新局相关领导陪同。

6 月，习近平总书记就建设大运河文化带做出重要指示：大运河是祖先留给我们的宝贵遗产，是流动的文化，要统筹保护好、传承好、利用好。

7 月

7 月 1 日，北京市委书记蔡奇、北京市代市长陈吉宁调研大运河文化带保护利用工作。蔡奇强调，要深入学习领会习近平总书记重要指示，以高度的历史使命感推进大运河文化带建设，进一步擦亮世界认可的国家文化符号。

7 月 8 日，芜申运河溧阳水上服务区房建工程已全部完成。

7 月 17～19 日，大运河遗产保护管理办公室开展了对大运河宿迁段、淮安段、常州段保护管理情况调研工作。

7 月 20 日，沧州市举行大运河文化带建设研讨会，会议由市长梅世彤主持，相关市领导及市直各局研究大运河生态文化景观带建设工作。

7月27日，江苏省文物局文保处处长姚文中指出，江苏加大了大运河保护利用力度，江苏保护大运河生态文化渐成自觉。

7月31日，扬州第一座斜拉桥——京杭运河高邮界首大桥建设工程两端引桥主体全部完成。

7月初，宿迁市文广新局副局长朱红兵会同湖滨新区、文物处工作人员，对宿迁船闸、皂河翻水站、皂河老船闸3处水利工程遗产进行现场调研。

8月

8月3日，河南省文化厅、省文物局在郑州组织召开河南省大运河文化带建设工作座谈会，研究部署推动河南大运河文化带建设工作。

8月4日，2017无锡·品质梁溪·江南古运河国际风情夜游节在梁溪区清名桥运河文化艺术广场开幕。

8月8日，芒稻河航道通扬运河口至G328大桥段左岸护岸工程通过竣工验收。

8月12日，由世界运河历史文化城市合作组织主办，河南省曲协、扬州市文广新局承办，洛阳市杂技曲艺家协会、扬州市曲艺研究所、江苏省木偶剧团、扬州市歌舞剧院协办的“运河风情”地方特色文艺节目展演在洛阳隋唐百戏城举办。

8月13～18日，中国世界文化遗产中心对江苏省大运河遗产的保护管理状况和大运河文化带建设情况开展了现场调研工作。

8月17日，“运河文化之旅——第七期海峡两岸大学生文化体验营”活动开营式在故宫博物院举行。

8月17日，由沧州市文广新局、宜兴市文广新局主办，沧州博物馆、宜兴陶瓷博物馆承办的“运河陶·丝路情——宜兴当代紫砂茶器展”沧州站在沧州博物馆顺利开幕。

8月19～21日，第七期海峡两岸大学生文化体验营考察山东运河，体验营先后进入鳌头矶、会通闸；来到南旺，参观了大运河南旺枢纽博物馆和考古遗址公园；最后走进台儿庄古城，领略“江北水乡、运河古城”韵味。

8月21日，宿迁市文广新局组织召开大运河遗产保护工程第7次推进会，宿城区、宿豫区、湖滨新区等区具体负责大运河遗产保护工程的同志参加了会议。

8 月 22 日，河北省电台在东光县宣传部领导、文体广新局李天峰的陪同下，对大运河谢家坝段进行了调研。

8 月 25 日，无锡市航道处联合梁溪区综合行政执法局、滨湖区干线航道整治办公室等对苏南运河无锡市区段进行航道巡查。

8 月 25 ~ 27 日，溧阳航道部门组织航政科、绿化养护单位 20 余人，人工割和机械除草并举，对芜申运河（高溧段）蒋店—南渡段、南渡集镇上游段航道边坡绿化开展杂草大清理行动。

8 月 25 ~ 28 日，第五届北京七夕文化节在通州举办，共推出 7 大板块活动。

8 月 29 日，江苏省委宣传部副部长徐宁、产业处处长王明珠一行赴江都区邵伯调研大运河文化带及遗产点情况。

8 月下旬，苏州高新区浒光运河航道整治工程通过交工验收。

8 月，为服务全运会皮划艇等水上项目，全力保障全运会期间中心城区水环境质量，天津市水务部门综合施策多措并举，持续改善河道水质，积极营造津城优美水环境。

8 月，运河之光、通州启航—北京副中心运河 CBD 发展论坛暨成大广场品鉴盛大举办。

9 月

9 月 1 日，济州古城与运河文化研讨会在济宁召开。

9 月 4 ~ 8 日，中国世界文化遗产中心对山东省大运河遗产的保护管理状况和大运河文化带建设情况开展了现场调研。

9 月 5 日，江苏省委常委、组织部部长、省级河长郭文奇赴徐州、宿迁对京杭运河苏北段开展巡河调研，了解河道治理情况，并在宿迁召开座谈会。

9 月 6 日，中国世界文化遗产中心赴天津市调研大运河遗产的保护管理状况。

9 月 7 日，京杭运河徐州航道管理站开展了航道清理专项行动。

9 月 8 日，“通州记忆——大运河文化带艺术采风活动暨第十届中国·宋庄文化艺术节写生画展”启动仪式在北京宋庄艺术区隆重举办。

9 月 8～9 日，2017 年世界运河城市论坛在中国扬州举办，论坛主题为“运河城市在‘一带一路’合作中的新机遇”。

9 月 9 日，世界运河城市论坛参会代表到邵伯船闸参观。

9 月 9 日，2017 中国 3D 技术与创意博览会上，反映大运河文化的《通惠河览春图》数字交互长卷首次亮相。

9 月 13 日，常州拟启动大运河常州城区段西段（中吴大桥—连江桥）文化带建设工程，《中国大运河常州城区段西段（中吴大桥—连江桥）文化带建设方案》编制完成，报送省文物局审批后，将报送国家文物局审批。

9 月 15 日，江苏省委书记李强就大运河文化带江苏段建设情况在淮安调研并召开座谈会。

9 月 16 日，由国家文物局主办，浙江大学承办的“2017 年大运河文化遗产保护与传承培训班”在杭州浙江大学开班。

9 月 17 日，“2017 北京社会科学普及周”开幕，现场举办了 2017“人文之光”大运河文化带专题知识竞赛决赛。

9 月 27 日，京杭运河宿迁港外贸货轮首航。

9 月 27 日，首届“鲁风运河”美食节启动仪式暨运河美食与旅游融合发展报告会在台儿庄古城举行。

9 月 28 日，受国家艺术基金的资助，杭州歌剧舞剧院历时 6 年创排的舞蹈剧场《遇见大运河》，前不久在法国尼斯歌剧院、巴黎议会宫和柏林海军上将宫剧院演出，并在尼斯的阿波罗广场和柏林博物馆岛的斯普瑞河畔做了“快闪”表演。

9 月 28 日，通武廊旅游产业发展大会暨 2017 廊坊市旅游产业发展大会在廊坊市香河县中信国安第一城拉开帷幕，本届大会的主题是“携手通武廊 畅游北运河”。

9 月 28 日，“行走大运河”传播行动在北京通州潞河中学启动。

9 月 28 日，“筑梦副中心 魅力文化带”2017 北京·通州运河艺术节开幕式在通州区文化馆举行。

9 月 29～30 日，“玉园杯”第八届中国大运河美食节在济宁翠都国际酒店隆重举行。

9 月 30 日，杭城首座运河水陆交通集散中心暨杭州运河七区正式开业。

9 月 30 日 ~10 月 13 日，“我们的大运河——沧州记忆”摄影作品展在沧州博物馆一楼书画厅展出。

9 月中旬，扬州市航道处邀请原扬州市文联主席、《扬州文学》杂志主编曹永森开展《扬州航道史话》专题讲座，从京杭大运河的起源、船闸由来、航道人筑堤抢险及疏浚技术等多个方面，全面介绍了扬州航道的历史传承。

9 月中旬，由中共江苏省委宣传部指导，江苏省文化厅、扬州市人民政府主办，江苏省演艺集团、中共扬州市委宣传部、市文广新局协办的交响组歌《大运河畅想》在扬州京杭会议中心上演。

9 月，河南省发展改革委员会副主任李迎伟、河南省文物局局长田凯率省政府相关部门一行 14 人，在江苏省和扬州市文物局领导陪同下，赴江都区考察调研大运河文化带建设工作。

9 月，浙江省杭州市西湖区委书记章根明来到通州，考察北京城市副中心建设，就如何更好地推进大运河文化带建设进行了交流。

10 月

10 月 7 日，江苏省交通运输厅党组书记、厅长陆永泉带领督查组赴苏北航务处，检查督导京杭运河苏北段国庆中秋长假期间“保畅通，保安全，强服务”专项行动。

10 月 12 日，江南运河古镇论坛在江苏省历史文化名镇平望镇顺利召开。

10 月 12 日，为深入挖掘隋唐洛阳城和大运河洛阳段历史文化资源，规划建设隋唐洛阳城国家历史文化公园，推动洛阳国际文化旅游名城建设，河南省文物局与洛阳市联合举办隋唐洛阳城和大运河遗产保护利用规划座谈会。

10 月 16 日，苏北航务处所辖 10 个梯级船闸管理所全面开通“船讯通”电子申报和手机缴费业务。

10 月 19 日，北运河流域河长制工作电视电话会召开。

10 月 20 日，“运河之都 水润淮安”2017 淮安旅游（杭州）世界休闲博览会专场推介会在杭州举行。

10 月 21 日至 11 月 1 日，如泰运河如皋段清除无主沉船 44 条，同时所有沉船残渣清运完毕。

10 月 27 日，北运河榆林庄至杨洼闸险工段治理工程于当年汛后经过紧张的准备工作，通过了档案、环保、水保等专项验收，工程质量合格。本次竣工验收会在北京市水务工程建设与管理事务中心举行。

10 月 29 日，2017 年拱墅区第八届全民运动会暨第四届运河国术游艺大会在浙江大学城市学院体育馆正式开幕。

10 月 30 日，浙江拱墅区召开全区领导干部会议，提出要深入实施“深耕南部、决战北部、文化引领、产业立区”四大战略，用五年时间抓好落实，努力实现运河沿岸名区建设的阶段性目标。

10 月 30 日，江南古运河游船南禅寺码头前广场上，来自梁溪区 16 个街道和梁溪区老干部局的 200 名老党员、老干部、老劳模、老教师、老知青会聚一起，参加由梁溪区民政局老龄办举办的“五老看梁溪”游船活动。

10 月 30 日至 12 月 22 日，由北京市地方志编纂委员会办公室主办的“北京大运河水利工程遗产展”在北京市方志馆一层第二展厅开展。

10 月，按照聊城市委、市政府战略部署，聊城市旅发委、市旅游发展集团遵照项目控制性规划，京杭运河生态水系建设样板段工程 PPP 模式正在紧锣密鼓实施，运河聊城段沿线产业布局策划方面取得阶段性成果。

10 月，河南省积极抢抓大运河文化带建设国家机遇，做好河南段规划工作。重点突出河南特色，弘扬中华文明和中原文化，从立足“三好”的角度探索运河保护传承利用的“河南模式”。

11 月

11 月 2 日，运河新城企业征迁清零动员大会在杭州拱墅区政府召开，标志着新城企业征迁清零的“攻坚战”正式打响。

11 月 3～5 日，苏州市吴江区航道处开展了苏南运河航道沿线环境重点整治行动，清理垃圾 200 余吨。

11 月 4～5 日，中国大运河武术文化联盟首届武术交流大赛在河北清河隆重举行。

11 月 9～10 日，全国水利博物馆责任与创新座谈会在浙江杭州召开。

11 月 9～10 日，为进一步加强对世界文化遗产大运河的保护，提升辖区内对大运河的管理和监测水平，德城区文新局派出一线工作人员赴济宁参加大运河监测管理平台培训班。

11 月 10 日，京杭运河泗阳二号船闸大修工程开工，本次大修主要对闸阀门、启闭机、土建及助航设施进行更换和维修。

11 月 15 日，运河文化中心建设——运河雕塑文化公园专家座谈会暨启动仪式在北京城市副中心首都国际人才港内举行。

11 月 17 日，连淮扬镇铁路镇江段第二大控制性节点——京杭运河特大桥顺利合龙。

11 月 24 日，苏南运河三级航道整治工程 WJ－QL2 标坛丘大桥通过了省交通运输厅质监局组织的交工质量鉴定。

11 月 27 日，京杭运河施桥船闸成为苏北运河船闸中第一个年通过量超过 3 亿吨的船闸，创下全国内河船闸运行新纪录。

11 月 29 日，北运河管理处与海淀区水务局召开了北运河流域河长制工作座谈会，管理处及海淀区水务局河长制相关负责人和工作人员参会。

11 月 30 日，“青春情 · 交通梦”镇江交通青年人才论坛之“行走大运河”文化之旅启动仪式在古运河余福里广场举行，百名交通青年参加。

12 月

12 月 2 日，第二届中国大运河国际论坛在浙江杭州开幕，中国大运河文化带产业联盟成立。

12 月 4 日，以“新时代、新气象、新作为”为主题的大运河江苏段保护和文化传承大型主题采访活动正式启动。

12 月 6 日，国家新闻出版广电总局电视剧司关于 2017 年电视剧精品发展扶持专项资金剧本扶持项目评审结果公示的通知，《大运河》入围电视剧精品发展扶持专项资金剧本扶持项目。

12 月 7 日，大运河江苏段保护和文化传承大型主题采访活动走进无锡。

12 月 18 日，京杭运河邵伯湖段汛期船舶遇险联动应急处置桌面推演在扬州市内河水上搜救中心举行。

12 月 19 日，济宁市委书记王艺华到济宁市博物馆和河道总督衙门遗址调研大运河文化。

12 月 19 日，衡水市副市长程蔚青到南运河巡河调研，履行河长职责、指导河长制工作。

12 月 21 日，江苏省大运河文化带建设工作联席会议第一次全体（扩大）会议在宁召开，部署推进江苏省大运河文化带建设。

12 月 22 日，“中华文明与大运河文化带建设”座谈会在南京举行。

12 月 31 日，“中国文化产业学院奖跨年直播盛典（2018）”在中国传媒大学隆重举行，台儿庄古城上榜“2017 中国大运河文化带产业特色项目”。

12 月，无锡市锡澄运河协同管理中心在无锡市地方海事局投入试运行，该中心将全市水上交通信息化资源进行深度结合，集监管、分析、服务等功能于一体，全面开启锡澄运河“智慧海事”协同管理新时代。

2018 年

一　政策法规

江苏省

《镇江市古运河保护规划（征求意见稿）》要点　2018 年 12 月，《镇江市古运河保护规划（征求意见稿）》（本部分简称《规划》）已编制完成。镇江市工程勘测设计院在 9 月承担起古运河保护规划的编制工作，组成项目组，多次组织现场踏勘和内部讨论，在短时间内拿出规划大纲和规划初稿；在 9 月初、11 月初分别召开了征求意见会，向市水利局相关处室及相关单位做了汇报；在 12 月初形成了《镇江市古运河保护规划（征求意见稿）》，送市级相关部门征求意见。《规划》明确了古运河的管理、保护范围，提出水安全、水资源、河道资源、水环境、水生态、重要基础设施、水文化以及河道管理八个方面的保护措施，分解落实了河道保护任务，还分段绘制了古运河保护图册，为古运河河道管理和保护提供了依据。

浙江省

《杭州市拱墅区文化发展规划（2018—2021）》要点　2018 年 1 月 15 日，浙江省首个以保护、传承、利用大运河文化为主题的区级文化发展规划《杭州市拱墅区文化发展规划（2018—2021）》（本部分简称《规划》）正式出台。《规划》提出了文化与各领域融合发展的八个“文化 +”实施路径，细化了四大方面的 67 项微观指标；同时相继明确了四大任务；围绕着目标和任务，梳理了“九个一批”108 项工作。

安徽省

《引江济淮工程沿线生态保护与旅游总体规划（征求意见稿)》要点

2018 年 11 月 13 日，安徽省《引江济淮工程沿线生态保护与旅游总体规划（征求意见稿)》（本部分简称《规划》）对外公示。《规划》提出，要着力构建“一轴牵引、四区四线、五段九圈”的总体空间布局模式，推行引江济淮工程沿线全域、全要素、全过程的保护开发行为管理制度；积极开发主线游轮、支线游船、市内夜游船、水上巴士等多元旅游产品；规划建设引江济淮工程低空旅游廊道，着重开发工程俯视观光旅游等。

二 水利工程

（一）会议与调研

江苏省

苏州人大常委会视察京杭大运河苏州段工程进展 2018 年 10 月 15 日，苏州市人大常委会主任陈振一率队对京杭大运河苏州段堤防加固工程进展情况开展视察。视察组一行先后来到姑苏区黄花泾施工现场、苏州高新区大运河风光带启动段施工现场、晋源桥公交首末站等地，现场了解工程推进情况和需要协调解决的问题及建议。在随后召开的视察座谈会上，苏州市副市长聂飙汇报了堤防加固工程进展。陈振一指出，在堤防加固工程建设中，要充分体现大运河文化带建设的要求，推动优秀传统文化创造性转化、创新性发展，努力打造苏州的形象标识。

（二）河道整治与设施建设维护

江苏省

苏州望亭段启动堤防加固工程及望亭运河公园建设 2018 年 1 月，京杭运河苏州段开始整治运河码头，加固沿线 2000 米堤岸。运河沿线包含 10 座闸站的建设。新建望亭运河公园，根据望亭的格局中城、西农、东园，将运河公园分为一心、两翼、三大板块。在板块间设计过渡景观带。

（三）运河配套工程

北京市

北京通州实施运河沿岸景观照明亮化提升工程（一期） 2018 年 1 月，通州区实施运河沿岸景观照明亮化提升工程（一期），打造通州大运河夜游品牌，展现富有魅力的城市副中心风貌。该工程（一期）北起五河交汇处，南至漕运码头，全长 8.2 千米，在大运河两岸的林间、廊道、骑行步道安装夜景照明设施。截至 2018 年 1 月，从五河交汇处到漕运码头全长 8.2 千米的河段已经可以观光通航。

江苏省

苏北运河建成首座绿色生态船闸 2018 年 11 月 14 日，苏北运河首座"新能源船闸"——淮阴船闸投入运行。此项试点实际铺设光伏板面积约为 130 平方米，电站并网后按照"发电并网、自发自用、电费抵扣、余电上网"模式运行，按照试点规模测算，电站设计寿命 25 年。淮阴船闸管理所所长侯东光指出，淮阴船闸安装规模达到 60kW，其发电量可基本满足单位白天生产、办公用电需求。

（四）工程评审与验收

江苏省

苏南运河"四改三"整治工程通过交工验收 2018 年 1 月，苏南运河"四改三"整治工程丹阳城区段及折柳桥、新泰定桥、吕城桥三个桥梁项目顺利通过交工验收。苏南运河镇江段"四改三"整治工程包括丹阳陵口段及丹阳城区段。此次验收的为剩余丹阳城区段，整治后航道口宽 90 米，底宽 60 米，投资额合计为 6000 万元。苏南运河"四改三"整治工程桥梁项目包括折柳大桥、吕城桥、中山桥、陵口大桥、新泰定桥 5 座桥梁工程。此次验收的为折柳桥、吕城桥、新泰定桥 3 座桥梁项目，工程投资额合计为 4615.3 万元。

三　航道运输

（一）会议与调研

浙江省

浙江省大通道建设推进部署会在杭州举行　2018 年 6 月 27 日，为加快推进实施《浙江省大通道建设行动计划》，浙江省大通道建设推进部署会在杭州举行。会上，浙江省交通运输厅党组书记、厅长陈利幸与杭州市、嘉兴市政府签署了京杭运河建设协议书，集中签约杭温铁路等七个重点项目。京杭运河浙江段包括杭州段、湖州段、嘉兴段，新建和改造三级航道 122 千米。该项目是浙江实施港航强省和复兴内河水运的重点项目，北向连接长江黄金水道，南向经杭甬运河通达宁波舟山港，共同构成纵贯浙江南北的水运大动脉，对推进完善浙江省内河水运通道、发展江河海联运等具有重要意义。

（二）航运规划与创新举措

山东省

京杭运河大清河航道工程纳入国家项目库　2018 年 7 月 4 日，山东省东平县重点项目——京杭运河大清河航道被纳入国家交通运输部“十三五”规划中期调整项目库。京杭运河东平段复航工程，包括八里湾船闸、湖区航道、大清河航道、泰安港四部分。规划建设的京杭运河大清河航道属内河三级航道，起点为东平湖主航道，沿大清河向东至彭集作业区，全长 32.9 千米，概算投资额为 7.8 亿元。规划的泰安港老湖、银山、彭集作业区 3 条疏港公路为一级公路，总长 15.5 千米，概算投资额为 3.2 亿元。该工程可实现黄河以南京杭运河的通航，为东平发展带来重大机遇。

四　文化旅游

（一）政策发布

北京市

京津冀共同推进《京津冀大运河旅游观光带规划》编制和实施　2018年7月，京津冀三地共同推进《京津冀大运河旅游观光带规划》编制和实施，打造运河旅游“黄金走廊”。河北省政府办公厅印发《落实京冀〈进一步加强京冀协同发展合作框架协议〉重点事项任务分解方案（2018—2020年）》《落实津冀〈进一步加强战略合作框架协议〉重点事项任务分解方案（2018—2020年）》。根据上述文件，京津冀三地将共同推进《京津冀大运河旅游观光带规划》编制和实施，深入挖掘大运河历史文化资源，整合旅游观光资源，实施大运河文化遗产保护措施，推进大运河沿线节点开发和特色产业发展，打造运河旅游“黄金走廊”。

（二）专题会议

北京市

“八省市大运河文化带建设网信推进会”在京召开　2018年3月27日，由中央网信办网络社会工作局、北京市委宣传部指导，京、津、冀、鲁、豫、苏、皖、浙八省网信办及首都互联网协会主办的“八省市大运河文化带建设网信推进会”在京召开。会上，各方围绕如何共同推进大运河文化带建设进行了深入研讨交流，就如何更好发挥协同机制作用发表了意见建议。

北京召开大运河文化带保护建设专项会议 2018年3月28日，北京市委常委会召开会议，研究大运河文化带保护建设、文创产业和实体书店发展等事项。会上提出要构建“一河两道三区”大运河文化带发展格局，抓好沿线文化遗产保护和重要节点环境整治，研究了《关于推进文化创意产业创新发展的意见》，提出要全面推动文化与科技融合、文化与创意结合，突出科技创新功能支撑作用。会议还研究了《关于支持实体书店发展的实施意见》，提出要加强政策扶持，鼓励社会资本和民营机构开办实体书店，实体书店要强化特色服务，激发内在活力，提升公共文化服务水平。

民革中央举行“打造京杭大运河文化产业带”座谈会 2018年7月12日，民革中央在机关召开中山议政会开办以来的第二场座谈会，围绕“打造京杭大运河文化产业带”进行座谈。会议围绕强化顶层设计、理顺发展机制、突出文化特色3个焦点展开，民革中央教科文卫体委员会3位委员分享了推动京杭大运河文化带建设的观点和看法。北京、天津、河北、山东、江苏、浙江等6个京杭大运河沿线省市的民革省级组织介绍了预调研成果，提出具体意见和建议。

山东省

聊城十七届人大二次会议提出力争成为全国大运河文化带区域性中心城市 2018年1月7日，聊城市第十七届人民代表大会第二次会议在市会议接待中心隆重开幕。会议提出，要大力推动文化旅游业发展壮大。全面实施京杭运河聊城段保护开发措施，争取让聊城成为全国大运河文化带区域性中心城市，临清、阳谷成为重要节点城市，打造集运河文化、湖河景观、文化体验、休闲养生、户外运动于一体的精品文化旅游产业带；加快江北水城旅游度假区发展，严格规划实施，抓好望岳湖工程的开发建设，加大旅游、休闲、养生项目招商和建设力度，打造高质量旅游度假示范区。

汶上规划打造多层次、全域化的大旅游格局 2018年1月9日，汶上县第十八届人民代表大会第二次会议召开，提出在建设“强富美高”新汶上的道路上继续发力，依托全县丰厚的历史文化资源，大力实施“文化兴旅”。汶上县把现代服务业作为转型升级的重要支撑，丰富业态、壮大规模，加大景区景点整合力度。规划建设南旺运河古镇，开展运河文化世界遗产探寻游览活动，主动融入“鲁风运河”文化旅游目的地，打造“运河水脊、世界遗产”旅游品牌，力争纳入国家大运河文化经济带发展战略。在乡村旅游方面，实施“乡村旅游 + 百千万示范工程”，发展乡村休闲游、田园观光游，构建多层次、全域化的大旅游格局，推进旅游惠民工程，加快旅游产品开发，培育一批主题文化饭店、乡村客栈，提升旅游接待能力。

“山东社科论坛——运河文化保护与开发研讨会”在德州举行　2018 年 9 月 15 日，由山东省社会科学界联合会主办、德州学院承办的“山东社科论坛——运河文化保护与开发研讨会”在德州举行。来自省内外高校、研究机构的专家学者及德州学院师生 300 余人参加了开幕式。山东省社科联党组副书记、副主席周忠高，中国社会科学院城市发展与环境研究所主任傅崇兰，德州学院社科联主席、党委副书记王金利，德州市委宣传部副部长、德州市社科联主席武恩智，德州运河经济开发区管委会区党工委副书记孟令芳出席开幕式并讲话。开幕式后，与会专家、学者围绕运河文化保护与开发的体制机制、运河区域社会变迁等议题展开深入研讨。

江苏省

江苏省大运河文化长廊建设工作会议在南京召开　2018 年 2 月 8 日，江苏大运河文化长廊建设工作会议在南京召开，全省有近 20 家相关单位的联络员参加该会议。会议由江苏省委宣传部副部长徐宁主持，她认为大运河文化带建设需要融合性推动、叠加式展开，各部门应当互联互通，形成合力，共同为江苏大运河文化带成为示范区和样板段贡献智慧和力量。省委宣传部文化产业处处长王明珠就 2018 年江苏大运河文化长廊建设工作要点做了具体部署。会议明确了全省大运河文化带建设工作要点：加强顶层设计，做好遗产保护，弘扬大运河文化，加强大运河文脉研究，推进环境整治和基础设施建设，发展高效经济，强化平台支撑，加强培训和舆论引导，强化组织保障。

扬州举行 2018 年第一期“扬州智库论坛”　2018 年 3 月 30 日，扬州市委宣传部、扬州市社科联承办了 2018 年第一期“扬州智库论坛”，市委常委、宣传部部长姜龙到会致辞。本期论坛以“大运河文化带建设的扬州实践”为主题，重点围绕大运河的丰厚文化内涵、大运河文化带建设的重大战略意义，以及扬州市的工作举措展开研讨。来自全市各高校、有关部门的专家学者和实际工作者 70 多人参加了会议。论坛上，专家、学者就大运河的丰厚文化内涵、大运河文化带建设的重大战略意义，以及扬州在“统筹好、传承好、利用好”运河文化的具体举措上，积极建言献策。

“大运河文化带建设研究院成立暨学术研讨会”在南京召开 2018 年 4 月 26 日，由中共江苏省委宣传部主办，江苏社会科学院承办的“大运河文化带建设研究院成立暨学术研讨会”在南京举行。大会为研究院首批顾问（朱炳仁、邹逸麟、张廷皓）颁发了聘书。嘉宾代表李侃桢、姚晓东、朱民阳、朱斯敏分别致辞，江苏省委常委、宣传部部长王燕文就大运河文化带建设承载的伟大历史使命做了重要讲话。在开幕式后的学术研讨会上，张廷皓研究员、傅崇兰研究员、吴欣教授和周琪主任分别做了精彩的主旨演讲。接着，研究院召开了专家咨询委员会，各位特聘专家纷纷为大运河文代带建设研究的未来热烈畅谈，建言献策。

大运河文化带建设研究院第一次学术研讨会在南京举行 2018 年 4 月 27 日，大运河文化带建设研究院成立后的第一次学术研讨会在南京举行。研讨会重点围绕大运河文化带建设的重大战略意义，大运河的历史文脉以及在“保护好、传承好、利用好”大运河的具体举措展开。会议分上、下半场召开，上半场由中国社会科学院考古研究所研究员何驽、中国矿业大学管理学院教授胡其伟等发表讲话；下半场由苏州科技大学人文学院教授戈春源、淮阴师范学院教授李德楠等发表讲话。最后，江苏省委宣传部文化产业处处长王明珠表示，江苏大运河文化带建设发展战略成果应植入民族自信，让江苏大运河文化带建设架设起联通历史与未来、生态与文化、经济发展与民生福址的桥梁，成就人民美好生活的家园。

淮安市大运河文化带建设座谈会在淮安区召开 2018 年 5 月 4 日，淮安市大运河文化带建设座谈会在淮安区召开。淮安市委常委、宣传部部长周毅就“保护传承利用淮安运河文化资源，建设大运河文化带标志城市的实践与思考”调研课题，与市直各相关单位主要负责人、各县区委宣传部部长进行座谈交流。周毅指出，要从大运河历史文化中提炼出促进现实高质量发展的内涵，从精神与物质层面阐明大运河文化带建设与高质量发展的关系，要形成实实在在、可指导、可操作的调研报告。他强调，市直各单位、各县区要从体制、机制上对大运河文化带建设进行科学规划研究、系统思考、科学推进，做到保护与利用相结合，对项目要高位推动、务实推进，做到定则必做、做则必成，为全市高质量发展提供强大动力。

无锡市召开大运河文化带建设工作联席会议第一次全体会议　2018 年 5 月 9 日，无锡市大运河文化带建设工作联席会议第一次全体会议在市民中心召开。会议上提出，根据打造大运河江苏段的最新要求制订“无锡方案”，明确将无锡二市（县）五区全域纳入大运河文化带的建设范围，不再局限于 40.8 千米的大运河无锡段，同时，大运河文化带的建设也要从文化拓展到生态、经济等领域。

“世界遗产运河古镇合作大会”在扬州召开　2018 年 5 月 16 日，由江苏省大运河文化带建设工作联席会议办公室、扬州市人民政府、中国联合国协会、世界运河历史文化城市合作组织联合主办的“世界遗产运河古镇合作大会”在扬州召开。大会以可持续发展背景下世界遗产运河古镇的保护、传承、利用为主题，进行了探讨。在“扬州在行动”环节，相关代表发表讲话、主旨演讲，世界遗产运河古镇代表也随之发言，会上通过了《世界遗产运河古镇可持续发展扬州倡议》。下午，各运河古镇代表向大会展示描绘了各自古镇的历史、现状、未来规划，同时企业代表们发布合作项目及投资建设规划。17 日，参会领导、专家、学者们一同考察了扬州市江都区邵伯古镇，并观看了当地的非遗表演。

常州市天宁区举行大运河文化带建设工作联席会议　2018 年 5 月 21 日，常州市天宁区大运河文化带建设工作联席会议第一次全体会议召开。会议提出将天宁大运河文化带打造成高颜值的生态长廊、高品位的文化长廊、高效益的经济长廊。天宁将重点推动青果巷和前后北岸历史文化街区、舣舟亭历史风貌区等区段的保护修缮，保护传承运河文化；同时，以全面推行“河长制”为抓手，坚持生产、生活、生态三生共赢和水资源、水环境、水污染防治三位一体。区委副书记、政法委书记舒文提出，相关部门和板块要全面整理辖区范围内的文化载体，以大运河文化带建设为契机，整合资源，打造特色品牌，不断扩大大运河文化带建设影响力，助推全区文旅事业发展。

扬州市召开大运河文化带建设推进会　2018 年 5 月 24 日，扬州市召开大运河文化带建设推进会，学习贯彻习近平总书记关于大运河文化带建设的重要指示批示精神，以及省相关会议精神，总结交流经验做法，研究部署 2018 年扬州市大运河文化带建设工作任务。扬州市委常委、宣传部部长姜龙提出，扬州必须以系统化思维为要，绘就“一馆多园”发展蓝图；以民生为本，坚持统筹推进，打造大运河文化带建设示范城市的扬州样本。他强调，全市上下要完善协调机制，强化政策支持，加强研究推进，形成大运河文化带建设的推进合力。会上，各县（市、区）、市发展改革委、市环保局、市旅游局、市文物局、扬州报业传媒集团、扬州大学中国大运河研究院等部门负责人和专家、学者也进行了交流发言。

2018 大运河文创产业发展峰会在常州举行 2018 年 6 月 18 日，常州首届大运河文创节重头戏——2018 大运河文创产业发展峰会在运河五号文化创意街区举行。本次峰会以“建设新时代运河，推进高质量发展”为主题，聚焦文创产业新生机，共议文创产业新生态，为大运河文创产业寻找发展新路径。大运河文化带建设研究院副院长王健、城市规划博士苏运升、南京艺术学院副教授何方、台湾文创策展人曾国源在峰会上做主题分享，共同探讨在提升传统和深化创新中如何让大运河焕发新的生机。会上，2018 年常州市文化创意设计大赛启动；钟楼文创产业联盟、南京艺术学院常州教学实践基地、运河邮局揭牌；“钟楼文创孵化系统”“钟楼非遗文创产品交易平台”正式发布上线；法律、金融支持钟楼区文创产业发展项目签约。在峰会召开期间，还推出了江南文创集市、首届钟楼设计展、“Water Is Life”南艺特邀德国海报设计展等丰富多彩的活动。

江苏沿运各市部署大运河文化带建设 7 月，为贯彻落实江苏省大运河文化带建设工作领导小组第一次全体会议指示精神，江苏各运河城市相继开展大运河文化带建设部署工作。7 月 3 日，徐州市召开大运河文化带徐州段保护传承利用规划讨论会，会上各专家学者就如何保护好大运河生态环境、传承好大运河文化、科学合理地利用大运河促进社会经济发展等进行了讨论。7 月 4 日，泰州市委常委、宣传部部长常胜梅一行调研大运河文化带建设工作。她指出，要充分认识到老通扬运河的历史地位和现实意义，做好泰州大运河文化带建设保护、传承、利用的三篇文章。苏州市委、市政府召开京杭大运河文化带和堤防加固工程建设推进会，研究部署了苏州大运河文化带和堤防加固工程建设。7 月 5 日上午，镇江市大运河文化带建设工作领导小组第一次全体会议召开，会议讨论并通过了镇江市大运河文化带建设工作领导小组及办公室工作规则，以及镇江市大运河文化带建设近三年重点项目，研究了《镇江市大运河文化保护传承利用实施规划（征求意见稿）》。

常州市召开大运河文化带建设工作领导小组第一次会议 2018 年 7 月 19 日，常州市大运河文化带建设工作领导小组办公室召开第一次会议，研究审议大运河文化带建设近期重点工作方案。常州市委常委、宣传部部长徐光辉强调，各地各有关部门要拧成一股绳，聚焦重点寻求突破，用两年时间率先推动精华段付诸实施，立足“传承与未来”这两条主线，打造古今辉映、永续传承的常州名片。市政府办公室、市委宣传部、市发展改革委、市规划局等部门分别就相关工作做了汇报，并征求相关单位的意见和建议。

江苏省大运河文化带建设立法起草组专家组第一次会议在南京召开 2018 年 7 月 30 日，江苏省人大常委会召开江苏省大运河文化带建设立法起草组专家组第一次会议。与会人员讨论了起草组和专家组工作方案，研究了起草组与专家组工作对接机制，并就完善大运河文化带建设立法相关资料汇编目录提出意见建议。会议指出，大运河文化带建设立法是一项开创性立法，起草组成员要摸出情况、理出思路、找准问题、完成好任务、提出具体立法诉求。随后，立法调研组在江苏徐州、苏州等运河城市展开了大运河文化带建设调研，并举行了立法调研座谈。

李小敏强调要积极推进无锡大运河文化带建设　2018 年 8 月 16 日，无锡市梁溪区召开全区领导干部会议，江苏省委常委、市委书记李小敏出席会议并讲话。李小敏指出，梁溪区要切实肩负起传承城市文化、延续城市文脉的重大责任；要擦亮文化名片，深入挖掘世界文化遗产、全国重点文保单位、省级文保单位等众多文化资源，积极推进大运河（无锡段）文化带建设；要涵养文化底蕴，让运河文化、工商文化、祠堂文化、名人文化、民俗文化、红色文化等文化基因不仅贯穿于城市的外在风貌，更体现在人的内在精神上，让梁溪有根有魂、有品位有魅力；要激发文化活力，通过“文化 + 互联网”“文化 + 旅游”“文化 + 创意”等方式，推动文化资源向品牌资源、产业资源、文创资源转化，放大文化的宣传价值、商业价值、创新价值。

江苏省水利厅召开全省水利局局长座谈会　2018 年 8 月 20 ~ 21 日，江苏省水利厅在南京召开全省水利局局长座谈会，部署推进大运河文化带建设工作。与会人员深入学习贯彻习近平总书记治水重要讲话精神，全面落实省委省政府决策部署，进一步明确水利工作思路和重点任务，全面加快各项工作进度，确保顺利完成年度目标任务。省水利厅党组书记陈杰强调，必须打造更多可复制、可推广的示范样板，为全国水利现代化建设创造更多江苏经验，为全省高质量发展做出新的更大贡献。

扬州召开大运河文化带建设工作领导小组第一次会议　2018 年 8 月 21

日，扬州市大运河文化带建设工作领导小组第一次会议召开。扬州市委书记谢正义主持会议并讲话。他提出，要深入学习领会习近平总书记关于大运河文化带建设的重要指示精神，落实全省大运河文化带建设工作领导小组第一次全体会议要求，把握重要历史机遇，主动作为、率先作为，充当全省大运河文化带建设的“主力军”，体现扬州担当，推动扬州大运河文化带建设走在全国最前列。谢正义强调，要聚焦核心任务、坚持系统谋划、注重活态传承、加强运河水工智慧研究；要健全协调机制，加强领导、落实责任；要强化政策支持，完善督考机制，推动各项工作有序推进，确保大运河文化带建设各项任务落到实处、见到实效。

大运河文化带建设研究院徐州分院成立暨学术研讨会在徐州举行 2018年8月22～24日，大运河文化带建设研究院徐州分院成立暨学术研讨会在江苏师范大学举行。活动由大运河文化带建设研究院、中共徐州市委、徐州市人民政府主办，江苏师范大学、徐州市大运河文化带建设领导小组办公室承办。与会专家、学者围绕大运河文化遗产保护传承和利用、大运河文化的融媒体传播、大运河文化相关立法研究、大运河保护治理开发中的徐州经验等主题展开热烈讨论。

泰州市海陵区召开大运河文化带建设专题会议 2018年8月29日，泰州市海陵区召开大运河文化带建设工作领导小组全体人员会议，专题研究大运河文化带海陵段建设。会前，海陵区委书记陈翔带领区相关部门负责人实地察看了大运河文化带海陵段沿线开发建设情况。在随后召开的座谈会上，区相关部门分别介绍了相关情况。陈翔指出，要清净运河水，持续推进河道综合整治，做好生态的文章；要保护运河岸，深入挖掘沿河文化资源，有效保护历史文化遗迹，做好文化的文章；要复兴运河城，统筹考虑空间规划、产业布局，力招引新兴项目，推动大运河文化带建设与旅游产业、饮食业、创意产业有机结合，做好经济的文章；各部门在实施中要突出规划先行，加强条块共建，落实保障措施，真正把大运河文化带建设抓实、抓到位。

扬州市召开2018年世界运河城市论坛工作协调会 2018年9月4日，扬州市委、市政府就保障世界运河城市论坛顺利召开进行工作协调。市政协主席、WCCO主席朱民阳表示，2018年的世界运河城市论坛是国际组织举办的国际会议，省委省政府、市委市政府给予了大力支持，希望各相关部门、单位拓展思维，聚焦聚力，通过论坛，全面展示江苏在“保护好、传承好、利用好”大运河历史文化资源进程中的成功实践，全面展示扬州的创新案例。随后，市委常委、秘书长陈锴竑就相关工作要求进行了部署协调。

大运河文化带建设立法调研座谈会在南京召开　2018 年 9 月 4 日，江苏省人大常委会在南京召开大运河文化带建设立法调研座谈会。会上，江苏省有关部门单位负责同志介绍了大运河文化带建设立法前期调研成果，立法起草组各专项工作组牵头部门负责同志和专家组负责同志汇报了工作进展情况，与会人员讨论明确了立法起草组、专家组工作安排意见。立法专家组组长公丕祥指出，要进一步加深对做好大运河文化带建设立法必要性、可行性的认识，尽快明确法规的指导思想、主要原则、基本定位、调整对象和适用范围，形成总体思路和整体框架，着力解决突出问题，集中体现制度安排，加强与上位法和相关地方性法规的衔接。

高邮召开运河风情民俗展演新闻发布会　2018 年 9 月 12 日，运河风情民俗展演新闻发布会在江苏高邮召开。会上，高邮市副市长傅晓宣布，高邮市于 9 月 30 日在界首镇运河大码头遗址公园举行运河风情民俗展演，届时，北京单弦、天津双簧、山东端公腔、浙江莲花落以及本省的苏州评弹、徐州唢呐、无锡舞狮、扬州评话和高邮民歌、界首打莲湘、临泽高跷、菱塘筷子舞等民俗表演将悉数登场，还将举行民俗踩街活动，同时组织捏糖人、打草鞋、手工编织、补锅等老行当、老手艺集中亮相。界首镇党委书记张澍在会上表示，希望通过本次运河风情民俗展演，为大运河文化带沿线的各城镇之间搭建平台，加强交流与合作。

第二届中国大运河智库论坛在南京邮电大学举行　2018 年 9 月 20 日，第二届中国大运河智库论坛在南京邮电大学举行。本次论坛由南京邮电大学、农工党江苏省委、中国大运河智库联盟共同主办，集中发布了大运河文化带建设的六项智库研究成果。多位知名专家、学者在此次调研成果的基础上，就生态竞争力引领的江苏大运河文化带建设、京津冀大运河文化带建设的启示、大运河沿岸的标志性景观建设等方面做了专题报告，分享最新的研究经验，介绍最新的智库成果。此外，论坛系统整合专家、学者的调研成果，将向中央有关部门和属地省（市）委、省（市）政府报送资政建议和专题资政报告，发挥应用性研究的政策引领性作用，促进研究成果的转化。

古盐运河与大运河文化带建设”学术研讨会在泰州举行　2018 年 9 月 21 日，泰州市举办了以“古盐运河与大运河文化带建设”为主题的学术研讨会。根据江苏省委、省政府关于大运河文化带建设“8+3”总体布局，泰州市初步拟定了三年行动计划，排出重点目标任务。10位长期跟踪研究运河文化的专家为泰州参与“古盐运河与大运河文化带建设”积极建言献策，从不同角度对大运河文化带江苏段建设提出意见建议。泰州市委书记韩立明表示，会认真吸收大家的意见建议，进一步优化、丰富和完善古盐运河建设的思路举措，努力把古盐运河打造成生态的河、文化的河、繁华的河、惠民的河，为大运河文化带江苏段建设做出泰州贡献。

中国大运河博物馆规划方案通过专家评审　2018年9月27日，江苏省大运河文化带建设工作领导小组在扬州召开中国大运河博物馆规划方案专家评审会。评审会上，张锦秋院士团队详细介绍了规划方案；南京博物院负责人介绍了展陈大纲。以中国工程院院士、华南理工大学建筑学院院长何镜堂教授为组长的专家组原则上同意方案的总体平面布局和立面效果，并对提升和完善方案提出修改建议。扬州市委书记谢正义表示，扬州市以中国大运河博物馆建设为核心，统筹谋划好国家文化公园的整体功能布局，把中国大运河博物馆建设成为保存大运河历史记忆、传承大运河文化发展的新时代经典之作。

2018年世界运河城市论坛新闻发布会在扬州举行　10月8日，2018年世界运河城市论坛新闻发布会在扬州举行。会上确认“2018年世界运河城市论坛”于2018年10月11～13日在扬州举办，来自美国、英国、德国、法国等31个国家的运河城市官员、企业家和运河管理者、爱好者、志愿者参会，联合国环境规划署、内河航道组织等国际组织代表、世界知名博物馆馆长等嘉宾出席此次论坛。论坛以“世界运河城市文化保护、传承与利用”为主题，并设置了“世界运河城市博物馆馆长论坛”“世界运河城市生态建设论坛”“世界运河城市文化旅游合作论坛”“世界运河城市运河立法保护论坛”四个分论坛。会议期间，主办方还举办了一系列主题活动，以此推动大运河文化的传承和发展。

“全国党报家风宣传·大运河城市家风建设研讨会”在扬州举行　2018年10月11日，由中国报业协会、扬州市纪委市监委联合主办的“全国党报家风宣传·大运河城市家风建设研讨会”在扬州举行。来自运河沿线30多个城市的纪委领导、专家、学者以及来自全国11个省市近百家报社的社长、总编等共260多名领导和嘉宾出席此次研讨会。会议主要目的是更加深入学习贯彻习近平总书记关于家风的系列讲话精神，提升全国党报家风宣传的水平，探讨大运河城市家风建设的方向。

无锡举办大运河文化带建设文旅融合发展论坛　2018 年 10 月 13 日，"无锡市大运河文化带建设文旅融合发展论坛"在无锡太湖国际博览中心举行。来自北京、上海、天津、河南等地的 10 多位运河专家、学者以及无锡市 130 多位专家、学者、高校师生参加了此次论坛。本次论坛旨在通过专家嘉宾的建言献策，为无锡大运河文化带建设和文旅融合发展凝聚新的智慧，提供新的思路。论坛结束后，主办方组织专家、学者游览考察了无锡清名桥古运河历史文化街区，参观了无锡丝业博物馆、无锡窑群遗址博物馆。10 月 14 日，与会专家、学者在无锡市委宣传部、中国运河网团队的陪同下，考察了惠山古镇国家文化公园。

常州市召开《大运河文化带常州段实施规划（征求意见稿）专题论证会　2018 年 10 月 24 日，常州召开大运河文化带建设工作领导小组办公室全体会议，听取并论证《大运河文化带常州段实施规划（征求意见稿）》。会上，市委常委、宣传部部长陈涛充分肯定了规划编制工作。他指出，规划的编制为大运河文化带常州段建设指明了方向，各地各有关部门要坚持系统化思维，拓展思路，统筹协调，全面推进常州大运河文化带建设。会议听取了南京大学文化与自然遗产研究所关于规划主要内容的汇报。各市辖区、市大运河文化带建设工作领导小组成员单位相关负责人，以及文史专家对规划内容进行讨论，并提出修改意见与建议。

泰州举行"大运河文化带建设"项目推介会　2018 年 10 月 31 日，2018 年中国·泰州"大运河文化带建设"项目推介会在海陵区召开。此次会议是 2018 年中国泰州梅兰芳艺术节暨大运河文化周系列活动之一，由泰州市海陵区人民政府和泰州市文旅集团主办，围绕大运河文化带建设，共话发展机遇，共商合作大计，共绘美好画卷。活动现场，海陵区和泰州市文旅集团共签约意向项目 12 个，总投资额近 210 亿元。此次活动集中推介了稻河人家特色街区、渔行水村、梅兰文化特色街区等 34 个项目，涵盖了文化旅游、高端商贸、现代物流、公共服务等方面。

大运河文化带建设研究院苏州分院暨苏州大运河文化带建设研究院成立大会在苏州举行　2018 年 11 月 9 日，大运河文化带建设研究院苏州分院暨苏州大运河文化带建设研究院成立大会在苏州举行。开幕式上，大运河文化带建设研究院院长夏锦文为两院揭牌，副院长王健为首批研究中心和各研究中心负责人授牌、颁发聘书。开幕式后，同济大学教授阮仪三、苏州市文化广电新闻出版局（文物局）副局长尹占群、苏州吴都学会会长史建华、苏州大学教授上官丕亮等专家、学者先后做了主旨演讲，为苏州大运河文化带建设建言献策。

淮安市举办大运河文化带建设高端讲坛 2018 年 11 月 13 日，淮安市举办了大运河文化带建设高端讲坛。全国政协委员、中国文物学会副会长、大运河专业委员会会长张廷皓围绕“大运河的保护、传承、利用”进行授课，市文化运河建设指挥部成员各单位主要负责人参加活动。张廷皓指出，淮安作为大运河文化带建设的重要标志性城市，应该深刻把握大运河文化带建设的重大战略意义和丰厚文化内涵，切实担当保护好、传承好、利用好大运河的历史和时代重任，科学扎实推进大运河文化带建设。

大运河文化遗产活化利用主论坛在淮安开幕 2018 年 11 月 18 日，由淮安市委宣传部，淮阴区委、区政府共同主办的“清口枢纽·科技之光”大运河文化遗产活化利用主论坛在淮安开幕。本次论坛围绕大运河文化遗产成立产业联盟、推介特色资源、组织学术沙龙、分享创新案例、开展产业招商等主题，广邀各位专家、学者、产业操盘手共同为大运河文化带建设出谋划策、加油助力。论坛上，大运河文化遗产活化利用联盟正式成立。本次论坛共签约文旅产业项目 7 个，获得总投资额 117 亿元，并达成大运河文化产业战略合作意向项目 6 个。

大运河文化带建设研究院淮安分院成立暨学术研讨会在淮安举行 2018 年 11 月 23 日，大运河文化带建设研究院淮安分院成立暨学术研讨会在淮安举行。开幕式上，大运河文化带建设研究院院长夏锦文、淮安市委常委周毅为“大运河文化带建设研究院淮安分院”揭牌。之后，中国科学院研究员陈亚宁、江苏省淮安市政协原副主席荀德麟、淮阴师范学院党委原副书记顾建国、淮安市文广新局副局长李倩先后发表了精彩的主旨演讲，围绕淮安大运河文化带建设提出自己的意见和建议。当天下午，召开了主题论坛，与会专家、学者围绕大运河文化研究和大运河文化带建设等主题展开深入探讨。

大运河文化带建设研究院扬州分院成立暨主题报告会在扬州举行 2018 年 11 月 28 日，大运河文化带建设研究院扬州分院成立暨主题报告会在享有“中国运河第一城”的古城扬州举行。据悉，此次大运河文化带建设研究院扬州分院，将依托扬州大学现有科研资源，整合全市运河研究力量，首批成立六个研究中心。开幕式上，大运河文化带建设研究院院长夏锦文与扬州大学党委书记姚冠新共同为扬州分院揭牌，并为各研究中心主任颁发聘书。随后，众专家、学者分别从自身研究方向出发做了主旨演讲，为大运河文化带建设扬州段的发展提供了意见和建议。会后，与会嘉宾还实地调研考察了486 非遗集中展示区、三湾大运河文化公园。

首届江南文脉论坛在江苏无锡举办　2018 年 12 月 2～4 日，由光明日报社、江苏省委宣传部、无锡市委主办的首届江南文脉论坛在无锡举办。此次论坛以“文脉传承与精神家园”为主题，近 300 位国内外相关研究领域知名学者，参与江苏文脉整理与研究工程的专家、学者参加了活动。“江苏文脉整理与研究工程”重要成果之一《江苏文库》首批图书在首届江南文脉论坛开幕式上隆重发布，首届江苏文脉论坛主论坛随后开幕，夏威夷大学哲学系终身教授成中英、耶鲁大学全球正义中心主任博格、复旦大学人文社科资深教授葛剑雄等专家、学者发表主旨演讲。

“中国大运河和中华老字号”高峰论坛在南京举办　2018 年 12 月 7 日，第二届中国（江苏）老字号博览会暨“中国大运河和中华老字号”高峰论坛在南京国际展览中心开幕。博览会和论坛以“中国大运河和中华老字号”为主题，共展出来自全国 300 多家老字号企业的产品超过 5000 种。开幕式上还举行了中华老字号产业投资基金签约仪式、首批“江苏老字号集聚街区”授牌仪式、京东网上商城江苏老字号旗舰店启动仪式等。随后高峰论坛正式开始，运河研究领域专家和学者、相关企业代表发表主旨演讲，共同探讨中国大运河与“老字号”的渊源发展。主旨演讲结束后，众企业家代表围绕“老字号企业的创新发展”的话题开展了座谈交流，围绕中华老字号的品牌创新发展出谋划策，提出自己的意见和建议。

浙江省

杭州拱墅区七届三次会议提出奋力开创运河沿岸名区建设新局面　2018 年 1 月 5 日，拱墅区委召开七届三次全体（扩大）会议，安排部署 2018 年重点任务。会议提出，要奋力开创运河沿岸名区建设新局面，全力推进重点区块开发、产业平台建设、美丽拱墅、大运河文化带建设、招商引智、基层治理能力提升六大专项行动，紧盯运河亚运公园、运河剧院、运河文化艺术中心、运河体育馆、运河时尚发布中心等一批基础性、功能性项目和祥符桥、运河湾两大历史风貌区建设；对吴家墩、瓜山、拱宸 3 个农居点进行综合整治，将其打造成具有独特韵味的“运河人家”农家乐；加快完成丝联 166、浙窑陶艺公园等文创园区提升改造，全力打造老厂房文创园区升级版。

杭州拱墅区召开《杭州市拱墅区文化发展规划（2018—2021）》媒体通气会 2018 年 1 月 15 日，拱墅区召开了《杭州市拱墅区文化发展规划（2018—2021）》（本部分简称《规划》）媒体通气会，提出要建成“中国大运河文化带”发展先行示范区。会议提出，《规划》共有 108 项任务，其中涉及园区、基础设施、地标、街区、遗存、名人等，总目标是在 2021 年努力建成中国大运河文化带发展的先行示范区，着力融入国家大运河文化带建设。会议还提出四大任务：成立大运河文化研究院，打好文化品牌这张“牌”；开建“两园五馆两中心”，健全完善各项基础设施；复建显宁寺、战国墓，五年内打造半山文化小镇；培育 39 个文创发展平台，助推文化创意产业转型。

中国大运河沿岸区县合作论坛在杭州拱墅区举行 2018 年 5 月 5 日，中国大运河沿岸区县合作论坛在杭州拱墅区举行，来自沿运各区县、研究机构代表、新闻媒体等共 120 余人参加本次论坛。上午，全体与会人员参加了杭州市拱墅区非物质文化遗产“半山立夏节”民俗活动，拱墅区深厚的历史文化得以展现。下午，中国大运河沿岸区县合作论坛正式启动，与会专家、学者以及部分沿岸区县的代表，围绕大运河文化带建设发展规划研究、大运河沿岸区县运河保护与开发实践、大运河遗产的保护与利用等主题阐述了各自的观点。

中国大运河文化走亲交流会在杭州举办 2018 年 6 月 22 日，由中新社浙江分社和杭州市京杭运河杭州段综合保护中心共同发起的中国大运河文化走亲交流会在杭州举行。来自北京、沧州、淮安、扬州、苏州、绍兴、宁波等地的运河沿线代表纷纷讲述了自己所在城市与运河的渊源，共同探讨了中国运河文化带的未来发展与建设。

余杭区召开大运河文化带保护开发暨城市建设推进会 2018 年 7 月 23 日，余杭区召开大运河文化带保护开发暨城市建设推进会，正式启动大运河文化带保护开发三年行动计划。余杭区以“运河古镇、湿地田园、航运古道”为特色，实施码头整治、产业活化、文化彰显、景观提升和生态保育等五大方面共计 57 个项目。余杭区还以建设大运河文化带为重要引擎，实现全域旅游总体规划，生态廊道、慢行系统、绿地系统、水利、环保等多规融合，把大运河打造成交通长河、经济长河、生态长河、文化长河和惠民长河。

余杭区召开专题会议推进大运河文化带建设　2018 年 10 月 19 日，杭州余杭区政协召开十一届九次常委会议，就推进大运河文化带建设进行专题协商。余杭区委、区政府对大运河文化带建设高度重视，将大运河文化带建设提升至全区“三城一区一带”的战略高度，结合《杭州市大运河文化带建设五年行动计划》和《余杭区大运河文化带建设（大运河综合保护）规划》开展行动。会上，区政协常委、文史和教文卫体委员会主任金国强提出，要从局部到全线稳步推进保护开发；区政协委员陆文宝表示，要联动起来，做好保护、传承、利用这三篇文章；区政协委员钟伟良强调，要以系统思维谋划运河水系保护等工作。

杭州拱墅区政协举行第九届“运河文化论坛”　2018 年 10 月 29 日，杭州市拱墅区政协在中国刀剪剑博物馆举办第九届“运河文化论坛”。此届论坛主题是“保护工业遗产·弘扬运河文化”，分为“图书首发”“主题报告”“访谈对话”三大板块。其一，拱墅区政协经过近两年的时间，编辑出版了《运河南端工业图史》。其二，原中共杭州市委常委马时雍以《保护工业遗产，建设繁荣拱墅》为题，深度剖析运河工业企业的改革历史，对拱墅工业遗产在“大运河文化带”建设中的作用提出建议。其三，在访谈对话环节，专家、学者、政协委员代表、企业代表和群众代表围绕如何保护工业遗产、弘扬运河文化，进行了思想碰撞和观点交流。

拱墅区区委理论学习中心组（扩大）学习会　2018 年 11 月 7 日，杭州拱墅区举行区委理论学习中心组（扩大）学习会，推进拱墅区大运河文化带建设。会上，大运河文化研究院顾问洪永跃做了有关拱墅区大运河文化带建设的主题讲座，从大运河的历史概况、发展现状、未来规划等维度，阐述了大运河文化内涵，描绘了以大运河文化带建设为引领，拱墅未来发展的美好蓝图。与会人员纷纷认为讲座全面系统、思路清晰、理念超前、举措科学，并表示要以此次学习为契机，扎实推进“文化引领”战略、六大专项行动和十大文化项目建设，以一流的状态、一流的业绩为建成运河沿岸名区、实现大城北崛起做出新的努力和贡献。

“智汇运河”海外高层次人才对接会在拱墅区举行 2018 年 11 月 12 日，2018 杭州国际人才交流与项目合作大会拱墅分会场——“智汇运河”海外高层次人才对接会在杭州国际人才创业创新园（拱墅园区）举行。会前，与会嘉宾实地考察了拱墅优良的投资发展环境。会上，拱墅区委书记朱建明指出，拱墅近年来抢抓大运河文化带建设、杭州大城北崛起重大战略机遇，不断推动产业结构优化、城市功能提升、人居环境改善、运河文化彰显，始终高度重视引才育才工作，先后推出“运河英才”计划、“创立方”618 人才新政、“拱墅外创十条”等人才政策。欢迎仪式上，拱墅区与新型内放射靶向抗癌药等 12 个海外高层次人才项目进行集中签约。仪式后，拱墅区产业平台推介会暨重点企业、风投资本、人才对接会举行。

第三届中国大运河国际论坛在杭州举行 2018 年 12 月 7 日，第三届中国大运河国际论坛在杭州举行。本届论坛主题为“聚焦大运河产业发展新机遇”，国内外相关专家学者围绕这个主题共同探讨运河保护及运河流域的协同发展。活动当天，世界运河历史文化城市合作组织主席朱民阳、江苏大运河文化带建设研究院副院长王健、《来自中国的明信片：大运河纪行》作者 David Pickus 等专家学者做了主旨演讲，从多方位的角度分享大运河的治理保护、可持续发展、未来新机遇等观点。主旨发言后，众多专家学者及企业家代表围绕“聚焦大运河产业发展新机遇”的话题开展了座谈交流。

大运河（浙江段）美术馆联盟成立大会在杭州举行 2018 年 12 月 11 日，大运河（浙江段）美术馆联盟成立大会在杭州举行，浙江省文化和旅游厅、浙江运河沿线 5 个地市 27 家美术馆（含名人馆、纪念馆）参加会议。会议通过了《大运河（浙江段）美术馆联盟章程》，选举产生第一届组织机构成员，并通过《大运河（浙江段）美术馆联盟发展规划（2019—2023）》。大运河（浙江段）美术馆联盟的成立，对于整合大运河（浙江段）沿线区域美术馆业界优质资源、汇聚美术事业发展力量、提升美展业态竞争力和发展质量、更好地服务和推进文化浙江建设具有十分重要的意义。

河南省

“大运河文化论坛”在洛阳举行 2018 年 4 月 14～15 日，作为第 36 届中国洛阳牡丹文化节主题活动之一，由中国国土经济学会、河南省社会科学院、洛阳师范学院等联合举办的“大运河文化论坛”在洛阳举行。中国文物遗产研究院原院长张廷皓、中国社会科学院当代城乡发展规划院院长付崇兰、首都师范大学原校长宫辉力、河南省社会科学院原院长张占仓，以及来自运河沿线八省市的 150 多位专家、学者参加了会议。与会专家分别围绕“隋唐运河洛阳城市与商业变迁研究”“隋唐大运河历史遗产保护与生态文明建设”“大运河沿岸城市可持续发展研究”“大运河文化产业带发展研究”四个主题展开深入交流，针对运河历史研究、遗产保护、生态建设、可持续发展等具体问题各抒己见，从水利建设、文化认识和遗产、生态等不同角度，为大运河文化的保护、传承和利用建言献策。

（三）工作调研

国　家

沿运各省、市政协开展“大运河文化带建设”工作调研　2018 年 9 月，沿运各省市展开工作调研，以便更清晰、全面地指导大运河文化带建设工作。9 月 4 ~5 日，江苏省政协副主席周继业率住江苏部分全国政协委员到苏州调研大运河文化带建设情况。全国政协委员、浙江省政协副主席郑继伟带领部分住浙全国政协委员、省政协委员和省直相关部门负责人，前往杭州、湖州开展专题调研和专项提案办理。9 月 5 日，安徽省政协副主席李修松到泗县调研大运河文化带建设工作。9 月 5 ~6 日，全国政协委员、江苏省政协主席黄莉新率住苏部分全国政协委员到扬州调研大运河文化带建设情况。

全国政协调研组调研沿运各地大运河文化带建设　2018 年 11 月，全国政协调研组到多个城市展开实地考察调研，推进大运河文化带建设工作。11 月 5 日，全国政协文化文史和学习委员会副主任陈际瓦带领调研组到德州武城县实地调研，详细了解武城县大运河保护利用情况。11 月 6 日，陈际瓦一行到济宁市汶上县南旺分水枢纽遗址进行了考察，对济宁市大运河保护传承利用工作所取得的成绩给予充分肯定。11 月 14 日，全国政协文化文史和学习委员会副主任刘佳义带领调研组到河南鹤壁市调研，对鹤壁市大运河遗址保护开发利用和大运河文化带建设工作取得的成绩给予充分肯定。随后，刘佳义带领调研组来到滑县调研推动大运河文化带建设工作，通过实地察看和听取情况介绍，对其工作取得的成效给予充分肯定。

北京市

中国大运河智库联盟调研组对沿运各地进行调研 2018 年 6 月 23 日至 7 月 6 日，中国大运河智库联盟调研组一行从北京通州出发，对京杭大运河沿线的 21 个地级市（区）进行了实地调研，并形成了系列调研报告。报告中总结了大运河文化带建设总体呈现的“点”与“面”的结合、“上”与“下”的联动、“破”与“立”的融汇、“管”与“放”的统一、“先”与“后”的贯通、“竞”与“合”的共鸣、“变”与“稳”的协奏这“七大特征”。同时，用“八大趋势”描画大运河文化带建设未来前景：一是文化体制改革和制度创新；二是主动融入“三大战略”和区域发展新格局；三是文化与科技、信息、旅游、体育、金融等产业的“1＋5”融合；四是以社会主义核心价值观为引领、以中华优秀传统文化和地方文化基因为根脉；五是健全文化事业和文化产业法律体系；六是全方位接轨世界运河文化规则；七是第三方评估和政府购买服务充分对接；八是以增强人民群众获得感、幸福感为旨归。

河北省

刘奇葆在河北省调研大运河文化带建设 2018 年 9 月 10～13 日，全国政协副主席刘奇葆率调研组到河北省就推动大运河文化带建设重点提案督办进行调研。刘奇葆一行深入沧州、衡水等地实地考察捷地分洪设施，连镇谢家坝、郑口挑水坝等运河遗址遗迹，并对周边古镇、古城和运河博物馆等文化带建设进行走访，并召开座谈会与有关部门进行互动交流。河北省委书记王东峰、省长许勤汇报有关工作，省政协主席叶冬松陪同调研。刘奇葆还看望了住冀全国政协委员并与之进行座谈交流，听取意见和建议。

江苏省

法国国际文化中心协会考察团赴南通、无锡参观考察 2018 年 1 月 8～10 日，法国国际文化中心协会考察团一行专程前往南通、无锡，主要围绕古运河沿线非物质文化遗产项目开展新一轮合作设想。考察团在无锡参观的首站设在无锡市民间艺术博物馆，馆内现有多个“无锡非遗”传承人工作室及非遗精品展示空间，考察团成员参观了“无锡非遗”传承人的创作环境并观摩了创作过程，与“精微绣”传承人赵红育、“留青竹刻”传承人乔锦洪，以及泥人厂的艺术家们进行了长时间的交流，并做了详细的图文、影像记录。

王明珠来常州钟楼区调研指导大运河文化带建设　2018 年 3 月 19 日，江苏省委宣传部文化产业处处长王明珠率省大运河文化带建设联席会议成员到常州钟楼区开展实地调研指导。王明珠一行参观了篦箕巷，乘水上游船考察了大运河钟楼段沿线，详细了解了大运河历史底蕴、文化变迁、文化产业发展等相关情况。王明珠表示，要将大运河文化带建设摆在突出位置，围绕运河沿线历史遗迹遗存，打造大运河文化亮点品牌。区委书记赵正斌表示，大运河文化带建设要与钟楼城市发展共存共生，积极立足区域特色，保护好利用好大运河文化遗产，全力以赴将大运河钟楼段建设成为高颜值的生态长廊、高品位的文化长廊和高效益的经济长廊。

江苏省各地展开大运河文化带建设调研　2018 年 3 月，为贯彻落实省大运河文化带建设工作联席会议决策部署，各地展开大运河文化带建设工作调研考察。3 月 20 日，江苏省委宣传部文化产业处处长王明珠率省大运河文化带建设联席会议成员来到龙虬庄遗址公园实地调研指导。王明珠一行听取了设计规划汇报，对下一步工作提出明确要求。3 月 22 日，王明珠率大运河文化带建设调研组来到贾汪卧龙泉运河支队抗日纪念馆调研。他指出，贾汪区要深入挖掘大运河深厚的历史文化资源并进行开发利用，努力打造具有贾汪特色的“红色”旅游名片。3 月 22 日，常州市委常委徐光辉调研钟楼区大运河文化带建设工作。他指出，要将大运河常州段打造成承载记忆的历史风貌带、城市窗口的文化风情带、全民共享的亲水休闲带、绿色环保的生态示范带、品质提升的创意产业带。

徐宁一行赴无锡调研大运河文化带建设　2018 年 4 月 19 日，江苏省委宣传部副部长徐宁一行，就大运河文化带建设进行考察调研。调研组走进无锡运河之光文化艺术交流有限公司，充分肯定了在中国文物学会大运河专业委员会副会长应晓萍女士带领下，运河之光团队对大运河申遗、保护、传播等工作做出的努力，并听取了无锡段大运河文化带建设的工作汇报。徐宁表示，希望无锡等沿运城市能够结合自身现有的城市特色、文化遗产资源等，快速推动新一轮的发展战略，为大运河文化带建设添砖加瓦。

张爱军调研宿迁大运河文化带建设　2018 年 8 月 1 日，宿迁市委书记张爱军就宿迁大运河文化带建设做了专题调研。调研中，张爱军一行先后来到皂河古镇、大运河上游船舶服务区、小杨庄码头、大王庙和东关口历史文化公园等地，详细了解了大运河沿线文化遗产传承保护情况。张爱军要求，要认真谋划，深入研究、挖掘整理大运河宿迁段历史文化内涵，收集保护各类大运河文化遗产，扎实做好传承保护工作；要突出规划引领作用，坚持规划先行，做到市、县（区）同步规划、同步推进、同步实施，推动大运河文化带建设取得更大的成绩。

江苏省水利厅组织开展大运河文化带建设立法调研活动 2018 年 8 月初，由江苏省水利厅领导率队组织开展了大运河文化带建设立法调研活动。调研组先后赴淮安、扬州、无锡、苏州等地，实地调研了大运河沿线水利工程建设、防汛抗旱、水资源调度、水环境治理、水文化建设情况，就大运河文化带建设中亟待解决的问题和大运河管理保护的立法需求，广泛听取了市、县两级水利部门的意见。

江苏师范大学敬文书院调研团赴沿运各地调研 2018 年 8 月，江苏师范大学敬文书院组建实践调研团，选择京杭大运河沿线通州、临清、徐州、淮安、苏州、扬州、杭州七地进行调研活动。调研活动分为两个阶段，7 月，调研团主要在线上进行关于大运河文化的文献收集、资料储备工作，以及与相关运河文化学者进行联系；从 8 月 4 日始，调研团各小组相继出发，走进大运河文化遗址，了解大运河多元文化。调研团依地划分重点，分别从运河带民俗信仰、方言俗语、漕运历史、曲艺非遗等方面进行记录调查，通过采取参观博物馆、寻找遗址实地、专题访谈、随机采访等形式，从多个侧面发掘大运河的文化底蕴。调研团还邀约运河文化专家，针对运河文化和申遗以来的保护建设进行专题访谈，通过比较七地大运河文化建设的情况，分析大运河文化建设带的特点与当前的不足。

扬州大学组建大运河文化调研实践团 2018 年 8 月，扬州大学大运河文化调研实践团踏上了实地调研之路，探索扬州非遗文化。实践团奔赴 486 非遗集聚区、江都国画笔厂、扬州双博馆、文化馆和音乐厅等地，通过选取代表、访谈传承人、走访非遗工作室、亲自制作体验等方式，对工艺美术类、技艺类和戏曲音乐类非遗文化展开调研，以期对保护利用扬州非遗文化提出建设性意见，为非遗传承提供可行性方案。

住江苏全国政协委员到苏调研大运河文化带建设 2018 年 9 月 4～5 日，

受全国政协委托，江苏省政协副主席周继业率住江苏部分全国政协委员到苏调研大运河文化带建设情况。9 月 4 日，调研组一行实地调研了 69 阁文创园、大运河遗产展示馆，乘船考察了环古城运河风貌带。在 9 月 5 日上午召开的苏南片区运河沿线城市大运河文化带建设调研座谈会上，委员们听取了苏州、无锡、常州、镇江四市关于大运河文化带的建设情况通报，并就大运河文化带总体规划，沿线非物质文化遗产的保护、传承和利用等提出建议。江苏省政协副主席周继业指出，要进一步编制和完善好各市大运河文化带建设的总体规划，打造各具特色的运河城市名片；要注重发挥多方面力量，形成大运河文化带建设整体合力，为推动大运河文化带江苏段建设走在全国前列贡献智慧和力量。

宿迁市政协调研江都区大运河文化带建设　2018 年 10 月 23 日，宿迁市政协主席王益率各县（区）政协主席到江都区开展大运河文化带文史研究活动。调研组实地调研了邵伯镇开展大运河文化带建设情况。在相关古迹旧址，调研组认真聆听讲解，询问相关建设事宜，对江都区近年来科学谋划、系统推进，在推动大运河整体保护、文化传承、综合利用等方面取得的明显成效予以肯定。

浙江省

童笑柳调研浙江运河航运走廊建设　2018 年 9 月 26 日，浙江省委政研室调研组副主任童笑柳等一行 6 人展开大运河文化带调研。省港航管理局副局长陈妙福，杭州市港航管理局副局长金虹，嘉兴市港航管理局局长步海宾，副局长杨惠德、吕健伟等陪同调研。调研中，陈妙福做了《坚持保护优先 绿色发展打造大运河经济文化航运走廊》的汇报发言，阐述了航运在大运河保护传承利用以及经济社会发展的作用。

（四）遗产保护

河南省

台前县境内发现会通河古河道　2018 年 7 月 5 日，考古人员经过勘探，在台前县发现并确认了南从山东省东平县十里铺村进入，向北至山东阳谷县张秋镇，且已经淤没于地下的会通河古河道。

（五）项目建设

江苏省

扬州市积极推进大运河文化带建设工作 2018 年 1 月 6 日，扬州市市长张爱军在扬州市八届人大二次会议上提出，2018 年扬州启动建设中国大运河博物馆。同时，围绕江苏省委提出的“打造高颜值的生态长廊、高品位的文化长廊和高效益的经济长廊”要求，编制《大运河文化带扬州段建设规划》。加强运河沿岸环境综合整治和生态修复，严格落实宝应、高邮江淮生态经济区建设“四个清单”。张爱军表示，加快瓜洲、湾头、邵伯等古镇的保护开发，整合大运河旅游发展资源，培植壮大文化旅游、现代物流、观光休闲农业等沿河特色产业。

无锡华侨城古运河大型文化旅游综合项目在梁溪区正式签约 2018 年 7 月 10 日，无锡华侨城古运河大型文化旅游综合项目在梁溪区正式签约，项目预计总投资额 300 亿元，由华侨城集团与梁溪区政府共同合作打造。双方计划用十年时间，以“一线、两园、三群落”为规划重点，完善 12.8 平方千米江南古运河旅游度假区“文商旅”资源结构，最终建成具有生态度假、休闲观光、城市庆典、艺术集群、品质居住等多重功能的古运河文旅度假区。据了解，该项目围绕打造大运河文化带“最精彩一段”的目标，打造国际一流文化艺术中心、艺术家村落和游客集散中心，打造集文化展示、体验互动、商业消费功能为一体的新艺术文化综合商业体验园。

“绿色江苏行·走古堰话运河”全国大型融媒体走进洪泽 2018 年 7 月 25 日，由扬子晚报、齐鲁晚报、钱江晚报、大河报、新安晚报、华西都市报、羊城晚报和凤凰网、腾讯、新浪、今日头条共同发起的融媒体联盟走进洪泽，采访报道洪泽大运河文化带建设。洪泽区委书记朱亚文致辞并介绍洪泽大运河文化带建设情况。区委常委王伟，齐鲁晚报编委房家兴，扬子晚报总编助理、深度报道部主任张洪等参加会议。

（六）主题活动

北京市

江苏优秀现代戏大运河沿岸巡演新闻发布会在北京举行　2018 年 2 月 25 日，江苏优秀现代戏大运河沿岸巡演新闻发布会在北京举行，此次活动由江苏省文化厅与保利文化集团主办。此次巡演时间为 3 月 15 日至 9 月 12 日，在大运河沿岸的南京、苏州、无锡、常州、淮安、昆山、常熟、张家港、宜兴、诸暨、聊城、邯郸、天津、北京 14 个城市巡演，集中展示江苏省近年涌现的 20 部思想精深、艺术精湛、制作精良的优秀现代戏。此次巡演有精品紧扣时代、突出现实题材，延续历史文脉、彰显江苏精彩，共搭惠民平台等特点，旨在推动促进江苏优秀现代戏深入交流，推动大运河沿岸文化交流和大运河文化带建设。

“阅读 + 大运河”大运河阅读计划启动活动暨大运河阅读家对话活动在通州举行　2018 年 4 月 27 日，“阅读 + 大运河”大运河阅读计划启动活动暨大运河阅读家对话活动在北京市通州区奥体公园举行。活动围绕“千年运河，万里书香”主题，从 4 月到 12 月持续开展“阅读 + 大运河”大运河阅读计划启动活动暨大运河阅读家对话、18 城大运河阅读接力、18 城大运河名作家领读活动、大运河社区流动书展、走进副中心阅读活动、校园读书节、公务员读书日、“书香通州”系列评选活动、图书交换大集、大运河阅读行动成果展等 10 项活动。活动启动后，领导、阅读家以及大运河沿线 18 城市的代表和观众一起共同登上书香游船，从历史变迁、地方风物、名人名家、文学作品四个维度对京杭大运河沿线文化进行系统梳理，深入解读千年大运河文化，搭建更具地方特色和时代价值的大运河文化经济网络。

“中国大运河智库联盟”在北京物资学院成立　2018 年 6 月 6 日，由北京物资学院及在京有关政策咨询机构、大运河沿线相关高校和新型智库共同发起的“中国大运河智库联盟”在北京通州成立。首批 30 家联盟单位达成“北京共识”，将整合各地智库资源，共同开展调查研究与研讨交流，为运河文化带建设提供学术支撑。会上，主持人宣读了《中国大运河智库联盟北京共识》。在随后举行的大运河文化带建设顶层设计与地方探索研讨会上，全国经济地理研究会会长孙久文、中国经济导报社社长胡跃龙、中共中央党校经济学部副主任曹立等分别发表了演讲，从不同角度、不同侧面、不同维度畅谈了自己对大运河文化带建设的观点和建议。

北京通州大运河文化研究会成立 2018 年 6 月 22 日是中国大运河与丝绸之路被载入世界遗产名录的第五个纪念日，北京市通州区于当日成立大运河文化研究会。会上，高占祥、李希文等文化名人被聘任为大运河文化研究会顾问，通州区委书记曾赞荣、北京市委宣传部副部长赵佳琛共同为大运河文化研究会揭牌。会上发布了首批共 11 个研究课题，研究会的专家、学者将分组进行研究。确认包括博物馆在内的“三大馆”年内开建，全面启动《通州区大运河文化带保护建设规划》的编制工作，设立一系列大运河文化带重点项目，着力打造通州大运河文化这一国际化的名片。会议还提出，构建通州大运河文化研究的国际化交流平台，为中国大运河文化带建设贡献力量。

大运河文化带文化遗产创新创意设计大赛启动 2018 年 7 月 11 日，由国家文物局指导、中国文物保护基金会主办的大运河文化带文化遗产创新创意设计大赛在北京启动，来自大运河沿线的博物馆、文保单位、文创机构、高校等参加此次比赛。大赛提出用公益性数字化技术支撑开掘大运河文化遗产“富矿”，使文博机构和设计力量“无缝对接”，并且向中小博物馆提供鼓励和倾斜政策。大赛紧紧围绕大运河流域文化遗产保护、传承主题，以公益方式，充分利用科技和互联网的技术手段，打造文创对接平台，创作一系列兼具创意与实用的文创产品。国家文物局博物馆司司长罗静表示，应以大赛举办为契机，推动博物馆、设计单位、生产单位形成共享、重组的关系，构建完整的文创产品设计、研发、展示、销售链条，做出市场青睐、观众和消费者真正想买的文创产品。

首届中国大运河智库论坛在京举行 2018 年 7 月 18 日，首届中国大运河智库论坛在北京举行，就京杭大运河文化带建设现状集中发布总报告和多份专题报告。据了解，中国大运河智库联盟调研组一行 13 人从北京通州出发，于 6 月 23 日至 7 月 6 日对京杭大运河沿线北京、天津、河北、山东、江苏、浙江四省两市的 21 座城市进行了实地调研。调研组在此次论坛上发布了中国大运河文化带建设的七项评估和八大趋势，指出文化体制改革和制度创新将成为大运河文化带建设的依托和抓手；文化与科技、信息、旅游、体育、金融等产业的“1 + 5”融合，将全面变革大运河文化带形态；全方位接轨世界运河文化规则，将是中国大运河文化带建设的必然选择等。同时，还根据京杭大运河沿岸基础设施、大运河沿岸非物质文化遗产等方面形成了多个专题报告，梳理现状，指出存在问题，给出解决方案和建议。

“寻迹京杭运河”两岸青年主题交流活动在北京落幕　2018 年 7 月 28 日，由中国宋庆龄基金会和台湾夏潮基金会联合举办的“寻迹京杭运河”两岸青年主题交流活动在北京落下帷幕，共有 120 名两岸青年大学生参加。据介绍，在此次为期 10 天的“寻迹京杭运河”之旅中，青年学生从上海出发，沿京杭大运河相继游览杭州、苏州、扬州、镇江、北京等城市，参观西湖景区、中国京杭大运河博物馆、南浔古镇、东关古渡、居庸关长城、颐和园、故宫等自然景观和名胜古迹。其中，两岸青年学生还在北京开展了“一对一”走进北京民宿活动，让台湾学生寄宿到北京学生家中，并在北京学生的带领下参观最具北京特色的景致，深入感受北京的风土人情，从而加深两岸青年的友谊。

“千年韵 · 万象河”大运河文化之旅在通州启动　2018 年 8 月 15 日，“千年韵 · 万象河”大运河文化之旅在北京市通州区文化馆启动。活动跨越八省市，通过全媒体、多形式、多渠道的形式深入挖掘大运河历史文化内涵，倾力打造大运河文化品牌。活动从 2018 年 8 月持续到 10 月底，通过大运河故事征集评选、大运河知识竞赛以及大运河点亮计划等活动，着力讲好运河故事。北京市委网信办主任韩昱指出，要在挖掘和提升中实现大运河文化传承、在传播和互动中展现大运河文化魅力、在相加和相融中推动大运河文化创新发展，共同绘就新时代大运河文化发展新篇章。

首届北京 · 运河国际艺术周在通州开幕　2018 年 10 月 2 日，首届北京 · 运河国际艺术周在北京市通州区文化馆开幕，活动特别邀请了来自希腊、德国、荷兰、巴拿马 4 个国家的艺术团体，通过文艺演出和互动展览的形式，探索文化带建设，促进运河国家的艺术交流。在活动现场，还有以运河文化为主题的展览，展览通过图片、视频、手工艺品、服饰、声音装置全方位地展示运河沿岸丰富的人文艺术。据了解，北京 · 运河国际艺术周持续 2 天，在 10 月 3 日，除精彩的文艺演出、展览展示外，主办方还组织演出团队参观故宫等具有中国代表性的建筑，进一步展现运河文化对北京城市发展的深远影响。

“大运河文化带地方戏晋京展演暨城市推介年度活动——吴风锡韵无锡·惠山区专场”在北京举办 2018年12月15日，“大运河文化带地方戏晋京展演暨城市推介年度活动——吴风锡韵无锡·惠山区专场”在北京东苑戏楼举行。此次活动集中展示了无锡市惠山区的12项非物质文化遗产项目，为惠山区搭建国际化传播平台，向海内外及国际友人展示无锡当地文化特色及文化风采。

天津市

“第二届中华运河文化教育高峰论坛”在天津举行 2018年4月12日，天津市红桥区教育局、红桥区教师进修学校受天津市教育学会委托，承办了“第二届中华运河文化教育高峰论坛”活动。会议围绕“分享运河文化教育资源，落实立德树人根本任务”的大会主题，开展了多个具有建设性的专题论坛活动，并进行了实地考察和调研。大会期间，还召开了运河教育联盟理事会议，充分体现出京津冀教育协同发展的功能优势。

山东省

大运河济宁段游学行走活动正式启动 2018年1月20日，由济宁市读书协会、悦读济宁读书会、济宁市青年作家协会联合主办的“新年行大运，读书走运河——大运河济宁段游学行走活动”正式启动。众多专家、学者、读者、健身爱好者、环保公益人士、热心市民，齐聚在大运河边，发起倡议，以实际行动致敬母亲河，启动新年走大运。济宁市青年作家协会会长成岳表示，各界人士携手同行，游读运河，是践行社会主义核心价值观、弘扬中华优秀传统文化、服务经济和社会建设的有益之举，生动体现了孔孟之乡、运河之都、文化济宁崭新的文化风尚。他倡议各位青年作家与各界人士进一步增进交流，加强合作，为运河美好的明天和济宁的繁荣，书写绚丽的文化篇章。

上海市

“首届长三角国际文化博览会运河文化论坛”在上海举行 2018年11月29日，首届长三角国际文化产业博览会运河文化论坛在上海举行。江苏省委宣传部副部长徐宁在论坛致辞时提到江苏将大运河文化资源优势转化为未来的发展优势，把大运河文化带江苏段打造成先导段、示范段、样板段，使之成为江苏文化建设高质量的鲜明标志和闪亮名片。中国文物学会副会长张廷皓和上海交通大学教授刘士林分别做了《从历史走向未来——大运河文化带建设》《江南运河文化与长三角城市发展》的主旨演讲。论坛上，南京大学特聘教授范金民、淮北师范大学副校长余敏辉、浙江工商大学历史系助理教授周鸿承等专家、学者积极为大运河文化带建设出谋划策。

江苏省

“2018 年无锡运河文史专家新春茶话会”在无锡举行　2018 年 3 月 2 日，“2018 年无锡运河文史专家新春茶话会”在运河之光文化艺术交流有限公司举行。中国文物学会大运河专业委员会副会长应晓萍与富耀南、曹荣之、许文龙等 10 余位研究运河的文史专家一起，就无锡运河的历史文脉、无锡运河对地方社会经济发展中的作用和贡献、无锡运河在大运河中的历史地位、当代无锡人如何在大运河文化带建设中发挥更大的作用等方面展开讨论。专家学者对中国运河网多年来的发展情况表示高度的赞许，对大运河未来发展报以强烈的期许，期盼中国运河网能将大运河的“前世、今生、将来”融通，让大运河走向世界。

江苏省各地航道站开展“学雷锋”志愿活动　2018 年 3 月 5 日是毛泽东同志提出“向雷锋同志学习”55 周年纪念日，江苏省各地航道站纷纷开展“学雷锋”志愿活动。施桥船闸组织青年志愿者走上船头义务为过往船员宣传航行安全知识、航道法规，还给船民提供免费用水、日常医药品等，给船民带来暖心便民服务。徐州航道管理站青年志愿者围绕航道维护、航道规划、航道保护、航道建设等内容，通过现场讲解、发放资料等多种形式宣传《中华人民共和国航道法》知识。解台船闸团支部开展雷锋月主题实践活动，志愿者们以闸区为中心点，辐射上下游远调站，进行拉网式卫生清理、垃圾捡拾工作等。宝应航道站围绕环境保护、法律咨询、服务民众等主题开展设立便民服务台、普法宣传、义务植树、保护运河等志愿者活动。

“大运河文化体验行”系列活动在无锡举办　2018 年 4 月 12 日，第四届“中国（无锡）商旅文产业年会”在无锡市梁溪区举行。会上，无锡市委副书记、梁溪区委书记徐劼到场致辞，区长秦咏薪做了题为《加快商旅文融合，推进跨产业发展》的主题演讲。“大运河文化体验行”系列活动同步举行，除广场展示外，还有“大运河城市文创沙龙”、“禅茶一味古典家居品鉴”、创意“国学”系列、地方文化专场表演等活动。人们在观摩、交流、研讨和体验中，进一步增强了对大运河文化的了解和认识。

江苏省遗产日主场系列活动在镇江博物馆举行 2018 年 6 月 8 日，江苏省遗产日主场系列活动在镇江博物馆拉开帷幕。展览策展人、南京博物院考古所所长林留根表示，展览跳出大运河江苏段本身，重在展示沿线悠久灿烂而多元的文明史，讲述大运河如何串联起吴越文化、淮扬文化和楚汉文化三大文化圈。“流韵——江苏大运河文化带出土文物精粹展”汇聚了江苏省运河沿线 8 座城市 12 个文博机构的约 150 件文物，展示了运河沿线城市底蕴深厚的历史文化。

世界运河历史文化城市合作组织文化发展基金会成立 2018 年 9 月 1 日，扬州世界运河历史文化城市合作组织文化发展基金会成立仪式在扬州举办。据悉，世界运河历史文化城市合作组织文化发展基金会，是国内首家以“运河文化统筹保护、传承、利用”为主题的非公募公益基金会，由世界运河历史文化城市合作组织发起创立，其宗旨是围绕国际运河事业，以公益为核心，为世界运河历史文化城市合作组织开展相关公益活动提供经济支持。与此同时，世界运河历史文化城市合作组织文化发展基金的筹集、管理和使用原则突出了公益性、多元化，确保公开、规范、增值，坚持项目化、可持续。扬州市政协主席朱民阳在讲话中指出，基金会将代表世界运河历史文化城市合作组织，成为项目推广、支持和促进各方面交流的主渠道。活动中公布了首批 6 家捐赠单位，并向捐赠单位颁发证书。

徐州市举行大运河乡土人才技能大赛 2018 年 9 月 10 日，徐州市大运河乡土人才技能大赛决赛在徐州市工艺美术行业协会顺利举行。本次技能大赛活动主题是“匠心·运河情”，旨在以大赛为纽带，汇聚技能创意资源，搭建交流协作平台，实现技艺技能传承，提高文化创意水平，努力打造大运河文化带建设和乡村振兴的徐州新样板。据悉，当天举办的创客技能与创意大赛分为玉雕、石雕、木雕三大类。参赛选手通过抽签的形式，抽取比赛用的原料，根据原料大小再现场制作作品。组委会评出一、二、三等奖，并颁发证书、奖金。

“大美运河”全国著名作家江苏采风活动在南京启动 2018 年 10 月 23 日，由江苏省文化和旅游厅、扬子晚报联合推出的“大美运河”全国著名作家江苏采风活动，在南京启动。10 月 23～25 日，中国作家协会副主席高洪波、中国作家协会副主席叶辛等 20 位著名作家，走进江苏的八大运河城市，以“运河文化”为采风主题，感受运河两岸的历史变迁，体会运河水域的文化内涵，为大运河文化带的建设注入新的文化活力，提供精神滋养。

大运河国家文化公园江苏段国际设计工作坊在苏州举行　2018 年 11 月 16 日，以“遗产保护、功能活化与空间品质提升”为主题的大运河国家文化公园江苏段国际设计工作坊活动在江苏苏州开营。开营仪式上，江苏省城市规划设计研究院院长梅耀林介绍了《大运河国家文化公园江苏段建设规划》，确定此次国际设计工作坊为期一周，并对外发布本次国际设计工作坊的设计任务。11 月 18 日晚，大运河国家文化公园江苏段国际设计工作坊主题沙龙在江苏省苏州昆剧院举办，专家在主题沙龙上与代表进行了互动交流，从多个角度畅谈“运河记忆”，展望运河未来。

《大运之河》MV 全球首发仪式在扬州举行　2018 年 12 月 31 日，《大运之河》MV 在扬州举行了全球首发仪式。扬州市委常委、宣传部部长姜龙表示，通过光影的呈现、歌曲的传唱，大运河文化变得越发可亲可近，潜移默化地走进年轻人的内心。《大运之河》MV 词作家、国家一级编剧潘月剑，曲作家、国家一级作曲家洪凯，扬州籍青年歌唱家黄艳，音乐电视导演郑浩登台向与会人员讲述他们的创作历程和心得。黄艳表示，作为扬州的孩子，要唱出对运河的情感，把运河的文化、扬州的味道唱出来。

浙江省

杭州歌剧舞剧院《遇见大运河》在希腊开展演出　2018 年 1 月 23 日，杭州歌剧舞剧院创作的《遇见大运河》在希腊雅典 Hellenic Cosmos 文化中心与希腊观众见面。这部由杭州歌剧舞剧院历时三年精心创作的世界文化遗产传播剧，在国家艺术基金的扶持下，于 2017 年开启了“世界运河之旅”。截至 2018 年 1 月，已经成功出访了法国米迪运河、德国基尔运河、埃及苏伊士运河等世界知名运河，共进行了世界巡演 131 场，希腊是其第一阶段世界巡演的收官之站。

杭州拱墅区第七届大运河文化节开幕　2018 年 5 月 5 日，第七届大运河文化节在杭州拱墅区开幕。开幕式结束后，举办了“中国大运河沿岸区县合作论坛”。来自运河沿岸六省二市的 60 余位专家学者，以及主管大运河文化带建设的领导、嘉宾参加了论坛，围绕大运河文化带建设发展规划研究、大运河沿岸区县运河保护与开发实践、大运河遗产的保护与利用等主题进行了深入交流与探讨。

第二届杭州大运河世界文化遗产保护宣传周启动 2018 年 6 月 21 日，第二届杭州市大运河世界文化遗产保护宣传周在杭州西湖文化广场正式启动。活动邀请运河城市代表、文化传承人、知名艺术家齐聚杭州，通过各种文化形式的演绎，呼吁大家共同推进杭州大运河文化带建设。不少外国朋友成为志愿者，组成“当代马可波罗使团”，沿着历史的轨迹，重走大运河杭州段六大遗产点，传播运河文化。开幕式上，意大利波河三角洲罗索利纳市市长 Franco Vitale 与杭州运河代表结盟。此外，宣传周期间（6 月 21～28 日）还举行了“运河一瞬，流传千年”杭州运河随手拍摄影大赛颁奖仪式。主办方还联合中国京杭大运河博物馆、杭州工艺美术博物馆等博物馆，组织了“运河文化让人民生活更美好——暨中国大运河申遗成功四周年拱墅区成果展”、“大运河申遗成功四周年邮品展”、蜘蛛机器人创意工坊及讲座沙龙等体现运河文化的各类展览和活动。

“千年韵·万象河”大运河文化之旅主题活动闭幕 2018 年 11 月 30 日，“千年韵·万象河”大运河文化之旅主题活动总结交流会暨闭幕式在浙江杭州举行。本次主题活动跨越八省市十座城，全媒体、多形式、多渠道深入挖掘大运河历史文化内涵。闭幕式上，浙江省委网信办副主任季晓斌、北京市委网信办副巡视员马春玲、杭州市委宣传部副部长来虹等领导同志做了讲话。会上呈现了此次大运河文化之旅的各项成果，还对大运河知识竞赛的八强获得者进行了表彰。闭幕式上还成立了大运河文化网络媒体联盟，进一步深化了沿线各省市大运河协同联动机制。

五　生态环保

（一）规章制度

山东省

聊城运河已全面纳入各级“河长制”实施范围　2018 年 7 月，针对《关于亟待建立京杭大运河“河长制”的建议》，聊城市水利局称聊城运河已全面纳入各级河长制实施范围。截至 2018 年 7 月，聊城市已全面建立各级河长制实施方案和河长制相关制度和考核办法，明确了河长制实施的目标任务和各部门的职责。同时，为集中解决“乱占、乱建、乱倒、乱排、乱围、乱堵、乱采、乱挖”涉河八乱问题，聊城市集中开展了“清河行动”。

江苏省

徐州市五项措施加强大运河徐州段水环境治理　2018 年 8 月，徐州市为切实加强京杭大运河徐州段水环境治理，以河道治理成效助推大运河文化带建设，提出五项具体措施：一是加强水资源保护，打造安全屏障，实施大运河水环境整治，有效提升河道岸线环境面貌；二是明确河道和水利工程管理范围，开展“三乱”整治，净化河道空间；三是试点水流产权确权，将大运河不牢河段列入试点河道，实施“划”“确”“登”“管”试点任务，明晰管理权责；四是实施水系贯通，保证南水北调东线京杭运河输水线路水质稳定达标，打造清水走廊；五是创新体制机制，以“河长化协调、标准化管护、市场化保洁、长效化监管、综合化执法、考核化评比”六化管理为抓手，完善大运河河道健康保障体系。

（二）会议调研

江苏省

浒东运河“一事一办”工作部署会议召开 2018年1月12日，江苏省苏州市吴江高新区管委会副主任王牟带领区城乡发展局、环保局、住建局、城管局等分管负责人和浒东运河二级河长等现场勘查浒东运河段，并召开浒东运河“一事一办”工作部署会议。会议贯彻落实全面深化河长制改革决策部署，各板块和责任部门分别递交了“一事一办”工作清单，统筹推进水安全保障、水污染防治、水环境治理、水资源管理、水域岸线保护、长效管护、执法监督、水文化弘扬等8项任务。王牟提出，要严格落实责任，要加快工作进度，要坚持统筹推进，要强化协调配合，确保“一河一策”行动计划顺利推进，打造“河畅、水清、岸洁、景美”新城区。

通吕运河整治现场推进会在南通召开 2018年11月2日，南通市通吕运河整治现场推进会召开。市委常委、政法委书记、通吕运河市级河长姜永华参加会议并讲话。与会人员实地巡查了海门市天西大桥、启东市如意村省级断面等整治现场情况，并听取了相关工作汇报。姜永华提出，要坚持问题导向，运用法治思维，坚决整治两岸“小散乱污”企业，大力推进污水处理设施建设，严控畜禽粪便排放，加强问题支流综合整治，尽早落实河岸植树绿化造林规划，广泛发动沿线群众积极参与，以实实在在、可见可感的成效，坚决打赢通吕运河整治“攻坚战”。

（三）专项治理

江苏省

大运河淮安段河长王锐开展巡河活动 2018年1月19日，淮安段河长王锐携区环保、交通、水利、海事、城管等部门主要负责人沿京杭大运河开展巡河活动。王锐一行先后到大运河井神码头、里运河水上餐厅、大运河三堡乡境内货场三个地点进行专门巡查，听取了相关乡镇、街道主要领导对运河整治工作的情况汇报，并详细了解了沿线存在的问题情况。巡河结束后，王锐立即召开京杭运河淮安段专项整治工作会议，并部署下一阶段京杭运河问题调查摸底工作。王锐要求，沿线乡镇、相关部门要变被动整治为主动出击，形成工作合力，共同治理好京杭运河淮安区段。

六　学术研究

（一）相关著作

安徽省文物考古研究所、泗县文物局、灵璧县文物管理所编著《泗县、灵璧段运河考古发掘报告》，科学出版社，2018。

北京市通州区文化委员会编《说说漕运码头那些事儿》，北京联合出版公司，2018。

鲍颖建：《隋唐大运河中牟段考古调查勘探与发掘报告》，中州古籍出版社，2018。

陈喜波：《漕运时代北运河治理与变迁》，商务印书馆，2018。

高元勃主编《运河古镇南蔡村》，团结出版社，2018。

郭炜等编著《大运河与通州古城》，北京出版社，2018。

胡梦飞：《明清时期京杭运河区域水神信仰研究》，江苏凤凰科学技术出版社，2018。

胡梦飞：《中国运河水神》，山东大学出版社，2018。

《济宁京杭运河及南旺枢纽》编委会编著《济宁京杭运河及南旺枢纽》，中国水利水电出版社，2018。

姜传岗、姜士兵：《台前县大运河新考》，中州古籍出版社，2018。

姜龙主编《大运河名胜图记》，广陵书社，2018。

姜师立：《中国大运河百问》，电子工业出版社，2018。

李德楠：《明清黄运地区的河工建设与生态环境变迁研究》，中国社会科学出版社，2018。

（清）麟庆撰，王耀编著《〈黄运河口古今图说〉图注》，中国社会科学出版社，2018。

卢海鸣编著《南京历代运河》，南京出版社，2018。
刘世昭：《流淌的史诗：京杭大运河骑行记》，北京出版社，2018。
刘昭允、陈登华编著《大运河与商丘》，大象出版社，2018。
马正林、党瑜、肖爱玲：《中国运河历史地理》，陕西师范大学出版总社有限公司，2018。
聂锦荣、刘恩东：《大运河传奇：坦荡之襟》，故宫出版社，2018。
邳州市运河街道办事处：《邳州市运河镇志 邳州市张楼乡志》，江苏人民出版社，2018。
施晓平：《运河流芳》，古吴轩出版社，2018。
苏州市吴江宾馆有限公司编《江南运河宴》，古吴轩出版社，2018。
唐凌等：《桂柳运河史研究》，广西人民出版社，2018。
王宏伟、于锋等：《行走运河城》，江苏凤凰科学技术出版社，2018。
王宪贞：《运河史话》，线装书局，2018。
夏宝国等主编《运河枢纽高家堰历代诗文选编》，中国文史出版社，2018。
朱伯俭：《运走宿迁》，江苏人民出版社，2018。
杨多贵、任庆春等：《中国大运河经济带战略构想》，经济管理出版社，2018。
扬州运河三湾风景区编著《明月再度照三湾》，广陵书社，2018。
扬州运河三湾风景区编著《原点：大运河滥觞》，广陵书社，2018。
杨良志、杨家毅：《走读北京大运河》，北京出版社，2018。
云亦编著《大运河艺文录》，北京出版社，2018。
张秉政编著《运河·中国：隋唐大运河历史文化考察》，北京时代华文书局，2018。
张文献编著《秀野山水间：运河古镇浒墅关诗文增辑》，古吴轩出版社，2018。
赵庆双：《临清运河遗产健康监测及保护》，科学出版社，2018。
政协杭州市拱墅区委员会编《运河南端工业图史》，杭州出版社，2018。
周鸿承：《朝廷之厨：杭州运河文化与漕运史研究》，浙江工商大学出版社，2018。
邹逸麟：《舟楫往来通南北——中国大运河》，江苏凤凰科学技术出版社，2018。

（二）报刊论文

蔡蕃、裴玉娜：《中国大运河水利工程概论》，《运河学研究》2018 年第 2 期。

曹金娜：《清中后期漕运水手行帮组织向青帮演变之社会生态初探》，《运河学研究》2018 年第 1 期。

陈彩云：《民生灾难与族群藩篱：元代漕粮海运及其社会后果的再思考》，《社会科学》2018 年第 6 期。

陈彩云：《元代私盐整治与帝国漕粮海运体制的终结》，《清华大学学报》（哲学社会科学版）2018 年第 4 期。

陈隆文：《明清卫河与京杭大运河》，《中原文化研究》2018 年第 2 期。

陈诗越、吴金甲、侯战方：《东平湖变迁对大运河会通河段沿革的影响》，《运河学研究》2018 年第 2 期。

陈喜波：《金元时期北运河河道蠡测——基于楼字村落地名的历史地理研究》，《运河学研究》2018 年第 1 期。

成志芬、唐顺英、华红莲：《大运河（北京段）传统村落居民对运河文化的认知及认同研究——以通州三个传统村落为例》，《北京联合大学学报》（人文社会科学版）2018 年第 2 期。

崔建利：《北洋政府时期的苏北运河治理》，《运河学研究》2018 年第 2 期。

戴永新：《唐诗与大运河》，《光明日报》2018 年 5 月 28 日，第 13 版。

窦重沂、郑民德：《清代山东运河船闸启闭制度研究——以聊城为例》，《枣庄学院学报》2018 年第 6 期。

高元杰：《2016 年度运河学研究综述》，《运河学研究》2018 年第 1 期。

高元杰：《2017 年度运河学研究综述》，《运河学研究》2018 年第 2 期。

胡阿祥：《围绕京杭大运河之“蓄清刷黄保漕”的反思——以淮源、洪泽湖、高家堰、泗州城为例》，《学海》2018 年第 5 期。

胡克诚：《庙堂与河工：嘉靖七年运河之议探微》，《运河学研究》2018 年第 2 期。

胡梦飞：《漕运、商业与河患——明清时期临清河神信仰的历史考察》，《运河学研究》2018 年第 2 期。

胡梦飞：《明代漕运视野下的金龙四大王信仰》，《聊城大学学报》（社会科学版）2018 年第 1 期。

胡梦飞：《明清时期江南运河区域水神信仰文化述略》，《浙江水利水电学院学报》2018 年第 3 期。

胡梦飞：《明清时期山东运河区域民间信仰述论》，《淮阴师范学院学报》（哲学社会科学版）2018 年第 1 期。

胡梦飞：《清末民初山东运河城市的公共事业——以德州水会为中心》，《德州学院学报》2018 年第 1 期。

胡铁球：《明代折漕规模及漕粮折价确立原则考》，《清华大学学报》（哲学社会科学版）2018 年第 2 期。

黄纯艳：《宋代社会的造船业大观》，《光明日报》2018 年 3 月 15 日，第 16 版。

贾兵强：《大运河文化带建设原则与路径选择》，《运河学研究》2018 年第 2 期。

贾国静：《“治河即所以保漕”？——清代黄河治理的政治意蕴探析》，《历史研究》2018 年第 5 期。

贾珺：《河晏波平寄方池——淮安清晏园记》，《光明日报》2018 年 12 月 2 日，第 10 版。

解华顶、张海滨：《安徽柳孜运河遗址出土定窑系瓷器研究》，《中原文物》2018 年第 4 期。

郎净：《浅论运河沿岸江南古镇文化展示之新思路》，《运河学研究》2018 年第 1 期。

李德楠：《元代漕运方式选择中的环境与技术影响》，《运河学研究》2018 年第 2 期。

李泉：《运河学发微》，《运河学研究》2018 年第 1 期。

李孝聪：《〈中国运河志·图志·古地图卷〉综述》，《运河学研究》2018 年第 1 期。

林志滨：《临清运河钞关：见证一城“芳华”500 年》，《走向世界》2018 年第 44 期。

凌滟：《从湖泊到水柜：南旺湖的变迁历程》，《史林》2018 年第 6 期。

刘春迎：《运河千秋：汴河对古代开封城的影响》，《光明日报》2018 年 5 月

6 日，第 6 版。

刘建峰：《重走临清老胡同 唤醒运河古城记忆——临清胡同保护与审美体验研究》，《运河学研究》2018 年第 2 期。

刘庆余：《国外著名运河遗产保护与利用经验借鉴》，《运河学研究》2018 年第 2 期。

刘勇、陶梦真：《运河文化的历史品格及其文学书写》，《北京联合大学学报》（人文社会科学版）2018 年第 1 期。

卢厚杰：《唐代运河工程的成本收益分析》，《中国社会经济史研究》2018 年第 3 期。

罗衍军：《“第五届运河学论坛：文化视野下的大运河研究”学术研讨会综述》，《运河学研究》2018 年第 2 期。

洛阳师范学院大运河研究院：《洛阳，千年运河“活”起来》，《光明日报》2018 年 4 月 21 日，第 12 版。

吕晓青：《清代永定河工与直隶职官变革》，《河北师范大学学报》（哲学社会科学版）2018 年第 3 期。

吕杨：《明代运河与常州区域经济述论》，《运河学研究》2018 年第 2 期。

马智慧、赵丁丁、楼微君：《大运河杭州段文化带建设思路研究》，《运河学研究》2018 年第 1 期。

孟祥晓：《明清时期卫河与沿岸中小城镇的变迁——以道口镇为例》，《中原文化研究》2018 年第 2 期。

苗菁：《明清皇家用砖“临清砖”的种类、烧制地区、管理机构及其变化》，《运河学研究》2018 年第 1 期。

彭南生、李庆宇：《民初“南粮北运”中的政府参与及其局限——以漕运局的设废为分析中心》，《安徽史学》2018 年第 2 期。

沈胜群：《“泊船祭祀”与“人神互惠”——清代漕运旗丁崇祀文化的规制与功效》，《民俗研究》2018 年第 5 期。

孙竞昊、陈丹阳：《一座中国北方城市的江南认同：帝国晚期济宁城市文化的形成》，《运河学研究》2018 年第 1 期。

滕汉洋：《从传说到传奇——〈古岳渎经〉与唐代运河淮泗段的地域文化考论》，《民俗研究》2018 年第 1 期。

田雨：《明代运河河运浅议》，《兰台世界》2018 年第 5 期。

汪瑞霞、张文珺:《文脉主义视域下江南运河沿岸传统聚落的保护与更新——以常州段为例》,《装饰》2018 年第 4 期。

王聪明:《被“建构”的堤堰:高家堰的称谓与明代治河》,《运河学研究》2018 年第 2 期。

王健:《论我国古代运河在国家统一及疆域发展中的历史作用》,《江苏社会科学》2018 年第 2 期。

王健:《美国水利专家与近代导淮治运》,《运河学研究》2018 年第 2 期。

王耀:《清代〈大运河全图〉释读》,《运河学研究》2018 年第 1 期。

王玉朋:《储才与备用:清代河工效力制度研究》,《运河学研究》2018 年第 2 期。

吴琦、何晨:《清代漕粮的“民折官办”——兼论清代政策变通的特点》,《中国社会经济史研究》2018 年第 1 期。

吴士勇:《古代治水、开河与通漕的历史逻辑》,《深圳大学学报》(人文社会科学版)2018 年第 2 期。

吴欣:《“大运河”研究的学术进程及问题意识(2014 ~ 2018)》,《运河学研究》2018 年第 2 期。

吴欣:《大运河文化的内涵与价值》,《光明日报》2018 年 2 月 5 日,第 14 版。

许广通、何依、殷楠、孙亮:《发生学视角下运河古村的空间解析及保护策略——以浙东运河段半浦古村为例》,《现代城市研究》2018 年第 7 期。

杨家毅:《明清北京通州城与漕运仓储的关系》,《江南大学学报》(人文社会科学版)2018 年第 2 期。

尹桂霖、余清良:《明清京杭大运河的历史变迁——以西人的观察为视角》,《运河学研究》2018 年第 2 期。

张程娟:《争夺运河之利:明代瓜洲闸坝兴替与漕运制度改革》,《中国历史地理论丛》2018 年第 2 期。

张捷:《试论秦汉财政运作与三门砥柱漕运》,《运河学研究》2018 年第 2 期。

张捷:《西汉时期的漕运与水利关系浅析——从财政运作的视角分析》,《淮阴师范学院学报》(哲学社会科学版)2018 年第 6 期。

张景瑞:《议泇河:晚明通漕与治河之争》,《河南理工大学学报》(社会科学版)2018 年第 4 期。

张强：《汴河上的唐诗》，《光明日报》2018 年 3 月 12 日，第 16 版。

张岩：《从“各修各境”到“通力合作”——20 世纪 20—30 年代山东黄河旧运河以西河段民埝治权统一问题刍议》，《中国历史地理论丛》2018 年第 3 期。

张永虎：《后申遗时代京杭运河体育文化资源现状与发展路径选择》，《北京体育大学学报》2018 年第 1 期。

赵文婷：《嘉道年间河工糜费问题探析》，《九江学院学报》（社会科学版）2018 年第 3 期。

赵珍：《清代北运河漕运与张家湾改道》，《史学月刊》2018 年第 3 期。

郑民德：《漕运天下与王朝兴衰——以隋唐大运河洛口仓为对象的历史考察》，《中原文化研究》2018 年第 4 期。

郑民德：《聊城运河文化遗产的保护》，《中国名城》2018 年第 10 期。

郑民德：《清代漕粮入京监督机制——以大通桥监督为对象的历史考察》，《北京社会科学》2018 年第 10 期。

郑亚鹏、唐金玲：《山东运河文化遗产品牌开发探究：基于“互联网＋”思维》，《美术大观》2018 年第 9 期。

钟行明：《元明清大运河管理制度的演进》，《运河学研究》2018 年第 1 期。

周广骞：《山东方志运河文献纂修及价值述略》，《运河学研究》2018 年第 1 期。

周嘉、布乃静：《帝国晚期运河城市临清的空间变迁与职能整合》，《聊城大学学报》（社会科学版）2018 年第 1 期。

周嘉：《运河名城临清碧霞元君信仰考略》，《中国道教》2018 年第 4 期。

周健：《改折与海运：胡林翼改革与 19 世纪后半期的湖北漕务》，《清史研究》2018 年第 1 期。

七　大事记

1月

1月2日，山东省德州市全市经济工作会议专门提出把大运河的保护利用作为全年工作重点。

1月5日，拱墅区委召开七届三次全体（扩大）会议，安排部署2018年重点任务，提出要奋力开创运河沿岸名区建设新局面。

1月6日，扬州市市长张爱军在扬州市八届人大二次会议上提出启动建设中国大运河博物馆。

1月7日，聊城市第十七届人民代表大会第二次会议在市会议接待中心隆重开幕，提出要大力推动文化旅游业发展壮大。

1月8~10日，法国国际文化中心协会考察团一行专程前往南通、无锡，围绕古运河沿线非物质文化遗产项目开展新一轮合作设想。

1月9日，汶上县第十八届人民代表大会第二次会议上提出要在建设“强富美高”新汶上的道路上继续发力，大力实施“文化兴旅”。

1月15日，浙江省首个以保护、传承、利用大运河文化为主题的区级文化发展规划《杭州市拱墅区文化发展规划（2018—2021）》正式出台。

1月17日，应晓萍、谢光前、李道国等专家学者在无锡市委宣传部的协同下，开启了行走无锡运河考察系列活动。

1月19日，淮安段河长王锐携区环保、交通、水利、海事、城管等部门主要负责人沿京杭大运河开展巡河活动。

1月20日，由济宁市读书协会、悦读济宁读书会、济宁市青年作家协会联合主办的“新年行大运，读书走运河——大运河济宁段游学行走活动”正式启动。

1 月 23 日，杭州歌剧舞剧院创作的《遇见大运河》在希腊雅典 Hellenic Cosmos 文化中心与希腊观众见面。

1 月，北京、天津、河北、浙江、江苏、山东、安徽、河南八省市社科联与北京市网信办签署备忘录，今后将共同开展大运河文化词条征集和整理，并建设词条数据库。

1 月，北京市通州区实施运河沿岸景观照明亮化提升工程（一期），打造通州大运河夜游品牌，展现富有魅力的城市副中心风貌。

1 月，大运河产业带急需在“绿色、共享、共治”理念下，培育新的商业业态和现代化的商业模式，培育大运河经济增长点需要在传统和创新中寻找突破点。

1 月，拱墅区召开了《拱墅区文化发展规划（2018—2021）》媒体通气会，提出要建成“中国大运河文化带”发展先行示范区。

1 月，江苏省社会科学院党委书记夏锦文提出从“水－岸－城”三位一体的路径推进大运河生态廊道建设。

1 月，京杭运河苏州段开始整治运河码头，加固沿线 2000 米堤岸，新建望亭运河公园。

1 月，商丘博物馆馆长王良田在八省市社科联推进大运河文化建设工作协调会上提出大运河文化建设保护方面的建议。

1 月，苏南运河“四改三”整治工程丹阳城区段及折柳桥、新泰定桥、吕城桥三个桥梁项目顺利通过交工验收。

2 月

2 月 8 日，江苏大运河文化长廊建设工作会议在南京召开。

2 月 25 日，江苏优秀现代戏大运河沿岸巡演新闻发布会在北京举行。

3 月

3 月 2 日，“2018 年无锡运河文史专家新春茶话会”在运河之光文化艺术交流有限公司举行。

3 月 3 日，全国两会召开前夕，中国民主促进会中央委员会提交了《关于进一步推动大运河文化带建设的提案》。

3 月 19 日，江苏省委宣传部文化产业处处长王明珠率省大运河文化带建设联席会议成员到常州钟楼区开展实地调研指导。

3 月 27 日，由京、津、冀、鲁、豫、苏、皖、浙八省网信办及首都互联网协会主办的“八省市大运河文化带建设网信推进会”在京召开。

3 月 28 日，北京市委常委会召开会议，研究大运河文化带保护建设、文创产业和实体书店发展等事项。

3 月 30 日，2018 年第一期“扬州智库论坛”举行，其主题为“大运河文化带建设的扬州实践”。

3 月，为贯彻落实省大运河文化带建设工作联席会议决策部署，各地展开大运河文化带建设工作调研考察。

4 月

4 月 12 日，天津市红桥区教育局、红桥区教师进修学校受天津市教育学会委托，承办“第二届中华运河文化教育高峰论坛”活动。

4 月 12 日，第四届“中国（无锡）商旅文产业年会”在无锡市梁溪区举行。

4 月 14 ~ 15 日，八省市专家学者齐聚洛阳师范学院，为大运河遗产保护建言献策。

4 月 19 日，江苏省委宣传部副部长徐宁一行，就大运河文化带建设进行考察调研。

4 月 26 日，由中共江苏省委宣传部主办，江苏社会科学院承办的“大运河文化带建设研究院成立暨学术研讨会”在南京举行。

4 月 27 日，大运河文化带建设研究院成立后的第一次学术研讨会在古都南京举行。

4 月 27 日，“阅读 + 大运河”大运河阅读计划启动活动暨大运河阅读家对话活动在北京市通州区奥体公园举行。

4 月，江苏省委书记娄勤俭对大运河文化带建设进行专题调研时强调，要加强整体谋划、做好科学规划，系统推进江苏省大运河文化带建设。

5月

5月4日，淮安市大运河文化带建设座谈会在淮安区召开。

5月5日，随着杭州市拱墅区“送春迎夏”民俗活动的举办，第七届大运河文化节拉开了序幕。

5月5日，来自大运河沿岸六省二市的区县、研究机构代表、新闻媒体等共120余人齐聚杭州，参加中国大运河沿岸区县合作论坛开幕式。

5月8～10日，江苏省委书记娄勤俭等一行在无锡市领导的陪同下到无锡调研。

5月9日，无锡市大运河文化带建设工作联席会议第一次全体会议在市民中心召开。

5月12～25日，北京市大运河文化带水上旅游产品规划设计及管理运营机制研究项目进行公开招标文件发售，6月1日开标。

5月16日，“世界遗产运河古镇合作大会”在江苏扬州如期召开。

5月21日，常州市天宁区大运河文化带建设工作联席会议第一次全体会议召开。

5月24日，扬州市召开大运河文化带建设推进会，研究部署2018年大运河文化带建设工作任务。

5月26～27日，由聊城大学运河学研究院主办的“第五届运河学论坛：文化视野下的大运河研究”暨《运河学研究》集刊首发仪式举行。

5月28日，江苏省委常委会召开会议，讨论《关于深入推动江苏省长江经济带高质量发展走在前列的实施意见》《江苏省长江经济带综合立体交通运输走廊规划（2018—2035年）》等文件。

6月

6月6日，由北京物资学院及在京有关政策咨询机构、大运河沿线相关高校和新型智库共同发起的“中国大运河智库联盟”在北京通州成立。

6月8日，江苏省遗产日主场系列活动在镇江博物馆拉开帷幕。

6月18日，常州首届大运河文创节重头戏——2018大运河文创产业发展峰会在运河五号文化创意街区举行。

6 月 21 日，第二届杭州市大运河世界文化遗产保护宣传周启幕。

6 月 22 日，在中国大运河与丝绸之路被载入世界文化遗产名录的第五个纪念日，北京市通州区成立“大运河文化研究会”。

6 月 23 日至 7 月 6 日，中国大运河智库联盟调研组一行对京杭大运河沿线的北京、天津、河北、山东、江苏、浙江等四省两市 21 个地级市（区）进行了实地调研，并形成了系列调研报告。

6 月 27 日，为加快推进实施《浙江省大通道建设行动计划》，浙江省大通道建设推进部署会在杭州举行。

6 月 29 日，河北省大运河文化邢台段规划研讨会在清河召开。

6 月，由中新社浙江分社和杭州市京杭运河（杭州段）综合保护中心共同发起的中国大运河文化走亲交流会，在运河槽坊船内举行。

7 月

7 月 2 日，第 42 届世界遗产大会在巴林举行，中国大运河保护工作获点赞。

7 月 4 日，京杭运河大清河航道被纳入国家交通运输部“十三五”规划中期调整项目库。

7 月 5 日，台前县内发现会通河古河道。

7 月 10 日，由华侨城集团与梁溪区政府共同合作打造的无锡华侨城古运河大型文化旅游综合项目在梁溪区正式签约，项目预计总投资额为 300 亿元。

7 月 11 日，由国家文物局指导、中国文物保护基金会主办的大运河文化带文化遗产创新创意设计大赛启动。

7 月 12 日，民革中央在机关召开中山议政会开办以来的第二场座谈会，围绕“打造京杭大运河文化产业带”进行座谈。

7 月 18 日，首届中国大运河智库论坛在北京举行，就京杭大运河文化带建设现状集中发布总报告和多份专题报告。

7 月 19 日，常州市大运河文化带建设工作领导小组办公室召开第一次会议，研究审议大运河文化带建设近期重点工作方案。

7 月 20 日，“父子壮游大运河”活动在杭州中国京杭大运河博物馆举行开营仪式。

7 月 23 日，余杭区召开大运河文化带保护开发暨城市建设推进会，正式启动大运河文化带保护开发三年行动计划。

7 月 28 日，由中国宋庆龄基金会和台湾夏潮基金会联合举办的“寻迹京杭运河”两岸青年主题交流活动在北京落下帷幕。

7 月 30 日，江苏省人大常委会召开江苏省大运河文化带建设立法起草组专家组第一次会议。

7 月 31 日，《北京市关于全面深化改革、扩大对外开放重要举措的行动计划》正式公布。

7 月，京津冀三地共同推进《京津冀大运河旅游观光带规划》编制和实施，打造运河旅游“黄金走廊”。

7 月，为贯彻落实江苏省大运河文化带建设工作领导小组举行第一次全体会议指示精神，江苏各运河城市相继开展大运河文化带建设工作部署。

8 月

8 月 1 日，宿迁市委书记张爱军就在大运河文化带建设中如何统筹推进、彰显宿迁元素，贡献宿迁力量，做了专题调研。

8 月 15 日，“千年韵・万象河”大运河文化之旅在北京市通州区文化馆启动。

8 月 16 日，无锡市梁溪区召开全区领导干部会议，省委常委、市委书记李小敏出席会议并讲话。

8 月 20～21 日，江苏省水利厅在南京召开全省水利局局长座谈会，部署推进大运河文化带建设工作。

8 月 21 日，扬州市大运河文化带建设工作领导小组第一次会议召开。

8 月 22～24 日，大运河文化带建设研究院徐州分院成立暨学术研讨会在江苏师范大学举行。

8 月 29 日，泰州市海陵区召开大运河文化带建设工作领导小组全体人员会议，专题研究大运河文化带海陵段建设。

8 月初，江苏省水利厅领导率队组织开展大运河文化带建设立法调研活动。

8 月，江苏师范大学敬文书院组建实践调研团，在通州、临清、徐州、淮安、苏州、扬州、杭州七地进行调研活动。

8 月，“绿色江苏行·走古堰话运河”全国融媒体联合采访团走进洪泽区，探访洪泽大运河文化带建设。

9 月

9 月 1 日，扬州世界运河历史文化城市合作组织文化发展基金会成立仪式在扬州举办。

9 月 4 日，扬州市委、市政府就保障世界运河城市论坛顺利召开进行工作协调。

9 月 4 日，江苏省人大常委会在南京召开大运河文化带建设立法调研座谈会。

9 月 4 ~ 5 日，江苏省政协副主席周继业率住江苏部分全国政协委员到苏州调研大运河文化带建设情况。

9 月 5 日，安徽省政协副主席李修松到泗县调研大运河文化带建设工作。

9 月 5 ~ 6 日，全国政协委员、江苏省政协主席黄莉新率住江苏部分全国政协委员来扬调研大运河文化带建设情况。

9 月 10 ~ 13 日，全国政协副主席刘奇葆率调研组到河北省就推动大运河文化带建设重点提案督办进行调研。

9 月 12 日，运河风情民俗展演新闻发布会在高邮召开。

9 月 15 日，“山东社科论坛——运河文化保护与开发研讨会”在德州举行。

9 月 20 日，第二届中国大运河智库论坛在南京邮电大学举行。

9 月 26 日，浙江省委政研室调研组副主任童笑柳等一行 6 人展开大运河文化带调研。

9 月 27 日，江苏省大运河文化带建设工作领导小组在扬州召开中国大运河博物馆规划方案专家评审会。

10 月

10 月 2 日，南通市通吕运河整治现场推进会召开。

10 月 2 日，首届北京·运河国际艺术周在北京市通州区文化馆开幕。

10 月 8 日，2018 年世界运河城市论坛新闻发布会在扬州举行。

10 月 11 日，由中国报业协会、扬州市纪委市监委联合主办的“全国党报家风宣传·大运河城市家风建设研讨会”在扬州举行。

10 月 13 日，“无锡大运河文化带建设文旅融合发展论坛”在无锡太湖国际博览中心举行。

10 月 15 日，苏州市人大常委会主任陈振一率队对京杭大运河苏州段堤防加固工程进展情况开展视察。

10 月 19 日，杭州余杭区政协召开十一届九次常委会议，就推进大运河文化带建设进行专题协商。

10 月 23 日，宿迁市政协主席王益率各县（区）政协主席到江都区开展大运河文化带文史研究活动。

10 月 24 日，常州召开大运河文化带建设工作领导小组办公室全体会议，听取并论证《大运河文化带常州段实施规划（征求意见稿）》。

10 月 29 日，杭州市拱墅区政协在中国刀剪剑博物馆举办第九届“运河文化论坛”。

10 月 31 日，2018 中国·泰州“大运河文化带建设”项目推介会在泰州市海陵区召开。

11 月

11 月 5 日，全国政协文化文史和学习委员会副主任陈际瓦带领调研组到山东德州武城县实地调研。

11 月 6 日，全国政协文化文史和学习委员会副主任陈际瓦一行到济宁市汶上县南旺分水枢纽遗址进行了考察。

11 月 7 日，杭州拱墅区举行区委理论学习中心组（扩大）学习会，推进拱墅区大运河文化带建设。

11 月 9 日，大运河文化带建设研究院苏州分院暨苏州大运河文化带建设研究院成立大会在苏州举行。

11 月 12 日，2018 杭州国际人才交流与项目合作大会拱墅分会场——“智汇运河”海外高层次人才对接会在杭州国际人才创业创新园（拱墅园区）举行。

11 月 13 日，安徽省《引江济淮工程沿线生态保护与旅游总体规划（征求意见稿)》启动公示。

11 月 13 日，淮安市为推动大运河文化带建设，举办了大运河文化带建设高端讲坛。

11 月 14 日，全国政协文化文史和学习委员会副主任刘佳义带领调研组来到河南鹤壁市调研。

11 月 14 日，苏北运河首座“新能源船闸”——淮阴船闸投入运行。

11 月 16 日，以“遗产保护、功能活化与空间品质提升”为主题的大运河国家文化公园江苏段国际设计工作坊活动，在江苏苏州开营。

11 月 18 日，由淮安市委宣传部，淮阴区委、区政府共同主办的“清口枢纽·科技之光”大运河文化遗产活化利用主论坛在淮安开幕。

11 月 23 日，大运河文化带建设研究院淮安分院成立暨学术研讨会在淮安举行。

11 月 28 日，大运河文化带建设研究院扬州分院成立暨主题报告会在享有“中国运河第一城”的古城扬州举行。

11 月 29 日，首届长三角国际文化产业博览会运河文化论坛在上海举行。

11 月 30 日，“千年韵·万象河”大运河文化之旅主题活动总结交流会暨闭幕式在浙江杭州举行。

12 月

12 月 2 ~4 日，由光明日报社、江苏省委宣传部、无锡市委主办的首届江南文脉论坛在无锡举办。

12 月 7 日，第二届中国（江苏）老字号博览会暨“中国大运河和中华老字号”高峰论坛在南京国际展览中心盛大启幕。

12 月 7 日，以“聚焦大运河产业发展新机遇”为主题的第三届中国大运河国际论坛在杭州举行。

12 月 11 日，大运河浙江段美术馆联盟成立大会在杭州举行。

12 月 15 日，“大运河文化带地方戏晋京展演暨城市推介年度活动——吴风锡韵无锡·惠山区专场”在北京东苑戏楼隆重举行。

12 月 31 日，《大运之河》MV 在扬州举行全球首发仪式。

12 月，《镇江市古运河保护规划（征求意见稿)》编制完成。

2019年

一 政策法规

（一）国家

《大运河文化保护传承利用规划纲要》要点

2019年2月，《大运河文化保护传承利用规划纲要》（本部分简称《规划纲要》）印发，中共中央办公厅、国务院办公厅发出通知，要求各地区各部门结合实际认真贯彻落实。

1. 发布背景

大运河由京杭大运河、隋唐大运河、浙东运河三部分构成，全长近3200千米，开凿至今已有2500多年，是中国古代创造的一项伟大工程，是世界上距离最长、规模最大的运河，展现出我国劳动人民的伟大智慧和勇气，传承着中华民族的悠久历史和文明，是一部书写在华夏大地上的宏伟诗篇。2014年，大运河成功列入《世界遗产名录》。大运河沿线文化遗产资源丰富，运河功能持续发挥，区域发展水平较高，但长期以来，大运河也面临遗产保护压力巨大、传承利用质量不高、资源环境形势严峻、生态空间挤占严重、合作机制亟待加强等突出问题和困难。

习近平总书记多次对此做出重要指示批示，要求我们要保护好、传承好、利用好大运河这一祖先留给我们的宝贵遗产，要古为今用，深入挖掘以大运河为核心的历史文化资源。遵照习近平总书记重要指示批示精神，打造大运河文化带，是党中央、国务院做出的一项重大决策部署。

党的十九大做出“坚定文化自信，推动社会主义文化繁荣兴盛”的重大部署，为将大运河打造成为中华民族伟大复兴的标志性文化品牌提供了宝贵的历史机遇。“一带一路”建设、京津冀协同发展、长江经济带发展等重大国家战略的深入实施，为发挥大运河连线织网、融汇交流的重要作用，借势借力打造大运河文化带提供了难得的时代契机。抓住这样难得的历史机遇，强化顶层设计，以大运河文化保护传承利用为引领，统筹大运河沿线区域经济社会发展，探索高质量发展新路径，打造宣传中国形象、展示中华文明、彰显文化自信的亮丽名片，是制定《规划纲要》的主要目标。

2. 主要内容

《规划纲要》除前言外，共 10 章，主要分为 3 个部分。

第一部分包括 3 章，提出大运河文化保护传承利用的相关背景、指导思想、基本原则、功能定位和主要目标等，对大运河承载的中华优秀传统文化进行了解读和阐述，明确规划期限为 2018～2035 年，分为 2018～2025 年和 2026～2035 年两个阶段，并进一步展望至 2050 年。

第二部分包括 6 章，从文化遗产保护传承、河道水系治理管护、生态环境保护修复、文化和旅游融合发展、城乡区域统筹协调、保护传承利用机制创新等 6 个方面提出重点任务，具体设计了文化遗产保护展示、河道水系资源条件改善、绿色生态廊道建设、文化旅游融合提升 4 项工程，以及精品线路和统一品牌、运河文化高地繁荣兴盛 2 项行动。

第三部分主要是从加强党的领导、做好组织实施、完善政策措施、健全法律保障、抓好督查评估等 5 个方面，提出保障《规划纲要》贯彻落实的具体举措。

3. 纲要解读

《规划纲要》提出，以习近平新时代中国特色社会主义思想为指导，全面贯彻党的十九大和十九届二中、三中全会精神，紧紧围绕统筹推进“五位一体”总体布局和协调推进“四个全面”战略布局，牢固树立和贯彻落实新发展理念，紧扣我国社会主要矛盾变化，按照高质量发展要求，坚定文化自信，坚持以文化为引领，坚持以人民为中心，共抓大保护，不搞大开发，坚持科学规划、突出保护，古为今用、强化传承，优化布局、合理利用的基本原则，打造大运河璀璨文化带、绿色生态带、缤纷旅游带。

《规划纲要》明确，要按照“河为线，城为珠，线串珠，珠带面”的思路，构建一条主轴带动整体发展、五大片区重塑大运河实体、六大高地凸显文化引领、多点联动形成发展合力的空间格局框架，并根据大运河文化影响力，以大运河现有和历史上最近使用的主河道为基础，统筹考虑遗产资源分布，合理划分大运河文化带的核心区、拓展区和辐射区，清晰构建大运河文化保护传承利用的空间布局和规划分区。

《规划纲要》以专门章节突出强调，要深入挖掘和丰富大运河文化内涵，充分展现大运河遗存承载的文化，活化大运河流淌伴生的文化，弘扬大运河历史凝练的文化，从这 3 个层次深入理解大运河文化的内涵和外延，突出大运河的历史脉络和当代价值，以此统领大运河文化保护传承利用工作。

《规划纲要》从强化文化遗产保护传承、推进河道水系治理管护、加强生态环境保护修复、推动文化和旅游融合发展、促进城乡区域统筹协调、创新保护传承利用机制等 6 个方面着手，分 6 个章节阐述各方面重点工作、重点任务和重要措施，并提出文化遗产保护展示、河道水系资源条件改善、绿色生态廊道建设、文化旅游融合提升 4 项工程，以及精品线路和统一品牌、运河文化高地繁荣兴盛 2 项行动。

为保障各项工作的推进实施，《规划纲要》进一步强调，要加强党的领导，充分发挥党总揽全局、协调各方的作用，调动各方力量，健全体制机制，激发内生动力，坚定信心，勇于担当，抓铁有痕，踏石留印，把工作抓实抓好。要强化组织实施，建立大运河文化保护传承利用工作协调机制，负责统一指导和统筹协调《规划纲要》实施，大运河沿线 8 省（市）是推进大运河文化保护传承利用的主体，各县（市、区）承担各项任务落实的直接责任，中央各相关部门发挥指导和协调作用。

《规划纲要》还从完善政策措施、健全法律保障、抓好督促评估等方面提出具体要求，并明确了重点任务的部门分工，以保障大运河文化保护传承利用工作得到有效落实。

4. 纲要特点

《规划纲要》有以下几个特点。

一是突出以文化为引领推动有关地区协调发展，把保护传承利用大运河承载的优秀传统文化作为出发点和立足点，打造璀璨文化带、绿色生态带、缤纷旅游带，推动大运河沿线区域实现绿色发展、协调发展和高质量发展。

二是坚持共抓大保护、不搞大开发理念，以文化遗产、河道水系、生态环境保护为重点，提出科学规划、突出保护，古为今用、强化传承，优化布局、合理利用的基本原则，推动形成大运河文化保护传承利用新模式。

三是有效衔接国家重大发展战略，紧密结合“一带一路”建设、京津冀协同发展、长江经济带发展和河北雄安新区建设等战略实施，加快发展绿色航运，充分利用丰富的文化、生态、航运资源，发挥大运河连线织网、融汇交流的重要作用。

5. 推进实施

习近平总书记强调，保护大运河是运河沿线所有地区的共同责任。为保障各项工作的推进实施，《规划纲要》明确，要建立大运河文化保护传承利用工作协调机制，负责统一指导和统筹协调《规划纲要》实施，审议重大政策、重大问题和年度工作安排，协调跨地区跨部门重大事项，督促检查重要工作落实情况。相关行业主管部门要加快制定文化遗产保护传承、河道水系治理管护、生态环境保护修复、文化和旅游融合发展等 4 个专项规划，大运河沿线 8 省（市）要抓紧制定出台本地区的实施规划。

《规划纲要》强调，大运河沿线各省（市）是推进大运河文化保护传承利用的主体，要切实承担主体责任，精准把握方向定位，健全工作体制机制，各县（市、区）承担各项任务落实的直接责任。各地在推进大运河文化保护传承利用过程中，要创新工作思路和方法，整合优化各类资源，突出大运河特点和地方特色，要坚持稳扎稳打、久久为功，明确工作路径，细化工作步骤，扎实推进各项任务落到实处。中央各相关部门要充分发挥指导和协调作用，按照职能分工，完善配套政策，强化沟通协调，配合各地区及时解决工作中存在的问题。加强规划协调和衔接，与国家发展规划和国土空间规划相关要求精准衔接，及时编制地方国土空间规划和修订完善省级、市县级发展规划等，健全相关技术标准规范，确保各项任务落实落地并取得实效。

6. 发布意义

一是有利于推动优秀传统文化保护传承。大运河时空跨度长，地域面积广，遗产类别多，文化价值高，历史与现实相互交融，蕴含着深厚的精神内涵，承载着丰富的时代价值。打造大运河文化带，加强大运河所承载的丰厚优秀传统文化的保护、挖掘和阐释，传承弘扬中华民族优秀传统文化的价值内核，推动大运河文化与时代元素相结合，焕发出新的生机活力，将为新时代中华优秀传统文化的传承发展提供强大动力。

二是有利于促进区域创新融合协调发展。大运河是贯通南北的文化长廊，也是联系不同区域的重要经济动脉和生态廊道，拥有极为丰富的文化、生态、航运资源。打造大运河文化带，紧密结合国家重大区域协调发展战略实施，统筹大运河相关资源的合理开发利用，推进文化旅游和相关产业融合发展，以文化为引领促进区域经济高质量发展、当地社会和谐繁荣，将为新时代区域创新融合协调发展提供示范样板。

三是有利于深化国内外文化交流与合作。大运河自古以来就是全国各民族各地区交融互动的关键纽带，也是中外文明交流互鉴的前沿地带，对国内外文明发展都产生了深远影响，是中华民族留给世界的宝贵遗产。打造大运河文化带，强化大运河精神内涵，挖掘和弘扬时代价值，深化国际交流互鉴，再现大运河包容开放天然属性，将为新时代讲好中国故事，更好展现真实、立体、全面的中国提供重要平台。

四是有利于展示中华文明、增强文化自信。大运河记录了中国历史文化写不尽的厚重、壮美和辉煌，见证了中华文明的源远流长和中华民族的勤劳智慧。打造大运河文化带，加强保护传承利用，坚定文化自信，促进社会主义文化繁荣兴盛，弘扬和践行社会主义核心价值观，更好构筑中国精神、中国价值、中国力量，增强国家文化软实力，将为新时代建设社会主义文化强国、实现中华民族伟大复兴中国梦提供重要支撑。

《长城、大运河、长征国家文化公园建设方案》要点

2019 年 7 月 24 日，中共中央总书记、国家主席、中央军委主席习近平主持召开中央全面深化改革委员会会议，审议通过了《长城、大运河、长征国家文化公园建设方案》（本部分简称《方案》）。

《方案》强调，要以习近平新时代中国特色社会主义思想为指导，全面贯彻党的十九大精神，以长城、大运河、长征沿线一系列主题明确、内涵清晰、影响突出的文物和文化资源为主干，生动呈现中华文化的独特创造、价值理念和鲜明特色，促进科学保护、世代传承、合理利用，积极拓展思路、创新方法、完善机制，到 2023 年底基本完成建设任务，使长城、大运河、长征沿线文物和文化资源保护传承利用协调推进局面初步形成，权责明确、运营高效、监督规范的管理模式初具雏形，形成一批可复制推广的成果经验，为全面推进国家文化公园建设创造良好条件。

《方案》明确，要坚持保护优先、强化传承，文化引领、彰显特色，总体设计、统筹规划，积极稳妥、改革创新，因地制宜、分类指导，根据文物和文化资源的整体布局、禀赋差异及周边人居环境、自然条件、配套设施等情况，重点建设管控保护、主题展示、文旅融合、传统利用 4 类主体功能区。

《方案》要求，要修订制定法律法规，推动保护传承利用协调推进理念入法入规；要按照多规合一要求，结合国土空间规划，分别编制长城、大运河、长征国家文化公园建设保护规划；要协调推进文物和文化资源保护传承利用，系统推进保护传承、研究发掘、环境配套、文旅融合、数字再现等重点基础工程建设；要完善国家文化公园建设管理体制机制，构建中央统筹、省负总责、分级管理、分段负责的工作格局，强化顶层设计、跨区域统筹协调，在政策、资金等方面为地方创造条件。要加强组织领导和政策保障，广泛宣传引导，强化督促落实，确保《方案》部署的各项建设任务落到实处。

《国务院办公厅关于同意建立大运河文化保护传承利用工作省部际联席会议制度的函》要点

2019 年 6 月 14 日，国务院办公厅公布了《关于同意建立大运河文化保护传承利用工作省部际联席会议制度的函》，其中明确提出，同意建立由国家发展改革委牵头的大运河文化保护传承利用工作省部际联席会议制度。这是为贯彻落实中共中央办公厅、国务院办公厅印发的《大运河文化保护传承利用规划纲要》中提出的“创新保护传承利用机制”要求，通过加强中央和地方紧密合作，实现跨地区、跨部门协作，促进大运河系统保护与科学利用的有力举措。除了明确国家发展改革委作为牵头单位外，也明确了文化和旅游部等作为三个副召集人单位，国家文物局也是成员单位之一，体现了文物保护、文旅发展在大运河协调机制中的使命和担当。

大运河文化保护传承利用工作省部际联席会议制度

为贯彻落实中共中央办公厅、国务院办公厅印发的《大运河文化保护传承利用规划纲要》（本部分简称《规划纲要》），加强跨地区、跨部门协作，经国务院同意，建立大运河文化保护传承利用工作省部际联席会议（本部分简称联席会议）制度。

1. 主要职责

在党中央、国务院领导下，深入贯彻落实《规划纲要》，加强对大运河文化保护传承利用各项工作的统筹协调，研究审议相关重要政策、年度计划、工作总结和其他重要事项，指导做好重大任务、重大工程、重大措施的组织实施，协调解决跨地区、跨部门的重大问题，完成党中央、国务院交办的其他事项，着力将大运河打造成为宣传中国形象、展示中华文明、彰显文化自信的亮丽名片。

2. 成员单位

联席会议由国家发展改革委、中央宣传部、文化和旅游部、教育部、工业和信息化部、财政部、人力资源社会保障部、自然资源部、生态环境部、住房城乡建设部、交通运输部、水利部、农业农村部、商务部、体育总局、国家林草局、国家文物局等 17 个部门，以及北京市、天津市、河北省、江苏省、浙江省、安徽省、山东省、河南省等 8 省（市）组成，国家发展改革委为牵头单位。

联席会议由国家发展改革委主要负责同志担任召集人，中央宣传部、国家发展改革委、文化和旅游部有关负责同志担任副召集人，其他成员单位有关负责同志担任成员。联席会议成员因工作变动等原因需要调整的，由所在单位提出，联席会议确定。联席会议可根据工作需要增加成员单位。

联席会议办公室设在国家发展改革委，承担联席会议日常工作，完成召集人交办的其他工作，办公室主任由国家发展改革委有关负责同志兼任。联席会议设联络员，由各成员单位有关司局级负责同志担任。

3. 工作规则

联席会议根据工作需要定期或不定期召开会议，由召集人或召集人委托副召集人主持。成员单位可以提出召开会议的建议。研究具体工作事项时，可召集部分成员单位参会，也可以邀请其他相关部门、地方和专家参加会议。联席会议以纪要形式明确会议议定事项并印发有关方面。重大事项按程序报告党中央、国务院。

4. 工作要求

国家发展改革委要牵头会同各成员单位切实做好联席会议各项工作。各成员单位要密切配合，认真落实联席会议议定事项。联席会议办公室要加强对联席会议议定事项的跟踪督促落实，及时向各成员单位通报情况。

（二）地方

北京市

《北京市大运河文化保护传承利用实施规划》要点　2019 年 12 月 5 日，北京正式发布《北京市大运河文化保护传承利用实施规划》（本部分简称《规划》）和《北京市大运河文化保护传承利用五年行动计划（2018—2022年)》，全面实施遗产保护、环境整治、水系治理、文化挖掘、旅游提升和跨区域合作工程。《规划》从 2025 年、2035 年和 2050 年三个阶段，对大运河文化保护传承利用的中长期目标进行了安排，涉及文物、生态、旅游、景观、协同等多个方面。展望 2050 年，大运河文化带将成为服务社会主义文化强国战略、全国文化中心、世界文化名城的示范工程，成为满足人民日益增长的美好生活需要的民心工程，成为建设国际一流的和谐宜居之都、京津冀世界级城市群、“千年运河”中华文明金名片的标志工程。

江苏省

《江苏省人民代表大会常务委员会关于促进大运河文化带建设的决定》

（2019 年 11 月 29 日江苏省第十三届人民代表大会常务委员会第十二次会议通过）

为了统筹保护好、传承好、利用好大运河宝贵遗产，促进大运河文化带建设，根据有关法律、行政法规，结合本省实际，作出如下决定：

一、本省行政区域内的大运河文化带建设及相关活动，适用本决定。

本决定所称大运河文化带，是指国家和省有关规划确定的大运河江苏段范围内，以大运河文化保护传承利用为引领，统筹推进大运河沿线文化、生态、经济和社会建设的综合发展区域。

二、大运河文化带建设应当落实新发展理念，坚持以人民为中心，遵循文化引领、统筹推进，科学规划、优化布局，强化传承、创新发展，突出保护、合理利用的原则，将大运河文化带打造成高品位、高水平的文化长廊、生态长廊、旅游长廊，共建共享民生家园。

三、省大运河文化带建设工作领导小组负责统一领导和统筹协调大运河文化带建设工作，审议大运河文化带建设的重大政策、重大问题，协调跨地区跨部门重大事项，督促检查重要工作落实情况。省大运河文化带建设工作领导小组办公室负责做好日常工作，具体落实大运河文化带建设工作的综合协调、组织推进和督促检查。有关设区的市和县（市、区）应当建立相应机制，统筹协调本行政区域以及与相邻行政区域的大运河文化带建设工作。

省、有关设区的市和县（市、区）人民政府应当将大运河文化带建设纳入国民经济和社会发展规划，承担推进大运河文化带建设实施主体责任，明确有关综合管理部门、行业主管部门和相关单位的责任，建立工作会商协调机制，共同做好大运河文化带建设工作。

四、省人民政府应当根据国家大运河文化保护传承利用规划纲要、大运河国家文化公园建设方案，组织制定相应的实施规划、方案，按照规定程序批准后公布并组织实施。

省有关部门应当根据国家和省相关规划、方案，制定大运河文化遗产保护传承、文化价值阐释弘扬、河道水系治理管护、现代航运建设发展、生态环境保护修复、文化和旅游融合发展等专项规划，报省人民政府批准后公布并组织实施。

有关设区的市人民政府应当依据省人民政府制定的相关规划编制本地区实施规划，按照规定程序批准后公布并组织实施。有关县（市、区）人民政府应当依据上级规划制定本地区实施方案，报设区的市人民政府批准后实施。

大运河沿线县级以上地方人民政府应当将大运河文化保护传承利用相关规划、方案明确的大运河文化带建设要求纳入国土空间总体规划。

五、大运河世界文化遗产的保护范围和要求以申报世界遗产文本《中国大运河》为准。列入全国重点文物保护单位的大运河遗存的保护范围和建设控制地带由省人民政府划定并公布。在保护范围、建设控制地带内的建设项目应当严格控制，并依法经国家文物部门同意；落实建设项目遗产影响评估制度，实行土地出让或者划拨前工程建设考古前置制度，考古调查、勘探由省文物部门组织，所需费用由财政承担。除防洪调度、工程抢险等特殊情况外，不得损害大运河河道、堤岸、历史遗存和文物古迹。

省文化和旅游、文物、住房和城乡建设等有关部门应当加强大运河遗产资源调查、认定、登记和社会发展见证物征集收藏，建立大运河文化遗产名录和档案制度，健全大运河物质文化遗产和非物质文化遗产分级分类保护制度，设立全省统一的大运河文化遗产保护和展示标识系统，支持符合条件的大运河沿线地区申报历史文化名城名镇名村，划定历史文化街区，确定需要保护的历史建筑。

省、有关设区的市和县（市、区）人民政府应当建立健全大运河文化遗产综合保护协调机制，明确文物保护相关机构承担专业保护职责。大运河沿线的县（市、区）人民政府建立大运河文物保护员制度，纳入基层公共文化服务体系建设。

六、县级以上地方人民政府及相关部门应当深入挖掘和全面阐释大运河遗存所承载的历史文化，提炼升华大运河文化的当代价值和时代精神，引导人们真切感知沿线城镇和乡村因河而生、因河而兴的发展脉络、文化传统和情感纽带，涵养社会主义核心价值观，增强文化自觉和文化自信。

省地方志、档案、社科研究、出版等部门和单位应当组织力量，加强江苏大运河文化研究和成果出版工作，编纂江苏大运河志书，收集整理江苏大运河档案资料并向社会公众开放。鼓励和支持编写适合中小学生特点的大运河文化读本读物，开设乡土教育特色课程。

七、县级以上地方人民政府及相关部门根据本地区实际情况科学规划和建设大运河文化博物馆、非遗馆、遗址公园等展陈设施，对现有展示空间进行功能提升和展陈优化，加大藏品征集力度，重点打造经得起历史检验的时代经典之作，防止简单重复、同质竞争和商业化。

县级以上地方人民政府及相关部门应当优化大运河文化保护传承的社会环境和文化空间，推动大运河文化创造性转化和创新性发展，引导和支持沿线地区打造楚汉文化高地、淮扬文化高地、吴越文化高地、金陵文化高地。

八、省人民政府及相关部门应当组织力量建设数字化、可视化的江苏大运河文化带官方网站和数字云平台，充分发挥新闻媒体作用，拓宽网络和国际传播渠道，打造大运河文化国际交流合作平台，讲好大运河文化故事，推动大运河文化传播。

省人民政府及相关部门每年定期举办大运河文化主题活动。有关设区的市和县（市、区）人民政府可以结合本地实际举办相应活动。

九、加强对大运河主河道两岸的空间管控。设区的市和县（市、区）人民政府应当按照国家和省规定要求划定滨河生态空间和核心监控区，实行土地用途管制。在滨河生态空间内严格控制新增非公益性建设用地。将核心监控区纳入国土空间规划并制定禁止和限制发展的产业目录，禁止新建扩建不利于生态环境保护的工矿企业等项目。县级以上地方人民政府应当限期拆除违规占压河道本体和岸线的建（构）筑物，逐步搬离不符合生态环境保护和相关规划要求的已有项目和设施。核心监控区的非建成区禁止大规模新建扩建房地产等开发项目。

核心监控区内的城市建成区（含建制镇）旧城改造应当严格按照要求控制建筑高度，逐步改造与传统风貌不协调的建（构）筑物，优化城市天际线，美化滨河建筑立面，丰富沿岸景观层次，整体保护大运河沿线空间形态。

十、县级以上地方人民政府及其自然资源、水利、林业、生态环境等部门应当推进山水林田湖草综合治理，加强沿线山体、河岸、河滩、湿地的生态保护和修复，在大运河两岸建设生态景观防护林带，加强珍贵和乡土树种培育，落实分级分类监管责任。

加强沿线地区大气污染、水污染、固体废物污染的防治工作，开展环境综合整治、河湖清淤疏浚。对沿河可视范围内废弃的矿山、施工场、堆放场实施清理和生态改造。禁止在大运河河道和岸边违法堆放倾倒固体废物，禁止在大运河沿线河湖内非法采砂。

十一、县级以上地方人民政府及其生态环境、水利、住房和城乡建设等部门应当采取有效措施完善环境基础设施建设，提升水功能区水质，提高考核断面水质达标率；恢复和改善陆生、水生动物生存环境，保护生物多样性；建设水利风景区和美丽乡村，打造水文化地标。

县级以上地方人民政府及其水利、交通运输、生态环境、住房和城乡建设等部门应当加强河道本体建设和河湖水系管理，完善水利、航运等基础设施，关停沿线违规小散乱码头。加强沿线城镇污水收集处理设施建设与改造，推进雨污分流，全面消除沿线城市建成区（含建制镇）内黑臭水体。大运河江苏段严格控制排污口设置，承担南水北调输水功能的大运河苏中苏北段禁止设置入河排污口，现有入河排污口应当予以拆除或者关闭；大运河苏南段禁止新设入河排污口，逐步减少现有排污口。建立健全入河排污口排查、监测、溯源、整治等工作规范和监管体系，禁止排放未经处理或者处理后未达标的生活污水、工业废水等污水，依法查处偷排漏排行为。

省人民政府及相关部门应当制定大运河岸线保护利用导则。在水上岸边进行项目建设，规划部门应当征求文化和旅游、文物、生态环境等有关部门的意见，推动大运河文化元素融入，切实维护大运河历史文化风貌。涉及滨水岸线、现状地形改变的河道治理、除险加固应当推广生态型护岸的普遍应用，防止为拓宽道路而挤占河道及护岸，避免因砌石挡墙过多过高而损害原生风貌。全面提升大运河行船航运、农业灌溉、防洪排涝、文化传承和旅游休闲等多种功能，实现水与岸、功能设施与文化景观的和谐统一。

十二、县级以上地方人民政府及其交通运输、水利、生态环境、住房和城乡建设等部门应当加强船舶污染防治，加快建设垃圾、污水等船舶污染物的接收、转运、处置设施，实行船舶污染物集中上岸、集中处理。统筹船用液化天然气加注站布局建设，加快船舶受电设施改造和岸电设施规划建设。

船舶运输危险货物应当遵守有关法律、法规规定，严格执行大运河航段运输船舶禁限航规定。运输危险废物、危险化学品的船舶，不得进入南水北调东线工程干线规划通航河道。

十三、县级以上地方人民政府及其文化和旅游、交通运输、住房和城乡建设等部门应当推进大运河旅游风景道路规划建设，发展沿线地区之间、城市中心直达大运河景区的旅游专线，开发大运河城市旅游观光巴士，建设水上游览专用码头、生态骑行车道和人行步道等休闲慢行绿道系统，积极推动跨区域大运河水上游览体系建设。

十四、县级以上地方人民政府及其文化和旅游、体育、工业和信息化等部门应当加快发展健身休闲产业，支持举办行走大运河、运河马拉松、运河龙舟赛等体育活动，利用大运河两岸老旧厂房、仓库等工业遗产发展工业文化旅游，开展大运河中医药特色旅游、养老度假旅游，发展乡村旅游，建设一批康养基地、旅游民宿和特色小镇。

十五、县级以上地方人民政府及其文化和旅游部门应当依托历史街区、枕河人家、码头古渡、河湖湿地等原真性景观，培育旅游精品线路，延伸拓展到江南经典游、淮扬风情游、楚汉雄风游、金陵名胜游、江风海韵游，整体塑造大运河旅游品牌形象，让大运河江苏段成为国内外运河旅游最佳目的地之一。

十六、鼓励大运河沿线地区加快发展高效、清洁、低碳、循环的绿色产业，做大做强战略性新兴产业，大力推进淘汰落后产能、化解过剩产能，倒逼企业转型升级。

县级以上地方人民政府及相关部门应当优化大运河沿线老字号传承保护和创新发展环境，提升历史经典产业发展水平，促进传统手工艺与现代创意产业深度融合。

鼓励和支持沿线地区培育壮大文化产业，提升文化产业园区集聚水平，开发与大运河文化密切相关的内容创作、创意设计、媒体传播、会展演艺、版权贸易等特色文化产品和服务，加快发展智慧广电、网络视听、数字出版、动漫游戏等新型文化业态。

十七、县级以上地方人民政府及其有关部门应当全面实施乡村振兴战略，推进农村公共空间治理，建立健全农村道路、供排水、垃圾和污水处理等公用设施的长效管护制度，补齐农村改水改厕、乡村物流、宽带网络等短板。推进美丽乡村建设，打造彰显大运河文化内涵、乡村传统肌理和景观格局的村落集群，建设传承运河文脉、留住乡愁记忆、体现现代文明的幸福家园。

十八、大运河文化带建设，应当保障人民群众的知情权、参与权、监督权和受益权，不得侵害沿线群众合法权益。

县级以上地方人民政府应当鼓励和引导社会力量通过兴办实体、资助项目、提供服务、捐款捐物等方式参与大运河文化保护传承利用。鼓励人民群众积极参与大运河文化带建设，建立健全大运河文化带建设志愿者工作机制。

十九、省、有关设区的市和县（市、区）人民政府应当将大运河文化带公共设施建设和公共服务经费纳入本级财政预算，加大对大运河文化带建设的投入。统筹利用各类财政专项资金，建立完善鼓励大运河文化带建设的财政、科技、金融、土地等扶持政策，创新大运河文化带建设投融资体制，发挥大运河文化旅游发展基金和地方政府专项债券作用，支持符合条件的大运河保护传承利用项目建设。分级分类建立大运河文化带建设项目库，重点支持对大运河文化带建设具有示范带动作用的重大建设项目。省发展和改革部门应当将地方申报、符合条件的项目纳入省重大项目投资计划，省有关部门应当按照规定给予支持。

二十、县级以上地方人民政府应当完善与污染物排放总量直接挂钩的财政政策，健全大运河生态受益地区与保护地区之间、流域上游与下游之间的区域补偿机制。

二十一、地方各级人民政府应当鼓励创作大运河题材的文学艺术作品，在政策资金等方面予以优先支持。

加强与大运河文化带建设相适应的人才队伍建设，健全重大决策专家论证、咨询制度。鼓励支持有条件的高等院校、科研院所增设大运河文化带建设相关研究方向，建立大运河文化带建设研究机构和高端智库，将大运河文化研究纳入江苏文脉整理与研究工程。发挥专业学术机构、地方学术团体和社会组织在大运河文化带建设中的重要作用。

二十二、省、有关设区的市和县（市、区）人民政府应当按照“一带一路”建设、长江经济带发展、长三角区域一体化发展、淮河生态经济带发展等国家重大战略要求，以大运河国家文化公园建设和大运河全域旅游为纽带，建立完善相邻设区的市之间、县（市、区）之间和跨省界的水域联巡联防联治协调机制，开展跨区域多层次交流合作。对接省重点功能区战略，鼓励和支持大运河沿线城市加强协同创新、联动发展。

二十三、省文化和旅游、文物部门应当会同水利、交通运输、生态环境等部门制定完善大运河文化遗产监测管理规范和保护应急预案，建立省级大运河世界文化遗产监测预警平台，共建共享统一的全省大运河文化遗产监管平台，完善监测预警机制、文化遗产巡查督办机制和社会监督机制。

大运河沿线全面实行省、市、县、乡、村五级河湖长制，加强对大运河文化遗产保护的督察考核，发挥河湖长制综合监管作用。

二十四、地方各级人民政府应当将大运河文化带建设纳入综合考核评价体系，加强大运河文化保护传承利用规划和大运河国家文化公园建设方案实施情况阶段性评估。将与大运河文化相关自然资源资产和文化遗产分别列为领导干部自然资源资产离任审计和经济责任审计的重要内容。制定大运河文化带建设评价标准体系，开展大运河文化带建设示范市、县（市、区）创建活动。对在大运河文化带建设中做出显著成绩的单位和个人给予表彰、奖励。

二十五、地方各级人民政府应当整合各类执法资源，强化执法力量建设，建立健全大运河文化带建设联合执法、综合执法机制，依法及时查处各类违法行为。县级以上地方人民政府及其有关部门应当严格执行文化遗产保护、河湖水系治理、水路交通运输、生态环境保护等法律法规，规范和约束大运河文化保护传承利用相关行为。对污染大运河生态环境、破坏大运河自然和文化遗产等损害社会公共利益的行为，法律规定的机关和有关社会组织可以依法提起公益诉讼。

违反本决定规定，有关法律、法规已有处罚规定的，按照其规定执行；法律、法规没有处罚规定的，由县级以上地方人民政府或者有关部门责令改正。

地方各级人民政府及有关部门、单位的工作人员在大运河文化带建设中滥用职权、玩忽职守、徇私舞弊的，由有权机关对直接负责的主管人员和直接责任人员依法给予处分；构成犯罪的，依法追究刑事责任。

二十六、省人民政府根据本决定制定具体实施办法。相关设区的市可以结合本地实际，制定保护传承利用大运河文化的规定。

二十七、本决定自 2020 年 1 月 1 日起施行。

浙江省

《杭州市大运河世界文化遗产保护规划》要点 1 月，杭州市人民政府正式发文批复《杭州市大运河世界文化遗产保护规划》（本部分简称《大运河规划》），明确《大运河规划》是实施杭州市大运河保护工作的重要法律依据。本次规划有诸多创新，积极落实大运河申遗文本和中国大运河遗产管理规划的总体原则，将遗产保护的宏观要求和大运河杭州段的六个遗产点及 110 千米的遗产河道的沿线空间相结合，坚持“多规合一”，把遗产保护规划与杭州城市总体规划、土地利用规划衔接，整合港航、水利等专项规划，实现了保护、城乡规划、国土、港航、水利、防洪、水环境、旅游等多规划融合。

《绍兴市大运河世界文化遗产保护条例》

（2019 年 8 月 30 日绍兴市第八届人民代表大会常务委员会第二十五次会议审议通过 2019 年 9 月 27 日浙江省第十三届人民代表大会常务委员会第十四次会议批准）

第一条　为了加强大运河世界文化遗产的保护，促进大运河文化保护传承利用，根据《中华人民共和国文物保护法》《历史文化名城名镇名村保护条例》等法律、法规，结合本市实际，制定本条例。

第二条　本市行政区域内大运河世界文化遗产的保护、管理和利用，适用本条例。

本条例所称大运河世界文化遗产包括：

（一）浙东运河河道：西兴运河（钱清顾家荡至迎恩门段）、绍兴环城河、城内运河（迎恩门至都泗门之间的上大路河、萧山街河、蕺山河香桥至长桥段、都泗河）、山阴故水道（都泗门至曹娥老坝底）、虞余运河（百官赵家坝至五夫长坝段）等；

（二）遗产点：古纤道（钱清板桥至柯桥上谢桥）、八字桥、八字桥历史文化街区。

大运河沿线具有保护价值的运河聚落遗产、运河水利工程与航运设施遗产、文物遗存以及运河生态与景观环境等大运河其他遗产要素，依照本条例予以保护。国家、省有关法律法规已有规定的，从其规定。

第三条　大运河世界文化遗产保护应当遵循保护优先、科学规划、统筹协调、分级管理、合理利用的原则，维护大运河世界文化遗产的真实性、完整性和延续性。

第四条　市、区人民政府负责本辖区内大运河世界文化遗产的保护、管理和利用，应当将其纳入本级国民经济和社会发展规划，并将相关经费列入同级财政预算。

市人民政府统筹、协调并决定大运河世界文化遗产保护、管理和利用工作的重大事项。

区人民政府应当组织本级相关部门、镇人民政府和街道办事处开展保护、管理和利用相关具体工作。

第五条　市、区文物主管部门按照本条例的规定和同级人民政府的授权，具体负责本辖区内大运河世界文化遗产以及大运河其他遗产要素的保护、管理和利用，开展相关组织、协调与监督工作。

发展和改革、自然资源和规划、生态环境、建设、交通运输、水利、农业农村、综合执法等有关主管部门应当按照各自职责依法做好大运河世界文化遗产保护、管理和利用相关工作。

第六条　市人民政府应当建立大运河世界文化遗产保护专家咨询工作制度。编制大运河世界文化遗产保护规划和保护名录、报批重大建设工程或者作出有关重大决定的，应当听取专家意见或者邀请专家进行评估论证。

第七条　市大运河世界文化遗产保护规划应当符合国家和省大运河世界

文化遗产保护规划，并与绍兴市国土空间规划、生态环境保护规划、历史文化名城保护规划等相协调。

建设、水利、交通、旅游等专项规划应当与市大运河世界文化遗产保护规划相衔接。

第八条　市文物主管部门应当会同市自然资源和规划等有关部门与区人民政府编制市大运河世界文化遗产保护规划，由市人民政府批准公布，并报上级文物主管部门备案。

市大运河世界文化遗产保护规划批准公布前，市人民政府应当提请市人民代表大会常务委员会审议。常务委员会组成人员的审议意见交由市人民政府研究处理，处理情况应当及时报告市人民代表大会常务委员会。

市大运河世界文化遗产保护规划经批准公布后不得擅自变更；确需变更的，应当按照原编制和审批程序执行。

第九条　市大运河世界文化遗产保护规划应当体现大运河世界文化遗产的保护要求，主要包括以下内容：

（一）大运河世界文化遗产和大运河其他遗产要素的构成、现状评估；

（二）分类分段分级保护的重点、标准、措施；

（三）确定核心区和缓冲区的具体范围，限定核心区、缓冲区土地利用强度和建设规模；

（四）考古、遗产展示、运河生态与景观环境整治、岸线管理保护等规划以及相关规划建议；

（五）保护规划分期实施方案。

第十条　市人民政府应当建立统一的大运河世界文化遗产保护名录制度。

市文物主管部门应当会同市自然资源和规划、水利等部门与区人民政府组织普查、编制和修订保护名录，根据本条例规定将大运河世界文化遗产河道、遗产点和大运河其他遗产要素明确为保护对象，纳入保护名录。国务院、省和市人民政府已经批准公布为保护对象的，直接列入保护名录。

对列入保护名录的保护对象应当逐一建档，并依照有关法律法规、保护对象权属等明确保护责任人和保护措施。

第十一条　保护责任人应当加强大运河世界文化遗产河道、遗产点和大运河其他遗产要素的保护和日常维护。

大运河世界文化遗产核心区、缓冲区内的非国有的不可移动文物和历史建筑需要修缮的，市、区人民政府应当按照规定的标准对保护责任人给予补助；保护责任人不具备修缮能力的，市、区人民政府应当采取措施进行保护。

第十二条　对保护名录中尚未公布为文物保护单位、文物保护点的运河遗产要素，市、区文物主管部门应当适时组织评估，并视其历史、艺术、科学价值，依法公布或者推荐公布为相应级别的文物保护单位、文物保护点；符合世界文化遗产条件的，应当依照相关要求和程序申报补充列入大运河世界文化遗产。

第十三条　市人民政府应当建立大运河世界文化遗产监测预警机制。

市、区文物主管部门应当对列入保护名录的保护对象实施动态监测和日常巡查。发生危及大运河世界文化遗产安全事件，或者发现大运河世界文化遗产存在安全隐患的，应当及时发布预警信息，启动应急预案，采取相应处置措施，并依照规定向本级人民政府和上级文物主管部门报告。

第十四条　市文物主管部门应当合理布点、规范设置大运河世界文化遗产标志和核心区、缓冲区的边界界桩。

除根据有关法律法规已设置保护标志外，市文物主管部门应当对其他列入保护名录的保护对象设置保护标志。

任何单位和个人不得擅自设置、移动、遮挡、涂改或者损毁保护标志和边界界桩。

第十五条　大运河世界文化遗产核心区、缓冲区内的地块在土地收储或者国有建设用地使用权出让、划拨之前，自然资源和规划部门应当通知文物主管部门对该地块文物情况进行调查。发现文物的，依照国家、省的文物保护法律法规处理。

第十六条　在大运河世界文化遗产核心区、缓冲区内进行工程建设的，应当符合市大运河世界文化遗产保护规划要求。

在大运河世界文化遗产核心区内，除符合保护规划要求并经依法批准实施的文物保护、环境保护、防洪排涝、水工设施、游船码头、跨河桥梁等工程以及历史文化街区的基础设施和公共服务设施建设、居民住宅修缮外，任何单位或者个人不得进行其他工程建设或者爆破、钻探、挖掘等作业。

对大运河世界文化遗产核心区内符合农村建房条件的农户，区人民政府可以制定具体措施通过依法调剂、置换等方式在核心区外予以安置。

第十七条　在大运河世界文化遗产核心区、缓冲区内不得建设危害大运河世界文化遗产安全或者污染大运河世界文化遗产环境的设施。

已有的不符合市大运河世界文化遗产保护规划要求、危害大运河世界文化遗产安全或者污染大运河世界文化遗产环境的设施，由市、区人民政府依法限期治理。

第十八条　大运河世界文化遗产核心区、缓冲区内的建设项目的选址、布局、高度、体量、造型、风格和色调等，应当与大运河世界文化遗产景观环境相协调；工程施工时应当合理选择施工方案和工艺，避免对大运河世界文化遗产的人为损毁。

第十九条　对列入保护名录的古镇、古村、古街等运河聚落进行保护修缮以及环境风貌综合整治的，区人民政府应当加强评估论证、有序组织实施，延续运河聚落的传统格局和风貌。

第二十条　加强大运河河道水质监测，定期清淤疏浚，做好日常保洁维护。

合理分流大运河航道的货运功能，限定船舶流量、吨位和航速，避免船舶航行对大运河河岸以及古纤道、古桥梁等运河遗产要素的损毁。

新建跨越大运河河道的桥梁、管线等设施，应当符合大运河通航要求。对现有不符合大运河通航要求的现代桥梁、管线等设施，由市文物主管部门会同市河道、航道主管部门以及管线产权单位提出整改方案，报市人民政府批准后分步改建或者依法拆除。

第二十一条　任何单位和个人对列入保护名录的保护对象不得有下列行为：

（一）刻划、涂污的；

（二）擅自修建、改建、添建的；

（三）擅自迁移、拆除的；

（四）其他危害运河遗产要素的行为。

第二十二条　大运河世界文化遗产的利用应当符合市大运河世界文化遗产保护规划和适度、合理、可持续发展的要求。市、区人民政府应当建设浙东运河文化园、遗产公园，开辟参观游览区、体验休闲区等，提升大运河沿线市政公用、公共生活服务、公共文化体育等基础设施和配套服务，推动大运河世界文化遗产保护利用与文化、商贸、旅游等产业协调发展。

鼓励单位和个人依法开展下列活动：

（一）开发、推广运河特色旅游线路和旅游产品；

（二）建立与运河文化相关的专题博物馆、展览馆和体验区；

（三）设立运河文化研究、艺术创作基地，发展文创产业；

（四）其他有利于大运河世界文化遗产保护和文化传承的活动。

第二十三条　市、区人民政府应当构建大运河世界文化遗产综合展示体系，利用博物馆、图书馆、文化馆等公共文化服务设施，以及大运河沿线古镇古村、名人故居、会馆商号、工业遗产等各类场所，因地制宜开展宣传展示活动。

第二十四条　市、区人民政府应当加强黄酒酿制、石桥营造、越窑青瓷烧制、传统木船制作技艺和绍兴传统戏曲、水乡社戏等大运河沿线非物质文化遗产发掘、整理和研究，建设非物质文化遗产保护利用以及展示设施，组织大运河传统民俗节庆活动，传承弘扬优秀运河文化。

第二十五条　任何单位和个人都有保护大运河世界文化遗产的义务，有权对破坏大运河世界文化遗产的行为进行劝阻和举报。

鼓励各类媒体、文化教育机构和志愿服务组织等开展大运河世界文化遗产保护宣传活动，提高公众对大运河世界文化遗产的保护意识。

第二十六条　违反本条例规定的行为，法律、行政法规和省的地方性法规已有法律责任规定的，从其规定。

第二十七条　市、区人民政府，有关部门及其工作人员有下列行为之一的，由有权机关依法处置：

（一）违反本条例规定未组织编制或者未按照要求编制、变更市大运河世界文化遗产保护规划的；

（二）违反本条例规定未组织保护名录的普查、编制、修订工作的；

（三）因保护和管理不善，致使列入保护名录的运河遗产要素损毁的；

（四）其他玩忽职守、滥用职权、徇私舞弊行为的。

第二十八条　违反本条例第十四条第三款规定，擅自设置、移动、遮挡、涂改或者损毁大运河世界文化遗产标志、边界界桩和市文物主管部门依照本条例设置的保护标志的，由文物主管部门责令限期改正，逾期不改正的，对单位处二千元以上二万元以下罚款，对个人处五百元以上五千元以下罚款。

第二十九条　违反本条例第二十一条第一项规定，对除文物、历史建筑以外的保护对象刻划、涂污的，由文物主管部门责令恢复原状，可以处五十元罚款。

违反本条例第二十一条第二项规定，对除文物、历史建筑以外的保护对象擅自修建、改建、添建的，由文物主管部门责令停止违法行为、限期恢复原状或者采取其他补救措施；造成原状改变或者历史风貌破坏的，对单位处五万元以上十万元以下罚款，对个人处一万元以上五万元以下罚款。

违反本条例第二十一条第三项规定，对除文物、历史建筑以外的保护对象擅自迁移、拆除的，由文物主管部门责令停止违法行为、限期恢复原状或者采取其他补救措施，对单位处二十万元以上五十万元以下罚款，对个人处十万元以上二十万元以下罚款。

第三十条　本条例自 2020 年 1 月 1 日起实施。

二　水利工程

江苏省

通吕运河水利枢纽“牛鼻子”工程取得重大进展　2019 年 1 月 17 日，通吕运河水利枢纽工程的“牛鼻子”工程——泵站建设取得重大进展，底板浇筑顺利完成，这是 2019 年 5 月底主汛期到来前水下工程竣工的重要节点性工程。通吕运河水利枢纽工程位于通吕运河上游入江口处，距长江口约 2.2 千米。作为新中国成立以来南通沿江最大的单体投资水利工程，通吕运河水利枢纽工程计划总投资额约为 4 亿元，主要包括通吕运河引水泵站及节制闸，采用闸站结合方案。工程能有效解决南通市水量供给、水体流动、水质改善等方面的问题，且有利于长远解决全市重大水问题。

无锡梁溪区古运河环城步道工程进入收尾阶段　2019 年 12 月，无锡梁溪区内 11.8 千米的古运河环城步道工程进入收尾阶段。无锡市运河办相关负责人表示，无锡在大运河文化带的载体建设上一方面盘活存量，另一方面做优增量。大运河沿线博物馆展示陈列提升工程已经全面启动，可创新“互联网 + 大运河遗产”的展示模式，打造以中国民族工商业博物馆、周怀民藏画馆、无锡丝业博物馆等一批运河沿线博物馆为基础的大运河综合博物馆群。同时，惠山古镇申遗、鸿山国家考古遗址公园（二期）保护展示工程、阖闾城遗址发掘保护项目及龙山石城墙本体保护工程（一期）保护等工程被重点推进。

三　航道运输

（一）会议与调研

江苏省

张长金调研淮安段运河“两违三乱”整治情况　2019年7月10日，淮安市委常委、组织部部长、京杭大运河淮安段市级河长张长金带队来到京杭大运河沿线，实地察看“违法圈圩、违法建设”和“乱占、乱建、乱排”整治工作推进情况。在京杭大运河河长制工作推进会上，张长金对运河沿线各县区前期河长制工作情况表示肯定。张长金强调，要按要求按序时完成“两违三乱”各项整治任务，加强河道生态空间管控，强化水污染防治，建立常态化巡河护河机制，以务实的作风和扎实的举措推动京杭大运河淮安段建成高颜值的生态长廊、高品位的文化长廊、高效益的经济长廊。会上，张长金还向淮安运河沿线各县区级河长下发了“两违三乱”整治任务交办单。

方国强赴常州市武进区巡河督查　2019年8月27日，常州市委常委、市委秘书长、苏南运河市级河长方国强赴武进区巡河督查，并召开苏南运河武进段河长制工作座谈会。方国强察看了滨湖污水处理厂一期工程、新运河生态廊道建设（一期）工程、永安河工程马杭枢纽建设情况。2019年以来，苏南运河武进段河长制工作以市级河长年度任务为核心，积极落实和推进各项工作。1～8月苏南运河武进区、镇、村三级河长累计完成巡河183次，发现和交办河道各类问题28个，截至2019年8月已全部整改到位。

扬州市召开京杭运河扬州段绿色现代航运示范区建设推进会　2019年11月27日，扬州市召开京杭运河扬州段绿色现代航运示范区建设推进会，正式启动京杭运河扬州段绿色现代航运示范区建设项目。示范区划分为江淮生态展示区、千年古城活力区、黄金水道江河交汇区三个功能板块，致力于打造世界运河文化展示高地。扬州实施了最严格的污染防治管控举措，全面提升大运河扬州段船舶污染应急处置能力，打造南水北调源头的清水走廊，保障京津冀与雄安新区稳定安全的水源补给。

（二）航运数据

山东省

京杭大运河泰安段已具备全面通航条件　2019 年 8 月 26 日，京杭大运河泰安段已具备全面通航条件。京杭运河泰安段通航工程的起点位于八里湾船闸，向北呈“Y”字形连接泰安港东平港区的老湖、银山两个作业区，全长 15.5 千米，设计为内河三级航道，概算总投资额为 3.7 亿元。随着京杭运河泰安段通航，东平县、泰安市“因水而兴”，迎来发展良机。据山东省人民政府批复的《泰安港总体规划（2016—2030 年）》吞吐量发展水平预测，到 2030 年，泰安市每年煤炭吞吐量将达到 400 万吨、金属矿石吞吐量将达到 400 万吨、水泥木材吞吐量将达到 300 万吨，总吞吐量将达到 3950 万吨，可节约社会运输成本 10 多亿元，对 GDP 的贡献率可达 30 亿元，可创造近 5 万个就业岗位。

（三）航运维护与管理

江苏省

苏南运河无锡段三级航道整治工程通过竣工验收　2019 年 2 月 21 日，苏南运河无锡段三级航道整治工程通过江苏省交通运输厅组织的竣工验收，竣工质量等级评定为优良。苏南运河无锡段三级航道整治工程起于无锡与常州交界处的直湖港，止于无锡与苏州交界处的丰乐桥，按三级航道标准共整治航道 39.276 千米，改建桥梁 9 座，建设水上服务区 2 个。工程建设中统筹交通、环保、景观、文化、水利等要求进行综合整治，是集“绿化、亮化、文化、美化、智能化”于一身的“黄金航道、生态航道、景观航道、智慧航道”，也是京杭运河全线的示范段项目，荣获“扬子杯”优质工程奖。工程率先在全国建成“感知航道”，积极探索物联网技术在航道领域的应用，建立了一套集数据采集、传输和智能分析为一体的业务应用系统，并形成了综合信息服务平台和集数字化、智能化、可视化为一体的决策支撑体系，获得2011年第十五届中国国际软件博览会金奖。

江苏省船舶污染防治一号行动启动实施 2019年8月13日，江苏省交通运输综合行政执法监督局出台船舶污染防治一号行动工作方案，明确从8月15日起至9月底，以辖区京杭运河、通榆河、苏南干线航道网等干线航道为重点，集中检查在江苏省辖区航行的400吨以上所有货船（包括外省籍在江苏省航行作业的船舶）生活污水收集和排放情况，对船舶违规排放生活污水等行为进行集中整治。此次行动包括5个方面的主要任务：督促航运企业和船民落实防污主体责任、对船舶生活污水防污设施配备及使用开展现场检查、对船舶生活污水防污设施配备及使用进行把关、严格查处违规排放生活污水的行为、主动帮助船舶做好生活污水收集送交的服务。此次行动在省界、入江口门、重点船闸卡口设立重点检查点。各地海事机构会同港口管理部门加强对辖区港口码头的船舶生活污水接收设施建设运行情况的检查，督促港口码头主动、免费接收靠港作业船舶需送交的生活污水，发现船舶生活污水处理装置存在故障不能正常使用的，尽可能帮助船东联系相关设备生产企业，帮助船舶进行修复和维护。

江苏省交通厅、海事局开展船舶超载运输专项整治行动 2019年11月，江苏省交通运输厅、江苏海事局联合部署，在江苏全省统一开展船舶超载运输专项整治行动。此次行动的整治对象为江苏境内航运企业、港口企业和在江苏航行、停泊、作业的所有营运船舶，检查重点是载运钢材、废钢、砂石、煤炭的船舶。交通运输、海事部门对船舶运输行为实行始发港、途经港、目的港和船籍港的全过程管控。

浙江省

绍兴斗门街道整治杭甬运河斗门段 2019年7月初，绍兴市斗门街道严格落实责任，综合施策，通过“一拆二捞三清”的方式开展了为期一周的整治行动。其中，“一拆”，即拆除沿河私搭违建，“二捞”，即打捞沉船、河桩，“三清”，即清理地笼、沿岸堆积物、垃圾死角，此次整治不但确保了河道的清洁畅通，也为沿河群众打造了“水清、岸绿、景美”的沿河生活环境。

（四）航运规划与创新举措

江苏省

《扬州大运河文化带建设交通行动方案》发布　2019 年 8 月，扬州市出台了《扬州大运河文化带建设交通行动方案》（本部分简称《方案》）。《方案》明确，一是通过实施“扬州大运河航闸扩容改造行动、航运管理创新行动、生态保护修复行动和水运文化厚植行动”四项行动，力争至“十三五”末，大运河航道船闸通过能力提升至“十二五”末的 1 倍以上；二是新增四级以上干线航道 40 千米，构建大运河为主干线的高等级航道网络；三是实施 30 万平方米以上的航道沿线绿化，建设一批绿色生态驳岸、航道和景观工程；四是增强水上运输、旅游以及防污染监管和服务能力，建成水上搜救网络和省级航闸应急基地；五是因地制宜建设一批展现新时代大运河航运精神的标志性设施，将交通文化、水运文化、精神文明建设融入水运项目。

四　文化旅游

（一）专题会议

北京市

通州召开大运河文化旅游景区创建国家5A级旅游景区工作办公室成立大会　2019年2月22日，通州区组织召开北京（通州）大运河文化旅游景区创建国家5A级旅游景区工作办公室（本部分简称“5A办”）成立大会，全面推进全国文化中心和大运河文化带建设，打造北京城市副中心金色城市名片。5A办的成立是北京（通州）大运河文化旅游景区创建国家5A级旅游景区工作踏出的重要一步，是创5A工作的基础平台。会上，区旅游委介绍了5A办的成立背景、部门设置、具体工作职能，并部署了2019年重点工作。通州区副区长、5A办主任苏国斌指出，全区各成员单位要统一思想，充分认识做好北京（通州）大运河文化旅游景区创建国家5A级旅游景区工作的重要意义，高水平、高质量地做好创建工作，确保各项任务顺利推进和圆满完成。

中国文物学会组织召开学习贯彻《大运河文化保护传承利用规划纲要》座谈会　2019年3月7日，由中国文物学会主办，中国文物学会大运河专业委员会和无锡运河之光文化艺术交流有限公司承办的学习贯彻《大运河文化保护传承利用规划纲要》座谈会，在中国社会科学院考古研究所学术报告厅顺利举行。会议由中国文物学会大运河专业委员会会长张廷皓主持，故宫博物院院长单霁翔出席并做了主旨报告，来自北京、江苏、山东等地的30余位专家学者参加座谈交流，新华社《瞭望东方》周刊、中国运河网、中国文物报、中国水利报、故宫出版社等媒体关注支持。与会的媒体代表共同倡议筹建大运河文化带建设媒体联盟平台，为保护传承利用好大运河文化创造更好的社会氛围和发展空间。

《运河·中国：隋唐大运河历史文化考察》出版座谈会在京举行　2019 年 3 月 30 日，《运河·中国：隋唐大运河历史文化考察》出版座谈会在北京时代华文书局举行。国内著名专家学者汇聚一堂，畅谈大运河文化开发的现状以及大运河文化研究的发展方向。该著作以隋唐大运河中的通济渠、永济渠为中心，记述了两渠的渊源和演变，着重介绍了通济渠、永济渠沿岸约二十座具有丰富历史积淀的名城，将隋唐大运河沿线曾经的景物风俗、历史画卷一一呈现。

全国政协委员建言大运河文化带建设　2019 年 5 月 24 日，十三届全国政协第二十三次双周协商座谈会在京召开。专家学者围绕大运河绿色生态廊道建设、沿线地区古镇古村保护、文化与旅游融合、促进运河文明中外交流等建言献策。全国政协常委、河南省政协副主席张震宇在会议上提出，大运河历经几千年的沧桑，一直都在创新中发展、在发展中创新。大运河文化带建设，不应简单地恢复运河风貌，应该着眼于当下和未来，着重进行体制机制、管理、项目、理念和文化五个角度的创新，将古代运河文化的精华融入现在的大运河文化。

国家发展改革委召开大运河文化保护传承利用重点督办建议协调会　2019 年 6 月 6 日，国家发展改革委副主任连维良主持召开关于加大大运河文化保护传承利用重点督办建议部门协调会，水利部副部长叶建春出席会议。会上，全国人大教科文卫委员会文化室副主任孙雷介绍了重点督办建议办理的相关要求：要进一步提高政治站位，做好大运河统筹保护和协调发展，同时在办理过程中加强同人大代表的联系，加强部门间的配合协作，并适时做好宣传报道。国家发展改革委社会司介绍了重点建议办理方案和下一步现场调研安排，相关部门分别介绍了重点建议办理进展情况和下一步工作考虑。连维良做总结讲话，强调了四个方面的要求：一是提高站位，二是务实推动，三是意见导向，四是加强力量。

中国大运河智库联盟成立一周年成果在京发布　2019 年 6 月 6 日，中国大运河智库联盟成立一周年成果发布暨大运河智库观察家观察员 60 人论坛在北京举行，论坛由北京物资学院与中国大运河智库联盟秘书处主办。来自全国各地的大运河研究专家学者及媒体记者约 80 人出席论坛。论坛发布了

《新时代中国大运河文化带建设总报告》《北京市大运河文化带建设的八条建议》等成果，公布了中国大运河智库60人论坛总召集人、执行召集人和观察家、观察员名单，签署并宣读了《中国大运河智库60人论坛北京共识》。

国家发展改革委社会司召开大运河文化保护传承利用课题研究工作协调会 2019年8月12日，国家发展改革委社会司组织召开大运河文化保护传承利用课题研究工作协调会。会上，中国传媒大学、中国人民大学、上海交通大学、中国国际工程咨询有限公司、国家地理空间信息中心、中国互联网新闻中心等承研单位分别就大运河文化保护传承利用创新模式研究、评价标准体系研究、规划纲要全年实施情况评估、专项规划评估、信息平台建设与数据分析，以及宣传工作等课题研究情况进行了详细介绍，并就下一步研究思路、主要考虑和需要各地配合的工作事项与大运河沿线8省市相关单位负责人进行了深入的交流讨论。

《图说北京大运河文化带》新书发布会在京举行 2019年8月31日，北京史研究会会长李建平携新书《图说北京大运河文化带》做客首都图书馆"首图讲坛"。在新书发布会上，首都图书馆以及北京市通州区、朝阳区、东城区、西城区、海淀区、昌平区图书馆的代表接受了经济科学出版社赠予的《图说北京大运河文化带》一书。

天津市

天津大运河文化保护传承利用领导小组召开第一次会议 2019年4月19日，天津市大运河文化保护传承利用领导小组召开第一次会议，研究大运河文化保护传承利用行动计划编制和有关工作进展。市委常委、常务副市长马顺清主持会议，市委常委、市委宣传部部长陈浙闽，副市长孙文魁、李树起出席。会议指出，大运河文化保护传承利用是新时代党中央、国务院做出的一项重大战略部署，各区各部门要深入学习贯彻习近平总书记关于大运河文化保护的重要指示批示精神，切实提高站位，坚持问题导向，统筹做好保护传承利用各项工作；要强化顶层设计，认真落实《大运河文化保护传承利用规划纲要》，精心编制大运河天津段保护传承利用实施规划和行动计划，一张蓝图绘到底，让大运河天津段焕发活力、再现风采；要严明管控要求，突出世界文化遗产保护，严格保护自然环境和历史风貌，严禁新建扩建不利于生态环境保护的工矿企业项目，严禁在非建成区大规模新建扩建房地产等城市开发项目，狠抓大保护，杜绝大开发。要落实工作要求，学习借鉴先进经验，健全政府主导、统一规划、市场参与、属地实施工作机制，精心筹划遗产保护、河道保护、生态保护等重大项目，清单化、具体化，明确任务、明确时限、明确责任，高质量完成好大运河天津段保护传承利用的重大政治任务。

天津市河北区人民政府会同天津社会科学院联合举办智库论坛　2019 年 6 月 1 日，天津市河北区人民政府会同天津社会科学院联合举办智库论坛——大运河历史文化遗产资源与运河文化带建设研讨会，中共天津市委宣传部、天津市人民政府参事室等有关部门领导同志出席。此次会议由天津市人民政府参事室指导，天津社会科学院与天津市河北区人民政府主办，天津社会科学院天津历史文化研究中心、天津社会科学院历史研究所、河北区人民政府研究室、河北区文化旅游局联合承办。论坛邀请了大运河沿线八省市的高校、科研院所、政府工作部门的 100 余名代表参加。6 月 2 日，主办方天津市河北区还专门安排代表们参观考察了北运河公园、梁启超饮冰室书斋、李叔同故居等历史文化景点。此次研讨会突出跨学科研究特色，强调宏观与微观、历史与现实、文献研究与实地调研相结合，为重新擦亮中国大运河这张“世界文化名片”建言献策。

河北省

杨慧主持召开大运河文化带建设领导小组第八次会议　2019 年 6 月 5 日，沧州市委书记杨慧主持召开大运河文化带建设领导小组第八次会议。会上听取了《沧州城市区大运河文化带建设规划纲要》编制工作、运河发展（集团）公司筹建等有关情况汇报，对下一步工作进行研究部署。会议强调，要切实抓住用好重大战略机遇，以大运河文化带建设为牵引，推动全市新型城镇化建设和改善人居环境水平；要切实平衡好经济效益、社会效益和生态效益，把大运河宝贵资源用足用好；要切实抓好当前各项工作；要弘扬改革创新和担当担责精神，在真抓实干中推进大运河文化带建设。

沧州市召开大运河文化带建设领导小组第九次会议　2019 年 8 月 19 日，沧州市委书记杨慧主持召开大运河文化带建设领导小组第九次会议。会议强调，要突出规划编制，紧紧围绕规划思路，结合国土空间规划编制，加快推进城市区大运河文化带建设规划、城市区大运河文化带城市设计两个总体性规划和道路交通、综合管线等多个专项规划编制工作；要突出重点工作，狠抓五大工程，全面推进运河沿线文物保护、河道清淤、拆迁拆违、垃圾清理和生态修复，打造岸线整洁、环境优美、管理有序的生态文明标志。

山东省

“大运河文化数据平台、《中国大运河蓝皮书：中国大运河发展报告（2019）》发布会暨大运河文化学术研讨会”在济南举行 2019 年 6 月 21 日，由山东省文化和旅游厅、聊城大学主办，聊城大学运河学研究院承办，世界运河历史文化城市合作组织、社会科学文献出版社、山东佳诺软件科技有限公司协办的“大运河文化数据平台、《中国大运河蓝皮书：中国大运河发展报告（2019）》发布会暨大运河文化学术研讨会”在山东新闻大厦（济南）举行。来自山东大学、中国水利水电科学研究院、首都师范大学、江苏省大运河文化带建设研究院、洛阳师范学院等高校科研机构的专家学者 30 余人，以及人民网、中国网、新华网、中青网、《光明日报》、《中国社会科学报》等 31 家媒体的记者参加了会议。会上，《中国大运河蓝皮书：中国大运河发展报告（2019）》主编、聊城大学运河学研究院院长吴欣教授对蓝皮书相关内容进行了解读。运河学研究院博士高元杰演示了大运河文化数据平台的操作和运用。在随后的会议讨论环节中，与会专家学者围绕大运河数据资料平台建设、运河蓝皮书编撰、大运河文化带建设、运河文化遗产保护等问题进行了深入、广泛的探讨和交流。

聊城召开中国大运河·江北水城文旅大会暨第五届运河论坛工作部署会 2019 年 9 月 20 日，聊城召开中国大运河·江北水城文旅大会暨第五届运河论坛工作部署会，成立了中国大运河·江北水城文旅大会暨第五届运河论坛组委会。组委会下设一个办公室和七个工作组，办公室设在聊城市文化和旅游局。随后，市文化和旅游局进一步细化工作，在原文化和旅游系统工作方案中的七个工作组（综合协调组、项目组、宣传组、接待组、安全组、环境组、保障组）的基础上增加了联络邀请组、运河专家迎送组、诗词学会迎送组、部门对接组四个工作组，细化了接待任务，确保为各方嘉宾提供良好的服务。

全国谢榛研究暨运河文化（临清）学术研讨会在临清召开 2019 年 10 月 26 日，全国谢榛研究暨运河文化学术研讨会（临清）在临清市三和宾舍开幕。聊城大学副校长李兆俊，临清市委书记何宪卓，临清市委常委、宣传部部长王磊、中国传媒大学教授姚小鸥，山东大学教授刘培，中国传媒大学教授张晶等参加开幕仪式。开幕式由聊城大学文学院院长苗菁主持。与会代表围绕谢榛研究和运河文化等主题，纷纷阐述了自己观点和见解。会后，与会专家学者还分别到张自忠将军纪念馆、季羡林先生纪念馆、运河钞关、舍利塔、运河文化产业园等进行了参观考察。

江苏省

首届大运河文化旅游博览会筹备工作动员会在扬州举行　2019 年 2 月 18 日，首届大运河文化旅游博览会筹备工作动员会在扬州举行。扬州市市长夏心旻强调，全市上下要精心策划、精细准备，强化“一盘棋”意识，上下协同，用心用力，履职尽责，高效运转，确保此次博览会安全、成功、圆满举行；要完善组织领导机制、日常工作机制和条线对接机制，加大宣传力度，扩大扬州城市影响力，推动扬州大运河文化带建设水平不断提升。市委常委、宣传部部长姜龙，副市长宫文飞、余珽，市政府秘书长尤在晶参加会议。夏心旻还实地察看了有关活动举办场地，听取了《首届大运河文化旅游博览会总体方案》汇报、筹备工作组织架构和责任分工部署。

大运河文化带建设研究院学习贯彻《大运河文化保护传承利用规划纲要》研讨会在南京召开　2019 年 3 月 1 日，由大运河文化带建设研究院主办的学习贯彻《大运河文化保护传承利用规划纲要》研讨会在江苏省社会科学院顺利召开。会议由大运河文化带建设研究院副院长陈爱蓓主持，江苏省人大常委会教育科学文化卫生委员会主任周琪出席，并做总结发言，江苏省社会科学院党委书记、院长、大运河文化带建设研究院院长夏锦文，江苏省大运河文化带建设领导小组办公室处长王明珠，省发展和改革委员会社会发展和改革处处长郝琳，省城市规划设计研究院研究中心主任姚秀利做了主旨报告，大运河文化带建设研究院副院长王健等八位专家学者做主题发言，来自大运河文化带建设研究院徐州分院、苏州分院、淮安分院、扬州分院的相关同志和研究人员等参加座谈交流。

扬州大学举行《大运河文化保护传承利用规划纲要》学习研讨暨工作部署会　2019 年 3 月 21 日，扬州大学召开《大运河文化保护传承利用规划纲要》学习研讨暨工作部署会。大运河文化带建设研究院扬州分院院长姚冠新在讲话中强调，要做好落实规划纲要的具体建设规划，要着力形成有特色的交叉学科，凝练出若干研究方向；要加强与地方党委、政府、其他高校科研院所和 WCCO 等国际组织的合作，建成一支专兼相结合的高水平研究员队伍，积极申报高层次科研项目，产出高质量的科研成果。

《苏州大运河史》编纂启动工作座谈会召开 2019 年 3 月 26 日，《苏州大运河史》编纂启动工作座谈会召开。会上明确了《苏州大运河史》编纂工作的指导思想、目标任务和时间进度，并对现有编纂方案进行进一步讨论和完善。市委常委、宣传部部长金洁出席会议并讲话。《苏州大运河史》编纂课题组负责人王国平介绍了课题筹备情况，确定了《苏州大运河史》各章节撰写内容及完成时间。会议要求，编纂团队一是要从思想上高度重视，根据“文化繁荣兴盛三年行动计划”的部署，完成体系完整、通贯古今的《苏州大运河史》史学著作；二是要在内容上突出特色，苏州作为运河沿线 30 个城市中唯一以“古城概念”申遗的城市，应呈现大运河独特的历史文化景观；三是要在成果上拓展运用，修史致用，书稿不仅要有史料学术价值，更应起到文化普及作用，通过原创性的研究和具有可看性的表述真正吸引读者。

首届大运河文化旅游博览会组委会在江苏南京举办第一次新闻发布会 2019 年 4 月 18 日，首届大运河文化旅游博览会（本部分简称“运博会”）组委会在江苏南京举办第一次新闻发布会。省委宣传部、省文化和旅游厅及扬州市政府相关领导出席发布会，并就此次运博会总体安排及重点活动筹备进展情况进行了通报和介绍。2019 年 5 月 3～6 日，首届大运河文化旅游博览会在江苏扬州举办，运博会期间还开展了“两大主题演出”“六大展览展示”“三大互动联动”“三大运河主题论坛”等活动。发布会当天，开通了运博会专题网站。

世界遗产运河古镇文旅产业与金融资本合作恳谈会在扬州召开 2019 年 5 月 4 日，世界遗产运河古镇文旅产业与金融资本合作恳谈会在扬州举行。本次会议由江苏省大运河文化带建设工作领导小组办公室、扬州市大运河文化带建设工作领导小组指导，扬州市人民政府、世界运河历史文化城市合作组织、江苏省文化投资管理集团有限公司主办，扬州市江都区人民政府承办。此次会议主题为“绿色发展，共享共建，推动世界遗产运河古镇的新发展”。来自荷兰、法国、俄罗斯、韩国、日本等国家的 30 多位运河城镇的市长、镇长代表，部分国际知名文旅企业，江苏省、扬州市大运河沿线古镇代表，以及大运河文化产业投资联盟中具有代表性的文旅产业企业、金融机构代表，通过主题演讲、恳谈推介和圆桌论坛等形式，深入交流文旅产业发展的国际、国内案例，谋求各地文旅产业和金融资本合作机会，助力世界运河古镇遗产保护利用和文旅产业金融资本融合发展。

2019 运河品牌电商大会在宿迁召开　2019 年 5 月 7～9 日，由国家商务部指导，宿迁市委、宿迁市人民政府、国台办经济局、中国国际电子商务中心共同主办的 2019 运河品牌电商大会在宿迁市骆马湖畔举行。大会以“新运河、新电商、新赋能”为主题，打造开幕式及主题活动、专场活动、展览展示、观摩考察等板块，旨在探讨电子商务发展趋势和实体经济转型路径，搭建区域交流合作平台，加快打造“电商名城”。

中国大运河与古陶瓷学术研讨会在淮安召开　2019 年 5 月 11～12 日，中国大运河与古陶瓷学术研讨会暨江苏省古陶瓷研究会 2019 年年会在淮安市召开，来自全国各地的古陶瓷专家、大运河研究专家、古陶瓷研究会会员等 230 余位嘉宾集聚淮安。此次研讨会旨在通过学术研讨、交流，以多角度、全方位的视野和思维来推动江苏省大运河研究的发展，提高江苏省大运河文化的研究水平。此次会议中，经江苏省古陶瓷研究会批准，江苏省古陶瓷研究会大运河古陶瓷专业委员会在淮安成立。在 5 月 11 日的学术研讨会上，主办方还邀请了 5 名国内知名专家就中国大运河与古陶瓷文化等学术问题做了专题报告，并举办了《大运河古陶瓷与博古画展》专题交流会。

镇江召开“寻找大运河江苏记忆”活动成果发布会　2019 年 6 月 4 日，“寻找大运河江苏记忆”活动成果发布会在镇江谏壁船闸管理所召开。此次发布会由江苏省委宣传部、省交通运输厅、省水利厅、省文化和旅游厅、省文物局主办，会上揭晓了 40 个江苏最美运河地标。镇江市委常委、宣传部部长孙晓南指出，要认真贯彻落实习近平总书记关于大运河文化带建设的重要指示精神，按照省委、省政府的部署要求，加强大运河文化带建设，使大运河焕发新的生机和活力，成为镇江高质量发展的新引擎。镇江市要以此次活动为契机，进一步加强对大运河的保护、传承和利用，凸显“江河交汇”的时代价值，彰显“运河名城”的文化魅力，激发“黄金水道”的经济活力，努力为全省大运河文化带建设增添镇江元素、做出镇江贡献。

大运河文化带宿迁段建设建言资政会召开　2019 年 6 月 5 日，宿迁市在骆马湖总部经济会议中心召开大运河文化带宿迁段建设建言资政会。市委书记、市人大常委会主任、市大运河文化带建设工作领导小组组长张爱军，市委副书记、市长、市大运河文化带建设工作领导小组第一副组长王昊，市政协主席、党组书记王益，市人大常委会党组书记、常务副主任叶辉出席会议。会上，世界运河历史文化城市合作组织主席朱民阳，省政协文化文史委主任谢波，省大运河文化带建设工作领导小组办公室成员、省委宣传部文化产业处处长王明珠作为专家代表发言。市政协学习文史委、民进宿迁市委等10家市政协相关参加单位、专委会和县区政协负责同志，围绕大运河文化带宿迁段建设进行了发言。会上还举行了《运走宿迁》和《千年脉动》的新书发布仪式，王昊与两本书的作者朱伯俭、洪声一同向市图书馆、乡贤代表、市民代表和中学生代表赠送图书。会前，与会人员一同参观了大运河宿迁段文化资源图片展。

镇江召开2019年大运河文化带建设工作领导小组专题会议 2019年6月6日，镇江市召开2019年大运河文化带建设工作领导小组专题会议，深入贯彻落实《大运河文化保护传承利用规划纲要》精神，系统部署2019年大运河文化带建设工作。市委常委、宣传部部长孙晓南指出，2019年大运河文化带建设要以大运河文化保护传承利用为引领，以大运河国家文化公园试点建设为抓手，扎实推进大运河镇江段规划编制工作，统筹抓好大运河文化遗产保护、水环境治理、大运河文化节、文旅基金运作等重点工作，努力打响“江河交汇看镇江”的工作品牌。会议传达了《大运河文化保护传承利用规划纲要》精神，对2019年大运河文化带建设的工作要点做了解读，对相关任务进行了细化，并做了分工安排。会议讨论并通过了2019年市大运河文化带建设重点项目。

“大运河文化带数据库”建设项目在扬州大学正式启动 2019年6月12日，作为大运河文化带建设研究与利用的基础性工程，“大运河文化带建设数据库”建设项目在扬州正式启动。该项目是扬州大学贯彻落实《大运河文化保护传承利用规划纲要》，实现省市主要领导提出的“扬州大运河文化带建设要走在全国前列”的要求，经认真研究谋划而实施的重大项目。该数据库立足于扬州大学，服务国家和省市大运河文化带建设，本着先做好顶层设计、后分步实施的原则，与沿运河政府、高校、社会组织共建共享，最终建成开放、实用的大运河文化带数据平台。扬州大学、社会科学文献出版社、扬州市委宣传部、扬州市社科联、世界运河历史文化城市合作组织等单位领导出席了项目签约启动仪式。

无锡大运河文化带建设工作领导小组第一次全体会议召开　2019 年 6 月 21 日，无锡市大运河文化带建设工作领导小组第一次全体成员会议召开。会议要求全市上下深入学习贯彻习近平总书记关于大运河文化带建设的重要指示批示精神，深刻领会《大运河文化保护传承利用规划纲要》提出的“文化引领经济社会发展”全新理念，坚持以文化为引领，以人民为中心，进一步增强“共抓大保护、不搞大开发”的行动自觉，把运河无锡段建设成为继古开今的璀璨文化带、山水秀丽的绿色生态带和享誉中外的缤纷旅游带，推动无锡大运河文化带建设走在前列、形成示范。会议传达了省大运河文化带建设工作领导小组专题会议精神，介绍了市大运河文化带建设工作领导小组及办公室工作规则，汇报了 2018 年市相关工作情况和 2019 年工作计划、大运河文化带建设研究院无锡分院设立情况、无锡大运河文化旅游融合发展基金设立方案，审议了 2019 年全市大运河文化带建设工作要点。

扬州市邗江区召开大运河文化带建设邗江重点工程推进会　2019 年 7 月 1 日，大运河文化带建设邗江重点工程推进会在扬州市邗江区召开。会议贯彻落实全市大运河文化核心价值务虚会精神，协调推进大运河文化带建设邗江重点工程工作。会上，瓜洲镇工作人员汇报了大观楼建设、古渡公园改造情况。

江苏省十三届人大常委会第十次会议在南京开幕　2019 年 7 月 24 日，江苏省十三届人大常委会第十次会议在南京开幕。省委书记、省人大常委会主任娄勤俭主持第一次全体会议，省人大常委会副主任陈震宁、许仲梓、邢春宁、魏国强、曲福田和秘书长陈蒙蒙出席会议。副省长陈星莺、省法院院长夏道虎、省检察院检察长刘华及省监委负责同志列席会议。会上，受省政府委托，省文化和旅游厅厅长杨志纯做了《关于江苏大运河文化带规划建设情况的报告》。

常州大运河文化带建设工作领导小组第一次会议召开　2019 年 8 月 15 日，常州市委书记、市大运河文化带建设工作领导小组组长汪泉主持召开常州市大运河文化带建设工作领导小组第一次会议。汪泉指出，各级各部门要全面落实《大运河文化保护传承利用规划纲要》和《2019 年全省大运河文化带建设工作要点》，努力把大运河常州段建设成为高颜值的生态长廊、高品位的文化长廊、高效益的经济长廊，成为大运河文化带上的样板区、示范段。会议听取了全市大运河文化带建设、焦溪古镇申遗和青果巷历史文化街区等相关工作情况汇报，审议了《常州市大运河文化带建设工作领导小组工作规则（讨论稿）》《大运河文化带常州段总体规划（讨论稿）》《大运河文化旅游发展基金设立方案（讨论稿）》等规划方案。

淮安召开大运河文化带建设调研成果汇报会 2019 年 8 月 30 日，淮安市召开大运河文化带建设调研成果汇报会。会议指出，要深入贯彻习近平总书记关于大运河文化带重要指示精神，全面落实《大运河文化保护传承利用规划纲要》工作部署，高质量谋划推进全市大运河文化带建设工作。市委书记姚晓东主持会议，市领导李森、周毅、王红红等参加会议。会议要求，对调研组的调研成果，各地各相关部门要认真研究思考，积极吸纳运用，促进成果转化。对当前急需干的事情，各地、各相关部门要紧紧围绕中央和省市部署要求，解放思想，狠抓落实，全力推动市大运河文化带建设不断取得新成果。对大家提出需要协调解决的问题，各相关市领导、相关部门要高度重视，认真研究推进，抓紧解决到位。

江苏省十三届人大常委会第十一次会议举行 2019 年 9 月 24 日，江苏省十三届人大常委会第十一次会议举行。会上听取关于《江苏省人民代表大会常务委员会关于促进大运河文化带建设的决定（草案）》的说明。会议表示，江苏要将大运河文化带打造成高品位、高水平的文化长廊、生态长廊、旅游长廊，推动产业转型升级，共建共享民生家园。

大运河文化带建设智库峰会在扬州召开 2019 年 9 月 28 日，大运河文化带建设智库峰会在扬州大运河畔召开。会议由江苏省大运河文化带建设工作领导小组办公室主办，扬州市人民政府和大运河文化带建设研究院承办，邀请了全国运河沿线城市近 200 名的专家代表参会。在主旨演讲阶段，中国文化遗产研究院原院长刘曙光、南京博物院院长龚良、江苏省水利厅副厅长张劲松、聊城大学运河学研究院院长吴欣、浙江外国语学院副校长张环宙先后发表演讲。在下午的分论坛上，与会专家就大运河文化遗产的保护传承利用、大运河国家文化公园与文化高地建设、大运河文旅融合与区域发展三个主题展开了广泛研讨。

大运河江苏段法治文化长廊建设专题新闻发布会在南京召开 2019 年 10 月 15 日，江苏省司法厅召开大运河江苏段法治文化长廊建设专题新闻发布会。省司法厅二级巡视员李长山向媒体和公众介绍江苏省大运河法治文化长廊建设工作推进情况及下一步工作重点，发布、解读了大运河江苏段法治文化长廊标识，省司法厅副厅长周福莲向首批“大运河法治文化品牌项目”代表授牌授旗。

首届长三角大运河文化带城市旅游论坛在淮安召开　2019 年 10 月 19 日，首届长三角大运河文化带城市旅游论坛暨第五届长三角慢生活旅游峰会、第三届长三角慢生活旅游目的地联盟峰会在淮安启幕。论坛期间，与会嘉宾围绕“慢生活旅游”内涵和外延、“慢生活旅游”体系打造、旅游特色小镇建设、全域旅游开发等热点话题共同深入探讨，并评选出长三角地区慢生活的旅游目的地，为民众出行提供旅游指南。

2019 长三角运河城镇发展平望峰会举行　2019 年 11 月 15 日，2019 长三角运河城镇发展平望峰会在吴江区平望镇举行。峰会由世界运河历史文化城市合作组织秘书处、吴江区文体广电和旅游局、平望镇人民政府、新华日报社苏州分社共同主办，以“顺应国家战略 传承运河文脉”为主题，立足长三角，紧扣大运河，深入挖掘长三角运河城镇的文化精髓和当代价值，探讨协同推进大运河文化带建设方略，实现长三角运河城镇高质量发展。

江苏省十三届人大常委会第十二次会议举行分组会议　2019 年 11 月 28 日，江苏省十三届人大常委会第十二次会议举行分组会议，审议省政府关于江苏大运河文化带规划建设情况报告审议意见落实情况的反馈报告。会议指出，依托大运河江苏段得天独厚的历史资源和现实条件，江苏将打造一批示范带动作用强、在全国大运河文化带建设中独树一帜的重大标志性项目，把大运河江苏段建成大运河文化带“最精彩一段”，为建设“强富美高”新江苏提供有力支撑。反馈报告要求，加快推进淮安里运河文化长廊、宿迁皂河古镇核心展示园、徐州世界级汉文化传承和旅游目的地、无锡鸿山国家考古遗址公园等重大项目建设。

《大运河江苏段文化和旅游融合发展规划》编制工作会议在南京召开　2019 年 12 月 5 日，江苏省文化和旅游厅召开《大运河江苏段文化和旅游融合发展规划》（本部分简称《规划》）编制工作会议。会议研究讨论了《规划》大纲，听取了厅编制工作小组和专家团队的意见建议。江苏省旅游厅副厅长陈芬做总结讲话，提出五点要求：一是提高站位编规划，二是挖掘特编规划，三是做好衔接编规划，四是抓实载体编规划，五是凝聚力量编规划。

苏州市召开大运河文化带建设发展研讨会 2019 年 12 月 18 日，苏州大运河文化带建设发展研讨会在苏州大学顺利召开，旨在探讨苏州大运河文化带建设发展的新途径。此次研讨会由大运河文化带建设研究院苏州分院和新华日报社苏州分社联合主办，大运河古城镇保护发展研究中心、苏州吴都智库承办。会议通过邀请高校、政策研究部门、社科领域的专家，以专家评述、交流发言等形式，对大运河文化带苏州段的保护和建设中的相关问题进行了深入探讨和交流。

《大运河扬州段文化旅游带概念规划》终期评审会议召开 2019 年 12 月 18 日，扬州市举行《大运河扬州段文化旅游带概念规划》终期评审会议。2019 年 6 月，市自然资源和规划部门邀请了 3 家国内一流的规划设计单位开展《大运河扬州段文化旅游带概念规划》的编制，规划编制单位深入调研，形成了中期成果，并于 9 月 23 日组织专家论证，12 月 18 日进入终期评审阶段。经过一天的紧张评审，来自国内规划、建筑、文旅等方面的 7 位专家一致认为，3 家编制单位现状调研充分，规划成果翔实，方案各具特色，达到设计任务书终期成果的要求，专家组一致同意编制成果通过评审。

江苏省人大常委会和省大运河文化带建设工作领导小组举行运河专题座谈会 12 月 27 日，江苏省人大常委会和省大运河文化带建设工作领导小组办公室在南京联合举办宣传贯彻《江苏省人民代表大会常务委员会关于促进大运河文化带建设的决定》（本部分简称《决定》）座谈会，省委常委、宣传部部长、省大运河文化带建设工作领导小组副组长、办公室主任王燕文，省人大常委会副主任许仲梓，副省长费高云出席会议。该《决定》是全国首部有关促进大运河文化带建设的地方性法规，创设性地提出了“实行土地出让或者划拨前工程建设考古前置制度”与“大运河文化相关自然资源资产和文化遗产分别列为领导干部自然资源资产离任干部审计的重要内容”等。

中国运河第一撬研讨会在无锡召开 2019 年 12 月 28 日，中国运河第一撬研讨会在无锡市新吴区梅村举行。此次研讨会由无锡大运河文化带建设研究院指导，无锡市吴文化研究会主办。会议邀请了全国各地、各高校的专家、学者，以及泰国、新加坡、韩国等国家的海外友人共 350 余人参会。参会学者和专家对“中国运河第一撬”精神内涵做了充分表述，论证伯渎河或是中国最早人工运河，让中国运河开挖年代往前延伸 600 余年。

浙江省

浙江嘉兴举行大运河文化旅游与古镇建设座谈会　2019 年 4 月 8 日，嘉兴市大运河文化旅游与古镇建设座谈会在秀洲区王江泾镇举行。此次会议旨在深入贯彻习近平总书记关于大运河保护的批示精神，积极落实《大运河文化保护传承利用规划纲要》中心任务，推进嘉兴“一核十镇百项千亿”重大项目建设，努力把嘉兴建设成为运河文化示范城市和旅游高地。会议指出，大运河是嘉兴的母亲河，是活着的、流动着的文化遗产。嘉兴要打造具有“红船魂、国际范、运河情、江南韵”的江南水乡文化名城，必须加强大运河文化保护，塑造大运河遗产国际品牌。

2019 年大运河文化带建设专题研讨会在嘉兴顺利召开　2019 年 4 月 27 ~ 28 日，2019 年大运河文化带建设专题研讨会在嘉兴召开。会议由中国地理信息产业协会大运河工作委员会主办，嘉兴学院浙江省红色文化研究与传承协同创新中心、嘉兴市社会科学界联合会、首都师范大学北京文化带研究院、水资源安全北京实验室、国信司南（北京）地理信息技术有限公司共同承办。中国地理信息产业协会常务副会长胥燕婴，中国地理信息产业协会大运河工作委员会主任、首都师范大学原校长宫辉力，嘉兴市社科联副主席林时兴，嘉兴学院副校长胡俊云等出席会议并致辞。来自北京、江苏、河南、天津等地的专家、学者围绕大运河文化、文化挖掘、遗产保护与利用；“大运河文化经济带”建设；与“一带一路”国家战略紧密对接，推动运河文化遗产与运河沿线城市可持续发展；地理信息服务大运河遗产保护与利用等众多议题展开了深入研讨。会后，与会专家实地调研了王江泾运河古镇。

大运河文化带浙江段宣传工作座谈会在杭州召开　2019 年 5 月 16 日，杭州召开大运河文化带浙江段宣传工作座谈会。来自杭州、嘉兴、湖州、绍兴、宁波五市港航管理局负责运河建设和宣传工作的部门负责人，以及中国水运报社有关领导和交通旅游导报记者集聚浙江省港航管理中心，共议大运河文化带浙江段宣传工作。在会上，各地市港航部门纷纷介绍了当地运河文化经济发展的特色亮点工作，并对如何宣传好保护好运河文化提出意见和建议。浙江省港航管理中心副主任丁武雄表示，宣传大运河文化，要讲好大运河航运故事，注重大运河文化底蕴的挖掘。

塘栖镇召开大运河文化带塘栖段项目推进会　2019 年 11 月，杭州塘栖镇召开大运河文化带塘栖段项目推进会。会前，全体参会人员坐船实地踏看了大运河文化带塘栖段两岸沿线情况，沿线各村及相关科办负责人介绍、辨认整治点位，并现场领办任务书、明确责任人。会上，规划单位详细介绍了项目设计方案，镇大运河文化带分指挥部、运河综保、征迁、拆违、经发等相关负责人就“拆、整、建”等方面工作开展情况及下一步工作计划做了汇报。会议要求，深入贯彻中央和省区市相关决策部署，深刻认识大运河文化带对塘栖经济发展的重要意义，全力推进建设；要梳理项目，围绕大运河文化带建设目标，全面梳理拆违、拆迁、整治、“低散乱”、文化、建设类项目，形成项目库；要细排计划，根据大运河文化带建设三年行动计划，进一步细化项目实施计划，形成作战图；要落实责任，按照项目化管理要求对每个项目落实牵头领导、责任科办、责任人，签订责任书；要有序推进，对照责任书挂图作战，争当大运河文化带建设先行兵。

河南省

洛阳师范学院举办“大运河文化论坛” 2019 年 4 月 20 日，“大运河文化论坛”在洛阳师范学院顺利召开。此次论坛由洛阳师范学院和中国地理信息产业协会大运河委员会联合主办。来自北京、山东、江苏、河南、陕西等地的多位运河专家、学者，以及运河沿线省市相关单位领导、媒体记者、高校师生齐聚洛阳，围绕大运河文化畅谈古今、各抒己见。聊城大学运河学研究院院长吴欣、大运河文化带建设研究院副院长王健、山东运河经济文化研究中心学术研究部主任李金陵、洛阳师范学院校长梁留科等 7 位专家先后做主题报告。此次论坛旨在通过专家嘉宾的建言献策，共商大运河遗产保护利用工作，为推动大运河文化创造性转化和创新性发展提供理论依据和智力支撑。

河南省审议《大运河河南段文化保护传承利用规划》 2019 年 8 月 23 日，河南省委书记、省委全面深化改革委员会主任王国生主持召开省委全面深化改革委员会第四次会议，传达学习习近平总书记在中央全面深化改革委员会第九次会议上的重要讲话精神，研究河南省贯彻落实意见。省长陈润儿、省政协主席刘伟出席会议。会议审议了《大运河河南段文化保护传承利用规划》，会议提出，要坚决担负起保护大运河的政治责任，做好生态治理修复，充分挖掘文化内涵，谋划实施一批重点项目。

河南大运河文化带建设高层论坛在鹤壁举办　2019 年 11 月 22～24 日，由河南省社会科学院、鹤壁市人民政府主办，河南省社会科学院历史与考古研究所、鹤壁市文化广电和旅游局、浚县人民政府承办的河南大运河文化带建设高层论坛在鹤壁成功举办。百余名专家、学者欢聚一堂，为大运河文化带建设出谋划策。此次论坛采取大会发言、小组讨论、专家点评、实地考察等形式，与会专家、学者围绕隋唐大运河历史文化与遗产价值研究、京杭大运河与隋唐大运河比较研究、河南大运河文化带建设研究、鹤壁大运河遗产价值及其当代应用研究等议题，进行了广泛深入的研究探讨。会议提出，要继续加大浚县运河文化资源研究开发力度、加大运河文化资源保护利用力度、打造文化旅游生态融合发展示范区。

河南省大运河文化保护传承利用暨大运河国家文化公园建设领导小组第一次会议召开　2019 年 12 月 11 日，河南省大运河文化保护传承利用暨大运河国家文化公园建设领导小组第一次会议在郑州召开。省委常委、常务副省长黄强出席会议并讲话。他指出，各地、各有关部门要认真贯彻落实习近平总书记关于大运河文化保护传承利用的重要指示批示精神，坚决扛起河南的使命担当，充分发挥黄河流域生态保护和高质量发展、大运河文化保护传承利用等重大战略机遇的叠加效应，精心保护大运河遗产，弘扬传承大运河文化，努力把大运河河南段打造成为中华历史文明核心展示区、旅游文化生态融合创新区、大运河文化带开放合作先导区、城乡融合示范区。

安徽省

首届淮河文化论坛在淮南举行　2019 年 12 月 14～15 日，首届淮河文化论坛在安徽省淮南市寿县举行。此届论坛以“淮河文化的时代价值”为主题，来自全国各地的专家和学者参加会议。开幕式上，中国社科院原副院长、《中国社会科学》主编张江，山东省政协副主席、山东省社科院党委书记唐洲雁，国务院发展研究中心发展战略和区域经济研究部部长侯永志等 9 位专家做主旨发言。在“淮河文化与‘中国之治’的文化支撑”“《淮南子》与淮河文化”“历史时期淮河文化与经济社会发展”“淮河生态经济带建设与区域协同发展”4 个分论坛上，专家们围绕淮河文化特质、内涵和当代价值等主题进行了深入的探讨。据悉，淮河文化论坛计划举办 5 届，均由光明日报社与安徽省委宣传部联合主办，每年在安徽沿淮城市举办一次。

（二）工作调研

北京市

北京昌平区委书记于长辉调研大运河白浮泉遗址　2019 年 6 月 14 日，昌平区委书记于长辉带领有关部门负责人到白浮泉遗址，就大运河源头文化遗产保护利用工作展开调研。区委副书记、区长王合生，区委副书记谢文征一同参与调研。于长辉强调，昌平拥有丰富的历史文化遗产，要统筹谋划、合理利用，既要保持文化遗产的原始风貌，也要做好周边生态建设，切实做到在保护中发展，在发展中保护。于长辉强调，要认真研究、统筹规划遗址水系的修复保护工作，注重与周边生态建设紧密结合，既满足白浮瓮山河水源需要，又形成白浮泉自然循环水系，真正把大运河源头文化保护好、传承好、利用好。

北京市政协委员考察通州区大运河文化带建设工作　2019 年 11 月 4 日，北京市政协组织委员到通州区就大运河文化带建设工作进行考察。委员们到西海子公园察看西海阁、李贽墓，眺望燃灯佛舍利塔，了解文物遗址保护情况。随后，委员们乘船驶入运河，沿线察看水环境治理情况。座谈会上，北京市政协教文卫体委、提案委，通州区委宣传部负责人介绍相关工作，委员和专家们提出深入挖掘大运河文化内涵、建设大运河京津冀段口述史音像数据库、与老城保护相结合等意见建议。

河北省

杨慧调研检查沧州大运河文物保护传承工作　2019 年 7 月 6 日，沧州市委书记杨慧就大运河文物保护传承工作进行调研检查。杨慧一行先后到沧州丝绸厂旧址、沧州面粉厂旧址、正泰茶庄、吕宅等，实地察看市区段大运河遗产保护现状，现场听取沧州市大运河遗产保护、文化挖掘传承等情况汇报。杨慧强调，各有关部门和运河沿线县（市、区）要树立“一盘棋”思想，加强统一领导、强化分级负责，协同推进大运河文化遗产保护传承、生态环境保护提升、沿线名城古镇保护修复、文化旅游融合发展、国际文化交流等工作，形成强大工作合力，推动大运河文化保护传承利用工作落地见效。

吴晓华调研衡水市大运河文化带规划建设工作　2019 年 8 月 17～18 日，衡水市市长吴晓华调研大运河文化带规划建设情况。吴晓华一行先后到故城县运河风情公园、甘陵书院，景县白草洼村、华家口夯土险工段、阜城县刘老人村、大龙湾村和魏圈村，实地察看大运河文化带规划建设、遗产保护、环境整治等情况，随后主持召开座谈会，听取运河沿岸三县和市直相关部门汇报，研究大运河文化带建设近期重点工作任务。吴晓华要求，一要深入开展文化遗产普查保护、整理提炼和宣传推介；二要高水平编制系列规划；三要推进环境整治和生态保护；四要先期开展道路系统规划建设；五要稳步推进通水通航；六要加强运河沿岸管控，谋划重点片区建设方案，打造一批具有运河文化符号的特色小镇、美丽乡村；七要做好 2020 年旅发大会筹备工作，在会上进一步展示大运河文化带建设成果；八要加强统筹协调。

山东省

国家文物局调研组到东平县调研大运河世界文化遗产保护传承工作　2019 年 6 月 26 日，国家文物局调研组到东平县调研大运河世界文化遗产保护传承工作。泰安市副市长成丽，东平县委常委、宣传部部长张立国，东平县文化和旅游局局长李健陪同调研。调研组一行先后到戴村坝博物馆、东平县博物馆进行实地察看，认真听取相关情况介绍，通过察看实物、观看视频影像，现场观看国家级非物质文化遗产端鼓腔表演等形式，详细了解东平县大运河世界文化遗产保护传承工作开展情况，对东平县工作给予高度评价。调研组希望各级相关部门牢固树立绿色发展理念，做好大运河文化保护传承这篇文章，紧抓大运河文化保护传承这一契机，统筹大运河沿线区域经济社会发展规划，探索高质量发展新路径，努力建设两岸生态廊道，让大运河文化保护传承成果惠及本代、福泽后人、充满生机。

江苏省

王健一行赴无锡伯渎河考古现场考察调研　2019 年 1 月 16 日，大运河文化带建设研究院副院长王健、中国运河网团队一行来到无锡梅村，考察了泰伯庙旁伯渎河的考古现场。无锡市文化遗产保护和考古研究所主任李永军做了考古成果介绍，梅村文保所所长毛剑平也做了相应的汇报。梅村街道办主任吴炜介绍了梅村党政领导对伯渎河的重视和保护措施，得到一致的赞扬。大运河文化带建设研究院副院长王健、江南大学教授谢光前、中国文物学会大运河专业委员会副会长应晓萍等在考察中，对梅村伯渎河考古发掘、保护、利用等方面提出指导性意见和建议。

汪泉专题调研常州市大运河文化带建设工作 2019 年 4 月 7 日，常州市委书记汪泉专题调研常州市大运河文化带建设工作。他强调，常州大运河文化带精品段不仅是本地运河文化的精粹，也是整个大运河文化带的亮点，要抓住国家建设大运河文化带的机遇，趁势而上，深入挖掘本地历史文化内涵与特色，提升城市品质和文化品位，进一步推动高质量发展走在前列。汪泉走进唐荆川纪念馆、周有光图书馆等，详细了解了街区一期开放准备情况。他还指出，各级各部门要统筹协调保护、传承、利用的关系，在保存原有历史风貌的同时充分挖掘文化内涵。

刘奇葆率调研组到江苏调研大运河文化带建设情况 2019 年 4 月 11～15 日，全国政协副主席刘奇葆率调研组到江苏省就推进大运河文化带建设情况开展专题调研。江苏省政协主席黄莉新陪同调研并主持调研座谈会。在江苏期间，调研组先后赴常州、镇江、扬州、淮安等地进行了实地调研，了解推进大运河文化带建设情况。刘奇葆强调，大运河是中华民族最具代表性的文化标识之一，建设大运河文化带对于保护传承利用历史文化遗产、坚定中华民族文化自信、推动世界文化交流互鉴具有重大意义。

周琪赴无锡运河之光文化艺术交流有限公司调研考察 2019 年 6 月 12 日，江苏省人大科教文卫委员会主任周琪一行走进无锡运河之光文化艺术交流有限公司，就社会力量如何对运河文化的保护传承利用有所作为、更有利推进大运河文化带建设工作展开进行考察调研。大运河文化带建设研究院执行院长王健、无锡市人大科教文卫主任施展、新吴区人大科教文卫主任朱惠霖等相关领导陪同调研。周琪主任高度评价运河之光文化艺术交流有限公司十年来为中国大运河再现辉煌所做的贡献。他认为，在大运河文化带建设全面推进过程中，要充分调动社会力量参与其中，发挥主动性和创造性，全社会形成合力，共同把这份宝贵的遗产“保护好、传承好、利用好”。

欧晓理一行赴淮安调研大运河文化保护传承利用工作 2019 年 6 月 23 日，国家发展改革委社会司司长欧晓理会同全国人大常委会办公厅、全国人大教科文卫委员会以及财政部、自然资源部等部委的有关负责人莅淮展开调研工作。市长蔡丽新，市委常委、宣传部部长周毅陪同调研。调研组一行来到清江大闸、清江浦记忆馆、中国漕运博物馆，仔细察看历史遗存，详细了解运河古迹的历史以及古代淮安作为运河中枢的深厚文化底蕴。

住镇省政协委员视察镇江市大运河文化带建设情况　2019 年 7 月 3 日，住镇省政协委员对镇江市大运河文化带建设情况进行专题视察，实地感受镇江市大运河文化带的治理与建设情况，并为镇江市大运河文化带建设建言献策。在丹阳运河广场，住镇省政协委员参观了丹阳大运河文化带和丹阳旅游码头的建设，随后乘船视察丹阳至谏壁段的大运河沿岸治理，以及谏壁船闸的建设情况，委员们对苏南运河丹阳城区段的景观建设赞不绝口，并对大运河沿岸的建设充满希望与期待。座谈会上，市委宣传部通报了镇江市大运河文化带工作情况。各住镇省政协委员从将运河文化带建设与区域文化相结合、全民参与文化带保护与建设、将遗产文化资源活化、全省角度制定统一条例等方面，对大运河文化带建设提出意见建议。

扬州市政协组织开展“瓜洲片区提升暨文旅发展”主题调研　2019 年 9 月 3 日，扬州市政协组织开展“瓜洲片区提升暨文旅发展”主题调研。市政协主席陈扬，市委常委、政法委书记、邗江区委书记张耀武，市政协副主席王克胜、程吉林、夏正祥、王骏、刘流、林正玉，市政协秘书长汤天波，邗江区政协主席陈佳宏，副区长丁明哲，区政协秘书长彭桂华等参加活动。陈扬强调，再现人文、典雅、美丽的瓜洲，是全市上下乃至一切关心关注大运河文化带、长江经济带建设各方人士的共同心声，市政协将进一步发挥人才荟萃、智慧集中的优势，为把瓜洲片区的开发打造成大运河文化带项目建设的“龙头工程”凝聚共识、建言资政，发出政协好声音。

住扬省政协委员视察扬州大运河文化带建设　2019 年 9 月 5 日，住扬省政协委员视察大运河文化带建设暨“省政协委员活动之家”揭牌活动在扬州 486 非遗集聚区举行。扬州市政协主席陈扬，扬州大学党委书记姚冠新，全国政协委员、市政协副主席董玉海，市政协副主席程吉林、夏正祥等参加活动。陈扬提出，要进一步增强政治责任感和历史使命感，提高主动性、激发源动力，对标《大运河文化保护传承利用规划纲要》，高水平编制扬州实施规划，以做靓“运河原点”为总目标，处理好保护与开发的关系，做好与全市“十四五”规划编制的衔接工作。

娄勤俭巡查大运河江苏段水利建设情况　2019 年 9 月，江苏省委书记、省总河长娄勤俭现场巡查大运河苏北段、洪泽湖、淮河入海水道、邵伯湖等河道及水利工程。娄勤俭强调，要深入贯彻习近平总书记关于系统治水的重要论述，把治水兴水摆在经济社会发展的基础性、战略性、先导性位置，守护江苏河湖安澜，以实际成效践行初心使命，让水资源更好服务发展、造福人民、润泽江苏。

扬州市四套班子领导集体调研大运河文化带扬州段建设 2019 年 10 月 31 日，扬州市四套班子领导集体调研大运河文化带扬州段建设。市委书记谢正义强调，全市上下要深入学习领会习近平总书记关于大运河文化保护传承利用的系列重要指示批示精神，按照省委省政府和国家部委相关会议最新部署要求，以不负时代的责任感、不负历史的使命感，再接再厉，强化担当，奋力在大运河文化带建设上干在实处、走在前列、当好示范，努力推动扬州从大运河申遗牵头城市向大运河文化保护传承利用带头城市转变，确保以大运河扬州段建设的崭新形象向建党 100 周年献礼。

魏山忠到扬州调研大运河保护工作 2019 年 11 月 6～7 日，水利部副部长魏山忠到扬州调研大运河保护工作。魏山忠先后来到三湾生态湿地、万福大桥、高邮市淮江公路等地，实地考察运河三湾风景区、“七河八岛”、高邮明清大运河故道，深入了解扬州大运河文化带建设尤其是大运河保护情况，对扬州相关工作给予了充分肯定。在三湾生态湿地，魏山忠走进大运河文化展示中心、24 小时城市书房等，详细了解运河三湾风景区建设情况。魏山忠强调，水工文化是大运河文化带建设最基础的文化，要在做好大运河河道治理和沿线环境保护的基础上，深度挖掘大运河沿线水工智慧和治水故事，为推进大运河文化带建设提供坚强有力的水利支撑。

常州市领导调研武进区武宜运河省考断面工作 2019 年 11 月 7 日，常州市委常委、统战部部长韩九云调研武宜运河省考断面工作，要求市、区两级共同努力，理清工作思路，明确工作目标，巩固长效管理成果，为更好地开展下一步工作打好坚实基础。区领导叶明华、杨国成参加调研。武宜运河全长 26 千米，沿途与武南河、太滆运河等河流交汇。武宜运河万塔断面、钟溪大桥断面为省“水十条”考核断面，考核目标Ⅳ类水质。韩九云一行先后察看了武宜运河万塔断面、钟溪大桥断面情况。在随后召开的座谈会上，各断面长汇报了整治情况和近期重点工作计划。韩九云强调，要加强枯水期的水质管控，加快实施年度治水工程项目，提前谋划下一步工作，并抓好责任落实，强化责任担当。

周铁根专题调研徐州大运河文化带建设工作　2019 年 11 月 12 日，徐州市委书记周铁根专题调研大运河文化带建设工作。市委常委、宣传部部长冯其谱，市委常委、秘书长吴新福，市委常委、徐州经济技术开发区党工委书记王强参加活动。周铁根在调研中指出，建设好大运河文化带是新时代赋予大运河沿线地区的光荣使命，要坚持系统推进，加强整体规划，进一步挖掘大运河历史文化，整合徐州汉文化元素，推动文旅融合发展。要加强大运河沿线环境整治，协调推进大运河文化保护传承、环境治理修复与资源开发利用；要加快运河沿线路网提升建设，在保护好传承好大运河深厚文化的同时，推动运河沿线地区经济社会发展，努力为江苏大运河文化带建设提供徐州样板、做出徐州贡献。

江苏省政协集中视察沿运各地大运河文化带建设　2019 年 11 月，江苏省政协就加快推进大运河文化带建设组织江苏省市政协联动视察。江苏省政协主席黄莉新参加镇江、扬州的视察并讲话。江苏省政协副主席周继业参加视察并主持座谈，江苏省政协秘书长杨峰及省有关单位负责同志参加视察。运河沿线无锡、徐州、常州、苏州、淮安、扬州、镇江、宿迁 8 市政协前期开展联动视察，有关负责同志参加扬州座谈并发言。黄莉新在座谈会上指出，江苏是大运河沿线河道最长、流经城市最多、运河遗产最丰富、列入世界文化遗产点段最多的省份。江苏省委、省政府要认真贯彻落实习近平总书记重要指示精神，加强组织领导，加大工作力度，推进江苏省大运河文化带建设取得明显成效。

戴士福专题调研常州武进区春秋淹城旅游区　2019 年 12 月 1 日，常州市武进区区长戴士福带领区委宣传部、区发改局、淹管委等单位主要负责人，就淹城遗址公园融入国家大运河文化带建设，打造高品质国家级遗址公园，专题调研春秋淹城旅游区。区领导郑政平、陆秋明、施小平参加调研。调研会上，春秋淹城旅游区党工委书记、管委会主任居敏俊详细介绍了淹城遗址公园现阶段情况和实施改造提升规划的设想。戴士福肯定了春秋淹城十多年来建设发展取得的成绩。他指出，在塑造高质量旅游明星城市的要求下，如何彰显淹城遗址独特的文化特色和历史底蕴，是急需深入思考的课题。国家大运河文化带的规划建设正紧锣密鼓开展，淹城要以打造高品质国家级遗址公园为目标，抢抓机遇，抓紧规划研究，积极融入国家大运河文化带建设，深入挖掘、不断丰富文化内涵，强化保护和传承，加强生态环境保护修复，推动淹城遗址文化和旅游深度融合发展，实现自身的转型升级，让古老文化在新时期焕发出新的生机和活力。

浙江省

车俊调研浙江省大运河文化保护传承利用工作 2019 年 4 月 11～12 日，浙江省委书记车俊调研浙东运河文化保护传承利用工作。车俊参观了钱清镇运河古纤道、鉴湖鲁镇特色街区、绍兴运河园、镜湖等古迹和景点，乘船考察了运河水环境和两岸整治建设情况，详细了解了浙东运河的遗产保护、水环境治理及旅游项目规划建设情况。车俊提出，浙东运河是老祖宗留给我们的宝贵遗产，是中国大运河内河航运通道与外海连接的纽带。沿岸市县要以高度的使命感和责任感，立足特色优势，加快补齐短板，高水平谋划、高标准建设，使浙东运河更显生机和活力。12 日，车俊主持召开座谈会，审议讨论《大运河（浙江）文化保护传承利用规划》。

宁波开展大运河宁波段水系及水利遗产考察 2019 年 11 月，由宁波市文保所牵头组织国内水利史、水文化、文保、考古、文史等各界知名专家，对大运河宁波段运河河道、水利工程遗产现状进行实地考察调研。专家们考察了虞余段、慈江段运河，五夫长坝、西横河闸、斗门老闸、爱国增产水闸、通济桥、慈江大闸、祝家渡大桥等水利工程遗产，以及句章城遗址、丈亭老街、高桥老街等相关遗产。专家们对宁波段运河保护管理工作给予了充分肯定，并对大运河宁波段标识体系表示赞赏。

河南省

李亚调研洛阳大运河文化带保护利用及城建重点项目建设工作 2019 年 3 月 4 日，洛阳市委书记李亚带队调研大运河文化带保护利用及城建重点项目建设工作。李亚强调，抓好文化遗产保护利用重点项目建设，已列入国家规划的要统筹做好挖掘、修复、展示、利用等工作；具有重要文化意义的项目要积极对接，争取早日列入国家大盘子，发挥更大效益；文物部门要按照文旅融合的发展理念，在做好仓窖遗址的考古、挖掘、保护的同时，积极挖掘历史典故，创新文物展陈方式，增强游客体验互动，让古都韵味留住更多游客。

黄强调研焦作大运河文化保护传承利用工作 2019 年 5 月 14 日，河南省委常委、常务副省长黄强莅临焦作市，就大运河文化保护传承利用工作进行调研。调研中，黄强指出，建设大运河文化带是党中央、国务院做出的重大战略决策，是传承弘扬中华优秀传统文化、坚定和发展文化自信的重要载体。要坚决贯彻习近平总书记重要指示批示精神，深入落实《大运河文化保护传承利用规划纲要》，坚持“共抓大保护、不搞大开发”，保护好、传承好、利用好大运河宝贵遗产，高质量打造大运河河南段。

岳爱云督导检查商丘市睢阳区大运河遗址保护工作 2019 年 5 月 22 日，商丘市副市长岳爱云带领相关部门负责人到睢阳区督导大运河遗址保护工作。在通济渠商丘南关段遗址，岳爱云一行仔细察看了遗址周边环境整治情况，听取了当前工作进展情况的介绍，并叮嘱相关负责人，在保护好大运河遗址的同时，一定要把遗址周边的环境绿化整治好；要大力改善周边环境，提升大运河遗址的观赏性和吸引力，给群众带来文化和自然的双重感受，让群众共享申遗成果。岳爱云要求，各相关部门要提高认识，真正把保护世界文化遗产的责任扛起来，为大运河文化带建设做出贡献；要尽快按照国家文物局批复的方案做好遗址本体回填展示工作；要严格落实省文物局主要领导的指示精神，认真抓好遗产区内的环境整治工作。

（三）遗产保护

浙江省

杭州大运河市级标准发布实施 2019 年 1 月，由杭州市运河综保中心编制的《中国大运河（杭州段）世界文化遗产要素分类、代码与图式》和《中国大运河（杭州段）世界文化遗产监测工作规范》两项市级标准，经市质监局批准发布并正式实施。在围绕大运河文化带建设、推动制度创新方面，杭州作为大运河保护标准化工作的先行者，率先完成了大运河（杭州段）世界文化遗产保护标准化试点，积极发挥了浙江省大运河遗产地综合保护试点市的引领作用，形成了可复制可推广的实践经验。

（四）项目建设

江苏省

江苏省大运河文化旅游发展基金成立 2019年1月4日，全国首个大运河产业发展基金——“江苏省大运河文化旅游发展基金”在南京成立。基金坚持政府主导、市场运作、多元投入和安全稳健投资的原则，充分发挥政府引导作用和市场在资源配置中的决定性作用，推动形成省级和地方政府资金引导联动、各类社会资本广泛参与的投资模式，带动更多优质文旅企业、投资公司和建设运营、金融保险、策划服务等多方资源主体参与。首期基金规模为200亿元，采用母、子基金协同联动方式，聚焦重点领域、扶持优质项目，为大运河文化带建设提供多样性、专业化、强有力的金融支撑保障，不断做大做强大运河文化旅游产业。

扬州市启动中国大运河博物馆建设 2019年1月9日，扬州市第八届人民代表大会第三次会议开幕，市委书记、市人大常委会主任谢正义主持大会，代市长夏心旻代表市政府向大会做政府工作报告。夏心旻提出，2019年启动中国大运河博物馆建设工作，并将其列入政府重点工作之一。他表示，扬州启动建设中国大运河博物馆，旨在打造运河文化展示窗口，使其成为大运河沿线国家文化公园建设最重要的标志，推进扬州城国家考古遗址公园、大运河国际非遗文博园、隋炀帝墓考古遗址公园等文博园区建设，加快形成“一馆多园”格局。

200亿元大运河文旅发展基金落户南京秦淮区 2019年1月，在秦淮区2019年新春联谊会暨重大项目签约仪式上，有14个重大项目签约，200亿元规模的大运河文旅发展基金项目落户南京秦淮区。会上，一批智慧城市、物联网的总部项目签约。秦淮区政府携手联通物联网、IBM、泰华智慧产业集团等企业共同打造5G智慧秦淮，项目投资额逾20亿元。

常州奔牛镇规划建设运河核心项目 2019年7月，奔牛镇启动“江南运河第一河口公园和奔牛老街复兴工程”两个核心项目的建设。项目按照“保护原住民，容纳老民房，减少拆迁量，降低建设难度”的原则实施。在老街复兴过程中，计划还原20世纪五六十年代的历史风貌，一段一段地打造麻糕桶炉、茶馆店、书场、老字号的布店、杂货店、铁铺等，突显富有地域特色的历史文化和商贸旅游的亮点，努力建设具有地方特色、可圈可点的、留得住乡愁的运河文化名镇。

宿迁完成首张京杭大运河旅游地图编制 2019 年 7 月 1 日，宿迁首张京杭大运河旅游地图编制完成。该地图由市文化广电和旅游局牵头组织，市规划测绘院具体测量绘制，全面梳理展示了宿迁市大运河沿岸各 5 千米范围内的文保单位和旅游景区分布情况。其中，涉及文物保护单位 41 处，包括国家级 3 处、省级 7 处、市级 30 处、区级 1 处；旅游景区 32 家，包括省级旅游度假区 2 个、4A 级景区 8 家、3A 级景区 13 家、省四星乡村旅游区 3 家、省三星乡村旅游区 4 家、省自驾游基地 1 个、省级工业旅游区 1 个。据宿迁市文化广电和旅游局工作人员介绍，该地图可为京杭大运河宿迁沿岸文化遗存保护及旅游资源规划开发提供服务。

中国大运河博物馆建设进入招标阶段 2019 年 8 月 19 日，中国大运河博物馆项目正式发布招标公告。招标内容显示，中国大运河博物馆北至开发东路，南、西至三湾湿地公园沿河绿化，建筑面积约为 7.9 万平方米，合同估算价为 10.5 亿元。

宿迁市实施《大运河（宿迁段）法治文化长廊建设五年行动计划》 2019 年 9 月，为深入贯彻习近平总书记关于“保护好、传承好、利用好”大运河历史文化资源的批示精神和江苏省委省政府推进大运河文化带江苏段建设的系列部署，落实江苏省委宣传部、江苏省法宣办等部门关于推进建设大运河（江苏段）法治文化长廊的意见，宿迁市法宣办会同市委宣传部、市文广广电和旅游局等制定出台了《大运河（宿迁段）法治文化长廊建设五年行动计划》（本部分简称《计划》）。该《计划》从 2019 年开始实施，到 2024 年基本建成。

江苏省交通运输厅与淮安市签署运河航运合作协议 2019 年 10 月 23 日，江苏省交通运输厅和淮安市委、市政府在南京签署协议，双方将开展全方位、深层次、多方式的合作，将京杭运河淮安段打造为集文化旅游、都市休闲、滨河运动、生态修复、智慧航运于一体的绿色现代航运示范区，共同推进京杭运河淮安船闸至九龙湖公园航运先导示范段建设、京杭运河淮安段全线绿色航运建设和京杭运河淮安段污染防治。此前，省交通运输厅与扬州市签署京杭大运河扬州段绿色现代航运示范区战略合作协议。双方将共同推进邵伯船闸至茱萸湾段绿色现代航运示范区建设、茱萸湾至施桥船闸段生态修复和景观提升、施桥船闸至长江口门段绿色现代航运示范区建设、京杭运河扬州段绿色港口建设和船舶污染防治等工程。

浙江省

杭州钱塘江博物馆新馆在钱江新城开工 2019 年 12 月 18 日，杭州钱塘江博物馆新馆在钱江新城开工。新馆选址于京杭大运河与钱塘江的交汇之地，是杭州最重要江河的交汇点。博物馆建筑面积为 11000 平方米，设计外立面以钱塘江古海塘遗址为造型来源，结合杭州“诗意人文”的向心性、辐射性等特点，归纳出“千古海塘”“人文钱江”的设计理念，让博物馆成为传播古海塘文化与精神的空间载体。

（五）主题活动

北京市

“文创中国三十年新春茶话会暨大运河文创中心启用仪式”在京举行 2019 年 1 月 19 日，由中科电文化传媒集团、二零四九股份有限公司、世界联合公益基金会、雄安城市生成与发展特色小城镇联合体等多家机构联合主办的“文创中国三十年新春茶话会暨大运河文创中心启用仪式”在国家文化产业创新实验区举行。整个活动由北京朝阳区三间房地区 2049 国际文创产业园大运河文创项目介绍会及高碑店惠河南街 1109 号大运河文创中心的现场观摩会组成。会议提出，要以“文创中国三十年”为行动路线，针对京津冀协同发展、一带一路、长江经济带、粤港澳大湾区、世界级和国家级城市群及跨地域新区建设的需求，以镇域经济创意开发为价值载体，引入 2049 创产模式——双创两促，零级开发，四众四合，九畴统略，落实“创新、协调、绿色、开放、共享”发展理念。

全国第五届大运河集邮文化活动在京举办 2019 年 6 月 28～29 日，北京 2019“庆祝祖国 70 华诞，邮赏中国运河文化”暨全国第五届大运河集邮文化活动分别在北京市西城区第一文化馆、北京郭守敬纪念馆举办。开幕式上，全国 12 家大运河集邮组织向大运河沿线集邮爱好者发出《保护传承大运河文化倡议书》。活动期间举办了“北京 2019 全国第五届大运河集邮展览”和“中国大运河文化专题讲座”。在第二天的活动中，举办了“全国第一届中国大运河集邮组织联谊会”，全国大运河沿线城市的 12 家运河集邮研究会代表济济一堂，共话大运河文化的保护与传承，并讨论通过了《中国大运河集邮组织联谊会管理办法》。

通州举行水上书画院成立揭牌仪式　2019 年 7 月 26 日，大运河文化产业股份公司在通州水上公园船坞平台举行了水上书画院成立的揭牌仪式，近百名企业文化界嘉宾参加。嘉宾们建议大运河水上书画院邀请并接纳社会各界书画专业工作者、爱好者参加水上书画院组织的观光游览，开展书画笔会、书画展览、书画培训、书画写生等陶冶情操、健康有益的活动；期望水上书画院注重政治效益、社会效益、经济效益，播种正能量，积极为首都精神文明建设添砖加瓦，努力展示新一代运河人的风采。

大运河文化宣讲团在通州举行首场宣讲　2019 年 7 月 30 日，由大运河研究会理事贾长宽带来的《中国大运河的世界之最》，拉开了通州区大运河文化宣讲团首场巡回宣讲的序幕。此次宣讲活动包括《中国大运河的世界之最》《非遗匠人运河情》《地名背后的漕运故事》《通州的红色“火种”》《舌尖上的“通州味儿”》《一个农民的文学梦》《咱的大运河又美了》《相约未来之城》8 个主题演讲。通州区非遗传承人、大运河研究会专家、运河畔的村民和基层工作者等 10 位宣讲员，讲述了自己和运河之间的故事，介绍了大运河的历史地位和价值。

约翰·霍金斯出席中国首个大运河文创中心启动仪式　2019 年 7 月 18 日，“世界创意经济之父”约翰·霍金斯携著作《新创意经济》到北京发布，并出席中国首个大运河文创中心启动仪式，以期为中国文化及创意产业的发展提供借鉴和思考。《新创意经济》是霍金斯二十年思考践行“创意经济”的总结之作，内容涉及创意概念、创意支柱、创意才能、创意生态、创意管理、创意产权、创意网络、创意核心、创意城市、创意资产等。霍金斯在现场表示，中国大运河文化带的建设令人瞩目，他此次来中国正是以创意经济探索古都复兴和文化再生等课题。会议进行了“文创中国三十年行动组委会”和“大运河文化中心”揭牌仪式，这标志着全国首个“大运河文创中心”正式启动运营。同时，与会众多专家、学者围绕国家文创实验区的发展、如何带动文创园赋能地方实体经济等核心议题展开讨论。

大运河文化带文化遗产创新创意设计大赛颁奖典礼在通州举行 2019年8月31日，大运河文化带文化遗产创新创意设计大赛闭幕式暨颁奖典礼在通州区北京国际财富中心举行。文化和旅游部党组成员、国家文物局局长刘玉珠，中国文物保护基金会理事长励小捷，通州区委副书记、区长赵磊出席。本次赛事由国家文物局、北京市委宣传部指导，中国文物保护基金会、通州区委区政府主办，通州区委宣传部承办，是2019年2月中共中央办公厅、国务院办公厅印发《大运河文化保护传承利用规划纲要》后，第一个全流域八个省市共同参与的文化品牌活动，也是第一个着眼于大运河沿线地区文化遗产保护利用和创意设计的文化活动。

河北省

故城县举行运河文化旅游产业沙龙论坛 2019年3月25日，以传承运河文明，打造故城"流动的文化带"，促进全域文化旅游产业发展为主题的沙龙论坛在故城县举行。故城县大运河文化带建设和文旅产业发展工作领导小组相关负责人、运河文化研究会、离退休老干部、特约嘉宾、社会人士等近200人参加此次论坛。现场多名嘉宾发言，并参与互动解答。

山东省

山东运河经济文化研究中心年会在济南召开 2019年3月10日，山东运河经济文化研究中心年会在济南召开。山东运河经济文化研究中心在2018年顺利完成了省文化厅委托的课题《大运河山东段文化遗产的保护传承与利用》，积极为运河穿黄、治水和文化带建设提出建议，并向有关部门递交了《京杭运河穿越黄河隧道工程项目建议书》，取得了显著的成绩。会议表示在新的一年，山东运河经济文化研究中心还将协助建立相应研究机构，为山东沿运区域开展运河研究奠定组织基础，通过举办运河书画摄影展，以及推动《山东运河文化丛书》审稿工作，让更多的人了解运河文化。

2019大运河赛骑行大运环聊城站开赛 2019年8月18日，2019京杭大运河自行车超级挑战赛骑行大运系列赛聊城站暨茌平县第九届全民健身运动会环聊城七县市不间断骑行挑战赛在聊城开赛。来自全国各地的500位骑友参加此次比赛。此次聊城站比赛以骑行为载体突出大运河文化价值，是贯彻落实全民健身计划、搭建中国运河沿岸城市自行车运动交流平台、促进聊城乃至山东省全民健康和全民健身融合发展的重要举措。

德州召开运河经济文化研讨会 2019 年 8 月 25 日，德州市运河文化研讨会在德州舜和慢城会议室召开。此次研讨会上，德州市人大常委会副主任、市委主委钟玲，山东德州运河经济文化研究中心代理事长杨光来，德州市委宣传部副部长黄子华等领导出席会议并讲话，来自社会各界的 40 余位专家、学者济济一堂，就德州市运河文化的传承与发展各抒己见、献言献策，进行了卓有成效的探讨与交流。

中国大运河·江北水城文旅大会暨第五届运河论坛在聊城召开 2019 年 10 月 18 日，中国大运河·江北水城文旅大会暨第五届运河论坛在聊城召开。此次活动以“保护、传承、融合、创新”为主题，旨在推动聊城运河文化带、旅游带建设，打响“江北水城运河古都”城市品牌。会议为期 3 天，其间将举办主旨会议和九大配套活动。主旨会议包括开幕式、运河论坛、聊城文旅产业“双招双引”招商推介会。在第五届运河论坛分论坛上，来自各地的运河专家将举办“理论研究”“通航研究”“文旅研究”“遗产研究”四个分论坛，从不同角度阐述对运河发展的建议。其间，聊城市还准备了“晋冀鲁豫四省诗词联谊会”“江北水城欢乐小镇大型演唱会”“运河主题晚会”“文旅融合示范项目江北水城欢乐小镇授牌仪式”“运河考察与企业参观”“运河美食节”“运河庙会及特产展销会”“庆祝祖国 70 华诞—大运河书画摄影邀请展”“中国江北水城欢乐灯会”九大配套活动，极大丰富了活动内容，展现了聊城市文旅融合的佳绩。

上海市

第二届长三角国际文化产业博览会在上海开幕 2019 年 11 月 21 日，第二届长三角国际文化产业博览会在上海国家会展中心开幕。本届展会以“建设长三角文化产业共同体”为主题，展期 4 天，由上海、江苏、浙江、安徽三省一市携手打造，展陈规模为 5.4 万平方米，突出“国际化、市场化、专业化、品牌化”的定位，力争成为立足长三角，吸引国内国际优秀文化产业资源的产业合作交易交流平台。

江苏省

无锡日报报业集团举办 2019 年第一期文化客厅 2019 年 1 月 16 日，无锡日报报业集团举办了2019年第一期文化客厅。会上邀请了中国运河网及无锡多位专家学者，以“无锡运河记忆”为主题，就打造水生态文化地标，深入推进大运河无锡段文化带建设展开研讨。

“中央媒体走近吴江”主题采访活动在吴江启动 2019年1月17～20日，由中国行业报协会组织，苏州吴江区委宣传部、区新闻工作者协会协办的“中央媒体走近吴江 大运河文化带建设”主题采访活动在吴江区启动。此次活动历时4天，媒体记者从吴江运河古纤道开始，走访同里镇、震泽镇、桃源镇等一些因运河而生、因运河而兴的城镇，考察了这些小镇是如何将独特而丰富的运河文化转化为特色小镇支撑力量，进而带动当地特色产业，走出一条独具风格的发展之路的。

南通召开“寻找运河南通记忆”活动市级运河地标评选会 2019年1月31日，南通市委宣传部、市水利局、市文广新局联合召开“寻找运河南通记忆”活动市级运河地标评选会。十八里河口、大生码头等被评为南通运河文化地标，代表南通参加全省“寻找大运河江苏记忆”运河地标推选活动。通过此次“寻找大运河南通记忆”活动，南通市结合江苏省大运河文化带建设要求，将南通运河与南通盐文化、近代民族工商业、近代水利、近代航运等有机结合，广泛征集宣传大运河南通段的优秀成果资料，打造了具有南通记忆的水生态文化地标。

无锡举行江南新春第一场泰伯庙会 2019年2月13日，无锡举办江南新春第一场泰伯庙会。伯渎河原名泰伯渎，是商朝末年泰伯在梅里建立勾吴国后，为了灌溉、排洪，在中国历史上开凿的第一条人工河流。泰伯在梅里落户，率领土著开凿河道，即今天伯渎港，已有3200多年的历史。吴王阖闾攻楚，夫差北上伐齐，都曾渡过伯渎河。泰伯庙会是江南地区每年开春的第一个庙会，活动期间人潮涌动、热闹非凡。2007年，泰伯庙会被列入第一批无锡市非物质文化遗产项目；2009年和2014年，先后入选江苏省和国家级非物质文化遗产名录。

邳州大运河文化研究会考察戴庄古镇 2019年3月24日，邳州大运河文化研究会组织由大运河文化研究会部分会员、邳州市知名文化工作者等20多人组成的沿运历史文化普查团，到运河古镇戴庄镇，考察了戴庄镇文化站、运女河、刘林遗址、梁王城遗址、抗日战争禹王山阻击战纪念园、鹅鸭城遗址、千年古槐姊妹树、戴庄文化长廊、解慕唐烈士纪念园、韩信瓜屋、蝴蝶兰种植基地等。考察结束后，参与人员进行了座谈交流，对戴庄镇历史文化进行了研讨，就下一步做好大运河历史文化资源普查、保护、利用工作提出了许多意见和建议。

南京博物院在扬州博物馆内开设展览策划公众访谈会　2019 年 3 月 24 日，南京博物院在扬州博物馆内开设展览策划公众访谈会，倾听扬州市民关于大运河博物馆的想法与建议。运河三湾风景区设计师毛连成介绍，运河三湾风景区位于古运河扬州段中心位置，水系与瘦西湖水系无缝衔接，游客和市民可乘船由瘦西湖到中国大运河博物馆，扬州城市休闲旅游得到进一步战略整合。中国大运河博物馆由中国工程院院士、中国建筑西北设计研究院总建筑师张锦秋领衔设计，毛连成在现场展示了大运河博物馆的初步设计规划图。参会的 20 余名扬州市民代表，各抒己见，为博物馆的整体氛围、具体展陈、互动体验等提出意见和建议。

大运河文化带龙舞精英赛在无锡惠山区举行　2019 年 4 月 7 日，以“龙腾大运河，舞动新时代”为主题的大运河文化带龙舞精英赛在无锡市惠山区玉祁街道举行。来自大运河沿线的河北、山东、江苏、浙江 4 省的 9 支各具特色的龙舞队伍轮番亮相，为市民呈现了多姿多彩的传统舞龙技艺。“大运河文化带”龙舞精英赛是第八届玉祁“三月三”凤阜民俗文化节系列活动之一，此次的凤阜民俗文化节以“时代新韵　文明新风”为主题，包含民俗巡游、龙腾盛世、千年文脉等六个子活动，旨在保护民俗、展示非遗、传播文化、服务民众。

大运河文旅产业投资联盟在南京成立　2019 年 4 月 16 日，大运河文化旅游产业投资联盟（本部分简称“联盟”）在南京宣告成立。据悉，该联盟旨在整合大运河文化、旅游、投资等各方资源优势，集聚金融资本、项目资源、文旅力量，以金融之力、激活文化之源，创新引领文旅产业新潮流，实现联盟成员单位间的资源共享、平等合作、互利共赢，积极探索大运河文旅产业投资合作的新方式和新途径，着力推进大运河文化带江苏段建设成为大运河文化带的先导段、示范段、样板段，成为江苏文化建设高质量的鲜明标志和闪亮名片。成立大会上，首批 30 多家联盟成员单位通过了《大运河文化旅游产业投资联盟倡议书》。江苏省文化投资管理集团有限公司被推举为首任理事长单位，世界运河历史文化城市合作组织、中国旅游研究院、金陵饭店集团、复星旅游文化集团、龙城旅游控股集被推举为副理事长单位。

首届大运河文化旅游博览会旅游装备展房车巡游活动在无锡举行 2019年4月23日，由江苏省文化和旅游厅与省旅游协会联合承办的首届大运河文化旅游博览会旅游装备展房车巡游活动亮相无锡。巡游车队车友一行到无锡窑群遗址博物馆进行参观。该博物馆坐落在古运河畔的大窑路上，是全国第一座全面展示中国砖瓦发展史的主题博物馆。车友们对中国砖瓦业和无锡的古窑业有了更加深入的了解，也见证了无锡为中国近代工商文明所做出的辉煌成就。

湖州发展研究院执行院长李学功一行到无锡运河之光文化艺术交流有限公司考察交流 2019年4月29日，湖州发展研究院执行院长李学功一行到无锡运河之光文化艺术交流有限公司参观考察交流，大运河文化带建设研究院副院长王健陪同考察。湖州发展研究院考察人员一行与运河之光团队，就如何保护好、传承好、利用好运河这一世界文化遗产，提升地方智库建设水平与实践路径的需要及大运河文化带建设各项工作进行了座谈交流。中国运河网总经理、中国文物学会大运河专业委员会副会长应晓萍对李学功院长一行的来访表示热烈欢迎。她提出，中国运河网十年来始终致力于大运河世界遗产保护，扩大运河城市的文化传播，推进运河城市经济一体化，谋求运河城市间协同发展。

首届大运河文化旅游博览会在扬州举行 2019年5月3～6日，首届大运河文化旅游博览会在扬州举行。博览会期间，“璀璨运河”灯光秀和原创歌剧《运之河》的演出如期举办，讲述大运河“前世今生”的百米长卷美术作品《中华民族的血脉——中国大运河史诗图卷》也首次亮相。同时，围绕大运河的国际运河城市文化旅游精品展、大运河文物精品展、大运河非遗展等六项展览得以推出，大运河文旅融合发展论坛、大运河文旅产业投资论坛、大运河城市文旅消费论坛等三项论坛也顺利召开。

中国大运河博物馆（筹）奠基仪式在运河三湾风景区举行 2019年5月5日，中国大运河博物馆（筹）奠基仪式在运河三湾风景区举行。中共江苏省委常委、宣传部部长王燕文，江苏省副省长王江，中国工程院院士、中国建筑西北设计研究院总建筑师张锦秋等出席活动，并共同为中国大运河博物馆（筹）项目培土、奠基。王江表示，江苏有关部门和扬州将全力以赴，把中国大运河博物馆建设成为保存大运河历史记忆、传承大运河文化发展的新时代经典之作和彰显大运河文化特色、时代特征且经得起历史检验的精品工程。扬州市委书记谢正义表示，建设中国大运河博物馆是扬州作为大运河源头城市、申遗牵头城市的文化龙头工程，扬州将精心精细做好博物馆的建设、布展等工作，努力将博物馆建成展示国家精神、彰显历史文化、代表国家水平、体现时代特色的建筑精品和文化精品。

第二届中国（淮安）大运河文化带城市非遗展在淮安举办　2019 年 6 月 6 ~ 8 日，淮安市政府与江苏省文化和旅游厅共同主办“运河传情，匠心筑梦”——第二届中国（淮安）大运河文化带城市非遗展暨 2019 年“文化和自然遗产日”江苏省主场活动。为积极策应大运河文化带建设国家战略，更好地挖掘、保护、传承和利用好大运河沿线文化资源，推动优秀文化资源的创造性转化和创新性发展，淮安以“运河传情，匠心筑梦”为主题，以“多彩非遗、美好生活、非遗保护、你我同行”为主线举办该活动。此次非遗展活动地点设在淮安大剧院和市美术馆，主要由开幕式、动人心弦杂技展演、运河奇珍展示展销、匠心传承互动体验、名师竞技工艺竞赛、美食盛宴美食展销等活动组成。

大运河文化保护传承利用专题培训活动在常州举办　2019 年 6 月 20 ~ 22 日，国家发展改革委于常州市举办了大运河文化保护传承利用专题培训。国家发展改革委社会司司长欧晓理出席培训班活动并作培训结业讲话。中央宣传部、教育部等中央和国家机关 16 个部门，沿线 8 省市发展改革委、自然资源厅等相关省级部门，以及大运河核心区和拓展区发展改革部门有关负责同志近 120 人参加了培训。自然资源部、生态环境部、水利部、文化和旅游部、文物局有关司局同志分别从大运河绿色廊道空间管控、生态环境保护修复、河道水系治理管护、文化旅游融合发展、文化遗产保护传承 5 方面做了政策解读，就沿线 8 省市和 12 个区市典型案例做了经验交流分享。培训期间，全体参训学员还参加了“常走大运”全民健身等现场教学活动。此次培训班主题突出、内容丰富、形式多样、特色鲜明，对于做好大运河文化保护传承利用工作具有重要的指导作用。

镇江谏壁水域党建联盟成立　2019 年 7 月 1 日，为进一步加强党建引领水上安全综合治理工作，有效破解水上安全监管难点、堵点，镇江大沙海事处、谏壁水上派出所、城区地方海事处、谏壁船闸管理处、抽水站管理处、海纳川索普港事业部等 6 家单位基层党组织，共同发起成立谏壁水域党建联盟。按照“水域共管、资源共享、责任共担”的总体要求，联盟成员单位共同签订了《谏壁水域党建联盟协议》，倡议以党建引领推动水上安全综合治理“共建共治共享共赢”，全心服务港航企业、航运公司、船舶，不断优化营商环境。

长三角高校书院联盟开展大运河文化实践体验活动在扬州正式启动 2019 年 7 月 15～20 日，长三角地区三所高校书院的 24 名师生，行走于江苏扬州、浙江宁波、安徽淮北等三地，共同开展了对京杭大运河、浙东大运河、隋唐大运河的专题社会实践活动。实践团成员们聆听了扬州大学中国大运河研究院常务副院长黄杰、世界运河历史文化城市合作组织部长薛磊的专题讲座，还分别参访了扬州市双博馆、扬州运河三湾风景区、东关古渡等具有扬州运河文化代表性的地点，并对之后分段进行的运河调研实践、“非遗”体验实践、文化宣讲实践等核心任务进行了多次研讨。

宿迁市大运河文化带建设研究会成立 2019 年 7 月 22 日，宿迁市大运河文化带建设研究会成立。这是宿迁市加强大运河文化研究、推进大运河文化带建设的一项重要举措，标志着宿迁大运河文化研究工作进入系统化、规范化的新阶段。市委常委、宣传部部长赵正兰出席会议并讲话。研究会以研究宿迁市大运河文化带建设为中心，立足将其建设成为大运河沿线城市中一个具有影响力的学术研究机构，推动宿迁市大运河文化创造性转化和创新性发展，守护好、传承好、弘扬好大运河文化遗产，在新形势下更好地为推进全市文化建设高质量发展服务。

第五届江南古运河风情夜游节在无锡启幕 2019 年 8 月 16 日，第五届江南古运河风情夜游节暨首届古运河灯会在无锡清名桥广场正式开幕。作为承载城市功能的重要载体、彰显城市文化的重要名片、展示城市形象的重要窗口，风情夜游节以“庆祝中华人民共和国成立 70 周年”为主题，致力于打造一台集古运河灯会、中秋、国庆节庆活动于一体的运河文化旅游盛宴。

大运河文化带建设研究院常州分院成立 2019 年 8 月 20 日，大运河文化带建设研究院常州分院成立大会暨学术研讨会在常州工学院辽河路校区隆重举行。大运河文化带建设研究院常州分院依托常州工学院成立，是集研究、转化、推广和交流等功能于一体的开放型研究基地和产学研协同平台，设有大运河历史文献、江南文化、常州名人文化、大运河工业遗存及产业发展、常州红色文化、大运河文化创意设计、大运河生态文明与水治理 7 个研究分中心。据常州分院院长、常州工学院党委书记曹雨平介绍，研究院下一步将围绕常州市大运河文化带建设发展的目标，主动对接中央、省委重大决策部署，整理挖掘大运河特别是常州段的丰富内涵与精神气质，为常州大运河文化带建设和发展提供坚实有力的智力支撑，把研究院建设成为特色鲜明、成果丰硕、影响广泛的高水平新型智库。

江苏 8 市检察机关成立大运河保护同盟　2019 年 8 月 27 日，淮安、苏州、无锡、常州、镇江、扬州、宿迁、徐州 8 地的市级检察机关联合签署《关于建立大运河生态环境资源和文化遗产联动协作保护机制的意见》（本部分简称《意见》），成立大运河保护同盟，以共同履行公益诉讼和行政检察职能，为保护千年运河贡献检察力量。《意见》明确了大运河保护同盟的共同目标和任务，要求江苏段大运河流经的 8 市检察机关，必须积极履行公益诉讼和行政检察职能，督促、配合相关行政机关切实保护好既有文化遗存和非物质文化遗产，加大运河沿线环境整治力度，通过办理一批有影响力的公益诉讼案件，推动解决大运河文化遗产保护传承、河道水系治理管护、生态环境保护修复等方面存在的问题，切实推动对大运河的传承保护和开发利用并举，共同打造体现江苏生态文化的长廊。

大运河阅读接力活动走进淮安　2019 年 9 月 8 日，大运河阅读接力活动淮安站在泊埣空间举行，此次活动由北京市通州区全民阅读领导小组主办，由淮安泊埣嘤鸣读书会承办。活动中，数位淮安的运河文化专家以“大运河文化精神”为主题，结合大量的生动实例讲述了淮安在运河历史发展中的地理位置、文化旅游、饮食习惯、名人轶事、历史遗迹等。据了解，大运河阅读行动计划活动以“千年运河 万里书香”为主题，自通州启动后向南传递，途经大运河沿线城市，开展一系列读书惠民活动。

“江南运河文化论坛”在苏州吴中区举行　2019 年 9 月 9 日，作为首届中国苏州江南文化艺术·国际旅游节主体活动，“江南运河文化论坛”在苏州吴中区大运河畔举行。论坛邀请了高校、政策研究部门、社科领域的专家、新闻媒体等单位参会，共话江南运河文化带建设。此次论坛由江苏省大运河文化带建设工作领导小组办公室指导，苏州市人民政府、苏州大学主办，旨在深入挖掘江南运河文化的文化精髓和当代价值，探讨协同推进江南运河文化带建设的路径方略，努力把江南运河文化带建设成为大运河文化带的先导段、示范段和样板段，以江南运河文化带建设引领推动沿线区域的高质量发展。当天，会议现场还发布了《江南运河文化保护传承利用苏州倡议》。

大运河文化带建设研究院无锡分院暨无锡大运河文化带建设研究院成立 2019年9月11日，大运河文化带建设研究院无锡分院暨无锡大运河文化带建设研究院揭牌成立。无锡市委书记李小敏，省社会科学院院长、大运河文化带建设研究院院长夏锦文，共同为大运河文化带建设研究院无锡分院揭牌。市长黄钦、江南大学党委书记朱庆葆为无锡大运河文化带建设研究院揭牌。省社会科学院副院长、大运河文化带建设研究院副院长陈爱蓓，市委常委、宣传部部长袁飞出席成立大会。根据省委、市委有关要求，大运河文化带建设研究院依托江南大学，成立无锡分院暨无锡大运河文化带建设研究院，旨在统筹整合大运河无锡段沿线历史文化资源，全面推进大运河无锡段的生态、文化、旅游建设，力争成为大运河江苏段乃至全国的样板区和示范段。

“诗意大运河”全国油画作品展在苏州举办 2019年9月19日，庆祝新中国成立70周年——“诗意大运河”全国油画作品展在苏州市尹山湖美术馆举办。本次展览由中国美协、苏州市人民政府主办，共展出116幅来自全国各地的油画精品。这是中国美术家协会第一次在苏州举办的大规模的国家级油画展，旨在深入挖掘大运河丰富的文化内涵，擦亮苏州历史文化名城的大运河名片，以多元的艺术视角来描绘大运河胜景，展示中国美术事业的繁荣与发展。中国美术家协会主席范迪安，党组书记、驻会副主席徐里，副主席闫平和庞茂琨等15位国内知名艺术家受邀参展。展览筹备8个月有余，最终甄选出101件作品参展。其间，组委会还围绕展览主题及运河文化，邀请全国范围内的著名艺术家、著名学者到尹山湖美术馆开展10场专家讲座及10场艺术活动，并对市民免费开放。

淮安洪泽举办“2019运河名媒名镇高峰论坛” 2019年9月20日，由新华报业传媒集团、中共淮安市委宣传部、中共淮安市洪泽区委、淮安市洪泽区人民政府共同主办的“2019运河名媒名镇高峰论坛”开幕。来自大运河沿线8个省市40余家主流媒体、30多个文化名镇代表参加此次论坛。论坛上，大运河城市全媒体联盟洪泽“四力”教育实践基地揭牌、大运河文化带建设研究院淮安分院洪泽研究基地揭牌、运河名媒名镇高峰论坛Logo发布、运河名媒名镇合作共建电子签约仪式成功举行。在主题演讲环节，专家、学者围绕大运河文化带建设进行了热烈讨论，随后，共同发起设立“运河名媒名镇联盟”，并发布了《运河名媒名镇联盟宣言》。

2019 年世界运河城市论坛暨世界运河大会在扬州举办　2019 年 9 月 27 日，以“运河文化的保护传承与利用”为主题的 2019 年世界运河城市论坛暨世界运河大会在扬州京杭之心举行。江苏省省长吴政隆、巴拿马前总统胡安·卡洛斯·巴雷拉、内河航道国际组织主席大卫·爱德华兹·梅、国家文化和旅游部部长雒树刚等领导和嘉宾先后致辞。来自全球 20 多个国家和相关国际组织的代表、专家学者围绕运河文化保护传承利用、运河生态建设、运河文化旅游融合发展等话题展开热烈讨论。吴政隆、雒树刚共同为《中国运河志》出版发布揭幕，编撰专家向运河沿线省（市）代表赠书。在主旨演讲环节结束后，有关领导和嘉宾继续考察了大运河国家文化公园扬州三湾核心展示园和筹建中的中国大运河博物馆施工现场。

常州市人大常委会举办大运河文化带建设专题讲座　2019 年 10 月 14 日，常州市人大常委会举行大运河文化带建设专题讲座。常州市人大常委会常务副主任白云萍，副主任陈建国、盛建良、蒋自平，党组成员张屹出席，秘书长高宏华主持。前期，常州市人大常委会副主任陈建国带领调研组进行了广泛深入调研，并考察了多个大运河沿线城市。举办此次专题讲座，既是为了拓展广大机关干部关于大运河文化带建设方面的知识，也是为常委会专题审议做准备。

大运河阅读接力活动走进苏州　2019 年 11 月 8 日，由书香中国·北京阅读季领导小组办公室指导，通州区文旅局发起主办的大运河阅读接力活动走进苏州，邂逅了这场运河与昆曲交融在一起的大运河主题阅读活动。活动邀请到苏州博物馆研究馆员钱玉成老师作为讲座嘉宾，以《大运河与苏州古塔文化》为题，讲述了大运河与虎丘塔的渊源，让到场的众人对大运河文化有了更深刻的理解和接触。除了常规的讲座，运河图书馆作为此次大运河阅读接力苏州站的承办方，特意邀请到苏州昆曲传习所的两位昆曲演员，为此次活动献上非物质文化遗产昆曲选段《牡丹亭·游园惊梦》。本次活动以更为直观的、全方位的角度，展示了大运河苏州段的历史人文和沧桑变化。

苏州苏帮菜博物馆邀请民俗专家座谈交流　2019 年 11 月 11 日，苏州民俗专家教授学者作客苏帮菜博物馆开展调研座谈。苏州市民间文艺家协会顾问、苏州市冯梦龙研究会名誉主席马汉民，苏州市文联专家组成员缪智，苏州博物馆原副馆长、苏州市考古研究所原所长陈军，苏州科技大学教授陈来生等苏州民俗专家、学者参加此次座谈。与会专家、学者以“倡导合理饮食、颐享美好生活”为目标，从秉承运河饮食习俗非遗核心理念、传承等方面展开研究，并将形成一定的研究成果。

泰州市举办首届泰州古盐运河文创节 2019 年 11 月 15 日，泰州市举办首届泰州古盐运河文创节。此届文创节由泰州市委宣传部、市文化广电和旅游局、市文旅集团主办，海陵区委宣传部、海陵区文化体育和旅游局、梅兰集团承办，市文化馆、海陵区城西街道协办。此届文创节主题为“运河脉时尚潮”，把“年轻态”作为活动构思主旨，围绕年轻态打造“趣、玩、食、学、赏”五类互动体验，让更多的人参与到文创节中，实现乐在其中、趣玩文创。

中外媒体集体采访扬州大运河文化带建设 2019 年 11 月 23 日，由江苏省政府新闻办组织的 2019“Hi Jiangsu”中外媒体采访团到扬州，采访扬州大运河文化带建设情况。江苏省委宣传部外宣处处长章程、中国日报社副总编辑康兵、扬州市委宣传部外宣处处长谢德峰等出席了相关活动。世界运河历史文化城市合作组织秘书长邓清、扬州大学中国大运河研究院常务副院长黄杰应邀接受了媒体集体采访，向中外媒体记者介绍了世界运河历史文化城市合作组织的基本情况和大运河文化带建设的“扬州探索”。黄杰还回答了印度和马来西亚记者提出的相关问题。

首届运河文化与小学教育研讨会暨运河文化教育联盟成立大会在无锡召开 2019 年 11 月 26～27 日，首届运河文化与小学教育研讨会暨运河文化教育联盟成立大会在无锡市梁溪区东林古运河小学顺利召开。联盟首届轮值主席学校东林古运河小学校长武凤霞介绍了该校“运河文化滋养生命”的核心理念，以及围绕这一理念做出的学校发展设计。十所联盟学校的校长还围绕“运河文化与小学教育”主题举行论坛和座谈会。大家表示，联盟成立后，要以“大格局、大空间、大主题”主题统领运河文化学校教育实践，形成区域合作研究机制，共同弘扬运河文化在内的中华优秀文化，培育运河精神滋养的新时代之子，全方位多角度打造大运河文化教育体系，为学生成长输送不竭动力。

浙江省

《重走大运河》新书首发式在嘉兴举行 2019 年 1 月 22 日，《重走大运河》新书首发式在沙龙宾馆举行。嘉兴市政协主席高玲慧、副主席马玉华等参加首发式。与会人员仔细观看了“重走大运河”大型新闻行动的采访短片《运河之上》，认真聆听了嘉广集团、市政协文化文史和学习委相关负责人就《重走大运河》一书的编纂所做的介绍。高玲慧强调，进入新时代，对标市委书记张兵提出的塑造“红船魂、国际范、运河情、江南韵”城市新风貌，加快打造国际化品质江南水乡文化名城的新要求，政协要充分发挥智囊团、智力库的作用，继续关注运河保护开发，传承和弘扬运河历史文化，为延续千年运河文脉、传承悠久运河文明做出应有的贡献。

2019 中国大运河国际钢琴艺术节暨郎朗杯钢琴大赛在杭州开幕　2019 年 5 月 5 日，2019 中国大运河国际钢琴艺术节暨郎朗杯钢琴大赛在杭州市拱墅区运河天地广场开幕。开幕式活动围绕打造“国之大运”运河品牌，以“迎接新中国成立 70 周年”为主题，在大运河沿线设立杭州（主会场）、宁波、湖州、嘉兴、绍兴和杭州江干区、杭州余杭区 7 个会场。每个会场有 70 名钢琴演奏者，他们通过钢琴共同奏响“我和我的祖国共奋进”主旋律，开启本次大运河国际钢琴艺术节主体活动。

“运河印象”主题文化系列活动在王江泾启动　2019 年 5 月 12 日，“运河情 · 秀洲味”——“运河印象”主题文化系列活动在王江泾镇大运河畔启动。本次活动围绕运河文化，结合秀洲特色，进行一系列富有运河风情、秀洲韵味的主题活动，进一步扩大嘉兴运河文化省级旅游度假区影响力，加快推进秀洲区全域旅游建设，传承和保护大运河文化。

大运河浙江段沿线城市成立博物馆联盟　2019 年 5 月 15 日，浙江省“5 · 18 国际博物馆日”主场活动在绍兴市柯桥区博物馆举行。现场还举行了大运河（浙江）城市博物馆联盟成立揭牌仪式，该联盟旨在挖掘、整合大运河浙江段沿线各城市博物馆在馆藏文物、陈列展览、宣传教育活动、文创产品等方面的资源优势，促进馆际交流、加快协调发展。

第八届大运河文化节暨首届大运河戏曲节开幕　2019 年 5 月 23 日，第八届大运河文化节暨首届大运河戏曲节在拱墅运河文化广场开幕。首届大运河戏曲节以历史为轴，以戏曲为核心元素，依托大运河绵长的文脉，充分挖掘运河与戏曲的历史渊源。戏曲节为期一个月，其间还举办了“经典荟萃”大运河沿线剧种展演、“星光璀璨”戏曲名家汇演、“运河有你，青春有戏”大运河网红戏曲大会、“大运河与戏曲”暨第十一届浙江省戏剧论坛、戏曲节闭幕式等系列活动。

嘉兴运河文化省级旅游度假区党工委、管委会揭牌 2019年8月9日，嘉兴运河文化省级旅游度假区党工委、嘉兴运河文化省级旅游度假区管委会（嘉兴运河湾湿地公园管委会）揭牌仪式在王江泾镇举行。秀洲区委书记吴炳芳，区委常委、王江泾镇党委书记帅朝晖等参加活动。吴炳芳在讲话中指出，此次揭牌仪式迈出了践行全市“首位战略”、落实区委“135”工作部署的关键一步，吹响了建设秀水新区、创建国家湿地公园、推动高质量发展的前进号角，是秀洲发展史上具有重要意义的一件大事。对党工委、管委会下一步工作开展，吴炳芳寄予厚望并提出明确要求。帅朝晖表示，度假区、湿地公园管委会和镇党委、政府以此次揭牌为新起点，按照区委“135”秀水新区建设总体规划，进一步加大投入、延伸产业、塑造品牌，在长三角一体化发展战略中主动作为、服务发展，为“运河水镇、秀水新区”建设再添新动力、再谱新篇章。

杭州大运河文化艺术中心亮相 2019年9月，杭州大运河文化艺术中心亮相。大运河文化艺术中心定位为杭州首个街心公园式文化艺术空间，以“开心麻花”剧场为核心，网罗青年人喜欢的文艺剧演、生活市集、城市文化等各类主题IP展览，成为集戏剧演出、艺术展览、文化教育与培训等于一体的地标性文化综合体。大运河文化艺术中心总共有四层文艺空间，一层、二层规划为小剧场等剧演业态，三层发展艺术培训等文创产业，四层定位为艺文展览空间等体验业态。此外，中心还规划了主题咖啡、轻餐等配套服务。

中国大运河文化带京杭对话活动在杭州举行 2019年12月7日，中国大运河文化带京杭对话活动在杭州举行。该对话活动以“文化与科技推动大运河复兴”为主题，充分调动运河沿线城市的资源和力量，构建大运河保护、传承、利用共同体。围绕活动主题，京杭两地嘉宾分别发表《大运河文化带北京实践》《大运河文化与杭州》主旨演讲。活动期间还举行了签约仪式，相关人员共同签署《关于大运河文化带京杭对话合作机制框架协议》，以此推动大运河文化带“京杭对话”这一城际对话活动实现常态化、机制化。此次中国大运河文化带京杭对话系列活动旨在进一步促进大运河沿线的互动交流，共同推动大运河文化的保护、传承和利用，并以此激活大运河文化基因密码，增强中华民族文化自信，向全世界讲好中国大运河的故事。

“大运河武术文化联盟”举行杭州站签约仪式暨新闻发布会 2019年12

月 8 日，“大运河武术文化联盟”杭州站签约仪式暨新闻发布会在浙江省非遗文献馆报告厅举行。拱墅区文化广电旅游体育局局长张艺副、副局长姜国祥、非遗保护中心主任文闻、浙江省体育旅游产业促进会会长赵荣福等 50 多位武术团体代表、武术名家、企业家出席发布会。“大运河武术文化联盟”倡议人，中国武术九段、国家武术研究院专家委员会专家陈顺安老师亲自主持发布会。他表示，“大运河武术文化联盟”依托大运河的历史文化底蕴，把运河两岸的武术团体、个人统一起来，在提供平台的同时，推陈出新，以品牌化活动的形式，为中国武术注入新的活力。同时，联盟欢迎社会各行业领域具影响力的团体及个人加入，共同为武术文化的推广传播献力。

河南省

河南科技学院成立“大运河卫河流域文明研究中心”　2019 年 11 月，河南科技学院成立“大运河卫河流域文明研究中心”。中心主任为河南科技学院副书记杨松璋，该中心挂靠在马克思主义学院。大运河卫河流域文化保护传承利用工作是一项具有开创性的系统工程，既需要地方政府的积极努力，也需要高校科研院所的通力合作。河南科技学院秉持“立足地方、依托地方、服务地方”的理念，希望能积极参与新乡市的发展规划设计，做好关于新乡市区域经济社会发展的前瞻性、对策性研究，为大运河新乡段发展提供人才支撑和智力支持。

安徽省

大运河文创大赛安徽工作坊在合肥启动　2019 年 4 月 22 日，大运河文化带文化遗产创新创意设计大赛安徽工作坊在安徽省博物院正式启动。在活动期间，工作坊邀请了安徽博物院等博物馆工作人员、国内外知名设计师，和工作坊成员一起进行文物分享，并举行设计专题讲座等活动。大运河文创大赛自 2018 年 7 月在北京启动以来，已陆续在多地启动。继天津工作坊、苏州工作坊等各地工作坊成功开设之后，安徽赛区工作坊是大赛的最后一处工作坊。

濉溪县第二届大运河文化节开幕　2019 年 5 月 26 日，濉溪县第二届大运河文化节拉开序幕。此次文化节由县委、县政府主办，县委宣传部、百善镇政府承办，淮北市广播电视传媒有限公司、淮北日报社新媒体中心、濉溪县融媒体中心、县文旅体局协办。淮北市委常委、市委宣传部部长顾文，淮北市人大常委会副主任金文，淮北市政协副主席刘添才，濉溪县人大常委会主任李相军，濉溪县政协主席刘铁以及县四套班子有关领导，各镇党政主要负责同志，县直有关部门同志，群众代表以及各级媒体参加开幕式活动。

五　生态保护

（一）规章制度

江苏省

江苏8市检察机关成立“大运河保护同盟”　2019年8月27日，苏州、无锡、常州、镇江、扬州、淮安、宿迁、徐州等8家市级检察机关联合签署《关于建立大运河生态环境资源和文化遗产联动协作保护机制的意见》（本部分简称《意见》），成立“大运河保护同盟”，共同履行公益诉讼和行政检察职能，聚力保护千年运河。《意见》确定建立案件线索移送、案件联动办理、信息共享交流、类案统一尺度、定期联席会议、人员培训合作等6项联动协作机制，在大运河流经的省内检察机关间建立起保护大运河的“直通车”，加强各地检察机关的交流、配合、协作，以便形成保护大运河的合力，推进规范联动工作，形成各司其职、相互衔接、协调配合、联动互动的大运河保护新格局，切实增强大运河联动保护实效。

（二）会议调研

北京市

《大运河生态环境保护修复专项规划》研讨会在京召开　2019年6月28日，生态环境部环境规划院在北京组织召开了《大运河生态环境保护修复专项规划》（本部分简称《规划》）研讨会，推进该《规划》的编制工作，梳理现状及存在的问题，讨论《规划》的重点任务。《规划》涉及北京、天津、河北、江苏、浙江、河南、山东、安徽等8省市。会上，生态环境部环境规划院有关专家详细介绍了《大运河生态环境保护修复专项规划》编制情况，各省市结合本地实际，分别介绍了大运河生态环境保护现状、存在的突出问题，并对《规划》提出了有关建议，会议对《规划》的内容进行了一系列讨论并总结。下一步，环境规划院将根据各省市的现状及具体建议，丰富完善文本，组织开展大运河生态环境保护调研工作。

天津市

天津市生态环境局赴大运河及入海河流沿线调研　2019年8月，天津市生态环境局调研组赴大运河、海河、永定新河、独流减河等河流沿线实地调研，围绕大运河生态环境保护、入海河流消灭劣V类水体，检视问题，研究对策。在大运河沿线，调研组实地调研了解各类入河排污口治理情况、各区段水质水量情况，并与村民及河道管护人员交流，现场分析农村污水直排、垃圾沿河堆放、部分河段水量不足等问题。天津市生态环境局局长温武瑞在调研中表示，做好大运河生态环境保护与修复工作，是贯彻落实习近平总书记关于保护好、传承好、利用好大运河这一宝贵遗产重要指示精神的必然要求。今后要按照“查、测、溯、治、罚”的原则，做好入河排污口排查整治，加强水质监控，做好周边生态调查和环境风险防范，加快解决农村面源污染及垃圾沿河堆放等问题。

山东省

生态环境部环境规划院赴山东开展大运河生态环境保护修复工作调研　2019年5月22～24日，生态环境部综合司、水生态环境司组织环境规划院、北京工业大学等单位专家赴山东泰安市、济宁市、枣庄市开展工作调研。调研组围绕大运河生态环境保护工作进展情况、存在的主要问题以及下一步工作建议等方面与当地相关部门同志进行了交流座谈。调研组还现场查看了东平湖、南四湖、洙赵新河、城郭河等断面（点位）水质情况，泰安市东平湖“退耕还湿”“退渔还湖”工程，济宁市煤矿行业高盐废水治理项目，南四湖菹草治理情况，以及通航船舶污水垃圾收集处置、枣庄市玻璃雕刻行业含氟废水治理工程、滕州市级索煤矿中水利用工程等建设与运行情况，重点针对大运河沿线部分断面氟化物、pH值等指标超标情况进行了深入探讨。

江苏省

国际航运协会内河委员会128 工作组第10 次会议在扬州召开　2019 年4 月10 日，国际航运协会内河委员会128 工作组第10 次会议在江苏扬州召开。国际航运协会内河委员会128 工作组是国际航运协会内河委员会专门针对内河生态护岸方法研究和效果评估研究的工作组，目的是总结有效的工程应用案例，并形成技术标准。当日会上，来自德国、法国、比利时、日本、荷兰和阿根廷等国家的10 位专家、学者以远程视频会议的形式参会，与中国的水运专家共同探讨水运发展生态问题。

宿迁市政协调研大运河宿迁段生态环境保护和修复工作　2019 年 5 月14 日，宿迁市政协副主席、民盟宿迁市委主委丁立江带领市政协民盟界别政协委员，就大运河宿迁段生态环境保护和修复工作情况进行调研。在实地观摩中，调研组建议相关部门，就目前仍存在的部分水源地风险隐患、部分堤防护坡风化、坍塌、损毁，局部河段存在违法建筑、非法企业及码头等问题进行集中梳理总结，形成可实施的方案，确保2019 年宿迁中运河月堤应急备用水源地达标建设顺利进行；运河综合治理和运河岸线保护管理要详细查实查清，杜绝“乱占、乱建、乱排”现象发生。

自然资源部调研组调研江苏省大运河生态修复工作　2019 年 8 月 27 ~ 29 日，自然资源部生态修复司会同国家林草局规划财务司来江苏省调研相关工作。调研组听取了扬州市大运河遗产保护和生态修复工作的情况汇报和有关建议，赴扬州、高邮、宝应、淮安等市实地调研运河沿线生态修复工作的基础情况，详细了解江苏沿运地市开展此项工作的具体做法、工作成效、执行效果，通过调研，为开展编制工作提供有力支撑。江苏省自然资源厅国土空间生态修复处、空间规划局，扬州市、淮安市、高邮市、宝应县相关负责同志参加了调研。

（三）专项治理

河北省

沧州市运河区公安分局开展大运河生态环境保护志愿活动 2019 年 10 月 20 日，沧州市运河区公安分局以“不忘初心、牢记使命”主题教育为契机，组织民辅警党员深入大运河生态修复展示区，开展维护大运河生态环境志愿服务活动。活动中，全体成员沿修复的景观带，认真拣拾烟头、废弃物等垃圾。此次志愿活动，不仅推动了沧州大运河生态环境的美化优化，也加深了党员民辅警对初心和使命的坚守落到实处的认识，坚定了其为人民服务、为群众做好事实事的决心。

江苏省

淮安区京杭运河沿线开展“生态复绿”行动 2019 年 2 月，淮安市淮安区利用近一个月时间对京杭大运河运南闸下段开展“生态复绿”行动，提升河道水生态环境。淮安区投入约 300 万元对 2018 年开展京杭运河整治行动整理的约 180 亩建筑材料场地进行改造、生态修复，前期采取“挖大塘换新土”的办法整理成为宜林地；后期选购优质“三化”树苗，如榉树、广玉兰、栾树、乌桕等树种，按照 5 米 ×5 米株行距进行栽植，形成结构稳定、功能完备、环境优美的生态系统，打造绿色生态健康的京杭运河。

镇江航道系统联合丹徒区辛丰镇开展运河护绿护水活动 2019 年 3 月 20 日，镇江航道系统联合丹徒区辛丰镇政府在运河边开展护绿护水活动。当天是航道党员的统一活动日，全体航道党员都加入了活动，用实际行动为运河文化带建设贡献力量。经过几个小时的努力，近 200 名志愿者在辛丰公路桥南桥运河沿岸共种植了 2000 颗樱花树。据镇江航道党委书记周明盛介绍，因为镇江拥有江河交汇的独特地理优势、航运枢纽的历史地位和繁荣的航运经济，江苏省交通厅计划将镇江航段打造成苏南运河文化带示范段，将谏壁船闸打造成新时代大运河航运文化标识，成为引领航运潮流的世界内河航运之窗。

宝应县交通运输局、司法局联合开展船舶污染防治宣传周活动 2019 年

10 月中旬，由宝应县交通运输局、司法局共同举办的 2019 年度法治宝应实事——船舶污染防治宣传周启动仪式在京杭运河宝应启扬港务举行。活动中，主办方介绍了宝应县船舶污染防治的措施与成果，并向船主重点宣传了《中华人民共和国水污染防治法》与船舶垃圾回收等相关内容。宣传周期间，宝应县地方海事处还联合京杭运河宝应航道站、县公安局水警大队走进船舶、港口、码头，开展宣传和检查，加强对船舶污染防治工作的流程监管，督促船舶防污主体落实责任。

六　学术研究

（一）相关著作

北京市颐和园管理处等编著《明珠耀“两河”：西山永定河与大运河文化带中的颐和园》，国家图书馆出版社，2019。

蔡蕃：《京杭大运河》，北京人民出版社，2019。

蔡桂林：《天下在河上——中国运河史传》，华东师范大学出版社，2019。

丁宏、干有成、姚乐：《运河两岸有人家：晓庄镜头下的大运河文化带江苏段》，江苏人民出版社，2019。

杜冠章、李一言、李俊主编《印象滑县》，中州古籍出版社，2019。

巩义市文物和旅游局编《洛水汤汤：大运河的巩义故事》，中州古籍出版社，2019。

广陵书社编《大运河名胜图记》，广陵书社，2019。

广陵书社编《千年咏运河》，广陵书社，2019。

霍艳虹：《基于“文化基因”视角的京杭大运河水文化遗产保护研究》，天津大学出版社，2019。

杭州市人民政府地方志办公室编《杭州图志》，方志出版社，2019。

何守强：《漕蓬运河研究》，漓江出版社，2019。

洪军主编《名人笔下的大运河》，南方出版社，2019。

胡梦飞：《明清时期山东运河区域民间信仰研究》，社会科学文献出版社，2019。

胡梦飞编著《徐州运河史话》，黄河水利出版社，2019。

华德荣、陈亚平、仲玉龙主编《一路扬帆一路歌：扬州大运河与海上丝绸之路专题论文集》，东南大学出版社，2019。

江苏省地方志编纂委员会办公室组织编纂《江南大运河历史图谱》，凤凰出版社，2019。
姜师立编著《中国大运河文化》，中国建材工业出版社，2019。
姜师立编著《中国大运河遗产》，中国建材工业出版社，2019。
金卫东、贺云翱主编《南京运河文化史》，江苏人民出版社，2019。
李德楠：《符号江苏精选本·大运河》，江苏凤凰美术出版社，2019。
李建平、杨文利编著《图说北京大运河文化带》，经济科学出版社，2019。
吕微露：《浙东运河古镇：散落的世界文化遗产》，中国建筑工业出版社，2019。
马建春：《运河沿线伊斯兰文化·浙江篇》，民族出版社，2019。
毛巧晖等：《北运河民俗志·第一卷 基于文献与口述的考察》，中国戏剧出版社，2019。
南京博物院编《大运河碑刻集·江苏》，译林出版社，2019。
倪妍：《大运河文化景观遗产的调查与保护》，中国水利水电出版社，2019。
牛兰学：《运河纪事》，南海出版公司，2019。
〔美〕裴大卫：《来自中国的明信片：大运河纪行》，浙江大学出版社，2019。
彭俐编《北京大运河的浪花》，北京出版社，2019。
沙勇主编《大运河文化演进 70 年·江苏卷》，江苏人民出版社，2019。
沈美欣编《京杭大运河》，吉林出版集团股份有限公司，2019。
宋秋云：《当代通州作家视域下的运河文化精神》，社会科学文献出版社，2019。
天津市地方志编修委员会办公室编著《天津运河文化图集》，百花文艺出版社、天津科学技术出版社，2019。
万安伦主编《京城大运河》，北京出版社，2019。
王露：《杭州运河（河道）专题史研究》，杭州出版社，2019。
王清平主编《运河咏叹》，江苏人民出版社，2019。
《运河古镇部城》编委会编著《运河古镇部城》，山东友谊出版社，2019。
吴理人：《运河南端民俗图志》，浙江人民美术出版社，2019。
夏锦文主编《大运河文化研究·第一卷》，江苏人民出版社，2019。
徐照林：《运河系统工程研究》，新华出版社，2019。
许大海：《京杭运河区域（山东段）民间手工艺的现状与对策研究》，江苏大学出版社，2019。
袁飞：《困境中的挣扎：嘉庆朝政治与漕运治理研究》，中国社会科学出版社，2019。
叶艳萍主编《中国大运河历史文献集成（续编）》，学苑出版社，2019。
尤万良等编著《运河古镇望亭历史地名传说》，苏州大学出版社，2019。
张翠英：《大运河文化》，首都经济贸易大学出版社，2019。
赵鹏飞、谭立峰：《大运河线性物质文化遗产——山东运河传统建筑》，中国建筑工业出版社，2019。
浙江省港航管理局编《大运河航运史·浙江篇》，大连海事大学出版社，2019。
杭州市拱墅区精神文明建设委员会办公室编《运河家书》，杭州出版社，2019。
钟锐：《大运河之梦》，上海文艺出版社，2019。
周春华、陈志强编著《运河风韵满吴江》，江苏凤凰文艺出版社，2019。
周家华编著《京杭运河》，长江出版社，2019。
（明）周之翰纂修，北京市通州区地方志办公室编《通粮厅志》，北京出版社，2019。
钟行明：《经理运河：大运河管理制度及其建筑》，东南大学出版社，2019。
邹逸麟总主编《中国运河志》，江苏凤凰科学技术出版社，2019。

（二）报刊论文

安宝、任吉东：《近代天津村镇变迁研究——以运河沿岸为中心》，《中华文化论坛》2019 年第 4 期。
曾军：《明代南京小运河》，《档案与建设》2019 年第 6 期。
常玉荣：《古城临清的运河城市特征研究》，《邢台学院学报》2019 年第 4 期。
陈超：《安徽濉溪柳孜运河遗址出土宋砖塔碑考释》，《江汉考古》2019 年第 1 期。
陈喜波：《试论北京海淀巴沟地名与元代通惠河上游河段堤防工程的关系》，《中国地名》2019 年第 11 期。
窦重沂、郑民德：《清代山东运河河政制度探析——以上河厅为对象的历史考察》，《济宁学院学报》2019 年第 6 期。

范铁权、郭玮:《新中国成立初期卫运河私营民船的社会主义改造》,《党史研究与教学》2019 年第 3 期。

高元杰:《环境史视野下清代河工用秸影响研究》,《史学月刊》2019 年第 2 期。

官士刚:《宋代运河水闸的考古学观察》,《运河学研究》2019 年第 1 期。

侯仰军:《留下的不只是乡愁——读〈运河记忆——嘉兴船民生活口述实录〉》,《中国图书评论》2019 年第 6 期。

胡海义:《运河与西湖小说兴起的四重空间》,《中国文化研究》2019 年第 3 期。

胡梦飞:《保漕与禳灾:明清时期南旺分水龙王庙的功能及影响》,《临沂大学学报》2019 年第 3 期。

胡梦飞:《漫谈南旺分水龙王庙》,《寻根》2019 年第 4 期。

胡梦飞:《明清时期运河水利人格神的建构及传播——以宋礼、白英为中心》,《江南大学学报》(人文社会科学版)2019 年第 6 期。

黄登欣:《沽头分司主事“带管”南旺闸务考》,《文物鉴定与鉴赏》2019 年第 17 期。

黄少强:《论妈祖文化对漕运影响及在“海上新丝路”建设中的价值》,《妈祖文化研究》2019 年第 3 期。

姜师立:《中国大运河与世界水利水运遗产的对比分析》,《运河学研究》2019 年第 1 期。

雷雨、王一苇:《运河与文学及其他》,《东吴学术》2019 年第 2 期。

李德楠、王聪明:《运河清江闸、龙汪闸名称考辨》,《淮阴工学院学报》2019 年第 4 期。

李德楠:《明清淮扬运河城镇发展的驱动因素探析》,《中国名城》2019 年第 9 期。

李德楠:《越南燕行使者所见运河清江闸御诗碑亭考》,《档案与建设》2019 年第 4 期。

李想:《明代“寓兵于漕”的实践及其失败原因》,《运河学研究》2019 年第 1 期。

李永卉:《宋代漕运审计组织之运作与弊端探析》,《中原文化研究》2019 年第 4 期。

凌滟：《各取所需：运河功臣的再发明——宋礼、白英的立祀及其后裔的宗族建构》，《清华大学学报》（哲学社会科学版）2019 年第 5 期。

刘怀玉、刘国庆、解晓娟、王芳、张小岳、曹亮：《扬州运河闸时空演变及其功能拓展研究》，《档案与建设》2019 年第 5 期。

刘亮：《1912—1937 年常镇运河的治理》，《档案与建设》2019 年第 10 期。

刘婷：《从考古发现看隋唐时期漕仓的变化》，《中原文物》2019 年第 1 期。

刘鑫：《元代漕运体系下江南农业区田赋对中央王朝的供给情况》，《西部学刊》2019 年第 15 期。

吕桂霞：《苏伊士运河与大英帝国的兴衰》，《运河学研究》2019 年第 1 期。

马国云：《史学家谈迁的运河记忆》，《档案与建设》2019 年第 8 期。

马江山、曹树基：《1934 年江苏城镇人口研究》，《运河学研究》2019 年第 1 期。

孟祥晓：《济漕与否：明清卫河水利用与沿岸水稻种植变迁研究——以辉县为中心的考察》，《中国农史》2019 年第 6 期。

钮希强：《设于泰州的扬州卫三帮的漕运档案》，《档案与建设》2019 年第 8 期。

潘彬彬、张凤霞：《1914—1937 年的江北运河整治——以江北运河工程局为中心的考察》，《档案与建设》2019 年第 9 期。

裴一璞：《明清长芦盐业与运河交通述论》，《运河学研究》2019 年第 1 期。

阮宝玉：《明清漕运中民运与军运的抉择——以江西、湖广“仪兑”为中心的讨论》，《史林》2019 年第 6 期。

沈胜群：《清嘉道时期旗丁粮米运输中船帮之争与社会冲突》，《运河学研究》2019 年第 1 期。

石玄军、侍炜：《沧桑运河换新颜——宿迁中河发展简述》，《档案与建设》2019 年第 7 期。

孙春、林志刚、陈浩：《京杭运河生态体育文化旅游资源开发研究》，《山东体育学院学报》2019 年第 4 期。

孙竞昊：《说说明清时期京杭大运河》，《中国社会科学报》2019 年 12 月 16 日，第 5 版。

孙婷、李永乐：《运河历史档案与大运河文化遗产的阐释与展示》，《档案与建设》2019 年第 7 期。

汪勃：《扬州唐罗城形制与运河的关系——兼谈隋唐淮南运河过扬州唐罗城段位置》，《中国国家博物馆馆刊》2019 年第 2 期。

王本涛：《英国关于克拉运河计划的认知和政策》，《运河学研究》2019 年第 1 期。

王慧：《论大运河保护与传承利用——以汶上县为例》，《文物鉴定与鉴赏》2019 年第 23 期。

王来刚：《运河贯通与苏州兴起——历史上苏州与大运河的因缘际会》，《档案与建设》2019 年第 9 期。

王其银：《通扬运河在江淮东部地区的“母亲河”地位》，《档案与建设》2019 年第 5 期。

王玉朋：《社区福利的空间差异——清代山东运河区域慈善事业研究》，《聊城大学学报》（社会科学版）2019 年第 4 期。

王长松、李舒涵、王亚男：《北运河文化遗产保护与应用的社会感知研究》，《城市发展研究》2019 年第 8 期。

魏怡勤：《清代运河经济中淮扬官场的廉贪现象》，《档案与建设》2019 年第 3 期。

吴琦：《漕粮赈济：考察清代社会治理的一个视角》，《运河学研究》2019 年第 1 期。

吴琦：《漕运研究七十年》，《中国社会科学报》2019 年 9 月 14 日，第 5 版。

吴士勇：《陈瑄与明代漕运总兵官的体制化》，《运河学研究》2019 年第 1 期。

吴欣：《运河学研究的理论、方法与知识体系》，《人文杂志》2019 年第 6 期。

吴志刚：《京杭大运河山东段故道考古资料三例简析》，《运河学研究》2019 年第 1 期。

夏林：《韩国钧与江北运河治理》，《档案与建设》2019 年第 2 期。

夏林：《马士杰与筹浚江北运河工程局》，《档案与建设》2019 年第 10 期。

许大海：《组织·生产·管理：社会经济史视域中的手工生产——以运河聊城区段手工艺传承为中心的考察》，《理论学刊》2019 年第 6 期。

许凯文：《试析伊利运河对美国早期区域经济的影响》，《运河学研究》2019 年第 1 期。

晏爱红：《折漕采买浅议——考察晚清漕运体制改革的另一视角》，《中国经济史研究》2019 年第 3 期。

杨品优：《明清漕运与南昌城外的空间格局——再论江西省仓》，《江西社会科学》2019 年第 8 期。

尹国军：《起承转合：淮安漕运文化的解读与公共艺术创作实践》，《装饰》2019 年第 9 期。

展龙：《明代漕运总兵考论》，《贵州社会科学》2019 年第 5 期。

张秉福：《京杭运河非物质文化遗产保护与旅游开发互动关系的现状与问题探析》，《艺术百家》2019 年第 3 期。

张秉福：《京杭运河非物质文化遗产保护与旅游开发互动机制研究》，《中州学刊》2019 年第 8 期。

张程娟：《明代漕运卫所中的藩王护卫军》，《中山大学学报》（社会科学版）2019 年第 4 期。

张丽丹：《津沽大地的妈祖文化》，《中国社会科学报》2019 年 4 月 2 日，第 6 版。

张志忠：《千年文脉北运河》，《光明日报》2019 年 1 月 4 日，第 14 版。

赵晓旭：《保护京杭大运河需要“生命共同体”理念》，《光明日报》2019 年 6 月 29 日，第 11 版。

郑民德：《“运河文化带”视阈下的遗产保护与利用研究》，《华北水利水电大学学报》（社会科学版）2019 年第 1 期。

郑民德：《明清河北运河城市变迁研究——以东光县为例》，《运河学研究》2019 年第 1 期。

郑民德：《明清江苏运河名镇盛泽》，《档案与建设》2019 年第 7 期。

周慧清：《利益与制衡：晚清改革背景下的江北漕粮河运》，《清华大学学报》（哲学社会科学版）2019 年第 4 期。

周慧清：《晚清财政困境下的南漕改折》，《中国农史》2019 年第 5 期。

周嘉：《地方神庙、信仰空间与社会文化变迁——以临清碧霞元君庙宇碑刻为中心》，《民俗研究》2019 年第 6 期。

周嘉：《圣迹与霞光：临清泰山奶奶崇拜的历史人类学研究》，《运河学研究》2019 年第 1 期。

周健：《第二次耗羡归公：同治年间江苏的钱漕改章》，《近代史研究》2019

年第 1 期。

周澍：《明清时期汶上南旺镇生存状态简考——工程、经济与文化》，《济宁学院学报》2019 年第 3 期。

周新富：《明清时期山东运河水源管理研究》，《法制与社会》2019 年第 13 期。

七　大事记

1月

1月4日，全国首个大运河产业发展基金——“江苏省大运河文化旅游发展基金”在南京成立。

1月9日，扬州第八届人民代表大会第三次会议提出建设中国大运河博物馆。

1月14日，江苏省第十三届人民代表大会第二次会议在江苏大会堂隆重开幕，政协委员建言为古老大运河“数字画像”建现代数据库。

1月15日，“寻迹京杭运河”两岸青年交流团70余人来到无锡古运河。

1月16日，大运河文化带建设研究院副院长王健、中国运河网团队一行，考察了泰伯庙旁伯渎河的考古现场。

1月16日，无锡日报报业集团举办了2019年第一期文化客厅。

1月17日，通吕运河水利枢纽工程的“牛鼻子”工程——泵站建设取得重大进展。

1月17~20日，“中央媒体走近吴江 大运河文化带建设”主题采访活动举行。

1月19日，“文创中国三十年新春茶话会暨大运河文创中心启用仪式”在国家文化产业创新实验区举行。

1月31日，南通市召开“寻找运河南通记忆”活动市级运河地标评选会。

1月，杭州市人民政府正式发文批复《杭州市大运河世界文化遗产保护规划》。

1月，由杭州市运河综保中心编制的《中国大运河（杭州段）世界文化遗产要素分类、代码与图式》和《中国大运河（杭州段）世界文化遗产监测工作规范》两项市级标准，经市质监局批准发布并正式实施。

2 月

2 月 13 日，无锡举办江南新春第一场泰伯庙会。

2 月 18 日，扬州市举行首届大运河文化旅游博览会筹备工作动员会。

2 月 21 日，苏南运河无锡段三级航道整治工程通过江苏省交通运输厅组织的竣工验收，竣工质量等级评定为优良。

2 月 22 日，北京市通州区组织召开北京（通州）大运河文化旅游景区创建国家 5A 级旅游景区工作办公室（简称“5A 办”）成立大会。

2 月，中共中央办公厅、国务院办公厅印发《大运河文化保护传承利用规划纲要》。

3 月

3 月 1 日，由大运河文化带建设研究院主办的学习贯彻《大运河文化保护传承利用规划纲要》研讨会在江苏省社会科学院顺利召开。

3 月 4 日，洛阳市委书记李亚带队调研大运河文化带保护利用及城建重点项目建设工作。

3 月 7 日，由中国文物学会主办，中国文物学会大运河专业委员会和无锡运河之光文化艺术交流有限公司承办的学习贯彻《大运河文化保护传承利用规划纲要》座谈会顺利举行。

3 月 10 日，山东运河经济文化研究中心年会在济南召开。

3 月 20 日，镇江航道系统联合丹徒区辛丰镇镇政府在运河边开展护绿护水活动，打造大运河风光带。

3 月 21 日，扬州大学召开《大运河文化保护传承利用规划纲要》学习研讨暨工作部署会。

3 月 24 日，南京博物院在扬州博物馆内开设展览策划公众访谈会，倾听扬州市民关于大运河博物馆的想法与建议。

3 月 24 日，邳州大运河文化研究会沿运历史文化普查团考察戴庄古镇。

3 月 25 日，以传承运河文明，打造故城“流动的文化带”，促进全域文化旅游产业发展为主题的沙龙论坛在河北省故城县举行。

3 月 26 日，《苏州大运河史》编纂启动工作座谈会召开。

3 月，江苏省水利厅到扬州市调研大运河文化带规划建设工作，扬州市实施的大运河环境整治、水文化保护展示工程等受到高度好评。

4 月

4 月 7 日，常州市委书记汪泉专题调研常州市大运河文化带建设工作。

4 月 7 日，以“龙腾大运河，舞动新时代”为主题的大运河文化带龙舞精英赛在“江苏省民间艺术龙舞之乡”无锡市惠山区玉祁街道举行。

4 月 8 日，嘉兴市大运河文化旅游与古镇建设座谈会在秀洲区王江泾镇举行。

4 月 11 日，全国政协副主席刘奇葆率调研组到江苏省就推进大运河文化带建设情况开展专题调研。

4 月 11～12 日，浙江省委书记车俊调研浙东运河文化保护传承利用工作。

4 月 16 日，大运河文化旅游产业投资联盟在南京宣告成立。

4 月 18 日，首届大运河文化旅游博览会组委会在江苏南京举办第一次新闻发布会。

4 月 19 日，天津市大运河文化保护传承利用领导小组召开第一次会议，研究大运河文化保护传承利用行动计划编制和有关工作进展。

4 月 20 日，“大运河文化论坛”在洛阳师范学院顺利召开。

4 月 22 日，大运河文化带文化遗产创新创意设计大赛安徽工作坊在安徽省博物院正式启动。

4 月 23 日，由江苏省文化和旅游厅与省旅游协会联合承办的首届大运河文化旅游博览会旅游装备展房车巡游活动亮相无锡。

4 月 27～28 日，由中国地理信息产业协会大运河工作委员会主办的“2019 年大运河文化带建设专题研讨会”在嘉兴召开。

4 月 29 日，湖州发展研究院李学功一行到无锡运河之光文化艺术交流有限公司考察交流。

5 月

5 月 3 ~6 日，首届大运河文化旅游博览会在扬州举行。

5 月 4 日，世界遗产运河古镇文旅产业与金融资本合作恳谈会在扬州举行。

5 月 5 日，中国大运河博物馆（筹）奠基仪式在运河三湾风景区举行。

5 月 5 日，2019 中国大运河国际钢琴艺术节暨郎朗杯钢琴大赛在杭州市拱墅区运河天地广场开幕。

5 月 7 ~9 日，2019 运河品牌电商大会在宿迁召开。

5 月 11 ~12 日，中国大运河与古陶瓷学术研讨会暨江苏省古陶瓷研究会2019 年年会在淮安市召开。

5 月 12 日，"运河情・秀洲味"——"运河印象"主题文化系列活动在王江泾镇大运河畔启动。

5 月 14 日，河南省委常委、常务副省长黄强赴焦作市，就大运河文化保护传承利用工作进行调研。

5 月 15 日，大运河浙江段沿线城市的近 30 家博物馆"结盟"，共同保护、传承和利用大运河文化，讲好运河故事。

5 月 16 日，杭州召开大运河文化带浙江段宣传工作座谈会。

5 月 22 日，商丘市副市长岳爱云带领相关部门负责人到睢阳区督导大运河遗址保护工作。

5 月 23 日，第八届大运河文化节暨首届大运河戏曲节在拱墅运河文化广场火热开启。

5 月 24 日，十三届全国政协第二十三次双周协商座谈会在京召开。

5 月 26 日，濉溪县第二届大运河文化节拉开序幕。

6 月

6 月 1 日，天津市河北区人民政府会同天津社会科学院联合举办智库论坛。

6 月 2 日，山东省直艺术院团重点艺术创作项目新编大型历史京剧《大运河》媒体见面会在梨园大戏院举行。

6 月 4 日，“寻找大运河江苏记忆”活动成果发布会在镇江谏壁船闸管理所召开。

6 月 5 日，沧州市委书记杨慧主持召开大运河文化带建设领导小组第八次会议。

6 月 5 日，宿迁市在骆马湖总部经济会议中心召开大运河文化带宿迁段建设建言资政会。

6 月 6 日，国家发展改革委副主任连维良主持召开关于加大大运河文化保护传承利用重点督办建议部门协调会。

6 月 6 ~ 8 日，第二届中国（淮安）大运河文化带城市非遗展在淮安举办。

6 月 6 日，镇江市召开 2019 年大运河文化带建设工作领导小组专题会议。

6 月 6 日，中国大运河智库联盟成立一周年成果在北京发布。

6 月 12 日，“大运河文化带数据库”建设项目在扬州大学正式启动。

6 月 12 日，江苏省人大科教文卫委员会主任周琪一行走进无锡运河之光文化艺术交流有限公司进行考察调研。

6 月 14 日，昌平区委书记于长辉带领有关部门负责人到白浮泉遗址，就大运河源头文化遗产保护利用工作展开调研。

6 月 20 ~ 22 日，国家发展改革委在江苏省常州市举办了大运河文化保护传承利用专题培训。

6 月 21 日，无锡市大运河文化带建设工作领导小组第一次全体成员会议召开。

6 月 23 日，国家调研组莅淮调研大运河文化保护传承利用工作。

6 月 26 日，国家文物局调研组到东平县调研大运河世界文化遗产保护传承工作。

6 月 28 ~ 29 日，北京 2019“庆祝祖国 70 华诞，邮赏中国运河文化”暨全国第五届大运河集邮文化活动分别在北京市西城区第一文化馆、北京郭守敬纪念馆举办。

7 月

7 月 1 日，扬州市邗江区召开大运河文化带建设邗江重点工程推进会。

7 月 1 日，镇江大沙海事处牵头的长江镇江谏壁水域党建联盟宣告成立。

7 月 3 日，住镇省政协委员对镇江市大运河文化带建设情况进行专题视察，并为镇江市大运河文化带建设建言献策。

7 月 6 日，沧州市委书记杨慧就大运河文物保护传承工作进行调研检查。

7 月 10 日，淮安市委常委、京杭大运河淮安段市级河长张长金带队来到京杭大运河沿线，实地察看“违法圈圩、违法建设”和“乱占、乱建、乱排”整治工作推进情况。

7 月 13 日，河海大学商学院大运河文化带项目建设投资调研团沿江实地考察。

7 月 15 ~20 日，长三角高校书院联盟开展大运河文化实践体验活动在扬州正式启动。

7 月 16 日，扬州市委书记谢正义专题调研文化遗产保护工作。

7 月 22 日，宿迁市大运河文化带建设研究会成立。

7 月 24 日，江苏省十三届人大常委会第十次会议在南京开幕，省文化和旅游厅厅长杨志纯做了《关于江苏大运河文化带规划建设情况的报告》。

7 月 24 日，中共中央总书记、国家主席、中央军委主席习近平主持召开中央全面深化改革委员会会议，审议通过了《长城、大运河、长征国家文化公园建设方案》。

7 月 26 日，大运河文化产业股份公司在通州水上公园船坞平台举行了水上书画院成立的揭牌仪式。

7 月 30 日，由大运河研究会理事贾长宽带来的《中国大运河的世界之最》，拉开了通州区大运河文化宣讲团首场巡回宣讲的序幕。

7 月，常州市奔牛镇适时启动“江南运河第一河口公园和奔牛老街复兴工程”两个核心项目的建设。

7 月，国务院办公厅公布了《关于同意建立大运河文化保护传承利用工作省部际联席会议制度的函》。

7 月，宿迁首张京杭大运河旅游地图编制完成。

7 月，浙江省绍兴市越城区斗门街道严格落实责任，综合施策，通过“一拆二捞三清”的方式开展了为期一周的整治行动，大大提升运河水环境品质。

8 月

8 月 9 日，嘉兴运河文化省级旅游度假区党工委、嘉兴运河文化省级旅游度假区管委会正式揭牌。

8 月 15 日，常州市委书记、市大运河文化带建设工作领导小组组长汪泉主持召开常州市大运河文化带建设工作领导小组第一次会议。

8 月 16 日，第五届江南古运河风情夜游节暨首届古运河灯会在古运河畔清名桥广场正式开幕。

8 月 16 日，中国文化遗产传播剧《遇见大运河》在俄罗斯首都莫斯科克里姆林宫国家大剧院上演。

8 月 17 日，衡水市市长吴晓华调研大运河文化带规划建设情况。

8 月 18 日，2019 京杭大运河自行车超级挑战赛骑行大运系列赛聊城站暨茌平县第九届全民健身运动会环聊城七县市不间断骑行挑战赛在山东聊城开赛。

8 月 19 日，沧州市委书记杨慧主持召开大运河文化带建设领导小组第九次会议。

8 月 19 日，中国大运河博物馆项目正式发布招标公告。

8 月 20 日，大运河文化带建设研究院常州分院成立大会暨学术研讨会在常州工学院辽河路校区隆重举行。

8 月 23 日，王国生召开中共河南省委全面深化改革委员会第四次会议，审议了《大运河河南段文化保护传承利用规划》。

8 月 25 日，德州市运河文化研讨会在舜和慢城会议室召开。

8 月 26 日，京杭大运河泰安段已具备全面通航条件。

8 月 27 日，常州市委常委、市委秘书长、苏南运河市级河长方国强赴武进区巡河督查，并召开苏南运河武进段河长制工作座谈会。

8 月 27 日，江苏省 8 市检察机关成立大运河保护同盟。

8 月 28 日，杭州拱墅区委副书记、区长章燕在主持召开浙江大学附属邵逸夫医院大运河分院设计方案汇报会时强调，要努力将邵逸夫医院大运河分院打造成大运河畔的“治愈之帆”，进一步推进拱墅区卫生健康事业高质量发展。

8 月 31 日，大运河文化带文化遗产创新创意设计大赛闭幕式暨颁奖典礼在通州区北京国际财富中心举行。

8 月 31 日，淮安市召开大运河文化带建设调研成果汇报会。

9 月

9 月 2 日，在秀洲区王江泾镇莲泗荡湖面上，一艘挖泥船正在加快进行清淤作业，加快整治全力推进嘉兴运河湾国家湿地公园创建。

9 月 3 日，扬州市政协组织开展“瓜洲片区提升暨文旅发展”主题调研。

9 月 5 日，住扬省政协委员视察大运河文化带建设暨“省政协委员活动之家”揭牌活动在扬州 486 非遗集聚区举行。

9 月 8 日，大运河阅读接力活动淮安站在泊埗空间举行。

9 月 9 日，“江南运河文化论坛”在苏州吴中区大运河畔举行。

9 月 11 日，大运河文化带建设研究院无锡分院暨无锡大运河文化带建设研究院成立仪式在江南大学隆重举行。

9 月 19 日，“诗意大运河”全国油画作品展在苏州市尹山湖美术馆举办。

9 月 20 日，淮安洪泽举办“2019 运河名媒名镇高峰论坛”。

9 月 20 日，聊城市召开中国大运河 · 江北水城文旅大会暨第五届运河论坛工作部署会，成立了中国大运河 · 江北水城文旅大会暨第五届运河论坛组委会。

9 月 24 日，江苏省十三届人大常委会第十一次会议举行，听取关于《江苏省人民代表大会常务委员会关于促进大运河文化带建设的决定（草案）》的说明。

9 月 27 日，2019 年世界运河城市论坛暨世界运河大会隆重举办。

9 月 28 日，大运河文化带建设智库峰会在扬州大运河畔召开。

9 月，《江南大学学报》（人文社会科学版）开辟的“大运河文化带建设研究”专栏列入“2018 年度江苏省社科理论期刊优秀栏目资助名单”。

9 月，杭州大运河文化艺术中心亮相。

9 月，江苏省委书记、省总河长娄勤俭现场巡查大运河苏北段、洪泽湖、淮河入海水道、邵伯湖等河道及水利工程。

9 月，京杭大运河聊城段复航工作提上日程。

9 月，苏州市地方海事部门在江苏省交通运输厅《船舶污染防治一号行动工作方案》指导下开展船舶专项整治行动。

9 月，宿迁市制定出台《大运河（宿迁段）法治文化长廊建设五年行动计划》。

10 月

10 月 14 日，常州市人大常委会举行大运河文化带建设专题讲座。

10 月 15 日，江苏省司法厅召开大运河江苏段法治文化长廊建设专题新闻发布会。

10 月 18 日，中国大运河・江北水城文旅大会暨第五届运河论坛在聊城召开。

10 月 19 日，首届长三角大运河文化带城市旅游论坛在淮安召开。

10 月 23 日，江苏省交通运输厅和淮安市委市政府在南京签署协议，双方将开展全方位、深层次、多方式的合作。

10 月 28 日，全国市政工程协会城市照明专业委员会“2019 年城市照明研讨会”在常州召开。

10 月 31 日，扬州市四套班子领导集体调研大运河文化带扬州段建设。

10 月，《绍兴市大运河世界文化遗产保护条例》经省十三届人大常委会第十四次会议审议并获得批准。

11 月

11 月 2 日，胡芳芳等人组成采风团考察固安历史文化，挖掘一代廉吏治河总督于成龙的事迹。

11 月 6～7 日，水利部副部长魏山忠到扬州调研大运河保护工作。

11 月 7 日，常州市委常委、统战部部长韩九云调研武宜运河省考断面工作。

11 月 11 日，苏州民俗专家教授学者作客苏帮菜博物馆开展调研座谈，共同“把脉”中国大运河饮食习俗。

11 月 12 日，徐州市委书记周铁根专题调研大运河文化带建设工作。

11 月 15 日，2019 长三角运河城镇发展平望峰会在江苏扬州吴江区平望镇举行。

11 月 15 日，泰州市举办首届泰州古盐运河文创节。

11 月 21 日，第二届长三角国际文化产业博览会在上海国家会展中心开幕。

11 月 22 日，江苏省人大全票通过《江苏省人民代表大会常务委员会关于促进大运河文化带建设的决定》。

11 月 22～24 日，河南大运河文化带建设高层论坛在鹤壁成功举办。

11 月 23 日，由江苏省政府新闻办组织的 2019 “Hi Jiangsu” 中外媒体采访团到扬州，采访扬州大运河文化带建设情况。

11 月 26～27 日，首届运河文化与小学教育研讨会暨运河文化教育联盟成立大会在无锡市召开。

11 月 27 日，扬州市召开京杭运河扬州段绿色现代航运示范区建设推进会，正式启动京杭运河扬州段绿色现代航运示范区建设项目。

11 月 28 日，江苏省十三届人大常委会第十二次会议举行分组会议，审议省政府关于江苏大运河文化带规划建设情况报告审议意见落实情况的反馈报告。

11 月，杭州塘栖镇召开大运河文化带塘栖段项目推进会。

11 月，江苏省交通运输厅、江苏海事局联合部署，在江苏全省统一开展船舶超载运输专项整治行动。

11 月，江苏省政协就加快推进大运河文化带建设组织江苏省市政协联动视察。

11 月，宁波市文保所牵头组织国内水利史、水文化、文保、考古、文史等各界知名专家，对大运河宁波段水系及水利遗产进行了实地考察调研。

12 月

12 月 1 日，武进区区长戴士福专题调研春秋淹城旅游区。

12 月 5 日，北京正式发布《北京市大运河文化保护传承利用实施规划》和《北京市大运河文化保护传承利用五年行动计划（2018—2022 年）》。

12 月 5 日，江苏省文化和旅游厅召开《大运河江苏段文化和旅游融合发展规划》编制工作会议。

12 月 8 日，“大运河武术文化联盟”杭州站签约仪式暨新闻发布会在浙江省非遗文献馆报告厅举行。

12 月 11 日，河南省大运河文化保护传承利用暨大运河国家文化公园建设领导小组第一次会议在郑州召开。

12 月 14～15 日，首届淮河文化论坛在安徽省淮南市寿县举行。

12 月 18 日，杭州钱塘江博物馆新馆在钱江新城开工。

12 月 18 日，苏州大运河文化带建设发展研讨会在苏州大学顺利召开，旨在探讨苏州大运河文化带建设发展的新途径。

12 月 18 日，扬州市举行《大运河扬州段文化旅游带概念规划》终期评审会议。

12 月 27 日，江苏省人大常委会和省大运河文化带建设工作领导小组办公室在南京联合举办宣传贯彻《江苏省人民代表大会常务委员会关于促进大运河文化带建设的决定》座谈会。

12 月，无锡市梁溪区内 11.8 千米的古运河环城步道工程进入收尾阶段。

12 月，中国大运河文化带京杭对话活动在浙江杭州举行。

2020年

一　政策法规

（一）国家

《中共中央关于制定国民经济和社会发展第十四个五年规划和二〇三五年远景目标的建议》通过

十九届五中全会通过了《中共中央关于制定国民经济和社会发展第十四个五年规划和二〇三五年远景目标的建议》（本部分简称《建议》）。在《建议》的第九条——“繁荣发展文化事业和文化产业，提高国家文化软实力”中，提出“传承弘扬中华优秀传统文化，加强文物古籍保护、研究、利用，强化重要文化和自然遗产、非物质文化遗产系统性保护，加强各民族优秀传统手工艺保护和传承，建设长城、大运河、长征、黄河等国家文化公园”。

《大运河河道水系治理管护规划》要点

水利部、交通运输部、国家发展改革委联合印发《大运河河道水系治理管护规划》（本部分简称《规划》）。《规划》以大运河不同河段的功能定位为导向，以改善河道水资源条件、完善防洪排涝保障功能、促进岸线保护和服务提升、加强水生态保护与修复、推进航运绿色发展、完善河道水系管护机制为主要任务，着力恢复和提升大运河防洪排涝、输水供水、内河航运、生态景观、文化传承等功能，重塑大运河“有水的河”现实载体。

1.《规划》主要框架和内容

《规划》分为三大板块，共十章。前言和第一、第二章构成第一板块，主要是介绍规划编制的背景、定位，梳理了大运河河道水系治理管护的现状，分析了面临的形势和存在的主要问题，明确大运河河道水系治理管护的总体思路、基本原则、主要目标和总体布局。第三至第八章构成第二板块，从改善河道水系资源条件、完善防洪排涝保障功能、促进岸线保护和服务提升、加强水生态保护与修复、推进航运绿色发展、完善河道水系管护机制等6个方面全面谋划了大运河河道水系治理管护的重点任务。第九章和第十章构成第三板块，分别为重大行动计划和保障措施。在健全《规划》实施机制方面，主要提出4个方面的保障措施，包括加强组织领导、完善政策措施、严格督查评估、加强宣传引导等。

2. 规划编制的主要考虑

主要表现在以下三个方面。

第一，认真贯彻落实中央决策部署。全面贯彻党的十九大和十九届二中、三中、四中全会精神，紧紧围绕统筹推进“五位一体”总体布局和协调推进“四个全面”战略布局，坚持创新、协调、绿色、开放、共享的发展理念，坚持以文化为引领，坚持以人民为中心，共抓大保护，不搞大开发，按照习近平总书记关于保护好、传承好、利用好大运河的指示要求和国家文化公园建设的总体部署，遵照“节水优先、空间均衡、系统治理、两手发力”的治水思路，落实“水利工程补短板、水利行业强监管”的水利改革发展总基调，科学编制《规划》。

第二，科学认识大运河河道水系治理管护面临的形势。河道水系是大运河文化带的核心，是文化传承的载体，面对保护好、传承好、利用好大运河的新形势新要求，大运河河道水系系统治理和管护仍显不足，还存在黄河以北段水资源严重短缺、防洪排涝体系尚不完善、水域岸线保护不足、水体污染负荷较重、航运体系不完善、治理管护职责不明晰等问题，需要坚持山水林田湖草综合治理、系统治理、源头治理，统筹好发展与保护、传承与利用、需要与可能、治理与管控的关系，恢复和提升大运河防洪排涝、输水供水、内河航运、生态景观、文化传承等各项功能，把千年运河打造成“流动的河、安全的河、美丽的河、智慧的河”，让大运河成为造福人民的“幸福运河”。

第三，明确大运河河道水系治理管护的目标要求。对《纲要》确定的目标要求进一步实化细化，近期力争京杭大运河主要河段基本实现正常来水年份有水，适宜河段实现旅游通航，京杭大运河黄河以南段和浙东运河现有通航河段实现绿色通航。大运河重点河段防洪排涝标准基本达标，水生态环境状况明显改善，河湖监管体系初步建立，河道水域岸线管控水平明显提升；远期力争实现京杭大运河正常来水年份全线有水，稳妥推进适宜河段通航，已通航河段航运效能有效提升。大运河全线防洪排涝能力明显提升，绿色生态廊道全面建成，水生态环境状况全面改善，运河水利遗产得到全面科学保护，河道水域岸线管控水平显著提升，河湖监管体系更加健全，法治化、智能化管理水平全面提升。

3. 规划实施中需要重点把握的几个问题

（1）改善河道水系资源条件。大运河黄河以北段所在的华北地区是全国水资源最紧缺的地区之一，随着经济社会快速发展、城镇化水平不断提高，区域用水量逐步增长，水资源开发利用严重超载，导致华北地区地下水严重超采、形成多个地下水位降落漏斗，北运河、南运河等河道长期断流，卫河、卫运河等河道呈现季节性断流甚至长期干涸。

面对黄河以北地区水资源紧缺的形势，需要针对大运河不同河段水资源条件及用水需求，落实以水定需、量水而行，把水资源作为最大刚性约束，强化大运河沿线地区水资源节约集约利用，加强取用水总量控制，加快沿线地下水超采综合治理，健全水资源优化调度配置体系，多措并举改善大运河水系资源条件，为大运河文化带建设提供坚实的水资源保障。

（2）完善防洪排涝保障功能。大运河所经海河、黄河、淮河、太湖流域是我国洪涝灾害频发并发的地区，为根治水患，国家不断加强流域防洪排涝治理力度，大部分河段达到规划确定的防洪排涝标准，但仍存在突出薄弱环节，黄河以北段普遍存在河道淤积、堤防不达标、行洪能力不足等问题；黄河至长江段沿线地势低洼、排水条件差，区域防洪排涝能力不足；长江以南段由于沿线城市大包围和圩区建设条件发生变化，汛期大量洪涝水排入运河，导致运河水位过高，沿线防洪排涝压力大。

为确保大运河防洪安全，需要以保障大运河及沿线城镇和重点文化遗产点安全为核心，以大运河河道整治为重点，统筹协调防洪与输水、航运，河道整治与文化遗产保护等关系，通过优化防洪排涝布局、完善防洪排涝工程体系、强化洪水风险管理，对大运河及与其有水力联系的河道进行综合整治，全面提升防洪排涝减灾能力，将大运河打造成一条安全长河。

（3）促进岸线保护和服务提升。水利部统一部署开展了全国河湖“清四乱”专项行动，大运河沿线各省市对管辖范围内的运河“四乱”问题进行了集中清理整治，严格涉河湖活动管理，运河面貌明显改善。随着大运河沿线城镇化进程加快，部分河段还存在岸线无序开发、侵占河湖水域问题，影响行洪、输水、通航等功能发挥，对大运河文化遗产保护造成一定威胁。

为进一步管好大运河“盛水的盆”，需要严格大运河水域岸线空间管控，明确岸线功能分区和管控要求，规范运河岸线开发利用，推进大运河水利基础设施网络建设，强化水利工程维修养护，加强水利遗产保护与利用，着力恢复河道干净、整洁的面貌，使驳岸成为大运河文化生态系统的重要组成部分。

（4）加强水生态保护与修复。近年来，大运河沿线省市不断加强大运河水资源保护和水生态环境治理，取得了良好的效果。但目前大运河水资源保护压力依然较大，黄河以北部分河段曾作为排污纳污河道，村镇段河道部分被垃圾侵占，水环境容量大大降低；黄河至长江河段沿线湖泊较多，南四湖湖内围网和湖岸围圩养殖，使得水体不同程度富营养化；长江以南段两岸工厂、企业集聚，部分企业污水排入河道，入河污染量大。

为保护好大运河水生态环境，需要按照构建贯通南北的绿色生态廊道的目标要求，以强化饮用水水源保护、保障河湖生态需水、重点河湖生态保护与修复为重点，改善大运河水生态环境状况，保护和恢复大运河河湖基本形态，恢复大运河绿色生机，提升大运河水生态服务功能，打造“美丽运河”。

（5）推进航运绿色发展。近年来，大运河黄河以南段通航水平不断提升，货运规模快速增长，在完善我国综合交通体系，发挥内河水运经济与绿色环保优势等方面发挥了重要作用，但存在局部航道不达标、部分桥梁通航净空不足、部分船闸通过能力趋于饱和、港口专业化集约化程度不高等问题，航道畅通高效绿色发展水平待提升。黄河以北大部分河段目前处于断航状态。

为进一步促进大运河航运绿色发展，需要以稳妥推进京杭大运河黄河以北段适宜河段通航、黄河以南段及浙东运河航运提质升级、隋唐大运河适宜河段旅游通航为重点，通过航道达标治理、港口提质升级、发展绿色船舶等手段，全面提升航运效能及服务水平。

（6）完善河道水系管护机制。除部分省界河段由流域机构直接管理外，大运河河道实行属地管理，目前建立了水利、交通、文物、旅游等多部门参与的管理体制。由于跨地区、跨部门，大运河管理长期以来存在区域分割、部门职责交叉等问题，亟需在国家层面进一步完善协调机制。

为进一步加强大运河河道水系管护协调联动，需要以河长制湖长制为依托，以落实最严格水资源管理制度为抓手，以实施河道水系智能管护为手段，以强化水安全风险防控为底线，加快构建协调联动、智慧管控、监测预警、应急响应于一体的大运河河道水系管护机制。

《大运河文化和旅游融合发展规划》要点　文化和旅游部、国家发展和改革委员会联合发布了《大运河文化和旅游融合发展规划》（本部分简称《规划》）。《规划》的出台为大运河文旅融合发展提质增效带来了新契机，也为沿线各省市进一步推动文旅融合纵深发展指明了新方向，为新时期大运河文旅融合高质量发展提供了战略遵循。

《规划》共 8 章，分别是：总体要求、推出大运河文化艺术精品力作、推进大运河文化遗产和旅游融合发展、提升大运河文化产业和旅游产业融合发展水平、培育大运河文旅融合精品线路和系列品牌、促进大运河文化和旅游公共服务融合发展、推进大运河国家文化公园建设、加强规划实施保障。《规划》着力体现《大运河文化保护传承利用规划纲要》（本部分简称《纲要》）关于大运河璀璨文化带、绿色生态带、缤纷旅游带建设的总体部署，在主要思路、重大举措、重要表述等方面与《纲要》保持一致，紧扣资源融合、产业融合、服务融合等领域，进一步深化大运河沿线文化和旅游融合发展的目标和任务。《规划》提出 12 项重点工程，作为规划实施的重要抓手。

《规划》强调，要坚持保护优先和合理利用并举，始终把保护放在第一位，依法合规保护大运河文化遗产，弘扬中华优秀传统文化、革命文化和社会主义先进文化；坚持与大运河国家文化公园建设相衔接，以国家文化公园建设为统领，构建全域统筹、区域协同的文化和旅游发展格局；坚持以文化和旅游融合为主线，以融合发展为导向，促进文化和旅游资源叠加、优势互补，更好带动大运河沿线经济社会高质量发展。

《规划》是落实《纲要》的一个重要专项规划，也是文化和旅游部组建以来出台的第一个关于文化和旅游融合发展的政策文件，对于推进“十四五”文化事业、文化产业和旅游业创新发展具有重要引领作用。下一步，文化和旅游部、国家发展改革委将会同有关部门、大运河沿线 8 省市共同推进

《规划》实施。为确保《规划》实施成效，将建立健全规划实施机制，对重点任务和重点项目进行跟踪评估，协调解决有关问题，有序推进试点和示范工作，努力形成部省合作、部门联动、共商共建的良好局面。

（二）地方

山东省

《山东省大运河文化保护传承利用实施规划》要点

2020 年 3 月 31 日，《山东省大运河文化保护传承利用实施规划》（本部分简称《规划》）发布。《规划》包括规划背景、总体要求、空间布局、加强文化遗产系统保护、推动运河文化创新发展、推进河道水系治理管护、加强生态环境保护修复、推进文化旅游融合发展、促进城乡区域统筹协调、保障措施十部分。

规划核心区为运河主河道流经的 18 个县（市、区），拓展区为德州、聊城、泰安、济宁、枣庄沿运 5 个市，规划实施期为 2020—2035 年，展望到 2050 年。从空间布局上，按照重点突破、融合互动、整体推进的原则，集中力量加快突破核心区，统筹推动拓展区和辐射区建设，形成核心区引领、拓展区融合、辐射区联动的发展格局。从发展布局上，统筹考虑大运河文化资源、区位特征、水系特点、河道现状和沿线经济社会发展基础条件，着力构筑“一条主轴、一个高地、五大片区、多点联动”的空间格局框架，提升运河文化带主轴，打造齐鲁文化高地，重塑五大沿运片区，促进多点融合联动。

《规划》提出六大要求。一是加强文化遗产系统保护。统筹推进文化遗产整体性、抢救性、预防性保护，实施历史文化遗址遗迹保护、抢救和修复工程，加快构建非物质文化遗产保护传承体系，最大程度保持大运河文化遗产的真实性、完整性和延续性。二是推动运河文化创新发展。坚持活态化传承、创新性发展，深入挖掘大运河（山东段）历史文化资源，凝练大运河文化思想理念、人文精神和文化特质，结合时代要求，讲述运河故事，传播弘扬运河精神，激活运河记忆。三是推进河道水系治理管护。围绕大运河不同河段的功能定位，统筹兼顾，合理布局，在妥善保护大运河文化遗产和重点文物保护单位基础上，科学配置和优化调度水资源，加强岸线保护，升级水利水运设施，加快恢复和提升大运河河道和岸线保护、防洪排涝功能，重塑大运河“有水的河”现实载体。四是加强生态环境保护修复。牢固树立绿水青山就是金山银山的理念，实施国土绿化行动，落实环境质量底线、生态保护红线、资源利用上线和生态环境准入清单要求，加强生态空间管控，补齐生态环境短板。五是推进文化旅游融合发展。坚持全域旅游发展理念，实施旅游精品战略，统筹推进旅游景区建设、旅游产品开发、旅游品牌打造和旅游服务保障，进一步丰富旅游产品供给，培育大运河文化旅游品牌。六是促进城乡区域统筹协调。统筹大运河文化保护传承利用与城乡建设、区域发展，按照沿河集聚、组团发展、互动协作、因地制宜的原则，发挥支点城市和沿线镇村的作用，充分展现古城、水城和生态发展特色。

江苏省

《淮安市大运河文化遗产保护条例》

（2020 年 2 月 28 日淮安市第八届人民代表大会常务委员会第三十二次会议通过 2020 年 3 月 3 日江苏省第十三届人民代表大会常务委员会第十五次会议批准）

第一章　总则

第一条　为了保护好、传承好、利用好大运河宝贵遗产，全面落实国家大运河文化保护传承利用规划纲要精神，充分挖掘和展示大运河淮扬文化的地域特色，促进国家大运河文化带建设，根据《中华人民共和国文物保护法》《中华人民共和国非物质文化遗产法》《江苏省人民代表大会常务委员会关于促进大运河文化带建设的决定》等法律、法规，结合本市实际，制定本条例。

第二条　本市行政区域内大运河文化遗产的保护、传承和利用，适用本条例。

本条例所称大运河文化遗产，包括：

（一）列入大运河世界文化遗产的清口枢纽片区，包括淮扬运河淮安段河道（里运河、里运河故道、古黄河、中运河、张福河）和清口枢纽、双金闸、清江大闸、洪泽湖大堤遗产点；

（二）列入大运河世界文化遗产的总督漕运公署遗址片区；

（三）大运河世界文化遗产以外的大运河河道，板闸遗址等其他水工遗存，泗州城遗址、第一山题刻等各类伴生历史遗存，历史街区村镇，以及相关联的环境景观等；

（四）近代以来兴建的具有文化代表性和突出价值的大运河水工设施；

（五）列入淮安市大运河文化遗产保护名录的其他物质文化遗产和非物质文化遗产。

第三条　本市大运河世界文化遗产的保护范围和要求以申报世界遗产文本《中国大运河》为准。列入各级文物保护单位的大运河文化遗产的保护范围和建设控制地带以各级人民政府划定并公布的为准。其他列入淮安市大运河文化遗产保护名录的大运河文化遗产保护范围以淮安市大运河文化遗产保护规划为准。

第四条　大运河文化遗产保护遵循科学规划、统一管理、分级负责、突出保护、强化传承、合理利用的原则。

第五条　市人民政府应当根据国家大运河文化保护传承利用规划纲要、江苏省大运河文化保护传承利用规划，编制淮安市大运河文化保护传承利用实施规划，统筹推进大运河沿线文化、生态、经济和社会建设的综合发展。

第六条　市人民政府应当建立大运河文化遗产综合保护协调机制，统筹解决大运河文化遗产保护、传承和利用中的重大问题；明确大运河文化遗产综合保护的日常管理机构，负责大运河文化遗产保护工作的综合协调、组织推进、督促检查。

县（区）人民政府应当建立相应机制，加强本行政区域内大运河文化遗产保护、传承和利用工作。

第七条　鼓励社会力量参与大运河文化遗产保护、传承和利用。对在大运河文化遗产保护、传承和利用中做出显著成绩的单位和个人，由市、县（区）人民政府或者文化遗产保护管理机构给予表彰、奖励。

任何单位和个人都有依法保护大运河文化遗产的义务，对破坏大运河文化遗产的行为有权劝阻和举报。

第二章　保护与管理

第八条　市文物主管部门应当会同有关部门，根据国家大运河文化遗产保护与管理总体规划、江苏省中国大运河（江苏段）遗产保护规划组织修编淮安市大运河文化遗产保护规划，报市人民政府批准后实施，并报上级文物主管部门备案。

淮安市大运河文化遗产保护规划应当包括保护目标和原则、遗产构成要素、遗产综合评估、保护重点和分类保护措施、保护区划和管理规定、遗产展示规划、考古和综合环境整治规划、保护规划分期实施方案等。

淮安市大运河文化遗产保护规划经批准公布后，不得擅自变更；确需变更的，应当依照原编制和报批程序执行。

第九条　大运河文化遗产保护实行名录管理。

淮安市大运河文化遗产保护名录应当包含名称、类型、保护范围、保护机构和保护措施等。

保护名录编制和调整由市文化主管部门会同自然资源和规划、住房和城乡建设、交通运输、水利等部门以及县（区）人民政府提出，报市人民政府批准后公布。

国务院、省和市人民政府已经批准公布为保护对象的大运河文化遗产，直接列入保护名录；新发现的大运河文化遗产，应当及时纳入保护名录。

第十条　市、县（区）文化主管部门应当对大运河沿线非物质文化遗产进行调查发掘，根据非物质文化遗产的价值，组织申报国家级和省级非物质文化遗产代表性项目名录，定期评定市、县（区）级非物质文化遗产代表性项目名录，建立完善的代表性项目名录体系；根据大运河沿线非物质文化遗产的属性、特点和存续状况，实行分级分类保护。

第十一条　市、县（区）文化主管部门应当加强对以淮剧、淮海戏为代表的传统戏剧，楚州十番锣鼓、金湖秧歌为代表的传统音乐，洪泽湖渔鼓为代表的传统舞蹈，淮扬菜烹制技艺为代表的传统技艺等大运河沿线非物质文化遗产的整理、研究和推广。

对洪泽湖渔文化、白马湖民间歌舞文化等非物质文化遗产资源集中、文化生态保存完整的区域，实施区域性整体保护，推动建设渔文化和民间歌舞文化生态保护区。

对存续状态较好、具有市场潜力和发展优势的淮扬菜烹制技艺、博里农民画等非物质文化遗产项目，实施生产性保护。

第十二条　市、县（区）人民政府应当按照全省统一的大运河文化遗产保护和展示标识系统，在划定的大运河文化遗产保护区域规范设置大运河文化遗产保护标识标志和界桩。

第十三条　在大运河文化遗产保护区域内从事建设活动，应当符合淮安市大运河文化遗产保护规划，依法履行报批程序，不得危害大运河文化遗产安全或者污染大运河文化遗产环境。

在大运河文化遗产保护区域内，建设项目的布局、高度、体量、造型、风格和色调，应当与大运河文化遗产的历史风貌和景观环境相协调。

在大运河世界文化遗产区内实施文物保护、环境保护、防洪排涝、水工设施、航运设施、市政设施等工程以及历史文化街区的基础设施和公共服务设施建设、居民住宅修缮等建设工程，应当符合保护规划要求并依法履行批准手续。任何单位和个人不得进行其他工程建设或者爆破、钻探、挖掘等作业。

在大运河世界文化遗产缓冲区内，不得建设危害世界文化遗产安全或者影响世界文化遗产环境风貌的设施。

第十四条　在大运河世界文化遗产区和缓冲区以及市级以上文物保护单位保护范围和建设控制地带内进行工程建设的，实行建设项目遗产影响评估制度、土地出让或者划拨前工程建设考古前置制度，考古调查、勘探手续由市文物主管部门依法办理。

第十五条　市、县（区）人民政府应当加强大运河综合治理：

（一）大运河沿线全面实行市、县（区）、乡、村四级河湖长制，落实属地责任。

（二）对沿线河岸、河滩、湿地进行生态保护和修复，推进山水林田湖草综合治理，恢复和改善陆生、水生动植物生存环境，保护生物多样性。

（三）加强沿线区域环境综合整治，开展河道保洁、清淤疏浚；清理河堤、河岸违法建设，关停沿线违规小散乱码头和其他违法设施。定期对在用的大运河水工设施、航运设施、市政设施进行排查、修复、改造、提升，确保与大运河文化遗产景观环境相协调。

（四）加强通航船舶的污染防治工作。严格执行大运河航段运输船舶禁限航规定。建设船舶污染物接收、转运、处置设施，实现船舶污染物集中上岸、集中处理。鼓励推广使用清洁能源动力船舶。

（五）实施沿线区域截污纳管建设。拆除或者关闭承担南水北调输水功能的大运河河段的现有排污口，在不具备公共污水管网排放条件的沿线区域，建设与排污规模相适应的污水处理设施。

第十六条　大运河文化遗产的使用人、管理人或者所有权人应当依法履行保护义务，做好大运河文化遗产的日常维护工作。大运河文化遗产破损或者存在安全隐患的，应当遵守不改变原状的原则，及时组织修复或者排除安全隐患。

第十七条　市、县（区）人民政府应当制定大运河文化遗产保护的扶持政策，创新投融资体制，合理利用大运河文化旅游发展基金，对符合条件的大运河文化遗产保护、传承和利用项目给予支持。

第十八条　市文化主管部门应当制定大运河文化遗产监测管理规范，建立全市统一的大运河文化遗产动态监测预警平台和监测预警制度，在监测预警平台上发布预警信息，对监测信息进行分类处理，按照国家要求提供日常监测报告。

市、县（区）自然资源和规划、生态环境、住房和城乡建设、城市管理、交通运输、水利等部门应当根据各自职责，配合做好与大运河文化遗产保护相关的专业监测工作，及时将监测数据纳入市大运河文化遗产监测预警平台。

第十九条　市、县（区）文化主管部门应当会同有关部门制定大运河文化遗产保护应急预案，报本级人民政府批准后实施。发生危及大运河文化遗产安全事件或者发现大运河文化遗产存在安全隐患的，应当及时启动应急预案，采取相应处置措施，并向本级人民政府以及上级主管部门报告。

第二十条　市、县（区）文化主管部门应当建立大运河文化遗产保护巡查机制，开展日常巡查工作，并形成记录档案。建立大运河文物保护员队伍，参与大运河文化遗产保护。

第二十一条　市、县（区）人民政府应当建立大运河文化遗产保护和大运河文化带建设联合执法、综合执法机制，整合各类执法资源，强化执法力量建设，依法及时查处危害大运河文化遗产保护的各类违法行为。

第二十二条　建立大运河文化遗产保护的行政监督、监察监督、司法监督和社会监督相结合的机制，形成大运河文化遗产保护的监督合力，提升监督质效。

第二十三条　禁止任何单位和个人在大运河文化遗产保护区域内实施下列行为：

（一）涂污、损坏、擅自移动或者拆除大运河文化遗产保护标识标志和界桩；

（二）损毁、破坏大运河水工设施、航运设施、市政设施；

（三）擅自占用、围圈、挖掘或者填堵、覆盖大运河河道；

（四）向大运河水体以及在大运河坡岸倾倒或者堆放垃圾、废料、泥沙、泥浆、工程渣土等废弃物；

（五）向大运河河道超标排放水污染物；

（六）在大运河航道从事围网、网箱养殖；

（七）其他危害大运河文化遗产的行为。

第三章　传承与利用

第二十四条　市、县（区）人民政府及其有关部门应当深入挖掘、全面阐释、提炼升华大运河文化的当代价值和时代精神，涵养社会主义核心价值观，增强文化自觉和文化自信，优化活态传承、创新发展的社会环境和文化空间，打造大运河淮扬文化高地。

第二十五条　市人民政府应当对接国家、省大运河文化带建设重大战略，分级分类建立大运河文化遗产保护传承利用项目库，推进大运河国家文化公园建设，培育壮大大运河文化产业，推动大运河文化遗产创造性转化和创新性发展。

第二十六条　市、县（区）人民政府应当科学规划和建设水工科技馆等各类大运河文化展陈设施，鼓励支持引导社会力量参与大运河文化各类展陈设施建设。

市、县（区）文化主管部门应当对大运河文化展陈设施建设、藏品征集和保护、陈列布展、科学研究、人才培养等进行指导。

第二十七条　市、县（区）人民政府应当改善大运河文化遗产旅游条件，优化旅游环境，提升旅游品质，打造旅游品牌，促进文化遗产保护和旅游融合发展。

市、县（区）文化、体育主管部门应当依托历史街区、码头古渡、河湖湿地等原真性景观，培育红色主题游、漕运文化体验游、运河水上风情游、非物质文化遗产特色游等旅游精品线路，支持举办行走大运河、运河龙舟赛等群众性文化体育活动。

第二十八条　市、县（区）人民政府应当加强大运河沿线市政公用、公共生活服务、公共文化体育等基础设施建设，完善配套服务，开辟参观游览区、体验休闲区等游览场所。

第二十九条　市、县（区）有关部门应当加强大运河档案资料的收集整理研究工作，可以与高等院校、科研机构等单位合作，推动大运河文化研究和成果应用。

鼓励单位和个人开展大运河文化研究，对有重要价值的研究成果，市、县（区）人民政府应当予以采纳和运用。

第三十条　市、县（区）教育主管部门应当会同文化主管部门编写适合中小学特点的大运河文化读本读物，组织学生走进大运河文化遗产宣传展示场所和非物质文化遗产代表性项目传承基地，开展实践教学，增强中小学生对大运河文化的认同、传承和弘扬意识。

第三十一条　市、县（区）文化主管部门应当利用各类公共文化服务设施，以及大运河沿线景区景点、古镇古村、名人故居等场所，通过举办大运河非物质文化遗产展、大运河文化创意集市、大运河美食嘉年华等文化主题活动，传承弘扬大运河文化；充分发挥各类媒体作用，拓展传播渠道，打造大运河文化交流合作平台，讲好淮安运河故事，传播淮安运河文化。

第三十二条　市、县（区）文化主管部门对列入国家和省级非物质文化遗产代表性项目名录的大运河沿线非物质文化遗产，推荐申报国家和省级代表性传承人；对本级人民政府批准公布的大运河沿线非物质文化遗产代表性项目，应当认定代表性传承人；对各级代表性传承人进行培训，指导相关代表性传承人开展传习活动，定期对代表性传承人的传习活动进行考核评估，并给予相应资助。

第三十三条　市、县（区）文化主管部门应当组织大运河沿线非物质文化遗产代表性项目保护单位建设传承基地，并为社会参与建设传承基地提供帮助。对已建成的传承基地，应当免费向公众开放。

第三十四条　鼓励单位和个人利用大运河沿线非物质文化遗产开发具有地方特色的文化创意产品，支持和帮助实施生产性保护的非物质文化遗产项目开展产品宣传，建立产品销售渠道和展示平台，扩大传承人群和消费人群，促进大运河沿线非物质文化遗产更好融入现代生活。

第四章　法律责任

第三十五条　违反本条例第二十三条第一项规定，涂污、损坏、擅自移动或者拆除大运河文化遗产保护标识标志和界桩的，由县级以上文化主管部门责令改正；逾期不改正的，对单位处一万元以上五万元以下的罚款，对个人处一千元以上一万元以下的罚款。

违反本条例第二十三条第二项规定，损毁、破坏大运河市政设施的，由县级以上市政主管部门责令改正、赔偿损失、采取补救措施，可以处警告，情节轻微或者造成五千元以下损失的，对单位处一千元以上一万元以下的罚款，对个人处二百元以上一千元以下的罚款；情节严重或者造成五千元以上损失的，对单位处一万元以上五万元以下的罚款，对个人处二千元以上一万元以下的罚款。

违反本条例第二十三条第三项规定，擅自占用、围圈、挖掘大运河河道的，由县级以上水行政主管部门责令停止违法行为，限期恢复原状，处五万元以上五十万元以下的罚款。

违反本条例第二十三条第二项、第三项规定，损毁、破坏大运河水工设施、航运设施，或者填堵、覆盖大运河河道的，由有关部门依照有关法律、法规规定给予处罚。

第三十六条　地方各级人民政府及有关部门、单位的工作人员在大运河文化遗产保护工作中滥用职权、玩忽职守、徇私舞弊的，由有权机关对直接负责的主管人员和直接责任人员依法给予处分；构成犯罪的，依法追究刑事责任。

第三十七条　违反本条例规定，法律、法规已有规定的，从其规定。

第三十八条　对污染大运河生态环境、破坏大运河文化遗产等损害社会公共利益的行为，法律规定的机关和有关社会组织可以依法提起公益诉讼。

第五章　附则

第三十九条　本条例自 2020 年 6 月 1 日起施行。

浙江省

《浙江省大运河文化保护传承利用实施规划》要点

2020 年 4 月 14 日，浙江省发展改革委、省自然资源厅、省文化和旅游厅、省委宣传部等单位联合发布《浙江省大运河文化保护传承利用实施规划》（本部分简称《规划》）。根据《规划》，浙江省大运河文化保护传承利用的空间范围，覆盖杭州、宁波、湖州、嘉兴、绍兴五市沿大运河的 25 个县（市、区）。《规划》提出分阶段发展目标，近期为 2025 年之前，是强化保护和科学利用阶段；中远期为 2026 年至 2035 年，是深化巩固和全面提升阶段；远景展望至 2050 年，力争将大运河浙江段打造成为文化浙江的“亮丽名片”和中华民族伟大复兴的文化标志性品牌。

1. 战略定位

根据《规划》，浙江将以大运河世界文化遗产为核心，以统筹大运河文化保护、传承、利用为主线，高水平打造“千年古韵、江南丝路、通江达海、运济天下”的大运河文化保护传承利用的“浙江样本”。

《规划》提出“1 +5”战略定位。“1”是总体定位：即将大运河浙江段打造成为国际影响最广泛、遗产保护最有效、功能价值最突出、生态环境最优越的中国大运河华彩段。“5”是着力打造五条带：一是推进大运河遗产保护由区域性保护向全面性保护发展，打造树立国际标杆的文化遗产展示带；二是推进大运河沿线山水林田湖草生命共同体建设，打造践行绿水青山就是金山银山理念的生态文明示范带；三是贯通全省运河及沿线的历史文化长廊和休闲游憩长廊，打造传承中华文明的文化旅游精品带；四是畅通大运河航运通道，加快推进运河航运转型升级，打造重现通江达海的千年古道水运带；五是立足浙江在长三角区域一体化发展国家战略中的重要地位，充分发挥大运河连接“一带一路”、长江经济带的纽带作用，打造承接国家战略的沿河开放利用带。

2. 建设管控要求

《规划》将大运河浙江段划分为遗产保护地带、重点管控地带和优化发展地带共三个地带，分类落实保护和建设控制要求。

遗产保护地带，指大运河浙江段中被列入世界文化遗产的遗产区、缓冲区，以及省政府公布的大运河浙江段的保护范围和建设控制地带范围，主要包括 6 个河段的 18 项遗产要素，河道总长约 327 千米，保护面积约 130.17 平方千米。在此基础上，为大运河沿线未列入《世界文化遗产名录》的各级文物保护单位，以及新发现或新认定为具有较高保护价值的大运河遗产合理划定保护范围和建设控制地带。

重点管控地带，按要求，将京杭大运河（浙江段）和浙东运河主河道两岸各 2000 米内的核心区范围划定为核心监控区，严格自然生态环境和传统历史风貌保护。原则上除城市建成区（含建制镇）外，大运河主河道两岸各 1000 米范围划定为滨河生态空间，严控新增非公益建设用地。

优化发展地带涵盖《大运河浙江段遗产保护规划》涉及 25 个县（市、

区），加快推进沿线各县（市、区）的多规融合，构建均衡、和谐、联动的规划管理体系，促进沿线国土空间的科学有序开发。

3. 空间格局

结合大运河沿线各地文化特征和发展实际，《规划》提出在充分保护好传承好大运河文化的基础上，兼顾科学利用和适度开发，按照“河为线、城（园）为珠、线串珠、珠带面”的布局思路，构建“一廊两片多组团多线路”的空间格局。

“一廊”，即着力构建集文化廊道、景观廊道、游憩廊道、生态廊道、交通廊道等“多廊合一”的运河文化旅游休憩长廊。

“两片”，即依托京杭运河江南段，打造以“诗画江南 · 水乡古镇”为特色的江南运河文化发展片，着力彰显江南运河与城市相伴相生的特色；依托浙东运河，打造以“古越风情 · 丝路启航”为特色的浙东运河文化发展片，着力彰显浙东运河通江达海、运济天下的特色。

“多组团”，即着眼于保护传承大运河优秀传统文化、丰富大运河文化的时代内涵，打造特色文化旅游组团、历史经典产业组团、创意设计和数字内容服务组团、时尚文化组团、品牌体育赛事组团五类共 18 个特色组团。

“多线路”，即串联大运河沿线丰富的历史文化遗存和非物质文化遗产，着眼于文化旅游融合发展，打造运河古镇之路、运河丝绸之路、运河诗画之路、运河曲艺之路、考古研学之路、运河遗产绿道 6 条文化旅游精品线路，特别是要精品化打造好大运河诗路，这也是浙江省大花园建设的标志性工程“诗路文化带”的 4 条诗路之一。

4. 重点任务

《规划》提出全力实施八大工程 42 项重点任务，具体包括运河文化遗存保护工程、运河名城名镇提升工程、运河非遗保护传承工程、运河生态环境保护工程、运河水利能力提升工程、运河文旅融合发展工程、运河绿色航运提升工程、运河国际文化交流工程。明确将文化遗存保护放在大运河发展的优先地位，打造大运河文化遗产保护的国际标杆。

《浙江省大运河世界文化遗产保护条例》

（2020 年 9 月 24 日浙江省第十三届人民代表大会常务委员会第二十四次会议通过）

第一条　为了加强中国大运河世界文化遗产（以下简称“大运河遗产”）的保护，弘扬优秀文化、传承人类文明，促进经济社会协调可持续发展，根据《中华人民共和国文物保护法》等有关法律、行政法规，结合本省实际，制定本条例。

第二条　本省行政区域内的大运河遗产保护适用本条例。

本条例所称大运河遗产，是指列入《世界遗产名录》的中国大运河浙江段的河道和遗产点。

未列入《世界遗产名录》的具有保护价值的大运河历史文化遗存，应当依法核定公布为文物保护单位、文物保护点、历史建筑，予以保护。

第三条　大运河遗产保护应当贯彻文物工作方针，坚持保护优先、活态传承、合理利用的原则，维护大运河遗产的真实性、完整性和延续性。

第四条　省和相关设区的市、县（市、区）人民政府（以下简称“县级以上人民政府”）负责本行政区域内大运河遗产保护工作，建立健全保护综合协调机制，保障工作力量，将大运河遗产保护纳入国民经济和社会发展规划、国土空间规划，所需必要经费纳入财政预算。大运河遗产保护工作纳入地方政府绩效考核评价体系。

大运河遗产保护综合协调机制应当明确部门职责，协调解决遗产保护的重大事项。综合协调的具体工作由文物行政部门承担。

第五条　县级以上人民政府文物行政部门负责大运河遗产保护的组织、指导和监督管理工作。

县级以上人民政府其他有关部门应当按照各自职责，做好大运河遗产保护管理的相关工作。

乡（镇）人民政府、街道办事处应当按照规定做好辖区内大运河遗产保护的相关工作。

村（居）民委员会应当配合做好大运河遗产保护工作。

第六条　负责河长制工作的机构应当将大运河遗产河道保护纳入工作范围，并列入各级河长履职考核内容。

文物行政部门应当将大运河遗产河道保护的具体范围和事项书面告知各级河长。

第七条　省和相关设区的市人民政府应当组织编制大运河遗产保护规划，在征得上一级文物行政部门同意后公布实施。

编制大运河遗产保护规划，应当广泛征求有关部门、专家和公众的意见。

在报送上一级文物行政部门审查前，省和相关设区的市人民政府应当将大运河遗产保护规划提请本级人民代表大会常务委员会会议审议。常务委员会组成人员的审议意见应当交由本级人民政府研究处理。

经批准公布的大运河遗产保护规划，不得擅自调整或者修改；确需对规划内容进行调整或者修改的，应当重新履行报批程序。

第八条　大运河遗产保护规划是大运河保护和管理工作的重要依据。

省大运河遗产保护规划应当明确全省大运河遗产的总体保护要求、保护区划、分段分类分级标准、保护重点以及保障措施。

相关设区的市大运河遗产保护规划应当根据省大运河遗产保护规划，明确具体保护措施和管控要求。

涉及大运河水体、岸线和环境的各类区域规划、专项规划，应当符合大运河遗产保护规划。

第九条　大运河遗产保护区划由遗产区、缓冲区组成。遗产区是指对大运河遗产本体及周围一定范围实施重点保护的区域。缓冲区是指遗产区外为保护大运河遗产的安全环境、历史风貌和视廊景观，对建设活动加以限制的区域。

已公布为全国重点文物保护单位的大运河遗产，其保护范围和建设控制地带与遗产区、缓冲区不一致的，省人民政府可以依法予以调整，但保护范围不得小于遗产区，建设控制地带不得小于缓冲区。

第十条　遗产区内不得进行工程建设或者爆破、钻探、挖掘等作业；但是，遗产区内确需进行下列工程建设或者爆破、钻探、挖掘等作业的，应当依照《中华人民共和国文物保护法》有关规定履行报批程序：

（一）大运河遗产保护有关的工程建设、景观维护、环境整治，历史文化街区整治；

（二）防洪排涝工程和水文水质、气象监测设施建设；

（三）航道和港口、跨河桥梁和隧道、水上交通安全设施建设；

（四）因特殊情况需要进行的其他工程建设。

在遗产区内进行工程建设，应当符合大运河遗产保护规划，避开大运河水利工程遗存相关古迹、遗址，并采取对大运河遗产影响最小的施工工艺。因特殊情况不能避开的，应当按照有关法律、法规的规定尽可能实施原址保护。

第十一条　缓冲区新建、改建、扩建建筑物或者构筑物，不得破坏大运河遗产的安全环境、历史风貌和视廊景观，建设工程设计方案应当依照《中华人民共和国文物保护法》有关规定履行报批程序。建设单位应当按照批准的设计方案进行工程建设。

自然资源主管部门确定缓冲区内建设用地规划条件时，应当限制土地开发利用强度，相关控制指标应当符合大运河遗产保护要求。

第十二条　遗产区和缓冲区内的建设项目，依照《中华人民共和国文物保护法》有关规定履行报批程序时，建设单位应当同时提交该项目的遗产影响评价材料。

第十三条　已有的不符合大运河遗产保护规划要求的建设项目和设施，相关设区的市、县（市、区）人民政府应当依法逐步拆除、外迁或者整改；其中，属于危害大运河遗产安全或者污染大运河遗产环境的建设项目和设施，应当依法限期拆除、外迁或者整改。依法应当给予补偿的，按照有关法律、法规规定执行。

第十四条　遗产区和缓冲区内的河道清淤疏浚、设施维护、居民住宅维修和树木种植等活动，应当符合大运河遗产保护规划的要求，并报所在地县（市、区）文物行政部门备案。

第十五条　划拨、出让遗产区或者缓冲区内土地使用权的，县级以上人民政府应当在划拨、出让土地使用权前报请省文物行政部门对该土地组织考古调查、勘探，必要时由省文物行政部门组织考古发掘。

已划拨、出让的遗产区或者缓冲区内的土地，尚未进行考古调查、勘探的，建设单位应当在工程建设前报请省文物行政部门组织考古调查、勘探，必要时由省文物行政部门组织考古发掘。

第十六条　县级以上人民政府应当按照国家规定建立大运河遗产标识系统，设置界桩界标，配设相应标志说明。

第十七条　禁止在遗产区和缓冲区内实施下列行为：

（一）擅自占用、填堵、围圈、覆盖大运河遗产河道水域；

（二）涂污、损毁或者擅自移动、拆除大运河遗产保护标识标志、界桩界标；

（三）破坏、侵占大运河遗产保护和监测设施；

（四）其他破坏或者妨碍大运河遗产保护的行为。

第十八条　县级以上人民政府应当根据需要明确或者设立大运河遗产保护监测专业机构，配备必要的工作人员。

大运河遗产保护监测专业机构负责大运河遗产保护的监测工作，建立完善监测档案，并按照国家和省有关规定报送监测报告。自然资源、生态环境、住房城乡建设、交通运输、水利、文化旅游、综合行政执法、气象等部门，应当配合做好相关监测工作，提供相关监测数据。

大运河遗产监测数据应当纳入政府公共数据平台。

第十九条　文物行政部门应当建立大运河遗产保护记录档案及其数据库，记录和保存大运河遗产的信息和资料。

文物行政部门应当建立健全大运河遗产保护的预警处置机制，制定应急预案，发现威胁大运河遗产安全的隐患，应当及时发布预警信息，及时处置。其他有关部门应当协同开展预警信息处置。

第二十条　相关设区的市、县（市、区）人民政府应当组织相关部门全面治理大运河遗产河道及其支线水系，综合整治岸线和区域环境，构建生态良好的连续滨河空间。

大运河遗产河道及其支线水系的水体水质应当符合水功能要求并持续改善。

第二十一条　相关设区的市、县（市、区）人民政府及其有关部门应当加强大运河沿线历史文化名城、名镇、名村、街区的整体保护，保持与大运河遗产相互依存的传统格局、历史风貌和生产生活延续性。

第二十二条　县级以上人民政府及其有关部门应当组织大运河文化精神和文化价值的发掘、研究，开展大运河沿岸戏曲、节庆、民俗、典故、传统技艺等非物质文化及其相关资料和实物的普查、收集和整理，开展大运河文化的活态展示展演工作，推进大运河文化精神的传承和发展。

第二十三条　相关设区的市、县（市、区）人民政府应当建立集文物陈列、非物质文化遗产展示、科普教育、文化宣传等功能于一体的大运河遗产博物馆（展示馆），讲好大运河文化故事，推动大运河文化传播。

鼓励依托沿线的名人故居、会馆商号、传统村落、工业遗址、考古遗址等，开展大运河遗产的展示和宣传。

第二十四条　县级以上人民政府及其有关部门应当开展大运河遗产保护的宣传教育，将大运河遗产保护的有关内容纳入中小学地方教材、大运河遗产开放展示场所列入研学实践教育基地，并采取措施鼓励单位和个人开展大运河遗产研究宣传、文艺创作、文艺演出和国内国际交流合作。

每年 6 月 22 日所在周为浙江大运河世界文化遗产宣传周。

第二十五条　大运河主河道两岸各两千米范围划定为核心监控区。

遗产区、缓冲区以外的核心监控区的开发利用，应当符合生态环境保护、国土空间管控等要求，并与大运河遗产及其历史风貌相适应。

遗产区、缓冲区以外的核心监控区的开发利用，实行负面清单管理制度。负面清单管理制度由省发展改革部门会同省自然资源、生态环境、经济和信息化、住房城乡建设、文物等部门制定，报省人民政府批准后实施。

第二十六条　大运河文化带、大运河国家文化公园建设，以及发展大运河航运、水利功能，应当符合国家和省保护规划相关要求，与大运河遗产的文化属性和承载力相适应，不得影响大运河遗产的价值。

鼓励大运河遗产的利用与科技融合，开发相关特色文化产品服务，推动大运河遗产数字化应用。

第二十七条　鼓励依托历史街区、码头古渡等景观，开发诗画江南游、古越风情游、丝绸文化游等特色旅游，推广传承戏曲、书法、茶叶、丝绸、青瓷、湖笔、黄酒等特色文化。

第二十八条　任何单位和个人有权对破坏大运河遗产及其历史风貌的行为劝阻、检举和控告。

鼓励开展大运河遗产保护志愿服务活动。相关设区的市、县（市、区）人民政府及其有关部门应当建立公众参与大运河遗产保护工作平台，为志愿者开展志愿服务提供便利。

与大运河遗产保护相关的志愿服务，政府及其有关部门可以依法通过购买服务等方式支持志愿服务运营管理。

第二十九条　鼓励单位和个人通过捐赠等方式设立大运河遗产保护基金。

第三十条　县级以上人民政府及其文物行政部门应当按照国家和省有关规定，对在大运河遗产保护、传承和利用工作中作出突出贡献的单位、个人给予奖励。

第三十一条　相关设区的市、县（市、区）人民政府及其有关部门未按本条例规定履行职责或者履行职责不到位的，省文物行政部门可以约谈相关人民政府负责人。

约谈的主要问题、整改措施、整改要求、整改结果等应当向社会公开。

第三十二条　违反本条例规定的行为，法律、行政法规已有法律责任规定的，从其规定。

对违反本条例规定破坏大运河遗产，损害国家利益或者社会公共利益的行为，法律规定的机关和有关组织可以依法提起公益诉讼。

第三十三条　违反本条例第十条第一款、第十一条第一款规定，擅自在遗产区或者缓冲区内进行工程建设或者爆破、钻探、挖掘等作业，或者未按批准建设工程设计方案进行工程建设的，由文物行政部门责令改正，造成大运河遗产本体破坏等严重后果的，处五万元以上五十万元以下罚款；情节严重的，由原发证机关依法吊销施工单位资质证书。

第三十四条　违反本条例第十五条第二款规定，建设单位未按规定报请考古调查、勘探或者发掘的，由文物行政部门责令改正；造成严重后果的，处五万元以上五十万元以下罚款。

第三十五条　违反本条例第十七条第一项规定，造成大运河遗产河道岸线改变或者破坏的，由文物行政部门责令限期恢复原状或者采取其他补救措施；造成严重后果的，处五万元以上五十万元以下罚款。

违反本条例第十七条第二项至第四项规定，破坏或者妨碍大运河遗产保护的，由文物行政部门责令改正、限期恢复原状或者采取其他补救措施，给予警告，可以并处五万元以下罚款。

第三十六条　本条例自 2021 年 1 月 1 日起施行。

河南省

《河南省大运河文化保护传承利用实施规划》要点

2020 年 1 月 20 日，《河南省大运河文化保护传承利用实施规划》（本部分简称《实施规划》）发布。《实施规划》提出，把河南大运河打造成为中华历史文明核心展示区、旅游文化生态融合创新区、大运河文化开放合作先导区、城乡融合发展示范区。

在规划范围上，《实施规划》划分了核心区、拓展区和辐射区，核心区指大运河主河道流经的 40 个县（市、区），拓展区指主河道流经的洛阳、郑州、开封、商丘、焦作、新乡、鹤壁、安阳、濮阳 9 个省辖市除核心区之外的地域范围，辐射区包含除核心区和拓展区之外的省域范围。

在空间布局上，《实施规划》谋划了“两轴三极七片区”空间布局，明晰各自发展的“任务书”：“两轴”是指依托隋唐大运河南北两段运河，打造沿通济渠古都发展轴、沿永济渠古城发展轴；“三极”是指发挥洛阳、开封、郑州三大古都历史资源富集优势和辐射带动作用，打造运河示范城市；“七片区”是指发挥沿线文化地理特征突出的优势，打造通济渠洛阳片区、通济渠郑州片区、通济渠开封片区、通济渠商丘片区、永济渠焦新片区、永济渠安鹤片区、大运河濮阳片区，构筑大运河实体与地域文化伴生共荣的集中展示空间。在功能定位上，牢牢抓住文化这一核心，秉持生态优先、绿色发展理念，统筹资源、环境、交通、产业等要素，提出把河南大运河打造成为中华历史文明核心展示区、旅游文化生态融合创新区、大运河文化带开放合作先导区、城乡融合发展示范区。

在工作任务上，从强化文化遗产保护传承、推进河道水系治理管护、加强生态环境保护修复、推动文化旅游融合发展、推进城乡区域统筹协调、创新保护传承利用机制等方面提出六大任务，并在文化遗产保护传承利用、河道水系治理、生态环境保护修复、“一河揽千年文明”旅游精品、“运河 +”融合新业态培育等方面谋划了五大类专项工程。同时，围绕《实施规划》的主要任务，重点谋划了璀璨文化带十大工程、绿色生态带十大工程、缤纷旅游带十大工程项目。

在建设目标上，《实施规划》实施期为 2019 ~ 2035 年，远期展望到 2050 年。到 2025 年，大运河文化遗产实现全面保护，大运河水量保证率进一步提高，实现适宜河段旅游通航，生态空间布局基本形成，河湖水质明显改善，大运河旅游基础设施条件和公共服务保障能力显著改善，一批文化旅游精品线路和大运河统一品牌基本形成。到 2035 年，大运河文化遗产实现科学保护、活态传承、合理利用，绿色生态廊道全面建成，生态环境根本改善，主要点段实现旅游通航，“千年运河”文化旅游品牌具有较高知名度和吸引力。展望 2050 年，文化遗产保护传承水平全面提高，“千年运河”文化旅游品牌享誉中外，大运河宣传展示中原文化、彰显文化自信的亮丽名片作用更加突出，一条尽览华夏文明、彰显中原文化的大运河以全新姿态展示在世人面前。

二　水利工程

（一）会议与调研

山东省

山东省交通运输厅京杭运河航运中心调研督导京杭运河微山南至峄城段复线船闸工程情况　2020 年 5 月 18 ~ 19 日，山东省交通运输厅京杭运河航运中心对京杭运河微山南至峄城段万年闸复线船闸建成后试运行情况、韩庄复线船闸工程施工建设情况进行调研督导，实地察看韩庄复线船闸工地各个标段现场施工情况。调研督导组认为，万年闸复线船闸自 2019 年 6 月试通航以来运行情况良好，船只积压问题得到有效解决，缓解了京杭运河万年船闸通过能力不足的情况，降低了船舶货物运行时间和企业物流成本，保障了水路运输畅通。调研督导组强调，各参建单位要持续深入扎实做好疫情防控工作，紧盯目标任务，全面加大工程推进力度，确保工程保质按时完成；管理单位要严格做好安全运行管理和工程保护维护工作。

江苏省

惠先宝一行赴邵伯调研绿色现代航运示范区建设情况　2020 年 1 月 13 日，江苏省交通运输厅副厅长惠先宝率省海员交通工会主任唐韧、厅综计处副处长刘俊生，在苏北航务管理处党委书记周进、处长金坚良等领导的陪同下调研邵伯船闸至茱萸湾航段绿色现代航运示范区建设进展。惠先宝副厅长对绿色现代航运示范区建设工作表示了肯定，并对下一步工作提出要求：紧扣时间节点抓推进，确保按进度完成；围绕重点抓推进，绿化工作再提速；突出难点抓推进，加快完成征地拆迁工作。

陆永泉赴淮安、扬州调研京杭运河绿色航运示范区淮安示范段建设情况 2020 年 3 月 18 日，江苏省交通运输厅厅长陆永泉带队赴淮安、扬州两市调研京杭运河绿色航运示范区淮安示范段建设情况。调研组一行实地考察了京杭运河绿色现代航运示范区淮安示范段黄码大桥下游锚地施工现场与扬州邵伯船闸下游停靠码头。调研组强调要进一步提高站位，高标准、高水平推进京杭运河绿色现代航运示范区建设；要强化节点推进，按旬倒排时间进度任务，一着不让加快推进建设进度，同时要突出扬州特色、亮点，为全省推进绿色现代航运示范区建设提供扬州经验、扬州样本。

江苏省交通运输厅港航中心召开船闸大修调度保障协调会 2020 年 3 月 31 日，江苏省交通运输厅港航中心在淮安船闸召开淮安 1 号船闸、邵伯 3 号大修期间运行调度保障协调会。苏北航务管理处通报了淮安、邵伯船闸大修以来运调管理工作，分析了运行形势、存在困难和采取的措施。扬州市、盐城市航道管理处，淮安市、宿迁市港航中心等围绕当前苏北运河通航状况，结合自身实际，介绍了辖区航道、船闸运行情况以及采取的相关措施。在听取工作汇报之后，厅港航中心对下一步的工作做了部署和要求。

扬州航道处、苏北航务处智慧船闸建设交流会在施桥船闸召开 2020 年 4 月 17 日，扬州航道处、苏北航务处智慧船闸建设交流会在施桥船闸召开。扬州航道处副处长袁兴安率相关部门负责人，芒稻、宝应、运东船闸所长，省中心收费系统运行负责人，国电南瑞技术人员，苏北处副处长牛恩斌率相关科室负责人，施桥、邵伯、淮安船闸所领导、运调、养护相关人员参加了会议。各船闸相关人员先后介绍了本所运调管理中的一些经验做法，参会人员围绕智慧船闸建设进行了广泛深入的交流，提出各自智慧船闸建设的想法、建议，为智慧船闸建设献计献策。

江苏省交通运输厅港航中心赴宝应船闸调研指导 2020 年 5 月 14 日，江苏省交通运输厅港航中心赴宝应船闸，就苏北运河繁忙时期分流保畅进行实地调研，扬州市航道管理处相关负责人参加调研。调研组分别察看了盐宝线航道现场状况、宝应船闸待闸锚地建设工程推进情况和船闸运行情况。调研组指出，在此次淮安船闸一号闸大修期间，宝应船闸积极作为，绕行 160 千米实地探测航道情况，为船民绕行提供了安全、可靠的绕行方案，在今后的工作中，要坚持为船民利益考虑，高速、高效放闸，提高船员运营效率。同时，要把好安全关，从大到小、从浅入深，全面排查各运行环节存在的安全隐患，让船民走得及时、走得放心。

惠先宝赴扬州调研京杭运河绿色现代航运示范区建设情况 2020 年 5 月 18 日，江苏省交通运输厅副厅长惠先宝赴扬州调研京杭运河绿色现代航运示范区建设情况。惠先宝首先乘船视察了京杭运河广陵段、邗江段绿色现代航运示范区建设，察看了沿线绿化和景观打造情况，对扬州段推进工作给予充分肯定，并要求进一步加快建设进度，突出打造节点、亮点，高质量、高标准完成各项建设任务。在随后召开的座谈会上，各方就京杭运河扬州段全线和宝应段、高邮段等有关建设问题进行了交流。

周进一行赴扬州调研绿色现代航运示范区建设情况 2020 年 6 月 15 日，苏北航务管理处党委书记周进，副处长牛恩斌一行赴邵伯航道站，乘艇察看扬州段绿色现代航运示范区建设情况，重点了解邵伯船闸下游护岸码头疏浚绿化工程、扬州邗江段护岸绿化工程，对工程进展表示肯定，并要求下一步重点配合地方政府对辖区内现有港口进行提升优化，打造具有地域特色的绿色港口。

周进一行督查指导淮安船闸绿化环境提升和通航保畅工作 2020 年 7 月 2 日，苏北航务管理处党委书记周进，副处长龙寅生、牛恩斌率相关科室人员一行 6 人到淮安船闸调研指导工作。周进一行察看了该船闸正在改造的宿舍区及二号闸下游引航道绿化环境综合整治施工现场，详细询问苗圃规划、道路改造、码头整治等工程进展情况，并现场提出指导意见，要求该船闸跟进工程进度，紧抓工程质量，确保工程实效。

谈效艳一行调研扬州运河绿色现代航运示范区建设情况 2020 年 7 月 11 日，淮安市淮安区副区长谈效艳、淮安市港航事业发展中心副主任潘伟明、淮安区交通运输局局长钟鑫及相关单位人员一行，在苏北航务管理处项目办主任陈立军、邵伯航道站人员的陪同下，乘艇调研邵伯船闸至扬州大桥段苏北运河绿色现代航运示范区建设情况。

施桥船闸修订完善汛期、旱期专项应急预案 2020 年 7 月 30 日，施桥船闸组织召开专题会议，对《施桥船闸管理所汛期、旱期专项应急预案》进行修订完善。会议提出，预案修订立足防大汛、抗大灾，结合近年来长江和邵伯湖汛情特点及防汛、抗旱工作要求的变化，突出预案的实用性和可操作性。会议强调，大汛当前，各部门要高度重视防汛工作，特别是党员领导干部要发挥带头作用。

江苏省交通运输厅组织召开京杭运河智慧航运工作推进专题会　2020 年 8 月 7 日，江苏省交通运输厅在南京组织召开京杭运河智慧航运工作推进专题会，研究京杭运河智慧航运相关工作开展情况。会议要求，以大运河文化带建设为契机，推动京杭运河航运生产、运行、监管、服务等发展，充分体现智慧智能特色，加强北斗等高精度定位系统应用，形成航运生产智能高效、管理智慧科学、服务柔性透明、运输安全可靠的新型航运业态，高质量服务政府、货主、船民与社会公众等航运参与者。

金坚良一行现场调研绿色现代航运示范区扬州段建设情况　2020 年 9 月 2 日，苏北航务管理处处长金坚良率处航闸养护科、项目办负责人，赴扬州察看绿色现代航运示范区建设情况。在察看在建工程工地现场后，金坚良一行在邵伯航道站召开座谈会。他要求现场管理人员尽快完善邵伯船闸下游护岸码头疏浚绿化工程的相关资料，及时启动汛期受损修复工作；同时，克服困难、加快进度，有效推进标志标牌及航标工程。

金坚良赴扬州开展航道调研、工作座谈和项目对接　2020 年 9 月 24 - 25 日，苏北航务管理处处长金坚良赴扬州，带队开展重点标段航道调研、工作座谈及示范区项目对接等工作。金坚良一行首先乘艇察看了高邮界首至施桥船闸上游段航道，开展“京杭运河江苏段绿色现代航运综合整治工程 JHYH - LSHY - KCSJ3 标段”航道调研工作，邵伯航道站负责人随行介绍航道现状。25 日上午，金坚良率规划计划科、项目办负责人赴邵伯航道站召开座谈会，就船闸智能运行调度、航闸养护现代化建设等内容开展讨论交流；下午，金坚良一行赴高邮市政府，与高邮市副市长马舟等人就绿色现代航运示范区高邮段建设项目的落地事宜进行沟通和对接。

陆永泉视察扬州段运河绿色现代航运示范区建设情况　2020 年 9 月 24 日，江苏省交通运输厅厅长、党组书记兼省铁路办公室主任陆永泉赴扬州视察京杭运河绿色现代航运示范区建设。视察组在京杭运河长江口门段航道整治工程现场，听取项目建设进展、沿线征拆、环境整治、绿化景观提升情况汇报，并前往六圩灯塔公园，详细询问灯塔公园建设方案等有关情况。视察组对扬州推进京杭运河绿色现代航运示范区建设工作给予充分肯定，并要求加快推进项目建设进度；城区至邵伯段要突出自然生态，营造四季运河美景，打造绿色现代航运示范区的示范样板。

郭文奇赴扬州开展巡河调研　2020 年 10 月 26 日，江苏省委常委、组织部部长、省级河长郭文奇赴扬州开展巡河调研，乘船巡查了京杭运河邵伯船闸至茱萸湾段，了解河道治理和绿色现代航运示范区建设有关情况。他强调，要牢固树立“绿水青山就是金山银山”的理念，充分认识大运河在服务地方经济发展、护佑“一江清水北送”中的重要作用，坚持在保护中利用，在传承中发展，以建设京杭运河现代绿色航运示范区为抓手，着力将扬州段打造成为全线的样板段和示范段。

江苏省交通运输厅港航中心检查组赴施桥船闸检查指导安全生产工作 2020 年 11 月 12 日，江苏省交通运输厅港航中心检查组一行赴京杭运河施桥船闸至长江口门段航道整治工程检查指导安全生产工作。检查组实地察看了灌注桩护岸和格宾护岸施工现场，详细了解项目安全生产及工程建设情况，对工程安全生产工作给予了充分肯定，要求继续按照品质工程和平安工程创建要求，做好现场安全管理、文明施工及扬尘管控工作，确保项目安全稳定。

（二）河道整治与设施建设维护

江苏省

邵伯三号船闸正式停航大修 2020 年 3 月 20 日，经江苏省交通运输厅批准，根据苏北航务管理处年度航闸养护计划安排，苏北运河邵伯三号船闸按计划正式开始实施停航大修。船闸管理单位与相关涉水单位研究确定船舶联合管控方案，齐抓共管，保证船舶待闸数量在可控范围之内，并加大航道秩序管理力度，切实维护大修期间船闸安全有序运行。

京杭运河江苏省船闸应急保障中心完成施桥船闸阀门修理工程 2020 年 4 月 22 日，京杭运河江苏省船闸应急保障中心高效完成施桥一、二号船闸阀门修理工作，为复工复产下船闸的安全高效通航提供了有力的技术保障。应急保障中心迅速成立工程项目部，科学制定施工方案，做到防疫、施工、通航三不误。技术人员克服种种困难，加班加点，保证各个工序高质量完成。

淮安一号船闸大修工程通过验收 2020 年 4 月 23 日，淮安一号船闸大修工程进行闸室放水。经验收委员会综合评定，并结合土建及门机电专家验收小组意见后，以质量综合评定为优良的等级顺利通过验收，预计于 24 日中午投入使用，恢复通航。一号闸正式通航投入使用后，将在一定程度上缓解通航形势，尽快消化待闸压力，满足区域内航运需求。

泗阳船闸一号闸大修工程正式开工 2020 年 5 月 20 日，苏北运河泗阳一号船闸大修工程正式开工。此次大修项目属于船闸一类大修工程，主要包括：闸门顶、底枢运转件及轴系更换；闸阀门除锈喷锌、闸阀门止水橡皮改造修理更换；阀门修理、液压启闭机拆检修理；闸室及门库清淤、闸阀门门体、运转件及土建设施检测；等等。

（三）运河配套工程

江苏省

淮安船闸上游远调站两台智能供水桩投入试运行 2020 年 6 月 9 日，淮安船闸上游远调站两台智能供水桩率先投入试运行。智能供水桩具有智能、互联、环保、24 小时自助、操作简易等特点，船员只需打开船讯通 App 二维码，根据操作界面引导，就可以轻松完成自助加水。近年来，苏北航务处为解决船员用水困难的问题，先后启用施桥闸下游远调站、邵伯闸下游远调站、高邮航政大队、高邮港北侧、淮阴闸上游远调站、淮阴闸下游远调站、泗阳闸下游远调站、保障中心码头 8 个船舶免费生活供水点。

（四）工程评审与验收

山东省

京杭运河韩庄复线船闸工程完成交工验收 2020 年 11 月 29 日，京杭运河韩庄复线船闸工程召开质量核验暨交工验收会，顺利通过交工验收。韩庄复线船闸投入运行后，京杭运河济宁长沟以南段全部实现船闸双线运行，航道通航能力和船舶过闸效率大大提升，基本实现船舶无需待闸、即到即过，彻底解决了韩庄船闸“卡脖子”问题，保障了京杭运河济宁段航道高效畅通。

江苏省

苏南运河（白洋湾作业区至石湖景区段航道综合整治）老护岸加固工程项目通过验收 2020年8月13日，苏南运河绿色现代航运示范区建设（白洋湾作业区至石湖景区段航道综合整治）老护岸加固工程项目交（竣）工验收会召开。会议相关领导听取了关于项目执行情况的汇报，宣读了交工质量鉴定意见，察看了现场并查阅了工程文件，经讨论，同意通过交（竣）工验收，工程综合评定等级为优良。苏南运河绿色现代航运示范区建设（白洋湾作业区至石湖景区段航道综合整治）老护岸加固工程项目按照三级航道标准，加固白洋湾作业区至石湖景区段护岸942米，并按航道沿线绿化环境整治要求进行绿化种植布置，对沿线部分破损护岸进行了生态修复。

苏北运河淮安、邵伯段绿色航运示范区建设项目通过竣工验收 2020年12月9日，苏北运河绿色航运示范区建设项目（淮安船闸—九龙湖公园段、邵伯船闸—古运河口段）工程验收会在淮安召开。江苏省交通运输厅港航中心主任薛扬出席验收会，与会专家代表听取了关于工程建设、项目执行情况的汇报。经讨论，同意该项目通过竣工验收，综合评定等级为优良。苏北运河绿色现代航运示范区项目是江苏省“交通强国”十大样板工程中大运河文化带样板工程的重点建设内容，淮安船闸—九龙湖公园段、邵伯船闸—古运河口段是示范区先导示范段，对全线综合整治项目实施具有重要意义。

三　航道运输

（一）会议与调研

江苏省

京杭运河施桥口门段航道整治品质工程创建方案通过审查　2020 年 12 月 11 日，京杭运河施桥船闸至长江口门段航道整治工程项目品质工程创建方案（修编）审查会议在扬州召开，省交通运输厅副巡视员姜竹生，省交通运输厅建管处、厅港航中心、扬州市交通运输局等单位相关负责人参加会议。与会各方听取了项目办对品质工程创建实施方案的汇报，对方案总体思路、项目特征、创建目标、具体实施方案、亮点打造、工作任务分解等内容做了深入研究和探讨。经讨论，一致认为实施方案内容完善，指导性强，在提出相关建议后，同意方案通过审查。

（二）航运维护与管理

江苏省

京杭运河施桥船闸至长江口门段航道整治工程复工　2020 年 2 月 11 日，江苏省交通运输厅港航中心印发《关于做好省干线航道工程项目复工相关工作的通知》，要求全省港航在做好疫情防控工作的同时，全力推进重点项目复工工作。2 月 17 日上午，京杭运河施桥船闸至长江口门段航道整治工程项目正式复工。京杭运河施桥船闸至长江口门段航道整治工程位于苏北运河入江口门段，航道整治里程为 5.37 千米，该工程是京杭运河绿色现代航运示范区项目，是江苏省交通强国十大样板工程中大运河文化带样板工程重点建设内容。

宝应航道管理站联合地方海事处开展通航秩序整治行动 2020 年 5 月 27 日，宝应航道管理站联合宝应县地方海事处开展联合巡航，加强辖区通航秩序管理。此次整治行动包括两项内容：一是强化待闸待港船舶管控工作，核查辖区内宝应大桥至宝运码头段待闸船舶登记情况，检查 10 艘货轮是否按照规定进入管控区，保证船舶调度有序安全；二是加强通航秩序管理，对航道沿线船舶乱停乱靠、超帮停靠行为，及时进行纠正。

苏南运河苏州市区段三级航道整治工程完善工程通过交工验收 2020 年 9 月 24 日，苏南运河苏州市区段三级航道整治工程完善工程交工验收会召开。建设、设计、监理、施工单位汇报了项目执行情况，江苏省交通运输厅港航中心宣读了交工档案验收意见，省交通综合执法局宣读了交工质量鉴定意见，与会人员经讨论一致同意项目通过交工验收。苏南运河苏州市区段三级航道整治工程完善工程，是大运河绿色现代航运示范区建设的重要组成部分。自项目开工以来，苏州市水运指作为项目建设单位，在落实疫情防控的同时，以党建为引领、以创新为驱动，对工程建设管理中质量控制、安全管理、技术创新等方面进行了全面探索。

京杭运河淮安段航政、海事节前联合巡查航道 2020 年 9 月 30 日，京杭运河江苏省宝应航道管理站淮阴航政管理大队联合淮安市交通运输综合行政执法支队第二中队巡查京杭运河淮安船闸至淮阴船闸段航道，重点检查了各重要航道、港池及锚地等水域专用航标的工作状况，深入走访淮钢特钢股份有限公司等重点企业，规范船舶停靠秩序，宣传法律法规，提醒船舶航行安全，要求国庆、中秋两节期间各停靠船舶加强航道停靠秩序维护，营造良好的水上交通环境，确保两节期间航道安全畅通。

京杭运河浙江段三级航道整治工程嘉兴段（江苏吴江段）航道工程通过交工验收 2020 年 12 月 25 日，苏州市水运工程建设指挥部组织召开京杭运河浙江段三级航道整治工程嘉兴段（江苏吴江段）航道工程交工验收会。浙江省、江苏省相关单位代表和专家参加会议。会议听取了建设、设计、监理、施工单位关于项目执行情况的汇报，经与会代表和专家讨论，一致同意项目通过交工验收。

浙江省

京杭大运河浙江段三级航道整治工程湖州段航道工程通过交工验收 2020 年 1 月 15 日，京杭运河浙江段三级航道整治工程湖州段航道工程交工验收会议在湖州召开。省、市、县区相关单位和沿线镇政府代表及特邀专家参加会议。会议听取了建设、设计、监理、施工各方面的验收总结报告，以及省交通工程管理中心关于航道工程交工质量鉴定意见的通报。经充分讨论，专家组一致认定：各施工合同段已完成各自建设内容，质量鉴定为合格，符合浙江省航道工程竣（交）工验收实施细则（试行），同意京杭运河浙江段三级航道整治工程湖州段航道工程通过交工验收。

（三）航运规划与创新举措

北京市

北运河通州城区段正式开航 2020 年 4 月 26 日，北运河通州城区段正式开航。为了保障开航后的河湖水环境和航道安全，北运河管理处在水位保持、水面保洁、水质保障、航道清理、汛期管理等方面都采取了相应措施。北运河管理处每天出动船只，对水面漂浮物进行打捞，对长势过旺的水草进行切割。另外，在河道的重点区域及航道外，管理处还设置了数道拦污索，对水面漂浮物进行分段拦截，提高清洁效率。管理处还对沿线的亲水码头周边水域开展了重点保洁，确保游船安全靠岸和出航。

山东省

2020 山东水上交通应急演练在京杭运河枣庄段组织开展 2020 年 11 月 12 日，2020 山东水上交通应急演练在京杭运河枣庄段展开，这是山东综合交通体制改革后的首次演练且首次实现全程网上直播。演练历时 60 分钟，出动各类船艇 10 艘，近 120 人参加演练。演练验证了山东全省水上交通应急救援预案的科学性和实用性，检验了应对水上突发事故应急救援能力以及相关部门协同配合作战能力。

浙江省

杭甬运河宁波段恢复通航　2020 年 2 月 16 日，杭甬运河宁波段恢复通航。为了保障疫情防控应急物资和民生保供物资的运输，落实好浙江省、宁波市防疫工作总体要求，宁波交通、港航部门积极按照“人管住、货畅通”原则，全力做好内河货船疫情防控工作，提前谋划、充分研究，制定了《疫情防控期间杭甬运河蜀山船闸复航管控方案》，确保疫情防控和生产运输两手抓、两不误，及时复航。

江苏省

“徐州—武汉”试运营首航成功　2020 年 11 月 3 日，“徐州—武汉”试运营首航成功，打通了长江中上游与京杭运河流域之间的货物通道，武汉与徐州“两大内河港口城市”的合作进一步推进。“徐州—武汉”集装箱班轮直航开通，契合长江经济带国家战略，通过两港之间联动，开辟集装箱和滚装运输的水运航线，有利于通过“铁转水”“散改集”和多式联运，促进货物大进大出，有利于形成规模效应，进一步提升武汉阳逻国际物流枢纽港地位。

连云港尝试“水转铁”国际多式联运　2020 年 11 月，20 只 40 英尺空集装箱通过“黄金水道”京杭大运河、烧香河，顺利运抵连云港新云台码头。该批集装箱陆续转运至中哈物流基地，然后装载出口货物搭乘连云港中欧班列，通过新亚欧大陆桥、跨里海（哈萨克斯坦）通道，最终运抵阿塞拜疆巴库港。这是连云港中哈国际物流有限公司、新丝路国际集装箱发展有限公司、连云港新云台码头公司三方首次尝试“水转铁”国际多式联运，力争打通国际水陆联运新通道。

四　文化旅游

（一）政策发布

北京市

《通州区大运河文化带保护建设规划》发布　2020 年 6 月 21 日，《通州区大运河文化带保护建设规划》（本部分简称《规划》）、《通州区大运河文化带保护建设三年行动计划（2020—2022 年）》正式发布。《规划》明确了四个阶段的中长期目标：到 2022 年，基本建成城市副中心的“黄金水道”和“城市名片”；到 2025 年，再现通州北首盛景；到 2035 年，引领京津冀，进一步发挥示范带动和战略支撑作用；到 2050 年，成为中国文化与世界文明交流的重要承载地。在空间布局方面，《规划》提出“一河、三区、多点”的发展格局，“一河”，即以大运河河道及两侧为大运河文化带规划主体部分，“三区”，即运河水城展示区、运河文旅体验区、运河生态观光区。“多点”，包括时代文化创新点，主要有宋庄艺术创意小城镇、台湖演艺小城镇、张家湾设计小镇、环球影城主题公园等；历史遗产传承点，主要有通州古城、路县故城、漷县古城、张家湾漕运古镇等；休闲文化体验点，主要有西集生态休闲小城镇以及张庄村、儒林村、马头村等一批特色古村落等。

山东省

《山东省大运河文化保护传承利用实施规划》发布　2020 年 3 月 31 日《山东省大运河文化保护传承利用实施规划》（本部分简称《规划》）发布。《规划》提出，2020—2025 年，大运河山东段文化遗产实现全面保护，不可移动文物保护状况显著改善，现场标识、展示水平全面提升，逐步建成一批阐释水平高的大运河专题遗址博物馆、陈列馆或展示馆。2026—2035 年，大运河文化遗产实现科学保护、活态传承、合理利用，主河道全线有水，生态环境根本改善，文化旅游品牌影响力显著提升。到 2050 年，全面展现繁荣发达、诚信仁义、包容开放的“鲁风运河”风采。

江苏省

《淮安市大运河文化遗产保护条例》正式施行 2020 年 6 月 1 日，《淮安市大运河文化遗产保护条例》（本部分简称《条例》）正式施行。该《条例》是全国运河沿线城市第四部、江苏省第一部，专门针对大运河文化遗产保护制定的地方性法规。《条例》积极回应了大运河文化带建设的要求，充分遵循和吸收了《大运河文化保护传承利用规划纲要》、江苏省人民代表大会常务委员会制定的《关于促进大运河文化带建设的决定》有关文化带建设的要求。保护对象除了大运河世界文化遗产，还包括了近代以来新建的具有文化代表性和突出价值的大运河水工设施，以及与运河有关的可移动文物与非物质文化遗产等。

浙江省

《浙江省大运河文化保护传承利用实施规划》发布 2020 年 4 月 14 日，《浙江省大运河文化保护传承利用实施规划》（本部分简称《规划》）发布。《规划》提出“1＋5”战略定位，其中“1”为总体定位：将大运河浙江段打造成为国际影响最广泛、遗产保护最有效、功能价值最突出、生态环境最优越的中国大运河华彩段。“5”为着力打造的 5 条带：推进大运河遗产保护由区域性保护向全面性保护发展，打造树立国际标杆的文化遗产展示带；推进大运河沿线山水林田湖草生命共同体建设，打造践行“绿水青山就是金山银山”理念的生态文明示范带；贯通全省运河及沿线的历史文化长廊和休闲游憩长廊，打造传承中华文明的文化旅游精品带；畅通大运河航运通道，加快推进运河航运转型升级，打造重现通江达海的千年古道水运带；立足浙江在长三角区域一体化发展国家战略中的重要地位，充分发挥大运河连接“一带一路”、长江经济带的纽带作用，打造承接国家战略的沿河开放利用带。

《浙江省大运河世界文化遗产保护条例》审议通过 2020 年 9 月 24 日，《浙江省大运河世界文化遗产保护条例》（本部分简称《条例》）经浙江省十三届人大常委会第二十四会议审议通过。该条例自 2021 年 1 月 1 日起施行。《条例》规定，浙江省和相关设区的市、县（市、区）人民政府负责本行政区域内大运河遗产保护工作，建立健全保护综合协调机制，保障工作力量，将大运河遗产保护纳入国民经济和社会发展规划、国土空间规划，所需必要经费纳入财政预算。浙江省和相关设区的市人民政府应当组织编制大运河遗产保护规划，并将其作为大运河保护和管理工作的重要依据。

河南省

《河南省大运河文化保护传承利用实施规划》发布　2020 年 1 月 20 日，《河南省大运河文化保护传承利用实施规划》（本部分简称《规划》）发布。《规划》从强化文化遗产保护传承、推进河道水系治理管护、加强生态环境保护修复、推动文化旅游融合发展、推进城乡区域统筹协调、创新保护传承利用机制方面提出六大任务，并在文化遗产保护传承利用、河道水系治理、生态环境保护修复、“一河揽千年文明”旅游精品、“运河 +”融合新业态培育等方面谋划了五大类专项工程。同时，围绕《规划》的主要任务，重点谋划了璀璨文化带十大工程、绿色生态带十大工程、缤纷旅游带十大工程项目。

《河南省大运河文化和旅游融合发展规划》通过终期评审　2020 年 12 月 20 日，河南省文化和旅游厅在洛阳师范学院组织召开《河南省大运河文化和旅游融合发展规划》（本部分简称《规划》）终期评审会议。来自南京大学、河南省发展改革委、浙江旅游科学研究院、九鼎德盛投资顾问有限公司、河南省水利勘测设计研究有限公司等单位的 7 位专家组成评审专家组参加评审。专家组经讨论认为，该《规划》政治站位高、思路清晰、体系完整、目标明确、任务具体，一致同意通过评审。

（二）专题会议

北京市

“讲好大运河故事”主题研讨会暨中国网议库第 17 期系列沙龙在北京召开　2020 年 8 月 6 日，“讲好大运河故事”主题研讨会暨第 17 期中国网议库系列沙龙在北京中国互联网新闻中心（中国网）举办，中国网资讯中心副主任、议库创始人张宁锐主持。与会嘉宾围绕“推进大运河文化保护传承利用，最典型、最需要讲好的故事”“全媒体时代讲好大运河故事的方式方法”“如何面向世界讲好大运河故事”“大运河文化保护中最值得总结的经验以及最需要解决的问题”等议题展开深入探讨和交流。

“面向新未来——张家湾特色小城镇建设研讨会”在通州召开 2020 年 9 月 23 日，“面向新未来——张家湾特色小城镇建设研讨会”在通州区召开。本次研讨会由通州区大运河文化研究会主办，来自大运河沿线的各省市运河专家汇聚一堂，建言献策，旨在通过共建共享，促进新时代背景下大运河文化带建设，实现未来创新发展。

山东省

台儿庄召开（月河）段运河驳岸修缮保护工程汇报会 2020 年 7 月 2 日，大运河中河台儿庄（月河）段驳岸修缮保护及安全防护栏改造工程汇报会在台儿庄古城召开，台儿古城管委会、区文旅局、区文旅事业发展中心、区财政局、区城乡水务局、台儿庄古城旅游集团和工程设计、施工、监理、审计等单位的相关负责人参加会议。会上，曲阜市安怀堂文物工程设计有限公司、曲阜市三孔古建筑工程管理处汇报了大运河台儿庄（月河段）驳岸修缮保护及安全防护栏改造工程设计和施工方案，与会人员对工程施工技术措施、临水施工安全以及施工过程中不可预见的困难进行了讨论，提出了一些建设性的意见。

大运河国家文化公园（临清段）实施推进会召开 2020 年 7 月 20 日，临清市召开大运河国家文化公园（临清段）实施推进会。市委书记何宪卓指出，要深入贯彻落实习近平总书记重要指示精神，抢抓政策机遇，保护传承利用运河文化。要紧密结合临清实际，准确把握上级要求，制定切实可行的方案；要发挥专家学者的“智囊团”作用，做好科学论证工作；要建立工作机制，搭建发展平台，营造浓厚氛围，打造大运河文化品牌。

山东社科论坛——大运河山东段建设研讨会在临清市举行 2020 年 9 月 25 日，山东社科论坛——大运河山东段建设研讨会在临清市举行。本次研讨会由山东省社科联、聊城市委宣传部、聊城大学、山东省运河经济文化研究中心主办，临清市委市政府、聊城市社科联、聊城大学运河学研究院承办，临清市委宣传部、临清市地方史志研究中心、临清市社科联协办。研讨会上，来自全国各地的60余位专家、学者围绕大运河国家文化公园（山东段）建设、建立大运河文化保护传承利用示范区可行性、大运河文化带与山东区域发展战略、大运河历史文化与生态环境司法保护、临清运河文化优势及创新发展等议题进行了深入研讨交流。

山东省委召开文物保护工作、大运河（山东段）文化和旅游融合发展专题会议 2020 年 12 月 21 日，山东省委召开文物保护工作、大运河（山东段）文化和旅游融合发展专题会议。山东省委书记刘家义主持会议并讲话，强调山东省是文物大省，也是大运河流经省份，必须认真贯彻落实习近平总书记重要指示要求，坚决抓好文物及大运河保护传承利用，助推山东由文化大省加快向文化强省转变。会上，山东省文化和旅游厅负责同志汇报了全省文物保护利用工作的若干措施、大运河（山东段）文化和旅游融合发展实施方案，与会同志进行了交流讨论。

江苏省

江苏省大运河文化遗产保护传承专项规划编制工作会议暨大纲专家咨询会在南京召开 2020 年 3 月 26 日，江苏省文化和旅游厅在南京召开《江苏省大运河文化遗产保护传承专项规划》（本部分简称《规划》）编制工作会议暨规划大纲专家咨询会。省文化和旅游厅党组成员、副厅长、省文物局局长吴晓林出席会议并讲话，厅二级巡视员殷连生参加会议。《规划》是江苏省大运河文化保护传承利用实施纲要确定的大运河文化带建设“1 +1 +6 +11”规划体系中的 6 个省级专项规划之一，也是由江苏省文化和旅游厅承担的 2 个专项规划之一。前期，江苏省文物局会同北京建工建筑设计研究院对规划大纲进行了多次修改，会上，省专家组听取了项目组汇报，并就《规划》大纲提出意见和建议，认为规划大纲结构完整，基本满足规划编制的要求，建议加强调研，抓紧落实。

淮安举行大运河（淮安段）国家文化公园建设暨中国水工科技馆规划建设咨询会 2020 年 5 月 29 日，淮安市委、市政府在北京举行大运河（淮安段）国家文化公园建设暨中国水工科技馆规划咨询会，多位专家、学者应邀出席，一起为淮安大运河文化带建设出谋划策。国家发展改革委社会发展司司长欧晓理表示，国家发展改革委根据大运河文化带建设总体规划和各个专项规划，谋划一批大运河国家文化公园标志性工程，建议中国水工科技馆充分挖掘淮安丰富的水工文化、水利遗存，彰显水韵特色，积极探索创新馆藏内容、展示方式，兼顾专业性和社会性，突出智慧展示，加大向上沟通力度，争取纳入国家、省项目库。国家发展改革委社会发展司将全力支持淮安，将中国水工科技馆打造成独具特色的标志性展馆。

江苏省文化和旅游厅召开《江苏大运河文化旅游融合发展规划》苏南片区征求意见座谈会 2020 年 6 月 16 日，江苏省文化和旅游厅在镇江召开《江苏大运河文化旅游融合发展规划》（本部分简称《规划》）苏南片区征求意见座谈会，厅党组副书记、副厅长陈芬出席会议并讲话，厅政策法规处、规划编制单位、课题研究单位相关负责同志，苏南片区南京、无锡、常州、苏州、镇江五市文化和旅游部门负责同志、相关职能处室负责同志参加会议。会上，规划编制单位负责人介绍了《规划》主要内容，苏南片区五市文旅部门从省级层面和地域层面，对《规划》文本提出翔实具体的修改意见，就文旅融合、品牌打造、区域协同、工作统筹等问题进行了交流探讨。

江苏乡村振兴智库 2020 峰会暨大运河小镇联盟论坛在苏州举行 2020 年 9 月 5 日，江苏乡村振兴智库 2020 峰会暨大运河小镇联盟论坛在苏州相城望亭镇举行，此次活动指导单位为江苏省发展改革委、江苏省农业农村厅、江苏省旅游协会，活动由新华报业传媒集团、中共苏州市相城区委、相城区人民政府主办，扬子晚报、江苏乡村振兴智库研究院、中共相城区望亭镇党委、望亭镇人民政府承办。全国 50 多位专家、学者围绕“乡村振兴”等主题进行了深入探讨和交流，乡村振兴融媒体战略合作项目、乡村振兴示范区共建项目、乡村振兴融合发展项目、江苏（相城）非遗研习社共建项目、农业遗产（相城）研究项目、创美文旅融合产业项目 6 个项目集中签约。

扬州市召开扬州运河文化投资集团组建会议 2020 年 11 月 24 日，扬州市召开扬州运河文化投资集团组建会议。扬州市委常委、宣传部部长张长金参加会议并讲话。会议由扬州市政府副秘书长吴军主持，并宣布成立扬州运河文化集团的决定，扬州市委组织部常务副部长徐龙宣布运河文投集团党组织设置和人事任命。扬州运河文化投资集团、市文化广电和旅游局、市城控集团负责人做了表态发言。

苏州召开大运河文化带建设研讨会 2020 年 12 月 16 日，“建设最精彩一段大运河”——2020 苏州大运河文化带建设研讨会在苏州召开。本次研讨会由苏州市大运河文化带建设工作领导小组办公室指导，大运河文化带建设研究院苏州分院、苏州大运河文化带建设研究院主办。苏州市、区运河办代表、苏州大运河沿线乡镇的负责同志、苏州大运河文化带建设研究院代表及媒体代表参加了会议。与会代表和学者围绕“苏州段大运河文化带的规划”“运河生态保护”“文旅融合”“品牌传播”等主题，集思广益，建言献策，共议大运河的建设与保护，共商生态大运河文化带打造与复兴。

河南省

商丘市召开大运河商丘段保护传承利用专题工作会议　2020 年 8 月 31 日，商丘市市长张建慧主持召开专题会议，研究部署大运河商丘段保护传承利用工作。张建慧指出，要以大运河文化保护传承利用为契机，加快推进商丘市全域旅游总体规划编制工作，做好规划论证工作。要以燧皇陵、火神台、商丘古城等历史遗迹遗存为核心区，加快推进商丘华夏历史文明传承创新区规划编制，带动全市文旅产业高质量发展。

（三）工作调研

江苏省

赵正兰到宿豫区调研大运河文化带重点项目建设工作　2020 年 2 月 19 日下午，宿迁市委常委、宣传部部长赵正兰到宿豫区调研指导大运河文化带重点项目建设工作。调研过程中，赵正兰实地察看了运河水利科技体验园、顺河集兵营遗址公园、老粮库文化创意产业园三个重点项目规划建设情况。赵正兰指出，建设好大运河文化带是新时代赋予大运河沿线地区的光荣使命，希望宿豫区高度重视，强化系统思维，统筹谋划研究，深度挖掘内涵，确保大运河宿迁段体现区域标识和文化特色。

马明龙专题调研镇江市大运河文化带建设　2020 年 4 月 21 日，镇江市委书记马明龙专题调研大运河文化带建设。马明龙一行察看了大运河京口闸遗址，听取有关遗址历史传承和文化保护情况，并登船考察古运河城区段两岸整治情况。在随后召开的座谈会上，马明龙详细听取了大运河镇江段文化保护传承利用实施规划的设计思路，以及镇江市大运河文化带建设工作进展情况和2020年重点工作打算。马明龙在会上强调，既要坚持文化自信，更要保持文化敬畏，做到上接天线、下接地气，擦亮“江河交汇、山水名城”的特色品牌，精心打造大运河文化带建设“镇江样板”。

赵正兰调研宿迁大运河文化带中心城市重点项目建设 2020年5月13日，宿迁市委常委、宣传部部长赵正兰带领相关部门负责人调研大运河文化带中心城市重点项目建设，并召开座谈会听取项目建设进展情况汇报，研究部署下一阶段工作。赵正兰一行先后到滨河大道，及景观提升改造一期工程现场、中运河滨河景观廊道和运河祈福园等地进行实地调研，现场了解项目建设进展情况。

刘加利一行赴宝应调研大运河文化带建设工作 2020年6月9日，宿迁泗洪县政协主席、党组书记刘加利率泗洪县政协一行15人，来宝应调研考察大运河文化带建设工作。宝应县政协主席陈金荣、副主席王松年以及政协相关部门、县文体广电和旅游局负责人等陪同。考察组一行沿着淮扬运河宝应段，实地考察了世界遗产点明代刘堡减水闸、二里排河段运河文化带，参观了周恩来少年读书处、宝应博物馆《水主沉浮——宝应运河文化概览》展厅。通过实地察看和情况介绍，考察组一行了解了宝应悠久历史和深厚的文化底蕴，并对宝应在大运河文化带建设中所做出的努力给予高度评价。

王慧芬一行到无锡运河之光文化艺术交流有限公司调研 2020年6月17日，无锡市文化遗产保护基金会理事长王慧芬一行，前来无锡运河之光文化艺术交流有限公司调研交流。无锡市文化遗产保护基金会调研人员一行与运河之光团队，就大运河遗产保护宣传、文化遗产保护及无锡大运河文化带建设各项工作进行了座谈交流。

淮安市党政代表团赴扬州调研考察 2020年7月3日，淮安市委书记蔡丽新、市长陈之常率淮安市党政代表团赴扬州市学习考察大运河博物馆及大运河绿色航道整治示范段建设情况，推进淮扬文化高地共建工作。在扬州期间，淮安市党政代表团考察了廖家沟城市中央公园、大运河绿色航道整治示范段、扬州智谷科技综合体、亚普汽车部件股份有限公司、三湾湿地公园等地，学习借鉴扬州在大运河文化带建设等方面的先进经验和成功做法。

齐家滨专题调研常州大运河党建文化示范带建设 2020年7月3日，常州市委书记齐家滨专题调研大运河党建文化示范带建设。齐家滨在调研中强调，各地各部门要牢固树立“抓党建是最大政绩”的理念，充分发挥好基层党组织主心骨作用；要进一步提升大运河党建文化示范带建设水平，主动谋划实施一批党建创新项目；要连点成线，统筹集聚龙城红色文化资源，深入挖掘亮点，展现特色，讲好常州红色故事，传承地域文化，集中打造一批立得住、叫得响的党建品牌。

王昊专题调研宿迁运河湾公园建设情况　2020 年 9 月 7 日，宿迁市委副书记、市长王昊带领市住建局、宿迁市发展改革委、宿迁市交通运输局相关部门主要负责人专题调研运河湾公园建设情况。王昊带队实地察看了运河湾公园苏玻广场、游客服务中心、城市阳台、西入口平台等项目，详细了解工程进展情况，认真察看工程建设中的具体细节。他强调，要牢固树立精品意识，加快工程建设，确保运河湾公园顺利开园。

习近平总书记赴扬州考察调研　2020 年 11 月 13 日，习近平总书记到运河文化带的重要节点——江苏省扬州市考察调研。他先后来到运河三湾生态文化公园、江都水利枢纽，了解大运河沿线环境整治和文化保护传承利用、南水北调东线工程规划建设和江都水利枢纽运行等情况。习近平总书记提出，千百年来，运河滋养两岸城市和人民，是运河两岸人民的致富河、幸福河，希望大家共同保护好大运河，使运河永远造福人民。生态文明建设关系经济社会发展，关系人民生活幸福，关系青少年健康成长。加强生态文明建设，是推动经济社会高质量发展的必然要求，也是广大群众的共识和呼声。要把大运河文化遗产保护同生态环境保护提升、沿线名城名镇保护修复、文化旅游融合发展、运河航运转型提升统一起来，为大运河沿线区域经济社会发展、人民生活改善创造有利条件。

蔡丽新现场督办调研大运河文化带标志性城市建设　2020 年 12 月 17 日，淮安市委书记、市人大常委会主任蔡丽新现场督办推进市八届人大四次会议《关于推进大运河文化带标志性城市建设的议案》，强调要认真贯彻落实习近平总书记关于大运河文化带建设的重要讲话和指示批示精神，按照省委省政府打造“先导段、示范段、样本段”和“走在全国前列”的工作要求，持之以恒推进大运河文化带标志性城市建设，使大运河文化带淮安段建设真正成为淮安市打造“绿色高地、枢纽新城”的重要支撑、重要品牌。市长陈之常等领导出席会议，参与提出议案的部分市人大代表应邀参加会议。

（四）项目建设

北京市

北京大运河畔新地标正式进入主体结构施工阶段 2020 年 7 月，北京市通州区剧院项目首根工程桩顺利开钻，标志着城市副中心三大建筑工程——剧院、图书馆、博物馆，正式进入主体结构施工阶段。作为通州大运河畔崛起的新地标，三大建筑各具特色，运河文化深度融于其中。

河北省

沧州南湖文化街区项目正式开工建设 2020 年 3 月 1 日，河北沧州市区大运河文化带建设工程南湖文化街区项目（含南关—张家坟区域改造）正式开工建设。南湖文化街区项目（含南关—张家坟区域改造）南至黄河路、北至解放路、东至清池大道、西至大运河西堤顶路，总占地面积为 1300 亩。按照规划，主要建设内容包括南湖水体治理及景观提升、大运河河道清淤、南关—张家坟区域生态修复、无线电二厂改造、铁路给水所及周边改造等工程。

沧州师范学院与大运河文化研究会达成战略合作 2020 年 5 月 15 日，沧州师范学院与大运河文化研究会就创建大运河文化数据库达成战略合作，双方共同开展高质量数据采集工作，整合大运河资源，创建服务本地大运河文化带研究的综合数据库，以推进运河文化传承，为沧州沿运各地推进大运河文化带建设提供数据和智力支撑。

江苏省

扬州中国大运河博物馆项目获中央预算内资金支持 2020 年 8 月初，扬州中国大运河博物馆项目获批 8000 万元中央预算内资金，为扬州市社会领域历史上单笔补助数额最大的单体项目。本次文化旅游提升工程被列入 2020 年第二批中央预算内投资计划。扬州市通过支持大运河博物馆项目建设，落实党中央、国务院关于大运河保护传承利用和大运河国家文化公园建设的重大决策部署，推动实施《大运河文化保护传承利用规划纲要》和《长城、大运河、长征国家文化公园建设方案》，打造中华文化重要标志，弘扬中华优秀传统文化和社会主义先进文化。

谏壁船闸大运河文化带文化标识建设顺利通过交工验收　2020 年 10 月 29 日，谏壁船闸大运河文化带文化标识建设（引航道及服务区锚地部分）顺利通过交（竣）工验收。建设、设计、施工、监理单位分别进行情况汇报，验收小组参看现场并查阅相关资料最后形成交工验收意见。谏壁船闸大运河文化带文化标识建设（引航道及服务区锚地部分）项目为江苏省交通运输厅港航事业发展中心在镇江实施大运河文化带建设的前期试点项目，主要分为苏南运河镇江水上服务区锚地部分岸上环境整治和谏壁船闸上游东侧引航道环境整治两部分。

浙江省

浙江省举行"共建运河大剧院"合作签约仪式　2020 年 3 月 11 日，浙江省文化和旅游厅与杭州市拱墅区人民政府"共建运河大剧院"合作签约仪式举行。省文化和旅游厅党组书记、厅长褚子育，省文化和旅游厅党组成员、副厅长刁玉泉，拱墅区委书记朱建明，拱墅区委副书记、区长章燕，拱墅区副区长王书评出席此次活动。

大运河杭钢工业遗址综保项目开工仪式在杭州举行　2020 年 6 月 29 日，大运河国家文化公园重要节点——大运河杭钢工业遗址综保项目开工仪式在杭州举行。此次开工的项目土壤修复工程为先行实施工程，土壤治理中央广场区域属试验段区域范围。相关单位将充分考虑并结合污染地块治理技术工程与风险防控手段的辅助实施，注重优化区域地块利用和开发时序，降低治理修复成本，加快进度，推进系统治理、依法治理、综合治理、源头治理，实现更高质量的治理、更高水平的安全利用，为创建高生态价值、高生活品质、高经济活力的"运河文化 +"大走廊提供良好的土壤生态环境。

河南省

河南鹤壁市 22 个大运河文化带项目集中开工　2020 年 7 月 29 日，鹤壁市 2020 年大运河文化带项目集中开工暨浚县古城文化遗产保护传承项目开工仪式，在浚县古城文化遗产保护传承项目现场举行。集中开工的 22 个项目中浚县有 15 个，淇滨区有 3 个，市城乡一体化示范区有 3 个，淇县有 1

个，总投资额62.1亿元。这些项目涵盖文化遗产保护传承、生态环境保护修复、文化旅游融合发展、城乡融合发展等领域。

（五）主题活动

北京市

北京·通州大运河传统文化线上展全面上线 2020年6月13日，北京·通州大运河传统文化线上展正式上线。此次展览以收集身边的运河故事为主线，将京津冀一带民众生活百态及非遗文化等代表运河文化的作品展示给大众；将运河碎片化的历史文化记忆拼成运河完整图式，擦亮运河名片，惠及沿线大众；以征集展示摄影作品的形式，搜集运河资料，挖掘运河文化，弘扬运河精神。

2020中国大运河文化带京杭对话在北京开幕 2020年9月23日，2020中国大运河文化带京杭对话（本部分简称“2020京杭对话”）在北京开幕。活动以“运河上的京杭对话，共建共享新未来”为主题，由北京市人民政府新闻办公室、浙江省人民政府新闻办公室、杭州市人民政府、中国新闻社共同主办，中国新闻周刊、北京广播电视台、北京月讯杂志社、中国新闻社浙江分社、中新凯悦传媒集团、杭州运河集团等单位承办。包括杭州文澜阁四库全书重返北京展、颐和园建园270周年文物特展等特色活动在内的“1+8+N”场活动，即1个主论坛暨开幕式、8项主场活动，以及来自北京市、浙江省、杭州市相关N场主题活动，集中在9月23～24日举行，共同促进大运河文化带建设从“各美其美”走向“美美与共”。

“千年运河 诗书酒画”2020中国大运河文化南北对话论坛在京举行 2020年9月27日，2020中国大运河文化南北对话论坛在北京顺义牛栏山举行。对话以“千年运河 诗书酒画”为主题，多位知名学者、酒文化专家就大运河文化的保护、传承与创新展开深入探讨，同时探索南北酒文化的发展之路。本次论坛聚焦诗、书、酒、画四种文化艺术形式，从文化保护、传承和利用的角度，解读京杭运河文化流变，进而推动京杭运河沿线的文化交流合作。

北京春江文学艺术研究中心成立大运河文化带建设研究院 2020年12月1日，北京春江文学艺术研究中心举行大运河文化带建设研究院成立大会暨学术研讨会。来自地方政府、高校、各部门的负责人，世界运河历史文化城市合作组织、沿运河各市的代表及各位专家参加会议。在研讨会上，各位专家从大运河的历史、文化、水利以及沿线发展等课题展开深入探讨和交流，为大运河文化带建设研究院的开端注入了活力，也为研究院更好地服务于大运河文化带建设提供了丰富的理论储备和智力支持。

河北省

沧州举办大运河非遗大展暨第六届京津冀非遗联展　2020 年 9 月 24 ~ 26 日，“匠心华韵 运河传承 流动的文化——大运河非遗大展暨第六届京津冀非遗联展”活动在沧州市大运河生态修复展示区举办。此次活动由文化和旅游部非遗司指导，河北省文化和旅游厅联合北京市文化和旅游局、天津市文化和旅游局、沧州市人民政府共同举办。活动包括线上和线下两种展示方式。其中，线上活动主要分为直播现场、直播带货、直播寻访、云上展览等栏目，对非遗联展进行全方位展示，实现文旅产品推介和公共服务案例的结合。线下活动包括传统技艺类非遗展销、非遗传习体验、非遗美食品鉴、非遗题材摄影作品展、“河海相济、文武沧州”沧州六大文脉展等板块内容，汇集了京津冀三地的百余项特色非遗资源和精美作品。

山东省

第十届中国大运河美食节在济宁开幕　2020 年 1 月 1 日，第十届中国大运河美食节在济宁杏坛世家大酒店开幕，第九届山东省淡水鱼烹饪大赛、第六届中国渔家文化艺术节同时启动。中国大运河美食节至 2020 年已成功举办了十届。2020 年举办中国大运河美食节、淡水鱼烹饪大赛暨渔家文化艺术节的目的是按照高质量发展要求，搭建大运河沿线城市交流学习的平台，创建合作共赢的新机制，提升大运河美食品牌质量，弘扬大运河饮食文化。同时，加强技艺交流及合作，促进人才培养与成长，发展和繁荣餐饮事业。

大运河文化摄制组成立暨揭牌仪式在济南举行　2020 年 5 月 9 日，大运河文化摄制组成立暨揭牌仪式在山东省文化馆分馆举行。大运河文化摄制组的成立是山东运河经济文化研究中心与山东昭星影视传媒有限公司多次洽谈做出的共同决策。成立摄制组的主要目的是运用影视（电影、电视剧、短视频、微电影、纪录片、电视栏目等）及新媒体等方式全面弘扬宣传大运河文化，提升大运河文化品牌影响力，为大运河沿岸经济发展助力。

2020 山东大运河文旅产业高峰论坛在济南举行 2020 年 9 月 18 日，2020 山东大运河文旅产业高峰论坛在山东国际会展中心举行。此次论坛以“大运河文化带建设及文旅融合发展新趋势”为主题，由山东省文化产业发展协会主办，德州市委宣传部、聊城市委宣传部等单位协办，现场来自北京、天津、江苏、山东等地的专家和企业代表就大运河文化带建设及运河文化旅游经济发展等议题进行了主旨演讲和圆桌对话。

聊城中国运河文化博物馆举办聊城运河非遗文化展 2020 年 9 月 27 日，为配合“聊城人游聊城，引爆十一黄金周”活动启动仪式的举办，聊城中国运河文化博物馆举办了“流动的文化 多元的运河”——聊城非遗展。此次非遗展活动共展出东昌雕刻葫芦、东昌木版年画、聊城剪纸等 5 项省级以上的非遗项目。

第十四届中国江北水城·运河古都（聊城）葫芦文化艺术节开幕 2020 年 10 月 30 日，第十四届中国江北水城·运河古都（聊城）葫芦文化艺术节在聊城古城区开幕，来自省内外的葫芦爱好者以及 2600 余家葫芦产业商户参加此次艺术节。东昌府区以联合中心的成立为契机，以更新的理念、更大的力度、更实的举措，推动非遗文化在生活中弘扬、在实践中振兴，让非遗保护传承工作与时代发展同行、与大众生活同步，全力为优秀传统文化发展贡献智慧和力量。

江苏省

“行走大运河——2020 新年走大运”徒步活动在无锡启动 2020 年 1 月 1 日，由中国运河网与无锡日报报业集团共同主办的“行走大运河——2020 新年走大运”徒步活动在无锡运河畔成功启动。活动由无锡运河之光文化交流有限公司承办，无锡华晶飘之霖有限公司、无锡奥通汽车销售有限公司、无锡道极汽车销售服务有限公司、无锡新吴区人力资源服务协会、新新人力资源开发有限公司、无锡康柏斯机械科技有限公司共同协办。活动以“聚人气，蓄财气；促健康、祈幸福”为主题，旨在唤起人们在新的历史时期对传统文化的热爱，更好地理解运河文化的当代传承，加深对无锡城市文脉的了解。

江苏发行大运河文化带建设专项债券 2020 年 5 月 12 日，江苏省大运河文化带建设专项债券（一期）在上海证券交易所成功发行。该债券期限10 年，规模为 23.34 亿元，涉及江苏省 11 个大运河沿线市县的 13 个大运河文化带建设项目，涵盖遗产遗迹保护修缮、文化旅游融合发展、环境整治、生态修复、水利建设、乡村发展等多个领域。据介绍，这是全国首只发行的大运河文化带建设地方政府专项债券，也是江苏继发行土储、棚改、收费公路、城乡建设等品种专项债券后的又一个创新。

大运河幸福 365 志愿联盟在无锡成立　2020 年 5 月 19 日，“千载兰亭迹 悠悠运河长”洛社镇运河文化节启动仪式暨大运河幸福 365 志愿联盟成立活动在无锡六次产业园举行。洛社镇大运河幸福 365 志愿联盟依托理论宣讲平台、教育服务平台、文化服务平台、科技与科普服务平台等六大平台资源，让全镇 3 万余名志愿者共同承担起传承和发扬大运河文化的责任，以及将洛社文化软实力融入大运河文化带的使命。

2020 中国・吴江运河文化旅游节在无锡平望镇开幕　2020 年 6 月 5 日，2020 中国・吴江运河文化旅游节暨“繁华吴江夜 运河小夜曲”云发布活动在吴江区平望镇举行。本次活动采用直播推介形式举办。平望镇党委书记沈春荣和当地农户围绕“一粒米、一朵花、一瓶酱”三样平望代表性农产品，向全国网友推介平望农文旅资源和特色风物。活动当天，平望文旅投资热力图也正式发布，该图囊括了六大农文旅平台载体、24 个投资合作点位等招商信息，全面推介了平望营商环境、投资政策和文旅产业空间布局，为平望农文旅业态扩容提质。同时，平望产业直投基金、平望镇历史文化名镇专家委员会宣布成立，苏州大学校级研究生工作站也在平望挂牌，进一步加快优秀文创项目转化落地。此外，为响应吴江区发布的“姑苏八点半・繁华吴江夜”夜经济品牌号召，“繁华吴江夜 运河小夜曲”平望夜经济品牌于当天正式发布。平望围绕该品牌，打造了独特的“夜食、夜购、夜秀、夜动”夜经济内容，满足市民游客的多元化消费需求。

“运河之都・夜淮安”促消费活动正式启动　2020 年 8 月 1 日，“运河之都・夜淮安”促消费活动在里运河畔正式启动。现场，来自淮扬餐饮、大型商贸、文化旅游、体育健身等领域的 35 家企业，通过线上直播、线下展示方式，推出特色商品和促销政策，拉开淮安夜消费盛宴的序幕。淮安市政府副市长王向红表示，淮安将大力发展夜食、夜购、夜游、夜娱、夜读、夜健等夜经济业态，陆续推出一系列精彩纷呈的促消费配套活动，大力培育一批品牌化、标志性夜经济示范点、消费目的地，点亮赏心悦目、生动美味的“夜淮安”。

“运河之都——魅力河下”夜市嘉年华活动在淮安启动 2020年8月23日，运河之都——魅力河下夜市嘉年华活动在千年古镇河下正式启动。淮安市领导周毅、孙虎、王向红，淮安区领导张笑、颜复、蒋必海、关晓卫、王锐、刘震生、夏开封、李晓旭参加启动仪式。副市长王向红表示，此次举行淮安首届运河文化旅游大使选拔公开赛暨“运河之都—魅力河下”夜市嘉年华活动，开启啤酒音乐狂欢之夜、炫舞激情之夜、精彩杂技之夜、七夕中国风之夜、动感摇滚之夜、民俗文化之夜、经典怀旧之夜、异域风情之夜等系列活动，将在进一步弘扬和传承长淮第一古渡夜经济发展基因、整合和提升河下古镇夜经济发展品牌方面发挥重要作用。

中国传媒大学《大运河文化辞典》编纂团队赴无锡调研交流 2020年8月25日，中国传媒大学教授李丹林及《大运河文化辞典》编纂团队部分成员来到无锡运河之光文化艺术交流有限公司进行调研交流，就《大运河文化辞典·江苏卷》的编写，听取专家意见和建议。梁溪区副区长、无锡大运河文化带建设研究院、江南大学江南文化研究院副院长王建华全程主持。中国文物学会大运河专业委员会副会长、运河之光总经理、中国运河网总编应晓萍致欢迎辞，并对本次活动做了总结。

第二届大运河文化旅游博览会在无锡开幕 2020年9月3日，由中共江苏省委宣传部、江苏省文化和旅游厅、江苏省外事办公室、江苏省文联、无锡市人民政府和淮安市人民政府共同主办的第二届大运河文化旅游博览会在江苏省无锡市开幕。江苏省人民政府副省长马欣、中国侨联副主席齐全胜出席活动。此次博览会于9月3～7日举办，主会场设在无锡市，分会场设在淮安市。博览会以“融合·创新·共享”为主题，安排了夜游古运河、开幕仪式、主题演出、展览展示、主题论坛、非遗分会场和互动联动等7大板块、15项重点活动，倾力搭建大运河沿线城市文旅融合发展平台、文旅精品推广平台和美好生活共享平台。

第三届中国（淮安）大运河文化带城市非遗展活动在淮安举行 2020年9月5～7日，万众瞩目的第二届大运河文化旅游博览会分会场暨第三届中国（淮安）大运河文化带城市非遗展活动在淮安举行。此次非遗展共展示国家级项目40余项、省市级项目70余项，整个非遗展销售总额达到383万余元。展会期间，共吸引游客 35 万人次，央视新闻、新华社现场云、淮安发布等 10 余家媒体平台对启动仪式及展区现场进行了“云直播”，累计观看数量为 1412 万人次。

大运河盐商文化展示馆揭牌仪式在扬州举行　2020 年 9 月 26 日，大运河盐商文化展示馆等场馆揭牌仪式在汪鲁门盐商住宅举办。该宅前后共九进，拥有扬州目前保存最完整、体量最大的全楠木厅，同时它也是中国大运河遗产点之一。2017 年起，扬州以大运河盐商文化为核心，通过文字、图片、影像、实物等多种展示手段对该宅进行布展利用，全面展示了扬州盐业发展史。随后，举行了《扬州教场》新书首发仪式及扬州古城传统民居修缮利用优秀范例颁奖仪式。活动现场，举办方向扬州市档案馆、扬州市图书馆等 6 家单位赠送《扬州教场》一书。

2020 世界运河城市论坛在扬州开幕　2020 年 9 月 28 日，2020 世界运河城市论坛在大运河畔的扬州举行。论坛由江苏省大运河文化带建设工作领导小组办公室、江苏省文化和旅游厅、扬州市人民政府联合主办，世界运河历史文化城市合作组织、中国太平洋经济合作全国委员会（CNCPEC）、大运河遗产保护管理办公室联合承办。全国政协副主席刘奇葆、江苏省委书记娄勤俭、江苏省省长吴政隆等出席论坛。本次论坛以“世界运河城市文旅产业持续繁荣发展”为主题，以互联网线下线上相结合的方式进行。来自中国、德国、法国、荷兰、日本、韩国等 29 个国家和地区的运河城市代表齐聚一堂，共同探讨在常态化疫情防控背景下，运河城市文旅产业持续繁荣发展的路径与对策。

大型合唱交响音乐会《大运河》亮相江苏大剧院　2020 年 9 月 30 日，大型合唱交响音乐会《大运河》亮相江苏大剧院。《大运河》由江苏省演艺集团创排，围绕“天下之水，千里流波”主题，抒发江苏儿女在大运河滋养下浓郁的故乡情结、丰沛的人文情感和炽热的家国情怀。作品分为天下之水、千里流波、云溪帆影、水弄星天、水韵乡情、风雨河殇、逝水如歌、水向高处、大运之河 9 个篇章，以大型交响乐队、百人混声合唱团以及男女高音、中音、低音等领唱为音乐载体，融入苏州评弹、朗诵、交响说书等特色音乐元素，并选取江苏民歌《拔根芦柴花》《茉莉花》，以及运河沿线地区和城市的民族音乐元素。江苏省委副书记任振鹤，省人大常委会副主任王燕文，副省长马欣现场观看演出。

“枫桥夜泊”大运河文化活动在苏州举办 2020年10月8日，“枫桥夜泊”大运河文化活动在苏州枫桥景区举办。此次活动分为文化诗会和文化沙龙两个部分，旨在延续枫桥历史文脉，赋能城市创新发展，滋养并坚定文化自信。10月8日下午，大运河文化沙龙活动在苏州枫桥景区举办。当日晚上，“枫桥夜泊”大运河文化诗会在苏州枫桥景区举办。此次活动以传统诗词文化为载体，充分利用大运河“最精彩一段”，深度挖掘“江南第一诗境”资源优势，全方位演绎独具魅力的江南诗词文化，呈现了一场充满江南诗韵的视听盛宴。

苏州举办大运河国家文化公园建设主题沙龙 2020年10月16日，“石湖智库·智汇苏州”第3期（总第7期）学术沙龙在苏州市职业大学本部举办，来自北京、上海、无锡、苏州等地的专家学者立足于苏州，围绕苏州大运河国家文化公园建设积极建言。此次论坛以“‘四位一体’高质量打造具有苏州特色大运河国家文化公园”为主题，在苏州市哲学社会科学界联合会、苏州市新型智库建设办公室指导下，由苏州市职业大学主办，苏州石湖智库承办。专家学者以沙龙对话的形式献计苏州大运河国家文化公园建设，并最终形成观点鲜明、操作性强的决策咨询报告。

“大运河文化带”2020中国·仪征城市龙舟公开赛举行 2020年10月31日至11月1日，“大运河文化带”2020中国·仪征城市龙舟公开赛在仪扬河上举行。本次比赛由江苏省龙舟协会、扬州市体育局、仪征市人民政府主办，仪征市文体广电和旅游局承办，吸引了省内12支高水平队伍300余名运动员参加。本次比赛也是2020年全省大运河文化带建设的特色主题群众性活动之一，对于推动仪征龙舟文化体育的发展和提升仪征整体城市形象发挥了积极的作用。

全国32家博物馆组建“大运河博物馆联盟” 2020年11月14日，“大运河博物馆联盟”成立活动在南京博物院举办，国家文物局党组成员、副局长关强，江苏省文化和旅游厅党组书记、厅长杨志纯，国家文物局博物馆与社会文物司（科技司）副司长金瑞国，江苏省文化和旅游厅党组成员、南京博物院院长龚良，江苏省文化和旅游厅一级巡视员吴晓林以及大运河沿线的32家博物馆的馆长及代表共同出席联盟成立活动。联盟成立仪式结束后，国家文物局划拨南京博物院艺术品接收仪式在特展馆举办。国家文物局一直高度重视流散文物的征集和保护工作，近年来在中央财政大力支持下，通过规范运作征集了一批各类别文物。此次划拨给南京博物院的艺术品不仅丰富了南博的艺术品收藏序列，还补充了收藏的缺项。

大运河重点项目投融资对接活动在常州举行　2020 年 11 月 21 日，由国家发展改革委社会司、文化和旅游部产业司主办，江苏省大运河文化带建设工作领导小组办公室、江苏省发展改革委、江苏省文化和旅游厅、常州市人民政府、江苏省文化投资管理集团承办的 2020 年大运河重点项目投融资对接活动在江苏常州举行。活动上，大运河沿线 8 省（市）共发布了 71 个大运河重点项目投融资需求，来自国家和各地 40 多家金融机构、投资企业进行了对接。

2020 常州运河工业文旅体验周启动　2020 年 12 月 9 日，常州运河工业文旅体验周启动仪式在常州经开区举行。常州市委常委、宣传部部长陈涛出席仪式并为活动揭幕。常州市委宣传部副部长谢春林、常州市文广旅局局长荣凯元、常州市工信局副局长张志强、常州经开区党工委书记顾伟国等相关领导参加了活动。本次活动以“百年工业与诗和远方文旅融合”为主题，由常州市大运河办、经开区党工委、经开区管委会主办，旨在打造常州市运河工业文旅特色品牌，共同谱写运河文化发展新篇章，推动大运河文化带建设迈向新征程。

2020 两岸青年大运河文化体验营在淮安市开营　2020 年 12 月 9 日，2020 两岸青年大运河文化体验营开营仪式在淮安举行。国台办交流局一级巡视员王明鉴，江苏省台办副主任李卫华，市委常委、统战部部长赵正兰，全国台企联常务副会长陈锦龙，市直相关部门负责人及两地杰出青年代表出席。开营仪式上，赵正兰指出，青年交流是淮台两地交流中最具活力和潜力的部分，围绕两岸青少年开展丰富多样的淮台交流合作也是淮安市的特色品牌和独特优势，要着眼实际需求，始终聚焦大运河这条主线，不断变化调整服务主体和活动主题，力求淮台青年交流提质增效。随后，举行了大运河文化研究中心揭牌仪式与两岸青年大运河文化体验营授旗仪式。

2020“‘同乐江苏’大运河非遗分享荟”在南京举行　2020 年 12 月 18 日，2020“‘同乐江苏’大运河非遗分享荟”在江苏广播电视总台隆重举行。来自英国、俄罗斯、拉脱维亚、乌克兰、巴西、叙利亚、津巴布韦等 20 多个国家的朋友齐聚一堂，通过舞蹈、民歌、戏剧、视频短片、创意说唱、故事讲述等丰富多样的表演形式，分享了他们在南京、苏州、扬州等地体验大运河文化的故事和感悟。2020 年是“同乐江苏”举办的第 11 年，也是“大运河非遗分享荟”与观众见面的第 2 年。活动延续运河主题和非遗主题，将这场别开生面的旅程以“文化体验”为主旨，以“进校园”活动为依托，继续挖掘中国文化与外国爱好者间的感人故事。

邳州市举办大运河文化阅读推广暨《大运河文化系列读本·邳州卷》首发式 2020 年 12 月 28 日，邳州市大运河文化阅读推广暨《大运河文化系列读本·邳州卷》首发式在邳州市明德实验学校报告厅举行。《大运河文化系列读本·邳州卷》系统整理京杭大运河文化，挖掘邳州历史人文宝藏，让邳州中小学生了解运河、了解邳州，进而热爱家乡，增强对大运河这一母亲河的情感认同，切实把大运河文化保护好、传承好。

浙江省

第四届杭州大运河保护宣传周开幕 2020 年 6 月 21 日，第四届杭州市大运河世界文化遗产保护宣传周在浙江杭州桥西历史文化街区开幕。开幕式通过对话运河边的杭州人，体验中国传统民俗，感悟运河沿线诗歌、绘画、剪纸、曲艺等文化，开启一场云上运河之旅。

洪永跃一行赴无锡运河之光文化艺术交流有限公司调研交流 2020 年 8 月 18 日，杭州拱墅区大运河文化研究院一行在顾问洪永跃、常务副院长陆洁的带领下来到无锡运河之光文化艺术交流有限公司进行调研交流。双方就大运河文化保护宣传、大运河文化公园的打造、大运河建设规划治理及夜经济的探索发展等各项工作进行了深入探讨和交流。无锡市梁溪区副区长、无锡大运河文化带建设研究院副院长王建华全程参与商讨并分享了梁溪运河文化带建设的思考。

第七届中国大运河庙会在杭州启幕 2020 年 10 月 30 日至 11 月 3 日，第七届中国大运河庙会在杭州举办。本届庙会由杭州市运河集团、杭州市园林文物局（运河综保委）、杭州市商务局、杭州市文化广电旅游局、杭州市大城北规划建设指挥部办公室、杭州市拱墅区人民政府主办，中共杭州市拱墅区委宣传部（区文明办）、杭州运河集团文化旅游有限公司、杭州水上发展集团有限公司、杭州市京杭运河（杭州段）综合保护中心、杭州市素食协会、杭州市拱墅区文广旅体局、祥符街道、湖墅街道、小河街道、拱宸桥街道联合承办。

（六）公园建设

山东省

临清正式启动大运河国家文化公园项目建设　2020 年 7 月 7 日，临清市委副书记、市长祁学兰表示，临清正以国家历史文化名城创建为抓手，稳步推进中洲古城保护利用。祁学兰介绍，在城市品质提升方面，临清重点抓好中心城区建设，以国家历史文化名城创建为抓手，稳步推进中洲古城保护利用。

五　生态环境

（一）规章制度

北京市

《大运河生态环境保护修复专项规划》审议通过　2020 年 6 月 1 日，生态环境部部长黄润秋主持召开生态环境部常务会议，审议并原则通过《大运河生态环境保护修复专项规划》。会议指出，编制实施《大运河生态环境保护修复专项规划》，对推进大运河污染防治、生态保护修复，打造山清水秀、绿色宜居的“美丽运河”和国家文化公园具有重要意义。要坚持科学规划、突出保护、强化修复、优化布局、合理利用的原则，推进大运河生态环境保护修复，让大运河生态环境逐步改善并重新焕发生机与活力。

江苏省

宿迁全面推进京杭运河绿色现代航运示范区建设　2020 年 8 月 13 日，苏北航务处与宿迁市港航中心签署《京杭运河绿色现代航运示范区宿迁先导段（宿迁船闸—马陵路大桥段）工程建设协议》，明确了工程建设具体要求与分工，并提出按照大运河宿迁段文化带建设的总体规划，进一步落实“生态优先、绿色发展”的理念，将工程建设成为大运河文化带宿迁段的样板工程、示范工程、引领工程。

浙江省

浙江五地法院签订《大运河（浙江段）环境资源司法协作工作协议》　2020 年 7 月 30 日，嘉兴、杭州、宁波、湖州、绍兴五地法院联合签署

《大运河（浙江段）环境资源司法协作工作协议》并发布《保护大运河倡议书》。根据该协议，五地法院将加强审判事务协作，构建横向和纵向系统化、常态化、制度化的一站式跨域诉讼服务协同联动机制；加强裁判规则统一，沿线法院继续推进环境资源审判专业化建设，完善“三合一”审判机制；加强审判资源共享，联合探索打造“环境司法保护一体化平台”；加强环境保护宣传，共同设立环境司法联合修复示范基地四个方面开展司法协作。

（二）会议调研

江苏省

苏州市京杭运河水环境质量提升工作会议召开　2020 年 5 月 12 日，苏州市召开京杭运河水环境质量提升工作会议，力争通过一年的攻坚，提升京杭运河（苏州段）整体水质，推动浒关上游、轻化仓库、瓜泾口北断面水质持续改善。会上，苏州市生态环境局介绍《苏州市京杭运河水环境专项整治总体方案（报批稿）》有关内容。会议还邀请江苏省生态环境厅第二专员办对京杭运河水环境专项整治任务完成情况进行帮扶、监督，对任务完成严重滞后或者工作责任不落实的，将进行严肃问责。

运河生态与城市建设国际研讨会在淮安召开　2020 年 9 月 19 日，运河生态与城市建设国际研讨会在淮阴工学院召开。本次研讨会由江苏省社科联、淮阴工学院主办，苏北发展研究院、国际教育学院承办，中欧运河文化研究与交流中心协办。研讨会以“运河生态与城市建设”为主题，通过线上线下结合的方式，邀请 3 名外国学者以及 3 名省内专家分别作主旨报告。本次会议致力于为运河生态的保护和传承、运河沿线区域文化和社会发展建言献策，推动学界进一步加强大运河文化基础研究，理清江苏大运河的历史变迁、文化演进和发展脉络，深入挖掘大运河的精神内涵和时代价值，为大运河文化带建设提供有力学术支撑。

“大运河生态圈合作论坛”在苏州举行　2020 年 11 月 8 日，由宁波市鄞州区文化和广电旅游体育局主办的大运河生态圈合作论坛在苏州举行。此次论坛恰逢 2020 苏州国际旅游博览会，得到苏州旅游联合会、沧州吴桥县人民政府、上海慧域文化发展股份有限公司大力支持。当天，来自旅游行业的专家学者及旅游爱好者近百人参加论坛。

水利部在扬州召开大运河河道水系治理管护工作推进座谈会 2020年12月11日，水利部在江苏省扬州市召开大运河河道水系治理管护工作推进座谈会，深入贯彻习近平总书记关于大运河文化保护传承利用的重要指示批示精神，认真落实中共中央办公厅、国务院办公厅印发的《大运河文化保护传承利用规划纲要》有关水利重点任务，总结大运河河道水系治理管护工作推进情况，研究部署下一步的工作。水利部副部长魏山忠出席会议并讲话，水利部总工程师刘伟平主持会议。水利部相关司局和单位，有关流域管理机构，北京、天津、河北、江苏、浙江、安徽、山东、河南等8省（市）水行政主管部门相关负责同志参加会议。

山东省

罗阳一行调研卫运河临清段水生态环境保护工作 2020年11月5日，生态环境部海河流域北海海域生态环境监督管理局副局长罗阳一行赴临清市调研卫运河临清段水生态环境保护工作，并召开座谈会。罗阳对临清市水污染防治工作给予肯定。他指出，临清市委、市政府高度重视水污染防治工作，始终坚持精准治污，提升治理能力，推动水污染治理工作取得明显实效。副市长李存忠汇报了卫运河临清段水生态环境保护情况。

河南省

《大运河河南段核心监控区国土空间管控细则》研讨会在郑州召开 2020年6月9日，《大运河河南段核心监控区国土空间管控细则》（本部分简称《细则》）研讨会在郑州召开。自然资源部国土空间用途管制司综合制度处主任科员龚敏，河南省自然资源厅厅长张兴辽，省自然资源厅党组成员、省煤田地质局局长王天顺出席会议并讲话，省煤田地质局副局长孟新华参加会议，省自然资源厅二级巡视员雷子平主持会议。研讨会上，与会领导和专家对《细则》的编制给予充分肯定，认为《细则》内容翔实、符合河南实际，并对《细则》内容提出修改意见和建议。

（三）专项治理

山东省

济宁“大运河·南四湖生态修复基地”正式启用　2020 年 6 月 5 日，大运河·南四湖生态修复基地揭牌仪式在微山县微山岛举行。济宁市中级人民法院党组成员、副院长周涛，微山县委常委、政法委书记王本奎出席仪式并讲话，济宁中院审判委员会专职委员王永红主持仪式。大运河·南四湖生态修复基地的启用，标志着济宁大运河、南四湖生态建设迈上了全新起点。该基地将担负起“生态修复、巡回审判、法治教育、志愿服务”功能，全力保护好大运河流域、南四湖生态环境。

江苏省

京杭大运河文化带徐州贾汪段绿化美化工程启动　2020 年 3 月 12 日，京杭大运河文化带贾汪段绿化美化工程启动。徐州市贾汪区四套班子同党员群众以及志愿者 100 余人参加了启动仪式。近年来，贾汪区深入践行“只有恢复绿水青山，才能使绿水青山变成金山银山”的发展理念，坚持生态优先、绿色发展，深入实施采煤沉陷区治理、森林自然保护区建设和京杭大运河清水廊道整治工程，在石头缝上“绣”出“森林城市”，生态底色更加靓丽。截至 2019 年底，全区累计绿化造林 33.64 万亩，森林覆盖率达到 32.51%，位居全市第二。

施桥船闸船舶污染物接收设施正式投入运行　2020 年 4 月 14 日，施桥船闸上下游远调站的船舶污染物接收设施正式投入运行。这一举措既提高了船员环保意识，又实现了船闸船舶垃圾分类智能化，为下一步船舶垃圾转运、处置提供了有利条件，有效推动了苏北运河绿色航运示范区建设。

无锡市“河湖环境集中整治专项行动月”正式启动　2020 年 10 月 30 日，无锡市“河湖环境集中整治专项行动月”在滨湖区渔港喇叭口启动。根据全市“美丽河湖三年行动”的统一部署，无锡市水利局牵头开展“全市河湖环境集中整治专项行动”，将用一个月的时间，对全市 900 多条重点河湖进行集中整治。整治内容为：排查整治涉河湖排污口，清理打捞河湖水域垃圾杂物，清除岸线违规搭建，清理非法围网管桩，查处取缔“三无”船舶、住家船舶，全面提升河湖水域岸线环境。

河南省

河南大运河沿河生态廊道建设正式启动 2020年3月，河南大运河沿河生态廊道建设正式启动，河南省将加强沿大运河护岸林、水源涵养林、水土保持林、农田林网建设，构筑大运河生态安全空间，打造山水秀丽的绿色生态带。生态廊道建设规划年限为2020~2035年，力争3~5年完成。对具备条件的大运河主河道（除城市建成区外）有水段两岸各1000米范围内，实施滨河防护林生态屏障工程，在沿河两岸集中连片植树造林，增加绿化植被，提升绿化质量。

六　学术研究

（一）相关著作

常州市文物保护管理中心编著《常州大运河文化带建设内涵研究》，文物出版社，2020。

段柄仁主编《大运河文化辞典·北京卷》，北京联合出版公司，2020。

郭凯峰、牛革平、姜瑞云：《东光运河文化》，河北人民出版社，2020。

洪艳、朱明海：《京杭大运河沿线历史建筑的现代适应性研究》，浙江大学出版社，2020。

胡梦飞：《中国运河文化遗产概论》，黄河水利出版社，2020。

嵇果煌：《中国运河三千年》，上海科学技术出版社，2020。

李巨澜、李德楠：《运河与苏北城市发展研究》，人民出版社，2020。

刘宝锁主编《中国大运河（沧州段）文化志》，河北人民出版社，2020。

刘浩源：《千古运河今胜昔：杭州段》，浙江摄影出版社，2020。

南通市哲学社会科学界联合会：《南通大运河文化带历史遗产保护利用研究》，江苏人民出版社，2020。

全汉昇：《唐宋帝国与运河》，重庆出版社，2020。

任云兰主编《行与思：大运河文化带考察报告》，天津社会科学院出版社，2020。

单霁翔：《大运河漂来紫禁城》，中国大百科全书出版社，2020。

宋建友、宋炜：《仪征运河和漕运》，广陵书社，2020。

（清）汪澔纂，陈进编《运漕程途备览》，天津人民美术出版社，2020。

王金铨等：《世界遗产运河的保护与传承：大运河文化带的视角》，社会科学文献出版社，2020。

王薇：《大运河生态文化景观可持续保护与发展的基础研究》，天津社会科学院出版社，2020。

王薇：《工业景观考古视野中大运河生态文化景观的保护研究》，天津社会科学院出版社，2020。

吴齐正：《江南大运河古桥》，人民交通出版社，2020。

吴欣主编《中国大运河发展报告（2020）》，社会科学文献出版社，2020。

徐玲等：《枣庄运河文化研究》，山东人民出版社，2020。

徐万坤、徐东辉编《大运河地方歇后语》，四川民族出版社，2020。

杨光正主编《大运河老渡口》，江苏人民出版社，2020。

姚迪：《基于多维价值的大运河遗产保护规划理论与方法研究》，东南大学出版社，2020。

英国 DK 公司编著《穿越时空的大运河》，田祎译，中国大百科全书出版社，2020。

袁灿兴、沈国裕：《大运河与无锡近代社会：1911—1937》，浙江古籍出版社，2020。

赵静：《山东运河沿线城市空间形态解析及济宁运河遗产活化研究》，华中科技大学出版社，2020。

浙江省文物考古研究所编著《大运河遗产·江南运河》，浙江古籍出版社，2020。

郑民德：《明清运河漕运仓储与区域社会研究》，人民出版社，2020。

周文彰：《诗咏运河》，黑龙江美术出版社，2020。

（二）报刊论文

藏明、岳广燕：《明清时期里运河沿岸重镇板闸》，《邢台学院学报》2020 年第 2 期。

陈冰冰：《〈热河日记〉中的京畿运河文化研究》，《东疆学刊》2020 年第 2 期。

陈彩云：《政治歧视与文化互动：元代漕粮海运体制中的族际关系》，《社会科学》2020 年第 4 期。

陈超：《安徽柳孜运河遗址出土唐处士刘怀璧浮图铭碑考释》，《文物》2020

年第 10 期。

陈清义、刘超、孙晶、魏聊：《聊城元代运河沉船的发掘与复原》，《运河学研究》2020 年第 2 期。

陈璇：《加强非物质文化遗产保护 构建大运河苏州段精致文化长廊》，《中国社会科学报》2020 年 3 月 26 日，第 7 版。

崔建利：《2018 年度运河学研究综述》，《运河学研究》2020 年第 1 期。

樊如森：《天津地区内河航运的时空变迁》，《运河学研究》2020 年第 1 期。

范金民：《15～19 世纪大运河的物货流通与苏杭城市经济的发展》，《运河学研究》2020 年第 1 期。

甘纪华：《盐城运河文化述略》，《档案与建设》2020 年第 8 期。

高敏：《运河与水神：明代济宁地区的水神信仰文化》，《浙江水利水电学院学报》2020 年第 6 期。

高元杰：《明代运河功臣宋礼历史地位的演变及其原因》，《济宁学院学报》2020 年第 6 期。

葛奇峰：《大运河开封段考古调查与勘探简报》，《运河学研究》2020 年第 1 期。

古帅：《1855 年黄河北徙对山东运河漕运的影响与官方应对——以黄运交汇处和山东运河北段为中心的考察》，《运河学研究》2020 年第 1 期。

郭玮：《1949—1958 年卫运河船民融入集体的历史进程》，《当代中国史研究》2020 年第 2 期。

郭学信：《唐代博州武水乐安孙氏科举仕宦家族的考察》，《运河学研究》2020 年第 1 期。

何仁刚：《江南运河望亭堰闸始置年代辨正》，《中国历史地理论丛》2020 年第 4 期。

胡梦飞、乔海燕：《英国阿美士德使团眼中的清代山东运河》，《重庆第二师范学院学报》2020 年第 5 期。

胡梦飞：《明清时期运河城市饮食业发展考论——以山东济宁为例》，《中国名城》2020 年第 2 期。

胡梦飞：《山东运河区域传统音乐保护与传承研究——以武城运河号子为例》，《淮阴工学院学报》2020 年第 4 期。

胡梦飞：《英国阿美士德使团眼中的清代淮安运河》，《淮阴师范学院学报》

（哲学社会科学版）2020 年第 6 期。
胡梦飞：《英国阿美士德使团眼中的清代江苏运河》，《档案与建设》2020 年第 6 期。
黄鹏：《多元并举推进大运河体育文化产业创新发展》，《中国社会科学报》2020 年 6 月 9 日，第 7 版。
贾建增：《〈大元新开会通河记〉考释》，《运河学研究》2020 年第 1 期。
江晓成：《清前期河工经费的来源及结构——以康熙朝永定河治理为中心》，《农业考古》2020 年第 3 期。
姜卓：《明代漕运总督与漕运总兵官关系研究》，《佳木斯大学社会科学学报》2020 年第 1 期。
蒋多：《延续运河文脉 打造文旅品牌》，《前线》2020 年第 11 期。
李德楠、王聪明：《运河城市清江浦在晚清的形成及地位》，《档案与建设》2020 年第 5 期。
李刚、谢燕红：《江南运河世界形象的塑造与生成——基于近代域外游记的研究》，《档案与建设》2020 年第 9 期。
李琳、薛焕炳：《唐宋时期常州地区运河的开凿疏浚》，《档案与建设》2020 年第 6 期。
李茂叶：《大运河文化传播路径探析——以江苏段运河文化为例》，《新闻爱好者》2020 年第 10 期。
李鹏为：《河北省馆陶县徐万仓调查记》，《运河学研究》2020 年第 1 期。
李泉：《汴河及其在中国运河开发史上的地位》，《运河学研究》2020 年第 1 期。
李英姿：《中国古代漕船考》，《江苏科技大学学报》（社会科学版）2020 年第 2 期。
李勇：《大运河体育、文化、旅游需走融合发展之路》，《中国社会科学报》2020 年 6 月 9 日，第 7 版。
李云鹏、杨晓维、王力：《浙东运河闸坝控制工程及其技术特征研究》，《中国水利水电科学研究院学报》2020 年第 4 期。
李增洪、刘文翠：《中世纪英国的河流与水运》，《运河学研究》2020 年第 1 期。
梁国楹：《德州运河文化变迁及其特点》，《德州学院学报》2020 年第 5 期。

凌滟：《明清运河赁基银问题初探》，《江西社会科学》2020 年第 5 期。

凌滟：《一分为三：明代运河水柜南旺湖权益分化的演变》，《中山大学学报》（社会科学版）2020 年第 4 期。

刘朝晖：《运河船民的文化亲密性与活态传承实践》，《江南大学学报》（人文社会科学版）2020 年第 1 期。

刘丹：《大运河国家文化公园苏州段建设亟须文化引领》，《中国社会科学报》2020 年 3 月 26 日，第 7 版。

刘建峰、王桂玉：《乡民艺术鉴赏的多向度解构与重构——基于运河乡民艺术的哲学审视》，《中央民族大学学报》（哲学社会科学版）2020 年第 2 期。

刘恋、马俊：《“运河”定名于宋的历史考察》，《档案与建设》2020 年第 6 期。

刘芹：《高邮明清运河故道沿岸地名中的神灵膜拜》，《档案与建设》2020 年第 3 期。

刘芹：《运河沿岸地名史话研究在“大运河文化带”建设中的意义——以高邮明清运河故道为例》，《江苏地方志》2020 年第 4 期。

刘庆余：《大运河国家文化公园遗产活态保护与利用模式》，《中国社会科学报》2020 年 11 月 20 日，第 5 版。

刘玉梅：《从民间俚曲〈逛东昌〉看运河对东昌饮食文化的影响》，《运河学研究》2020 年第 1 期。

刘仲华：《传统时代的经济行为与技术路径——以清代剥运及其对漕船形制的塑造为中心》，《安徽史学》2020 年第 6 期。

龙圣：《清代大运河沿线的粮船短纤》，《光明日报》2020 年 12 月 28 日，第 16 版。

路璐：《大运河文化带建设与中国国家形象建构》，《中国社会科学报》2020 年 12 月 4 日，第 5 版。

吕德廷：《黄河、运河影响下僧伽信仰的演变》，《运河学研究》2020 年第 1 期。

吕珍、周云、史建华：《运河古道与苏州古城发展》，《档案与建设》2020 年第 5 期。

马吉照、王凤丽：《大运河诗歌与明清漕运——以河北沿运地区为中心》，

《保定学院学报》2020 年第 4 期。
孟祥晓：《从运漕到停漕："保漕"视域下明清卫河地位的变迁》，《南开学报》（哲学社会科学版）2020 年第 3 期。
孟祥晓：《错壤的政区、流动的河流与以"漕"为大的区域社会：明清时期直鲁豫交界区域动乱研究》，《社会科学》2020 年第 4 期。
苗菁：《北宋词与大运河——兼论唐宋送别方式的差异》，《光明日报》2020 年 11 月 16 日，第 13 版。
倪玉平：《水上漂来的城市：明清时代的大运河与北京》，《光明日报》2020 年 4 月 18 日，第 10 版。
牛锦红：《北宋漕官制度的静态表达与实态运行》，《河南财经政法大学学报》2020 年第 2 期。
潘彬彬、武同举：《会勘江北运河日记》，《档案与建设》2020 年第 12 期。
潘清：《元代江南地域运河的浚治与功用》，《运河学研究》2020 年第 2 期。
潘威、李瑞琦：《清代嘉道时期河工捐纳及其影响》，《中国经济史研究》2020 年第 6 期。
浦义俊：《大运河体育文化产业创新发展的时代价值》，《中国社会科学报》2020 年 6 月 9 日，第 7 版。
秦宗财：《"千年运河"国家文旅品牌叙事论略》，《艺术百家》2020 年第 5 期。
邵华：《清中期以降永定河工中的秸料使用》，《中国农史》2020 年第 5 期。
师永伟：《论近现代时期卫河沿岸的民生与社会经济》，《河南科技学院学报》2020 年第 7 期。
宋健、黄忠鑫：《雍正时期湘桂走廊水陆驿道的复原与考察》，《运河学研究》2020 年第 1 期。
孙辉、汪大为、汪院生：《江南运河防洪形势分析》，《人民长江》2020 年第 2 期。
孙景超：《国家与地方视野下的运河工程——以唐—元时期练湖为中心的讨论》，《首都师范大学学报》（社会科学版）2020 年第 6 期。
孙璐、康康：《运河、盐商、文人、书画家与扬州年画——论清代扬州年画中的精英文化因素》，《美术大观》2020 年第 7 期。
田冰：《清代早中期黄河决溢与治黄保漕的时空变迁述论》，《中原文化研究》2020 年第 3 期。

田萌:《民国北京政府时期江苏运河治理》,《档案与建设》2020 年第 3 期。

王聪明:《明代苏北漕河运道的形成与演变》,《淮阴师范学院学报》(哲学社会科学版)2020 年第 4 期。

王聪明:《运河、移民与淮安河下城镇空间的变迁》,《档案与建设》2020 年第 4 期。

王建革、袁慧:《明清“黄淮运湖”的治理》,《中国社会科学报》2020 年 12 月 8 日,第 6 版。

王昆:《大禹系中国运河文化人文始祖的溯源探索——兼析大禹“国家漕运”古运河文化特征》,《北京水务》2020 年第 6 期。

王元:《漕运的发展与中国大运河的变迁》,《档案与建设》2020 年第 12 期。

魏明孔:《从义仓设置看隋代制度创新》,《中国社会科学报》2020 年 8 月 10 日,第 5 版。

吴建:《康乾二帝视角下的苏州运河景观与文化》,《档案与建设》2020 年第 4 期。

吴琦、何晨:《道光后期州县征漕收支及其与陋规加派的关系——以浙江乌程县为中心的考察》,《中国经济史研究》2020 年第 1 期。

吴士勇:《明清时期淮安漕运文化特征述论》,《运河学研究》2020 年第 2 期。

吴滔:《改兑与冻阻:明代漕运体制的两难选择》,《浙江社会科学》2020 年第 7 期。

吴同:《北宋汴河、淮南运河的通航能力与漕粮定额》,《中国经济史研究》2020 年第 5 期。

夏林、张謇:《〈辞运河督办呈〉成文时间考辨》,《档案与建设》2020 年第 7 期。

夏林:《南京国民政府时期江北运河“官督绅办”体制的形成》,《运河学研究》2020 年第 2 期。

熊帝兵:《古代河工“秸料”的变迁与百姓的秫秸负担——以清代河南为中心的考察》,《湖南社会科学》2020 年第 6 期。

徐晓光:《元代水运法制特点研究》,《运河学研究》2020 年第 2 期。

许立莺:《整合档案资源 助力大运河苏州段文化带建设》,《中国社会科学报》2020 年 3 月 26 日，第 7 版。

严晨:《浙东运河萧绍段近代航运状况考析》,《运河学研究》2020 年第 2 期。

杨伟、樊如森:《江汉运河时空变迁新探》,《运河学研究》2020 年第 1 期。

杨晓维:《大运河（宁波段）遗产病害研究》,《运河学研究》2020 年第 1 期。

杨园章、马星宇、张煜:《明代临清军屯社区的营造与碧霞元君信仰——以万历〈碧霞元君庙记〉碑的释读为中心》,《运河学研究》2020 年第 2 期。

姚琳:《嘉庆朝漕运治理的再思考——兼评〈困境中的挣扎：嘉庆朝政治与漕运治理研究〉》,《文化学刊》2020 年第 6 期。

袁飞:《清中期漕河运道状况的历史考察（1796 ~ 1820)》,《运河学研究》2020 年第 1 期。

袁慧:《从单堤到双堤：明代后期淮扬运河堤岸制度与高宝湖群的互动演变》,《运河学研究》2020 年第 1 期。

张国勇:《隋唐大运河邢台段河道考古调查与勘探简报》,《运河学研究》2020 年第 1 期。

张敏、刘洪林、汪露、张祯:《洪泽湖大堤减水闸坝的演变及其启放标准研究》,《运河学研究》2020 年第 1 期。

张鹏程、路伟东:《明清以来淮安清口闸坝体系考辨》,《运河学研究》2020 年第 2 期。

张瑞威:《清代粮船水手的组织与“巢穴”》,《运河学研究》2020 年第 2 期。

张晓东:《北方地缘政治的变迁与中国运河漕运的发展》,《江南大学学报》（人文社会科学版）2020 年第 6 期。

张晓东:《论中国运河漕运的发展与地缘政治变迁：以陆权角度为中心的考察》,《南昌工程学院学报》2020 年第 5 期。

张欣:《元代对江浙运河的治理》,《档案与建设》2020 年第 1 期。

张云:《〈红楼梦〉与运河之渊源》,《明清小说研究》2020 年第 2 期。

张兆林:《样式匮乏：聊城木版年画传承面临的现实困境》,《运河学研究》2020 年第 2 期。

赵鹏飞:《运河文化与官式建筑的互动——以山东运河为例》,《中国社会科学报》2020 年 7 月 2 日，第 7 版。
赵贤德、薛焕炳：《先秦时期常州地区运河的开凿疏浚》，《档案与建设》2020 年第 2 期。
赵雅丽：《因水而兴 因漕而盛——北京运河文化带民俗文化述略》，《前线》2020 年第 2 期。
郑民德、岳广燕：《明代朝鲜人崔溥眼中的江苏运河风物》，《档案与建设》2020 年第 8 期。
郑民德：《明清时期山东运河区域的真武大帝信仰》，《中国道教》2020 年第 4 期。
周广骞、丁延峰：《江南河道总督杨以增办理丰工奏折释读》，《运河学研究》2020 年第 1 期。
周广骞：《山东聊城方志运河非遗文献价值探析——以明代以来东昌府、临清州等沿运地域纂修的方志为例》，《中国地方志》2020 年第 6 期。
周嘉：《地方社会变迁与庙会社火传承的嬗变——以鲁西北地区临清为例》，《中国农史》2020 年第 4 期。
周嘉：《京杭大运河遗产与地名文化研究》，《运河学研究》2020 年第 2 期。
周侃：《运河书脉 墨韵流觞——北京大运河文化带书法遗迹的分布与特征》，《前线》2020 年第 7 期。
朱明娥：《南京运河与中国文学》，《档案与建设》2020 年第 10 期。
朱年志：《明代隆庆、万历初期的运河治理探析》，《运河学研究》2020 年第 1 期。
朱年志：《明清德州运河小城镇的历史考察》，《德州学院学报》2020 年第 3 期。
朱芸芸：《常州运河经济之木业研究》，《档案与建设》2020 年第 4 期。

七　大事记

1 月

1 月 1 日，《江苏省人民代表大会常务委员会关于促进大运河文化带建设的决定》正式实施，成为全国首部促进大运河文化带建设的地方性法规。

1 月 1 日，第十届中国大运河美食节在济宁市杏坛世家大酒店开幕，第九届山东省淡水鱼烹饪大赛、第六届中国渔家文化艺术节同时启动。

1 月 1 日，由中国运河网与无锡日报报业集团共同主办的“行走大运河——2020 新年走大运”徒步活动在无锡运河畔成功启动。

1 月 13 日，江苏省交通运输厅副厅长惠先宝一行赴邵伯调研绿色现代航运示范区建设进展。

1 月 15 日，京杭运河浙江段三级航道整治工程湖州段航道工程交工验收会议在湖州召开。

1 月 20 日，《河南省大运河文化保护传承利用实施规划》发布。

2 月

2 月 16 日，杭甬运河宁波段恢复通航。

2 月 17 日，京杭运河施桥船闸至长江口门段航道整治工程项目正式复工。

2 月 19 日，宿迁市委常委、宣传部部长赵正兰到宿豫区调研指导大运河文化带重点项目建设工作。

3 月

3 月 1 日，河北省沧州市区大运河文化带建设工程南湖文化街区项目（含南关—张家坟区域改造）正式开工建设。

3 月 11 日，浙江省文化和旅游厅与杭州市拱墅区人民政府“共建运河大剧院”合作签约仪式举行。

3 月 12 日，京杭大运河文化带贾汪段绿化美化工程启动。

3 月 18 日，江苏省交通运输厅厅长陆永泉带队赴淮安、扬州两市调研京杭运河绿色航运示范区淮安示范段建设。

3 月 20 日，经江苏省交通运输厅批准，根据苏北航务管理处年度航闸养护计划安排，苏北运河邵伯三号船闸按计划正式开始实施停航大修。

3 月 26 日，江苏省文化和旅游厅在南京召开《江苏省大运河文化遗产保护传承专项规划》编制工作会议暨规划大纲专家咨询会。

3 月 31 日，《山东省大运河文化保护传承利用实施规划》发布。

3 月 31 日，江苏省交通运输厅港航中心在淮安船闸召开淮安 1 号船闸、邵伯 3 号大修期间运行调度保障协调会。

3 月，河南大运河沿河生态廊道建设已启动。

4 月

4 月 14 日，《浙江省大运河文化保护传承利用实施规划》发布。

4 月 14 日，设在施桥船闸上下游远调站的船舶污染物接收设施正式投入运行。

4 月 17 日，扬州航道处、苏北航务处智慧船闸建设交流会在施桥船闸召开。

4 月 21 日，镇江市委书记马明龙专题调研大运河文化带建设，马明龙一行察看大运河京口闸遗址，听取有关遗址历史传承和文化保护情况，并登船考察古运河城区段两岸整治情况，随后召开座谈会。

4 月 22 日，京杭运河江苏省船闸应急保障中心高效完成施桥一、二号船闸阀门修理工作，为复工复产下船闸的安全高效通航提供了有力的技术保障。

4 月 23 日，淮安一号船闸大修工程进行闸室放水，经验收委员会综合评定，并结合土建及门机电专家验收小组意见后，以质量综合评定为优良的等级顺利通过验收。

4 月 26 日，北运河通州城区段正式开航。

5 月

5 月 9 日，大运河文化摄制组成立暨揭牌仪式在山东省文化馆分馆举行。

5 月 12 日，江苏省人民政府在上海证券交易所，成功发行江苏省大运河文化带建设专项债券（一期）。

5 月 12 日，苏州市京杭运河水环境质量提升工作会议召开。

5 月 13 日，宿迁市委常委、宣传部部长赵正兰带领相关部门负责人调研大运河文化带中心城市重点项目建设。

5 月 14 日，江苏省交通运输厅港航中心赴宝应船闸，就苏北运河繁忙时期分流保畅进行实地调研，扬州市航道管理处相关负责人参加调研。

5 月 15 日，沧州师范学院与大运河文化研究会就创建大运河文化数据库达成战略合作。

5 月 18 日，江苏省交通运输厅副厅长惠先宝赴扬州调研了京杭运河广陵段、邗江段绿色现代航运示范区建设情况。

5 月 18～19 日，山东省交通运输厅京杭运河航运中心对京杭运河微山南至峄城段万年闸复线船闸建成后试运行情况、韩庄复线船闸工程施工建设情况进行调研督导。

5 月 19 日，“千载兰亭迹 悠悠运河长”洛社镇运河文化节启动仪式暨大运河幸福 365 志愿联盟成立活动在无锡六次产业园举行。

5 月 20 日，根据年度航闸养护计划安排，经省交通运输厅批准，苏北运河泗阳一号船闸大修工程正式开工。

5 月 27 日，京杭运河江苏省宝应航道管理站、宝应县地方海事处开展联合巡航，加强辖区通航秩序管理。

5 月 29 日，淮安市委、市政府在北京举行大运河（淮安段）国家文化公园建设暨中国水工科技馆规划咨询会。

6 月

6 月 1 日，《淮安市大运河文化遗产保护条例》正式施行，是全国运河沿线城市第四部、江苏省第一部专门针对大运河文化遗产保护制定的地方性法规。

6 月 1 日，生态环境部部长黄润秋主持召开生态环境部常务会议，审议并原则通过《大运河生态环境保护修复专项规划》。

6 月 5 日，“大运河 · 南四湖生态修复基地”揭牌仪式在微山县微山岛举行。

6 月 8 日，2020 中国 · 吴江运河文化旅游节暨“繁华吴江夜 运河小夜曲”云发布活动在吴江区平望镇举行。

6 月 9 日，河南省召开《大运河河南段核心监控区国土空间管控细则》研讨会。

6 月 9 日，淮安船闸上游远调站两台智能供水桩率先投入试运行。

6 月 9 日，宿迁泗洪县政协主席、党组书记刘加利率泗洪县政协一行 15 人到宝应调研考察大运河文化带建设工作。

6 月 13 日，北京 · 通州大运河传统文化线上展正式上线。

6 月 14 日，因山而设立的盱眙“第一山文化论坛”辉煌启幕。

6 月 15 日，江苏省交通运输厅苏北航务管理处党委书记周进、副处长牛恩斌一行赴邵伯航道站，乘艇察看扬州段绿色现代航运示范区建设情况。

6 月 15 日，江苏省无锡市人民大会堂举办舞剧《河之始兮》首场汇报演出。

6 月 16 日，江苏省文化和旅游厅在镇江市召开《江苏大运河文化旅游融合发展规划》苏南片区征求意见座谈会。

6 月 17 日，无锡市文化遗产保护基金会理事长王慧芬一行到无锡运河之光文化艺术交流有限公司调研交流，就大运河遗产保护宣传、文化遗产保护及无锡大运河文化带建设各项工作进行了座谈交流。

6 月 21 日，《通州区大运河文化带保护建设规划》《通州区大运河文化带保护建设三年行动计划（2020—2022 年）》正式发布。

6 月 21 日，第四届杭州市大运河世界文化遗产保护宣传周在浙江省杭州市桥西历史文化街区开幕。

6月29日，大运河国家文化公园重要节点——大运河杭钢工业遗址综保项目开工仪式在浙江杭州举行。

6月，水利部、交通运输部、国家发展改革委联合印发《大运河河道水系治理管护规划》。

7月

7月2日，大运河中河台儿庄（月河）段驳岸修缮保护及安全防护栏改造工程汇报会在台儿庄古城召开。

7月2日，江苏省交通运输厅苏北航务管理处党委书记周进、副处长龙寅生、牛恩斌率相关科室人员一行6人到淮安船闸调研指导工作。

7月3日，常州市委书记齐家滨专题调研大运河党建文化示范带建设。

7月3日，淮安市委书记蔡丽新、市长陈之常率淮安市党政代表团赴扬州市学习考察大运河博物馆及大运河绿色航道整治示范段建设情况，推进淮扬文化高地共建工作。

7月7日，临清市委副书记、市长祁学兰表示，临清正以国家历史文化名城创建为抓手，稳步推进中洲古城保护利用，实施大运河国家文化公园（临清）项目建设。

7月11日，淮安市淮安区副区长谈效艳一行乘艇调研邵伯船闸至扬州大桥段苏北运河绿色现代航运示范区建设情况。

7月20日，临清市召开大运河国家文化公园临清段实施推进会，市领导何宪卓、孟永超、周志雯、李存忠参加会议。

7月29日，鹤壁市2020年大运河文化带项目集中开工暨浚县古城文化遗产保护传承项目开工仪式，在浚县古城文化遗产保护传承项目现场举行。

7月30日，嘉兴、杭州、宁波、湖州、绍兴五地法院联合签署《大运河（浙江段）环境资源司法协作工作协议》并发布《保护大运河倡议书》。

7月30日，嘉兴、杭州、宁波、湖州、绍兴五地法院联合签署《大运河（浙江段）环境资源司法协作工作协议》并发布《保护大运河倡议书》。

7月30日，施桥船闸组织召开专题会议，对《施桥船闸管理所汛期、旱期专项应急预案》进行修订完善，切实将船闸安全工作落到实处。

8 月

8 月 1 日，“运河之都 · 夜淮安”促消费活动在里运河畔正式启动。

8 月 6 日，“讲好大运河故事”主题研讨会暨第 17 期中国网议库系列沙龙在北京中国互联网新闻中心（中国网）举办。

8 月 7 日，江苏省交通运输厅在南京组织召开京杭运河智慧航运工作推进专题会，研究京杭运河智慧航运相关工作开展情况。

8 月 13 日，苏北航务处与宿迁市港航中心签署《京杭运河绿色现代航运示范区宿迁先导段（宿迁船闸—马陵路大桥段）工程建设协议》。

8 月 13 日，苏南运河绿色现代航运示范区建设（白洋湾作业区至石湖景区段航道综合整治）老护岸加固工程项目交（竣）工验收会召开。

8 月 18 日，杭州拱墅区大运河文化研究院一行在顾问洪永跃、常务副院长陆洁的带领下来到无锡运河之光文化艺术交流有限公司进行调研交流。

8 月 23 日，“运河之都——魅力河下”夜市嘉年华活动在千年古镇河下正式启动。

8 月 25 日，中国传媒大学教授李丹林及《大运河文化辞典》编纂团队部分成员来到无锡，走进无锡运河之光文化艺术交流有限公司进行调研交流。

8 月 31 日，商丘市市长张建慧主持召开专题会议，研究大运河商丘段保护传承利用工作。

8 月，无锡运河文史专家与运河之光团队就梁溪区大运河文化带建设进行了座谈交流。

9 月

9 月 2 日，江苏省交通运输厅苏北航务管理处长金坚良率处航闸养护科、项目办负责人，赴扬州察看绿色现代航运示范区建设情况。

9 月 3 日，第二届大运河文化旅游博览会正式在无锡开幕。

9 月 5 日，江苏乡村振兴智库 2020 峰会暨大运河小镇联盟论坛在苏州相城望亭镇举行。

9月5～7日，第二届大运河文化旅游博览会分会场暨第三届中国（淮安）大运河文化带城市非遗展活动在江苏淮安里运河文化长廊景区举行。

9月7日，宿迁市委副书记、宿迁市市长王昊带领市住建局、宿迁市发展改革委、宿迁市交通运输局相关部门主要负责人，专题调研运河湾公园建设情况。

9月18日，2020山东大运河文旅产业高峰论坛在山东国际会展中心举行。

9月19日，运河生态与城市建设国际研讨会在淮阴工学院翔宇楼二楼报告厅召开。

9月23日，2020中国大运河文化带京杭对话在北京开幕，活动以“运河上的京杭对话，共建共享新未来”为主题。

9月23日，“面向新未来——张家湾特色小城镇建设研讨会”在通州区希尔顿酒店召开。

9月24日，《浙江省大运河世界文化遗产保护条例》经浙江省十三届人大常委会第二十四次会议审议通过。该条例自2021年1月1日起施行。

9月24日，江苏省交通运输厅厅长、党组书记兼省铁路办公室主任陆永泉赴扬州视察京杭运河绿色现代航运示范区建设。

9月24日，苏南运河苏州市区段三级航道整治工程完善工程交工验收会召开。

9月24～25日，江苏省交通运输厅苏北航务管理处处长金坚良赴扬州，带队开展重点标段航道调研、工作座谈及示范区项目对接等工作。

9月24～26日，“匠心华韵 运河传承 流动的文化——大运河非遗大展暨第六届京津冀非遗联展”活动在沧州市大运河生态修复展示区举办。

9月25日，山东社科论坛——大运河山东段建设研讨会在山东省临清市举行。

9月26日，大运河盐商文化展示馆等场馆揭牌仪式在汪鲁门盐商住宅举办。

9月27日，2020中国大运河文化南北对话论坛在北京市顺义区牛栏山举行，对话以“千年运河 诗书酒画”为主题。

9月27日，聊城中国运河文化博物馆特举办了“流动的文化 多元的运河”——聊城非遗展。

9 月 28 日，2020 世界运河城市论坛在大运河畔扬州举行。

9 月 30 日，大型合唱交响音乐会《大运河》亮相江苏大剧院。

9 月 30 日，京杭运河江苏省宝应航道管理站淮阴航政管理大队联合淮安市交通运输综合行政执法支队第二中队巡查京杭运河淮安船闸至淮阴船闸段航道。

9 月，文化和旅游部、国家发展和改革委员会联合发布《大运河文化和旅游融合发展规划》。

10 月

10 月 8 日，“枫桥夜泊”大运河文化活动在苏州市枫桥景区举办。

10 月 16 日，“石湖智库 · 智汇苏州”第 3 期（总第 7 期）学术沙龙在苏州市职业大学本部举办，来自各地的专家学者立足苏州，围绕苏州大运河国家文化公园建设积极建言。

10 月 26 日，江苏省委常委、组织部部长、省级河长郭文奇赴扬州开展巡河调研，乘船巡查京杭运河邵伯船闸至茱萸湾段，了解河道治理和绿色现代航运示范区建设有关情况。

10 月 29 日，谏壁船闸大运河文化带文化标识建设（引航道及服务区锚地部分）顺利通过交（竣）工验收。

10 月 30 日，第十四届中国江北水城 · 运河古都（聊城）葫芦文化艺术节在聊城市古城区开幕。

10 月 30 日至 11 月 3 日，第七届中国大运河庙会在京杭大运河杭州景区举办。

10 月 31 日至 11 月 1 日，“大运河文化带”2020 中国 · 仪征城市龙舟公开赛在仪扬河上隆重举行。

11 月

11 月 3 日，“徐州—武汉”试运营首航成功，打通了长江中上游与京杭运河流域之间的货物通道，武汉与徐州“两大内河港口城市”的合作进一步推进。

11月5日，生态环境部海河流域北海海域生态环境监督管理局副局长罗阳一行来临清市调研卫运河临清段水生态环境保护工作，并召开座谈会。

11月8日，大运河生态圈合作论坛与苏州国际旅游博览会同步举行。

11月12日，2020山东水上交通应急演练在京杭运河枣庄段展开，这是山东综合交通体制改革后的首次演练且首次实现全程网上直播。

11月12日，江苏省交通运输厅港航事业发展中心检查组一行，赴京杭运河施桥船闸至长江口门段航道整治工程检查指导安全生产工作。

11月13日，习近平总书记到运河文化带的重要节点——江苏省扬州市考察调研。

11月14日，“大运河博物馆联盟”成立活动在南京博物院举办。

11月21日，由国家发展改革委社会司、文化和旅游部产业司主办，江苏省大运河文化带建设工作领导小组办公室、江苏省发展改革委、江苏省文化和旅游厅、常州市人民政府、江苏省文化投资管理集团承办的2020年大运河重点项目投融资对接活动在江苏常州举行。

11月24日，扬州市召开扬州运河文化投资集团组建会议。

11月29日，京杭运河韩庄复线船闸工程召开质量核验暨交工验收会，顺利完成交工验收，提前一个月完成建设工作目标。

11月初，无锡市“河湖环境集中整治专项行动月”在滨湖区渔港喇叭口启动，将用1个月时间对800余条重点河（湖）水环境面貌进行集中整治，推动河湖整体环境提升。

11月，20只空集装箱通过“黄金水道”京杭大运河、烧香河，顺利运抵连云港新云台码头，连云港试水“水转铁”国际多式联运。

12月

12月1日，由北京春江文学艺术研究中心发起成立的大运河文化带建设研究院举行成立大会暨学术研讨会。

12月2～4日，由山东省文化和旅游厅主办的山东省非物质文化遗产保护工作会议暨文化生态保护区建设现场经验交流活动在青州市成功举办。

12月9日，2020两岸青年大运河文化体验营开营仪式在江苏省淮安市举行。

12 月 9 日，常州运河工业文旅体验周启动仪式在常州市经开区举行。

12 月 9 日，苏北运河绿色航运示范区建设项目（淮安船闸—九龙湖公园段、邵伯船闸—古运河口段）工程验收会在淮安市召开。

12 月 11 日，京杭运河施桥船闸至长江口门段航道整治工程项目品质工程创建方案（修编）审查会议在江苏省扬州市召开。

12 月 11 日，水利部在江苏省扬州市召开大运河河道水系治理管护工作推进座谈会。

12 月 16 日，“建设最精彩一段大运河”——2020 苏州大运河文化带建设研讨会在苏州大运河畔召开。

12 月 17 日，淮安市委书记、市人大常委会主任蔡丽新现场督办推进市八届人大四次会议《关于推进大运河文化带标志性城市建设的议案》。

12 月 18 日，2020“同乐江苏”大运河非遗分享荟在江苏省广播电视总台隆重举行。

12 月 20 日，河南省文化和旅游厅在洛阳师范学院组织召开《河南省大运河文化和旅游融合发展规划》终期评审会议。

12 月 21 日，山东省委召开文物保护工作、大运河（山东段）文化和旅游融合发展专题会议。

12 月 25 日，苏州市水运工程建设指挥部组织召开京杭运河浙江段三级航道整治工程嘉兴段（江苏吴江段）航道工程交工验收会。

12 月 28 日，邳州市大运河文化阅读推广暨《大运河文化系列读本·邳州卷》首发式在邳州市明德实验学校报告厅举行。

图书在版编目(CIP)数据

中国大运河年鉴. 2015－2021 / 丁延峰主编 ; 胡梦飞, 周广骞副主编. -- 北京 : 社会科学文献出版社, 2023.11

ISBN 978－7－5228－2303－4

Ⅰ. ①中… Ⅱ. ①丁… ②胡… ③周… Ⅲ. ①大运河－中国－2015－2021 －年鉴 Ⅳ. ①K928.42－54

中国国家版本馆 CIP 数据核字(2023)第 152469 号

中国大运河年鉴 2015～2021

主　　编 / 丁延峰
副 主 编 / 胡梦飞　周广骞

出 版 人 / 冀祥德
组稿编辑 / 宋月华
责任编辑 / 韩莹莹
文稿编辑 / 林含笑
责任印制 / 王京美

出　　版 / 社会科学文献出版社 · 人文分社(010)59367215
地址：北京市北三环中路甲 29 号院华龙大厦　邮编：100029
网址：www. ssap. com. cn
发　　行 / 社会科学文献出版社 (010) 59367028
印　　装 / 三河市东方印刷有限公司

规　　格 / 开 本：787mm × 1092mm　1/16
印 张：27. 25　字 数：459 千字
版　　次 / 2023 年 11 月第 1 版　2023 年 11 月第 1 次印刷
书　　号 / ISBN 978－7－5228－2303－4
定　　价 / 189. 00 元

读者服务电话：4008918866